国学新读本

国　语

曹建国　张玖青 注说

河南大学出版社

国学新读本编辑委员会

总策划　马小泉

主　编　李振宏

编　委　(以姓氏笔画为序)

　　　　马小泉　王　健　朱绍侯　刘小敏

　　　　李中华　李振宏　苏凤捷　何晓明

　　　　张云鹏　张富祥　宋会群　杨天宇

　　　　杨寄林　杨朝明　赵国华　郑慧生

　　　　姜建设　袁喜生　曹　峰　曹础基

　　　　曾振宇　戚良德　龚留柱　熊铁基

目　　录

序 …………………………………… 李振宏（1）
《国语》通说 …………………………………（1）

周语上 …………………………………（98）
　1. 祭公谏穆王征犬戎 …………………（98）
　2. 密康公母论小丑备物终必亡 ………（101）
　3. 邵公谏厉王弭谤 ……………………（101）
　4. 芮良夫论荣夷公专利 ………………（103）
　5. 邵公以其子代宣王死 ………………（104）
　6. 虢文公谏宣王不籍千亩 ……………（104）
　7. 仲山父谏宣王立戏 …………………（108）
　8. 穆仲论鲁侯孝 ………………………（109）
　9. 仲山父谏宣王料民 …………………（109）
　10. 西周三川皆震伯阳父论周将亡 ……（110）
　11. 郑厉公与虢叔杀子颓纳惠王 ………（111）
　12. 内史过论神 …………………………（112）
　13. 内史过论晋惠公必无后 ……………（114）
　14. 内史兴论晋文公必霸 ………………（118）

周语中 ·· (120)
　1. 富辰谏襄王以狄伐郑及以狄女为后 ············ (120)
　2. 襄王拒晋文公请隧 ································ (123)
　3. 阳人不服晋侯 ······································ (124)
　4. 襄王拒杀卫成公 ··································· (125)
　5. 王孙满观秦师 ······································ (126)
　6. 定王论不用全烝之故 ····························· (126)
　7. 单襄公论陈必亡 ··································· (128)
　8. 刘康公论鲁大夫俭与侈 ·························· (131)
　9. 王孙说请勿赐叔孙侨如 ·························· (132)
　10. 单襄公论郤至佻天之功 ························ (133)

周语下 ·· (137)
　1. 单襄公论晋将有乱 ································ (137)
　2. 单襄公论晋周将得晋国 ·························· (139)
　3. 太子晋谏灵王壅谷水 ····························· (141)
　4. 晋羊舌肸聘周论单靖公敬俭让咨 ············· (145)
　5. 单穆公谏景王铸大钱 ····························· (147)
　6. 单穆公谏景王铸大钟 ····························· (148)
　7. 景王问钟律于伶州鸠 ····························· (151)
　8. 宾孟见雄鸡自断其尾 ····························· (154)
　9. 刘文公与苌弘欲城周 ····························· (154)

鲁语上 ·· (157)
　1. 曹刿问战 ·· (157)
　2. 曹刿谏庄公如齐观社 ····························· (158)
　3. 匠师庆谏庄公丹楹刻桷 ·························· (158)

4. 夏父展谏宗妇觌哀姜用币 …………………………… (159)
5. 臧文仲如齐告籴 ………………………………………… (159)
6. 展禽使乙喜以膏沫犒师 ……………………………… (160)
7. 臧文仲说僖公请免卫成公 …………………………… (161)
8. 臧文仲请赏重馆人 …………………………………… (162)
9. 展禽论祭爰居非政之宜 ……………………………… (163)
10. 文公欲弛孟文子与郈敬子之宅 ……………………… (165)
11. 夏父弗忌改昭穆之常 ………………………………… (166)
12. 里革更书逐莒太子仆 ………………………………… (167)
13. 里革断宣公罟而弃之 ………………………………… (168)
14. 子叔声伯辞邑 ………………………………………… (169)
15. 里革论君之过 ………………………………………… (169)
16. 季文子论妾马 ………………………………………… (170)

鲁语下 ……………………………………………………… (171)
  1. 叔孙穆子聘于晋 …………………………………… (171)
  2. 叔孙穆子谏季武子为三军 ………………………… (172)
  3. 诸侯伐秦鲁人以莒人先济 ………………………… (172)
  4. 襄公如楚 …………………………………………… (173)
  5. 季冶致禄 …………………………………………… (174)
  6. 叔孙穆子知楚公子围有篡国之心 ………………… (174)
  7. 叔孙穆子不以货私免 ……………………………… (175)
  8. 子服惠伯从季平子如晋 …………………………… (176)
  9. 季桓子穿井获羊 …………………………………… (177)
  10. 公父文伯之母对季康子问 ………………………… (177)
  11. 公父文伯饮南宫敬叔酒 …………………………… (178)

12. 公父文伯之母论内朝与外朝 …………… (178)
13. 公父文伯之母论劳逸 ………………… (179)
14. 公父文伯之母别于男女之礼 …………… (180)
15. 公父文伯之母欲室文伯 ………………… (181)
16. 公父文伯卒其母戒其妾 ………………… (181)
17. 孔丘谓公父文伯之母知礼 ……………… (181)
18. 孔丘论大骨 …………………………… (181)
19. 孔丘论楛矢 …………………………… (182)
20. 闵马父笑子服景伯 ……………………… (183)
21. 孔丘非难季康子以田赋 ………………… (183)

齐语 ……………………………………… (185)
 1. 管仲对桓公以霸术 ……………………… (185)
 2. 管仲佐桓公为政 ………………………… (190)
 3. 桓公为政既成 …………………………… (192)
 4. 管仲教桓公亲邻国 ……………………… (193)
 5. 管仲教桓公足甲兵 ……………………… (193)
 6. 桓公帅诸侯而朝天子 …………………… (194)
 7. 葵丘之会天子致胙于桓公 ……………… (195)
 8. 桓公霸诸侯 ……………………………… (195)

晋语一 …………………………………… (198)
 1. 武公伐翼止栾共子无死 ………………… (198)
 2. 史苏论献公伐骊戎胜而不吉 …………… (199)
 3. 史苏论骊姬必乱晋 ……………………… (202)
 4. 献公将黜太子申生而立奚齐 …………… (203)
 5. 献公伐翟柤 ……………………………… (204)

6. 优施教骊姬远太子 …………………… (204)
  7. 献公作二军以伐霍 …………………… (205)
  8. 优施教骊姬谮申生 …………………… (207)
  9. 申生伐东山 …………………………… (209)

晋语二 ……………………………………… (211)
  1. 骊姬谮杀太子申生 …………………… (211)
  2. 公子重耳夷吾出奔 …………………… (215)
  3. 虢将亡舟之侨以其族适晋 …………… (216)
  4. 宫之奇知虞将亡 ……………………… (216)
  5. 献公问卜偃攻虢何月 ………………… (217)
  6. 宰周公论齐侯好示 …………………… (217)
  7. 宰周公论晋侯将死 …………………… (218)
  8. 里克杀奚齐而秦立惠公 ……………… (218)
  9. 冀芮答秦穆公问 ……………………… (223)

晋语三 ……………………………………… (224)
  1. 惠公入而背外内之赂 ………………… (224)
  2. 惠公改葬共世子 ……………………… (224)
  3. 惠公悔杀里克 ………………………… (225)
  4. 惠公杀丕郑 …………………………… (225)
  5. 秦荐晋饥晋不予秦籴 ………………… (227)
  6. 秦侵晋止惠公于秦 …………………… (227)
  7. 吕甥逆惠公于秦 ……………………… (230)
  8. 惠公斩庆郑 …………………………… (231)

晋语四 ……………………………………… (233)
  1. 重耳自狄适齐 ………………………… (233)

2. 齐姜劝重耳勿怀安 …………………………… (234)

3. 齐姜与子犯谋遣重耳 ………………………… (236)

4. 卫文公不礼重耳 ……………………………… (236)

5. 曹共公不礼重耳而观其骈胁 ………………… (237)

6. 宋襄公赠重耳以马二十乘 …………………… (238)

7. 郑文公不礼重耳 ……………………………… (238)

8. 楚成王以周礼享重耳 ………………………… (240)

9. 重耳婚媾怀嬴 ………………………………… (241)

10. 秦伯享重耳以国君之礼 ……………………… (243)

11. 重耳亲筮得晋国 ……………………………… (244)

12. 秦伯纳重耳于晋 ……………………………… (246)

13. 寺人勃鞮求见文公 …………………………… (247)

14. 文公遽见竖头须 ……………………………… (248)

15. 文公修内政纳襄王 …………………………… (249)

16. 文公出阳人 …………………………………… (250)

17. 文公伐原 ……………………………………… (251)

18. 文公救宋败楚于城濮 ………………………… (251)

19. 郑叔詹据鼎耳而疾号 ………………………… (252)

20. 箕郑对文公问 ………………………………… (253)

21. 文公任贤与赵衰举贤 ………………………… (253)

22. 文公学读书于臼季 …………………………… (254)

23. 郭偃论治国之难易 …………………………… (255)

24. 胥臣论教诲之力 ……………………………… (255)

25. 文公称霸 ……………………………………… (256)

晋语五 …………………………………………… (258)

1. 臼季举冀缺 …………………………………… (258)
2. 宁嬴氏论貌与言 ……………………………… (258)
3. 赵宣子论比与党 ……………………………… (259)
4. 赵宣子请师伐宋 ……………………………… (260)
5. 灵公使鉏麑杀赵宣子 ………………………… (261)
6. 范武子退朝告老 ……………………………… (261)
7. 范武子杖文子 ………………………………… (261)
8. 郤献子分谤 …………………………………… (262)
9. 张侯御郤献子 ………………………………… (262)
10. 师胜而范文子后入 …………………………… (262)
11. 郤献子等各推功于上 ………………………… (263)
12. 苗贲皇谓郤献子为不知礼 …………………… (263)
13. 车者论梁山崩 ………………………………… (263)
14. 伯宗妻谓民不戴其上难必及 ………………… (264)

晋语六 …………………………………………… (266)
1. 赵文子冠 ……………………………………… (266)
2. 范文子不欲伐郑 ……………………………… (268)
3. 晋败楚师于鄢陵 ……………………………… (268)
4. 郤至勇而知礼 ………………………………… (269)
5. 范文子论内睦而后图外 ……………………… (269)
6. 范文子论外患与内忧 ………………………… (270)
7. 范文子论胜楚必有内忧 ……………………… (270)
8. 范文子论德为福之基 ………………………… (272)
9. 范文子论私难必作 …………………………… (272)
10. 栾书发郤至之罪 ……………………………… (273)

11. 长鱼矫胁栾中行 …………………………… (273)
　12. 韩献子不从栾中行召 ……………………… (274)

晋语七 …………………………………………… (275)

　1. 栾武子立悼公 ………………………………… (275)
　2. 悼公即位 ……………………………………… (276)
　3. 悼公始合诸侯 ………………………………… (278)
　4. 祁奚荐子午以自代 …………………………… (279)
　5. 魏绛谏悼公伐诸戎 …………………………… (279)
　6. 悼公使韩穆子掌公族大夫 …………………… (280)
　7. 悼公使魏绛佐新军 …………………………… (280)
　8. 悼公赐魏绛女乐歌钟 ………………………… (280)
　9. 司马侯荐叔向 ………………………………… (281)

晋语八 …………………………………………… (282)

　1. 阳毕教平公灭栾氏 …………………………… (282)
　2. 辛俞从栾氏出奔 ……………………………… (284)
　3. 叔向母谓羊舌氏必灭 ………………………… (284)
　4. 叔孙穆子论死而不朽 ………………………… (284)
　5. 范宣子与和大夫争田 ………………………… (285)
　6. 訾祏死范宣子勉范献子 ……………………… (287)
　7. 师旷论乐 ……………………………………… (287)
　8. 叔向谏杀竖襄 ………………………………… (287)
　9. 叔向论比而不别 ……………………………… (288)
　10. 叔向与子朱不心竞而力争 ………………… (288)
　11. 叔向论忠信而本固 ………………………… (289)
　12. 叔向论务德无争先 ………………………… (289)

13. 赵文子请免叔孙穆子 …………………… (290)
14. 赵文子为室张老谓应从礼 ………………… (291)
15. 赵文子称贤随武子 ………………………… (291)
16. 秦后子谓赵孟将死 ………………………… (292)
17. 医和视平公疾 ……………………………… (292)
18. 叔向均秦楚二公子之禄 …………………… (293)
19. 郑子产来聘 ………………………………… (294)
20. 叔向论忧德不忧贫 ………………………… (294)

晋语九 ……………………………………… (296)

1. 叔向论三奸同罪 …………………………… (296)
2. 中行穆子帅师伐狄围鼓 …………………… (296)
3. 范献子戒人不可以不学 …………………… (298)
4. 董叔欲为系援 ……………………………… (298)
5. 赵简子欲有斗臣 …………………………… (298)
6. 阎没叔宽谏魏献子无受贿 ………………… (298)
7. 董安于辞赵简子赏 ………………………… (299)
8. 赵简子以晋阳为保鄣 ……………………… (300)
9. 邮无正谏赵简子无杀尹铎 ………………… (300)
10. 铁之战赵简子等三人夸功 ……………… (301)
11. 卫庄公祷 ………………………………… (301)
12. 史黯谏赵简子田于蝼 …………………… (302)
13. 少室周知贤而让 ………………………… (302)
14. 史黯论良臣 ……………………………… (302)
15. 赵简子问贤于壮驰兹 …………………… (303)
16. 窦犨谓君子哀无人 ……………………… (303)

17. 赵襄子使新稚穆子伐狄 …………………………（303）
18. 智果论智瑶必灭宗 ………………………………（304）
19. 士茁谓土木胜惧其不安人 ………………………（304）
20. 智伯国谏智襄子 …………………………………（304）
21. 晋阳之围 …………………………………………（305）

郑语 ………………………………………………………（307）
1. 史伯为桓公论兴衰 ………………………………（307）
2. 平王之末秦晋齐楚代兴 …………………………（313）

楚语上 ……………………………………………………（314）
1. 申叔时论傅太子之道 ……………………………（314）
2. 子囊议恭王之谥 …………………………………（316）
3. 屈建祭父不荐芰 …………………………………（316）
4. 蔡声子论楚材晋用 ………………………………（317）
5. 伍举论台美而楚殆 ………………………………（320）
6. 范无宇论国为大城未有利者 ……………………（323）
7. 左史倚相儆申公子亹 ……………………………（324）
8. 白公子张讽灵王宜纳谏 …………………………（325）
9. 左史倚相儆司马子期唯道是从 …………………（327）

楚语下 ……………………………………………………（329）
1. 观射父论绝地天通 ………………………………（329）
2. 观射父论祀牲 ……………………………………（331）
3. 子常问蓄货聚马斗且论其必亡 …………………（333）
4. 蓝尹亹避昭王而不载 ……………………………（335）
5. 郧公辛与弟怀或礼于君或礼于父 ………………（336）
6. 蓝尹亹论吴将毙 …………………………………（336）

7. 王孙圉论国之宝 ………………………………… (337)

8. 鲁阳文子辞惠王所与梁 ………………………… (338)

9. 叶公子高论白公胜必乱楚国 …………………… (339)

吴语 ……………………………………………………… (343)

1. 赵王句践命诸稽郢行成于吴 …………………… (343)

2. 吴王夫差与越荒成不盟 ………………………… (345)

3. 夫差伐齐不听申胥之谏 ………………………… (346)

4. 夫差胜于艾陵使奚斯释言于齐 ………………… (348)

5. 申胥自杀 ………………………………………… (348)

6. 吴晋争长未成句践袭吴 ………………………… (350)

7. 吴欲与晋战得为盟主 …………………………… (351)

8. 夫差退于黄池使王孙苟告于周 ………………… (354)

9. 句践灭吴夫差自杀 ……………………………… (355)

越语上 …………………………………………………… (362)

句践灭吴 …………………………………………… (362)

越语下 …………………………………………………… (367)

1. 范蠡进谏句践持盈定倾节事 …………………… (367)

2. 范蠡劝句践无蚤图吴 …………………………… (370)

3. 范蠡谓人事至而天应未至 ……………………… (370)

4. 范蠡谓先为之征其事不成 ……………………… (371)

5. 范蠡谓人事与天地相参乃可以成功 …………… (371)

6. 越兴师伐吴而弗与战 …………………………… (372)

7. 范蠡谏句践勿许吴成卒灭吴 …………………… (373)

8. 范蠡乘轻舟以浮于五湖 ………………………… (375)

参考文献 ………………………………………………… (377)

序

最近一些年来,一股"国学热"的思潮强劲涌动,在文化学界以至于整个社会上,引起了强烈反响。为什么在这样一个社会的大变革时代,在从传统社会向现代社会的转型期,最为传统的国学,却能引起国人的极大兴趣,这的确是一个值得思考和研究的问题。

"国学"作为一个学术文化概念,产生于近代。从渊源上讲,"国学"概念的产生,与"国粹"有些关联,并且是从对抗西学侵入的角度提出来的。今天,中华民族早已是一个独立于世界民族之林的自立自强的民族,全球经济一体化所带来的世界文化的汇合与交融,也早已是历史发展的必然趋势,而在这样的历史大势中,却会有"国学热"的产生,乍一看来,确有不可思议之处。但实际上,国学的当代走红,则与我们今天所处的历史时代有着一定的关系。

随着改革开放的迅速推进,随着市场经济的强劲发展,传统道德受到了强烈冲击,传统文化与现代文化观念的碰撞也日益强烈。于是,如何看待传统文化的问题,就严峻地提到了国人的面前。传统文化的出路何在,它从何而来,要走向何方,如何对之进行价值重估,一切关心文化问题,有着强烈历史责任感的人们,无不把关注的目光投向中国的传统学术。当然,也不排除一些对改革开放和市场经济所带来的冲击无法理解和接受,对现代经济发展对传统道德的亵渎强烈抗议的人们,自然而然地发出向传统文化复归而倡导国学的呼声。总之,不论是出于积极的思考,还是抱着一种向后看的心态,对国学的重视则成了最近十多年来一种普遍的文化选择。

于是,对待"国学热"就需要有一个分析的态度。对于任何一个民族的发展来说,传统文化都是其牢固的根基,是其一切历史的出发点,摒弃传统、甚至全盘否定传统文化,都是幼稚可笑的,不可取的。但一遇到问题就求助于传统,甚至一味狂热地提倡向传统复归,也是走不通的,过去那句常说的"倒退是没有出路的"话,虽说不是什么至理名言,却也还是有些道理的。这些年来,一些地方出现的中小学生、甚至幼儿园小朋友的读经热,就是一种值得注意的倾向。国学,毕竟是一种学术,需要有一定的文化基础,有一定的分析批判能力,才能对之进行识读、鉴别而决定其取舍。所以,严格地说,对于国学,尤其是经学,在当代中国,需要的是研究以及在此基础上的批判继承,而不是再像传统社会中那样采取唱诗班的方式,对青少年一代进行无分析地灌输。因此,如何弘扬传统文化,就是一个需要思考的问题。

正是基于以上考虑,为着弘扬优秀传统文化的需要,也为着对社会上盲目崇尚读经的风气有所引导,我们组织了这套"国学新读本"丛书,选择一些在中国传统文化中影响较大的国学典籍,对之进行简明扼要的注释,然后在读本前边,用较大篇幅解读该典籍的基本思想文化内涵,评述其在中国文化史上的地位和影响,并对如何阅读该典籍做出读书方法上的引导。通过这样一个较为翔实的导读内容,以批判分析的态度,给青年人的国学典籍阅读提供一个健康的思想导向。根据这样的宗旨,这套丛书,在大的结构上,每本都分为通说和简注两个部分,通说是导读的性质,简注在于疏通文字,希望这样的安排,能够为青年朋友和一般社会读者提供一个国学入门的向导。果能如此,也就实现了撰著者和出版者的愿望。

国学所以是国学,就在于它是我们祖国优秀民族文化和民族精神的载体。在这些国学典籍中,包含着民族文化的基因,蕴藏着民族精神的范型。衷心期待这套丛书能够成为广大读者学习国学精华,体认民族精神,继承祖国优秀文化遗产的良师益友。

李振宏
2008 年 2 月 28 日

《国语》通说

《国语》是我国先秦一部著名史书,同时也是一部著名的史传文学著作,不仅具有很高的史学价值,也具有很高的文学价值,历来受到人们的重视。下面,我们将从以下几个方面对《国语》作一简单的介绍。

一　关于《国语》的作者

关于《国语》的作者,至今仍是一个众说纷纭的话题。

讨论《国语》的作者,总免不了要牵连到《左传》。司马迁在《史记·太史公自叙》及《报任安书》中均有"左丘失明,厥有《国语》"的文句,将《国语》与左丘明联系了起来,认为左丘明是《国语》的作者。这一说在汉代没有异议,无论是刘向、刘歆还是班彪、班固,以及王充都认为左丘明是《国语》的作者。刘歆上疏以及王充《论衡·案书篇》还把《国语》称为《春秋外传》。至于汉代为《国语》作注的郑众、贾逵等人,往往也精通当时号为古文经学的《左传》。我们甚至可以大胆地推测这些人之所以热衷为《国语》作注,极有可能与《左传》有关,这一点从三国吴人韦昭的《国语解叙》中不难推论出。

然而《左传》、《国语》何以有内、外之分？左丘明既作《左传》，何以又作《国语》？大概内传、外传是汉人解经术语，如《韩诗》有内传，又有外传。同样解《春秋》的《公羊》、《穀梁》也都有外传，这些都被记载于《汉书·艺文志》。内传与外传的差别在于内传与经的关系密切，专注于解经；而外传则辅佐内传，虽与经有关联，却并非专注于解经。如王充解释《国语》何以称《春秋外传》时说："《左氏》传经，辞语尚略，故复选录《国语》之辞以实。"也就是说《国语》是用来补充《左传》的，所以《国语》便是《左传》的外传。至于三国韦昭的《国语解叙》说得就更加明白了，他说："昔孔子发愤于旧史，垂法于素王。左丘明因圣言以摅意，托王义以流藻，其渊原（源）深大，沈懿雅丽，可谓命世之才，博物善作者也。其明识高远，雅思未尽，故复采录前世穆王以来，下迄鲁悼、知伯之诛，邦国成败，嘉言善语，阴阳律吕，天时人事逆顺之数，以为《国语》。其文不主于经，故号曰'外传'，所以包罗天地，探测祸福，发起幽微，章表善恶者，昭然甚明，实与经艺并陈，非特诸子之伦也。"

尽管直到今天仍然有很多人相信左丘明作《国语》，但不可否认的一点是，《左传》与《国语》确实有许多差别。兹举几例：

《左传》成公十六年记载郤至到周王室献捷，向单襄公自夸自己的功劳，想要借助周王室的力量当上晋国的执政。而《国语·周语》记载却是郤至先见召桓公并吹嘘自己如何当机立断打败楚国，然后召桓公向单襄公说起此事，才有了单襄公的这番评论。

《左传》襄公二十一年，先是晋国执政范宣子派栾盈到著地筑城，顺势驱逐栾盈，然后栾盈出奔楚，范宣子杀栾盈之党箕遗、黄渊、嘉父等。而《国语·晋语八》记载却是箕遗、黄渊、嘉父等作乱，失败而被杀。然后晋平公使祁午、阳毕到曲沃逐赶栾盈，栾盈方才奔楚。

《左传》襄公二十七年，蔡声子为了帮助蒙冤出逃的椒举回国,用"楚材晋用"的实例游说令尹子木。子仪之乱,析公臣奔晋,并在绕角之役中帮助晋国打败楚国;雍子的父亲谗害雍子,雍子奔晋,后来雍子在彭城之役中帮助晋国打败楚国;同样,因为夏姬的缘故,申公巫臣奔晋,后交通吴、晋并诱导吴国伐楚,使楚人疲于奔命;苕敖之乱,苗贲皇奔晋,后败楚于鄢陵之战。而《国语》叙述此事,记载鄢陵之役中帮助晋国打败楚国的是雍子,与《左传》不同。

吴、晋争盟,《左传》记载晋先歃盟,为盟主。而《国语·吴语》记载却是吴人先晋而盟为盟主。

以上我们挑选主要的举例说明《左传》、《国语》的差异,至于说到细微差别,更是不胜枚举。如哀公二年卫庄公聩蒯祷告,《左传》不记"昭考灵公",而《国语》则有。正因为有这些差异的存在,所以从晋代傅玄开始,便有人不断对左丘明作《国语》的说法提出质疑。尤其是唐代的啖助、赵匡、陆贽等,认为《左传》比《公羊传》、《榖梁传》浅薄,且有很多谬误不实之处,应该是孔子后学中精通史事的人所作。而左丘明是孔子前辈,与《左传》作者无关,"自古岂止有一丘明姓左乎?何乃见题左氏悉称丘明?"至于《国语》的作者,与《左传》作者不同,"《左传》、《国语》文体不伦,序事多乖,定非一人所为也。盖左氏广集诸国之史以解《春秋》。子弟门人见事迹多不入《传》,或复不同,故各随国编之,以广异闻。"①宋代叶梦得说:"古有左氏、左丘氏。太史公称:'左丘失明,厥有《国语》。'今《春秋传》作左氏,而《国语》为左丘氏,则不得为一家,文体亦自不同,其非一家书明甚。"②而那些坚信左丘明作《国语》的学者,在解释何以《左传》、《国语》出自一人之手却参差不齐时说:"先儒多怪左丘明既传《春秋》,又作《国语》。为之说者多矣,

---

① 朱彝尊:《经义考》卷一百七十六,页910。
② 朱彝尊:《经义考》卷一百六十九,页876。

皆未甚通也。先君以为丘明将传《春秋》，乃先采集列国之史，因别分之，取其精英者为《春秋传》，而先所采集之稿，因为时人所传，命曰《国语》，非丘明之本志也。故其辞语繁重，序事过详，不若《春秋传》之简直精明，浑厚遒峻也。又多驳杂不粹之文，诚由列国之史学有厚薄，才有浅深，不能醇一故也。不然，丘明作此重复之书何为邪？"①是以《国语》为左丘明作《左传》而预先收集的各国史料，且是他人所传，不是左丘明的本义。

自近代以来，关于《国语》作者的讨论，不断有新的意见出现。如康有为作《新学伪经考》，主张左丘明只作《国语》五十四篇，后来刘歆"既分其大半凡三十篇以为《春秋》为今本之《国语》，故仅得二十一篇"②。这种说法也得到梁启超、崔适、钱玄同、胡适等人的赞同，产生了很大的影响。但因为缺乏坚实依据而全凭主观臆断，后来的学者便渐渐舍弃了康氏之说。此外如卫聚贤认为《国语》成于左丘明后代左人郢及其后代之手，作成于楚国③。郭沫若认为《国语·楚语》为楚国左史倚相所作，其余则成于吴起之手④。至于《国语》的作者，王树民认为《国语》的作者不出于一时一人，而是各国史官所作，其编者是左丘氏。而这个左丘氏应该是赵国人或与赵国接近的人⑤。而谭家健、沈长云认为，《国语》很可能是出于三晋人之手⑥。杨伯峻则对司马迁《报任安书》所说的"左丘失明，厥有《国语》"产生了怀疑，认为"司马迁本应说'左丘失明，厥有《春秋》'，为着避免上文'孔子厄陈蔡作《春秋》'重复《春秋》

---

① 司马光语，引见《经义考》卷二百九，页1071。
② 康有为：《新学伪经考》，中华书局1956年，页87—88。
③ 卫聚贤：《古史研究》，商务印书馆1934年，页177。
④ 郭沫若：《青铜时代》，群益出版社1935年，页199。
⑤ 王树民：《〈国语〉的作者和编者》，《文史》第25辑，1986年。
⑥ 谭家健：《关于〈国语〉的成书时代和作者问题》，《河北师院学报》1985年第2期；沈长云：《〈国语〉编撰考》，《河北师院学报》1987年第3期。

两字,于是改《春秋》为《国语》,硬把《国语》的作者加于左丘明,遂成为后代争论问题之一"。并说《报任安书》所举诸例,很多是非历史的,不足为信。①

通过仔细研读《国语》本文以及先哲时贤的研究成果,我们更倾向于认为《国语》是先秦时期的一部《语》书。《国语·楚语上》中申叔时在讨论如何教育太子时说:"教之春秋,而为之耸善而抑恶焉,以戒劝其心;教之世,而为之昭明德而废幽昏焉,以休惧其动;教之诗,而为之导广显德,以耀明其志;教之礼,使知上下之则;教之乐,以疏其秽而镇其浮;教之令,使访物官;教之语,使明其德,而知先王之务用明德于民也;教之故志,使知废兴者而戒惧焉;教之训典,使知族类,行比义焉。"其中"语"便是教材的一种。古代典籍中,以"语"名篇者甚多,如《论语》、《家语》、《管子·短语》等。汉初陆贾作书命名曰《新语》,显然是此前有"语"书存在,故区别之曰《新语》。出土文献中,《晋书·束晳传》载汲冢竹书中有言晋楚事的《国语》三篇。20世纪70年代,马王堆汉墓帛书中出土有《春秋事语》,最近出土的湖南慈利楚简中也有类似于《吴语》的内容,基本同于今本《国语·吴语》,也有不见于今本者,所见史事包括黄池之盟和吴越争霸等内容。至于定州简、阜阳简、郭店简、上博简等出土文献中更有大量记言为主的"语"书,说明先秦时期作为文体一种的"语"是十分兴盛的,且作品数量十分可观。

作为一部"语"书,《国语》主要记载各国成败兴亡的经验教训。其基本思路是,先由某人对某事作出预言,并最终验证这一预言。在整个事件的发展过程中,通常有人及时对事件作出点评,其立论的根本便是德。如《晋语一》、《晋语二》、《晋语三》、《晋语四》说骊姬之乱,其整个事件的展开却都是围绕"献公卜伐骊戎,

---

① 杨伯峻:《〈左传〉成书年代论述》,《文史》第6辑,1979年。

史苏占之,曰:'胜而不吉。'"展开的。关于这一点,我们在下文分析其文学成就时还要涉及,在此就不多说了。

关于《国语》的作者,我们也认为它和左丘明没有太大的关系。根据材料的安排和取舍,我们推测《国语》的作者不可能是某一个人,但它的整理者可能是一个鲁国人。首先我们看《国语》二十一篇中,《齐语》、《晋语》、《楚语》、《吴语》、《越语》说的都是春秋霸主的史迹。郑国虽不属于"春秋五霸"之列,但"春秋小霸"之名也足以使其在国之兴亡的《国语》中占据一席之地。周王室作为天下共主也理当占据一席之地。剩下的就是鲁国了,从《国语》中我们看不到鲁国有什么值得称道的霸业。既然这样,《国语》的作者要把《鲁语》写进《国语》,极大的可能是因为《国语》的整理者是鲁国人。其次我们对比《鲁语》所涉及鲁国史事与《左传》有关系的,发现二者基本相同,没有太大出入,尤其是人物的语言几乎可以对应起来,这在《国语》中是仅有的特例。兹举一例:

(《左传》僖公二十六年)夏,齐孝公伐我北鄙。……公使展喜犒师,使受命于展禽。齐侯未入竟,展喜从之,曰:"寡君闻君亲举玉趾,将辱于敝邑,使下臣犒执事。"齐侯曰:"鲁人恐乎?"对曰:"小人恐矣,君子则否。"齐侯曰:"室如悬罄,野无青草,何恃而不恐?"对曰:"恃先王之命。昔周公、大公股肱周室,夹辅成王。成王劳之,而赐之盟,曰:'世世子孙,无相害也。'载在盟府,大师职之。桓公是以纠合诸侯而谋其不协,弥缝其阙而匡救其灾,昭旧职也。及君即位,诸侯之望曰:'其率桓之功!'我敝邑用不敢保聚。曰:'岂其嗣世九年而弃命废职?其若先君何?君必不然。'恃此以不恐。"齐侯乃还。

(《国语·鲁语上》)展禽使乙喜以膏沐犒师,曰:"寡君不佞,不能事疆场之司,使君盛怒,以暴露于弊邑之野,敢犒舆师。"齐侯见使者曰:"鲁国恐乎?"对曰:"小人恐矣,君子则否。"公曰:"室如悬磬,野无青草,何恃而不恐?"对曰:"恃二先君之所职业。昔者成王命我先君周公及齐先君太公曰:'女股肱周室,以夹辅先王。赐女土地,质之以牺牲,世世子孙无相害也。'君今来讨弊邑之罪,其亦使听从而释之,必不泯其社稷;岂其贪壤地,而弃先王之命?其何以镇抚诸侯?恃此以不恐。"齐侯乃许为平而还。

就举例所见《国语》与《左传》对比,可以发现两者在表述方面的相似性。学界普遍承认《左传》的作者是鲁国人,而《国语·鲁语》能与《左传》保持一致,说明《国语》的整理者与《左传》的作者一样,非常熟悉鲁国的史事。据此我们可以推断,《国语》的整理者极有可能也是鲁国人。

最后我们再来看看《左传》与《国语》所采用史料的异同情况。据统计,《国语》中的《周语》记事53次,与《左传》相同的有9次,占17%;《鲁语》记事26次,与《左传》相同的有20次,占77%;《齐语》记事5次,与《左传》相同的有3次,占60%;《晋语》记事92次,与《左传》相同的有68次,占74%;《郑语》记事16次,与《左传》相同的有2次,占12.5%;《楚语》记事40次,与《左传》相同的有5次,占12.5%;《吴语》记事4次,与《左传》相同的有2次,占50%;《越语》记事1次,与《左传》不相同。《国语》记事237次,与《左传》相同的109次,占46%;不同的为128次,占54%。数据显示,《鲁语》与《左传》相合的比例最高。《左传》是以鲁国为中心的历史叙事,而《国语》以如此高的比例契合《左传》,极有可能因为整理《国语》者与鲁国关系非同一般,说明他也是鲁国人。

总结上述,关于《国语》的作者历来分歧很大,一些人认为《国语》的作者是左丘明,而也有人反对这种意见。而《国语》与《左传》的关系也同样歧义纷纷,一些人将之比作内、外传,而一些人认为这完全是没有关系的两部书。我们认为《国语》是一部语书,而

《左传》是事典,两者叙事有重合,但实际上却是没有太大关系的两部书。它们的成书年代大致相同,这是两者在叙事以及思想性等方面有相同处的客观原因。由于史料的残缺,今天我们已经不可能确切知道《国语》的整理者是哪个人了,但大致可以推知他与鲁国关系非常的密切,可能是个鲁国人。至于司马迁说左丘明作《国语》,也可能是整理《国语》的人托名左丘明而已。

二 《国语》的版本与流传

《国语》的成书时代与《左传》相仿佛,约在战国中期前后。想来也一定难逃秦始皇焚书的厄运,近人刘节认为今本《国语》乃先秦语书的残剩,是有一定道理的①。到了汉代,随着经济的渐渐复苏,惠帝四年(公元前191年)废除了"挟书令",于是先秦旧籍便纷纷复出。司马迁作《史记》便参考了《国语》,如《五帝本纪·太史公曰》:"予观《春秋》、《国语》,其发明五帝德、帝系姓章矣。"从汉武帝元朔五年(公元前124年)下令搜求先秦旧籍,到汉成帝河平三年(公元前26年)再次下诏访求遗书,内府藏书激增。刘向校理图书,编著《新国语》。《汉书·艺文志》著录《国语》二十一篇,班固自注:"左丘明著。"《新国语》五十四篇,班固注:"刘向分国语。"刘向的《新国语》早已亡佚,今不得见。《汉书·艺文志》中,《国语》归入《六艺略·春秋类》。西晋荀勖编著《晋中经新簿》,分图书为甲、乙、丙、丁四类,甲部为六艺及小学之书,乙部为诸子及兵书类,丙部为史记类,丁部为诗赋图赞类,而《国语》仍在《甲部·春秋类》。《隋书·经籍志》分图书为经、史、子、集四类,《国语》仍处于《经部·春秋类》。直到清乾隆年间编纂《四库全书》,

---

① 刘节:《左传国语史记之比较研究》,《说文月刊》1944年5卷2期。

《国语》方才从经部分离出去,归入《史部·杂史类》。

准确地说,《国语》的经书地位与《左传》有密切的关系,因为自汉代以来绝大多数人相信《国语》的作者是左丘明,而人们又相信左丘明是《左传》的作者,因而随着《左传》地位的提高,《国语》也越来越受到人们的重视。尤其是东汉以后,有很多人注《国语》,这就和《左传》地位的提升有关。据韦昭《国语解叙》,东汉时期郑众曾为《国语》作过训诂,但史书对这部书没有记载。韦昭《国语解》、《北堂书钞》以及《文选注》偶尔保存郑众《国语训诂》的只言片语,清人黄奭、马国翰、蒋曰豫等人曾辑录过这部书。《后汉书·贾逵传》记载贾逵作《国语解诂》二十一卷,该书至唐代时尚流传于世,后来亡佚了。但文献中保留的这部书的佚文很多,清人王仁俊、劳格、蒋曰豫、黄奭、马国翰等都有辑本。尤其清人汪远孙《国语三君注辑存》中有贾逵注一卷,收罗较为完备。三国时期,魏人王肃,吴人唐固、虞翻均为《国语》作注。黄奭自《左传正义》与《史记集解》中辑得王肃《国语章句》八条,编为一卷。而唐固、虞翻《国语注》文献保留较多,尤其是韦昭的《国语解》多有采用。今天我们能见到的最早、最完备的注本是三国时吴人韦昭的《国语解》,他说他"因贾君之精实,采虞、唐之信善,亦以所觉,增润补缀。参之以五经,检之以内传,以《世本》考其流,以《尔雅》齐其训。去非要,存事实",对《国语》中的字词、名物、制度、史事都做了简明扼要的注释,又保留了郑众、贾逵、唐固、虞翻等人的《国语》训释,所以颇受世人重视,是研读《国语》的必读书。韦昭之后,晋五经博士孔晁有《国语注》二十卷,这部书也早已亡佚了。孔颖达《左传正义》采用颇多,清人黄奭、马国翰等有辑本。

目前通行的宋刻本韦昭《国语解》有二:一为宋庠补音本,因宋庠字公序,故称公序本;一为宋明道二年的刻本,世称明道本。史载宋庠"取官私十五六本校定为《补音》",故而盛行于后世。然其中也有很多讹误,故清代著名藏书家黄丕烈"省览每病不尽,传临又屡失真",重取明道本细为校勘,著成《校刊明道本韦氏国语解札记》二卷,附于明道本后,造福后学。从此以后,明道本取代公序本,成为最通行的《国语》刊本。

清代考据之学昌明,对《国语》的校刊、注疏以及辑佚等都取得了丰硕的成果。辑佚的对象是郑众、贾逵、唐固等汉魏人《国语》注解,著名的辑佚学者有黄奭、马国翰、汪远孙等,成就最大当数汪远孙《国语三君注辑存四卷》。清人的《国语》校刊主要是用公序本与明道本对校,或以《左传》、《史记》等与《国语》对校,成绩卓著者如黄丕烈《校刊明道本韦氏国语解札记》、汪远孙《国语明道本考异》、俞樾《春秋外传国语平议》等。清人的《国语》注疏以疏释或驳正韦昭的《国语解》为主,又韦注以简洁著称,许多词语缺略不释,清人对之加以补释,清人疏释《国语》成就较大的有洪亮吉《国语韦昭注疏》、董增龄《国语正义》、汪远孙《国语发正》等,此外如孔广栻《国语解订讹》、刘台拱《国语补校》、姚鼐《国语补注》等也有一定参考价值。

清末至民国间,注释《国语》者有吴曾祺《国语韦解补正》、沈镕《国语详注》、徐元诰《国语集解》等,其中吴著采众家之说,便于参考;沈著选择《国语》重难点予以重注,徐注最晚出,故网罗众说,采集详备,实为明清以来《国语》注疏之集大成者。

解放后,《国语》的研究相对于《左传》等先秦史籍来说,仍是滞后,其成就主要是在译注上,而译注也没有能超越韦昭《国语解》以及清人的研究。重要的如邬国义等《国语译注》、薛安勤等《国语译注》,比较简练,使用起来比较方便。董立章《国语译注辨析》,在注释方面不囿于韦昭《国语解》,而是广泛吸取清人注释成果,间有发明。尤其是文后的"辨析",内容涉及历史神话、风俗礼制、天文地理、政治哲学、文化军事等诸多方面,十分便于初学者参考。而来可泓《国语直解》，在注释方面基本上采纳韦注，值得重视的是其逐篇评析，或阐明时代背景，或总结历史教训，或分析人物，或评价思想、探讨写作特色，既评又析，深入浅出，确实是作者"用心最勤的地方"（作者自评语）。

大体上来说，《国语》专书研究尚不多见，其历史、思想、文学等诸多方面的价值尚有待进一步发掘。

三 《国语》的主要内容

作为一部以记言为主的历史著作，《国语》记载史事上起周穆王征伐犬戎，下迄周定王十六年（公元前453年）韩、赵、魏联合灭智伯。《周语》始于公元前976年（夏商周断代工程研究西周王年的成果认为周穆王元年为公元前976年，在此我们姑且以此年为《国语》所记西周史始年），止于公元前510年晋卿魏献子之亡于大陆泽之火。《鲁语》始于公元前684年齐鲁长勺之战，止于公元前484年季康子"欲以田赋"。《齐语》始于公元前686年齐桓公回国即位，止于公元前643齐桓公死。《晋语》始于公元前709年武公伐翼，止于公元前453年韩、赵、魏三家灭智。《郑语》从"郑桓公为司徒"说起，史称郑桓公在周幽王八年（公元前774年）为王室司徒，而且紧接着西周就灭亡了，郑桓公也死于王室之难。如此《郑语》所记事当在公元前774年至前771年之间。《国语》在其他地方也写到郑国史事，如《周语》记载的周天子以翟伐郑事、郑人伐滑、秦师袭郑过周北门等。《楚语》始于楚庄王（公元前613至前591年在位），止于公元前479年白公胜之难。《吴语》始于公元前496年吴王夫差起师伐越，止于公元前473年吴国灭亡。《越语》始于公元前494年越王勾践"栖于会稽之上"，止于公元前473年灭吴。所以《国语》所述史事基本上是春秋史。

宋叶适说:"《春秋》因诸侯之史,录世变,述霸政。"这话确实一点都没有错,一部春秋史便是一部大国诸侯争霸史。因而《国语》也特别关注诸侯争霸的治国方略,并围绕诸侯争霸选择有关的历史题材。齐国是春秋战国时期的东方大国,在当时的政治舞台上十分活跃,可记述史事很多,但《齐语》只记述管仲助齐桓公争霸事而不及其他。《晋语》是《国语》中内容最多的部分,共九篇一百二十七则,占《国语》内容将近一半。从内容上着眼,《晋语》可以分为两部分,《晋语一》至《晋语四》为一部分,重点叙述晋文公争霸史事,骊姬之乱以及晋惠公种种无道行径只是为晋文公的登场作浓重铺垫而已。《晋语五》到《晋语九》为另一部分,说狐氏、原(先)氏、卻氏、胥氏、栾氏、羊舌氏、范氏、中行氏(荀氏)、知氏(荀氏)、韩氏、魏氏、赵氏等晋卿的兴替。但晋文公之后,晋国的霸业并没有衰落,直到三家分晋为止,晋国在名义上一直都是诸侯盟主,况且中间还有晋悼公复霸之事。自春秋中期以后,郑国便处于晋、秦、楚等大国的夹缝中艰难度日。但观看《左传》不难发现,在诸侯争霸史上,郑国始终扮演着重要角色,因为地理位置的原因,郑国成为诸侯争霸的前沿阵地,因此也成为晋、楚等大国极力争取的对象。不仅如此,早在西周末年郑桓公友为王室卿士时便享有极高的威望。郑桓公死于幽王之难,其子郑武公曾协助平王东迁而有功于周王室,武公子郑庄公又为王室卿士,故郑国在春秋初年国力强盛,号称春秋小霸。故《国语》选录郑国史事为《郑语》,而《郑语》只记述史伯为郑桓公畅论天下大事,建议郑桓公占据新郑为中心的洛济河颍为根据地,目的正是为了突出春秋初年郑国首霸的情势。楚庄王为"春秋五霸"之一,但庄王之后,楚国渐渐走上了下坡路,由内乱最终招致外患。《楚语》从楚庄王始,止于楚惠王,实际上也是着眼于楚国由霸到衰的这样一个过程。至于《吴语》、《越语》写吴越之战,实际上也就是写吴越争霸的盛衰兴替的过程。《国语》以较大的篇幅写周王室史事，主要因为周王室是天下共主。另外，正是周王室的衰落才出现群雄逐鹿的局面，而周王室也是群雄争霸的重要棋子。而鲁国既不是天下共主，也不是争霸的诸侯国，《国语》之所以记载《鲁语》，原因就是《国语》最初的整理者是鲁国人，具体论述已见上文。

关于春秋霸主有"春秋五霸"说，而五霸名号则有四说。《墨子·所染》和《荀子·王霸》认为五霸是齐桓公、晋文公、楚庄王、吴王阖庐、越王勾践，而《白虎通·号》则记载了两说：齐桓公、晋文公、秦穆公、楚庄王、吴王阖庐，或曰齐桓公、晋文公、秦穆公、宋襄公、楚庄王，唐代颜师古注《汉书·诸侯王表》则曰五霸为齐桓公、晋文公、宋襄公、秦穆公、吴王夫差。对照《国语》可知先秦时人认为五霸是指齐桓公、晋文公、楚庄王、吴王阖庐、越王勾践，故《国语》记载春秋霸业而选编了《齐语》、《晋语》、《楚语》、《吴语》、《越语》。由于《国语》内容分布十分不均匀，《齐语》、《郑语》、《吴语》、《越语》等不仅内容少，所述事件也比较单一。甚至像《齐语》几乎等同于《管子·小匡》，《郑语》只记郑桓公东迁之谋。所以有人认为今本《国语》并非先秦《国语》旧本。比如顾颉刚先生就认为原本《国语》没有《齐语》，今本《国语》中的《齐语》系后人从《小匡》中采录而出，以补《国语》之不足，而《郑语》也只是原本《郑语》的一部分①。今传本《国语》非先秦旧本自毋庸烦言，但考虑到《国语》记事及编撰目的，则今传《国语》在编排体例上当与先秦旧本相同。齐国作为"五霸"之一，是不大可能缺载的。而至于《郑语》或缺略春秋初年郑庄公小霸时事，其位置或许当在《齐语》之前。

---

① 顾颉刚：《春秋三传及国语之综合研究》，巴蜀书社1988年。

四 《国语》的政治思想

我们认为《国语》这部书在语言风格和叙事模式方面并不统一，整理者似乎没有在这些方面作整齐划一的改编工作，这些史料基本上还保留着其原始的面目。但在材料的选择、人物的选择等方面，整理者却是有目的的，他对材料的组织从总的方面来说是围绕霸业进行的，表现的人物也基本上是霸主，如齐桓公、晋文公、夫差、勾践等人。霸主何以能霸？这是《国语》的整理者最为关心的问题，所有的材料几乎都为此而展开。所以《国语》可以看作是一本政治教科书，它所体现出来的最有价值的思想便是它的政治思想和治国方略。细分条目，这些思想应该包括以下几个方面：

（一）崇礼。从源头说起，礼仪最初应该起源于风俗习惯。凭借这些习惯，人们来协调全体氏族成员之间在生产、生活等各种社会领域内的关系。到了阶级和国家产生以后，这些习俗就演化为各种礼仪，并作为制度化的东西固定下来成为强制性的统治手段，要求全社会都要遵守。礼不仅规划了社会层次和结构，同时也规定了人所必须遵守的行为准则，遵守自己作为一个社会的人所必须履行的角色要求。惟其如此方能算是一个真正的社会的人，一个真正隶属于某一群体的人，正所谓"人能自曲直以赴礼者谓之成人"①。而一个社会或一个群体，只有其成员遵从礼的约束与规定，秉礼而行，这样的社会群体方能获得稳定的社会结构。所谓"王臣公，公臣大夫，大夫臣士，士臣皂，皂臣舆，舆臣隶，隶臣僚，僚臣仆，仆臣台"②，社会群体的关系就这样被固定下来。"礼义立则

---

① 《左传》昭公二十五年。
② 《左传》昭公七年。

贵贱等"①,"礼无所逆"便是制定礼仪的统治者所追求的目标。而如果失去了礼的约束和规范,社会就将陷入无序,所谓"治国而无礼,譬犹瞽之无相与"。历史上盛传"周公之礼",事实上就是周公制定一套适合周朝统治的礼仪制度,亦即"周礼"。其核心在于"媚于天子",以维护周天子"天下共主"的地位。

自西周末年以后,周天子的"天下共主"的地位渐渐被削弱。到了春秋时期,周王室的地位更是一落千丈,人们说到春秋时期常常说那是一个"礼坏乐崩"的时代,也正是孔子所说的"礼乐征伐自诸侯出"的无道时代。所以在《国语》中记载了许多违礼之事,尤其多见于《周语》和《鲁语》。周礼既然以"媚于天子"为核心,周王室自然是周礼最大的受益者,按道理说周天子应该是周礼最坚决的拥护者。但我们通读《国语》后发现,如果说周天子维护周礼,可能只有三件事:一是周襄王拒绝了晋文公请隧的无礼要求,二是周襄王拒杀卫成公,三是周定王为晋卿随会讲不用全烝之礼。除此以外,多为违反礼制的行为。周宣王不籍千亩,料民于太原,立戏(鲁懿公)。而周厉王不仅专山林之利,还企图钳民之口。所以人说礼坏乐崩始自周王室。就《国语》记载的西周史事而言,其中绝大多数都与周王室连年不断地进行战争有关。可以说自周朝建立以来,周王室始终没有能妥善地处理好与四夷之间的矛盾,成王、周公东征,见诸《诗经》、《尚书》以及青铜铭文;康王、昭王也连年用兵,同样见诸史籍及出土铜器铭文;穆王征伐犬戎见诸《国语》;厉王、宣王年间更是战争不断,读读《诗经》中的《六月》、《江汉》、《常武》等便可以想见当时战争的频繁。常年的战争便势必耗费大量的物力和人力,对经济的破坏可想而知。而周王室为了

---

① 《礼记·乐记》。

充实武备和国库便要最大限度地榨取庶民,所以便有了"厉始革典"①,即废弃井田制,向山泽新垦私田征收赋税,也就是《国语》记载的周厉王专山泽之利。而此举又导致了周王室与王畿内国人的矛盾,最终酿成了"国人暴动"。其后虽经"宣王中兴",但周王朝已经是一蹶不振了。不仅失去了对诸侯的号召力,也在客观上动摇了西周礼制,造成了"礼坏乐崩"的局面。到了东周以后,周天子更是成为周礼的直接破坏者,如周襄王以狄伐郑以及娶狄女为后,这便完全违背了周礼的精神。而周景王不顾大臣的反对,铸造大钱以盘剥百姓,此与周厉王专山泽之利有什么本质的区别呢?同时他又不顾大臣的反对,铸造大钟,浪费财力物力,使得财亡民疲,百姓无不怨恨。甚至于要废长立幼,从根本上颠覆了宗法制。虽说最终未能实现,却也导致王子猛和王子朝之间的冲突。

　　而对于鲁国而言,因为史传周公制礼,"先君周公制周礼"也是鲁人的口头禅,按说他们对周礼应该最具敬畏之心。昭公二年晋使韩宣子聘于鲁,见《易象》与《鲁春秋》,慨然曰:"周礼尽在鲁矣!"但研读《国语》我们同样不难发现,鲁人,主要是鲁国国君对周礼的破坏,如鲁庄公如齐观社、鲁庄公要宗妇觌哀姜用币等。另外参考《左传》《论语》《礼记》等书的记载,可以看到在鲁国从鲁侯到三桓等大夫都做了许多违背周礼的事情。但值得注意的是,《国语》记载的几件违礼之事都和鲁庄公有关。鲁庄公在位期间鲁国与齐国争胜,发生了几次大的战争,如庄公九年(公元前685年)齐鲁乾时之战、庄公十年的长勺之战等。但随着齐国称霸局面的逐渐形成,齐鲁关系发生了微妙的变化。庄公十三年,齐桓公为平定宋国的内乱,在北杏(今山东东阿县境内)会盟诸侯,显示出齐在诸侯国中的地位。是年冬天,庄公与齐桓公在柯(今山东阳谷

---

① 《周语下·太子晋谏灵王壅谷水》。

东北)结盟,鲁国已服从了齐国。庄公十七年,鲁庄公欲与莒国联合叛齐,但遭到了齐的打击。庄公十九年,齐联合宋、陈两国攻打鲁国的西境。至此,鲁国彻底向齐屈服,而鲁庄公也改变了与齐争胜的策略,转而讨好齐国,形成了鲁弱齐强的格局。鲁庄公死后,鲁国发生了庆父之难,而根源却在哀姜,也就是《国语》中那个使得鲁庄公屡屡违犯周礼而极力讨好的女人。《国语》作者多次批判庄公,批判庄公为哀姜而置周礼于不顾的行为,是大有深意的,其目的在于警诫那些违礼而行、逆礼而动的人,把庄公当成了反面的典型。

但这并不等于说人们就彻底地鄙弃周礼了。首先对于周王室和鲁国以及其他诸侯国的违礼行为,《国语》的整理者常常借助大臣或贤能之士予以批判。周厉王专利,于是邵公谏弭谤;周景王铸大钱与大钟,便有单穆公进谏。而且就《周语》而言,在其全部33条记载中,有23条给出结果,违礼者都没有好的下场。如穆王征伐犬戎,结果导致"自是荒服者不至";而厉王弭谤,专山泽之利,结果被国人流放到了"彘"这个地方。同样宣王不籍千亩,结果至三十九年(公元前798年),王师于千亩败于姜氏之戎。宣王立鲁武公之子戏,不符合嫡长子继承制,结果鲁人杀了戏。宣王于是伐鲁,立孝公,但"诸侯从是而不睦"。这些方面从反面表明了《国语》整理者对周礼的重视。

其次,人们对于何谓礼、礼有何用等问题依然有十分清醒的认识。"昭明物则,礼也"①、"礼所以观忠信仁义也"②、"奉义顺则谓之礼"③,礼不仅可以显示行事主体内心是否诚敬,更主要的是

---

① 《国语·周语上·内史过论晋惠公必无后》。
② 《国语·周语上·内史兴论晋文公必霸》。
③ 《国语·周语中·单襄公论郤至佻天之功》。

强调礼的社会规则意义,强调其对社会秩序的维护意义。晋室之乱,骊姬陷害群公子,夷吾与重耳皆流亡国外。后来晋室平定,夷吾率先返回晋国,即位为晋惠公。公元前649年,周襄王派邵公过和内史过赐予晋惠公侯爵命圭,但晋惠公受命时简慢无礼,"执玉卑,拜不稽首",而晋臣吕甥、郤芮为傧相也很不恭敬。当然实际的情况可能是周王室地位下降,晋室君臣根本不把天子赐命当一回事,所以才有如此无礼之举。但猥侮王命也等同于鄙弃周礼,鄙弃了周礼的规则意义。所以内史过断言晋室肯定要亡国,即便不亡国则晋惠公支脉也一定不能享有晋国,而吕甥、郤芮也将不免杀身之祸。因为先王制定礼仪的目的在于昭明物则,轻慢了礼也就等于否定了规则,百姓又怎么能顺从?其结果只能是"无镇"、"无民"。果不出其所料,公元前644年晋惠公在韩原之战中被秦人俘虏,其子晋怀公后来也被杀,而吕甥、郤芮也被秦人杀死。而同为晋室之乱受害者的公子重耳在公元前636年回国即位时,也举行了天子赐命的盛大典礼。但在典礼中晋文公重耳因为能够知礼、尊礼、循礼而行,受到了周天子使臣内史兴的称赞。内史兴认为晋文公"逆王命敬,奉礼义成",具有忠信仁义之德,必将称霸诸侯。后来践土之盟,晋文公果为诸侯霸主。

宴飨朝聘离不开礼,治国同样离不开礼。"夫礼,所以正民也"①,国君应该为国人树立楷模,昭示好的形象。所以鲁庄公想到齐国去观社,便招致曹刿的批评。他认为鲁庄公的行为违背了古制,既无益于训民,且让后嗣蒙羞。不仅如此,而且礼也是"国之纪也"②,无礼便无以立国。公元前574年柯陵之会,晋厉公"视远步高",而晋国三卿郤锜言语冒犯,郤犨说话喜欢绕圈子而缺乏诚

---

① 《国语·鲁语上·曹刿谏庄公如齐观社》。
② 《国语·晋语四·卫文公不礼重耳》。

信,郤至又喜欢吹嘘表彰自己。单襄公见晋侯及其大臣视、足、言、听都有违礼制,便断言晋室将发生内乱,晋厉公及三郤都将不免于难。后来晋厉公杀了三郤,不仅将三郤陈尸朝堂之上,又"纳其室以分妇人",行为极其无耻。于是上行下效,"国人不蠲",晋厉公本人被栾书、中行偃杀死。

甚至于在你死我活的敌我双方的交战中,人们也没有废弃周礼。《晋语六》记载公元前575年晋楚鄢陵之战中,晋军将领郤至率军追击楚平王,但每次见到楚平王,郤至都会下车奔跑,退出战斗。之所以如此是因为礼制规定,一方在战斗中见到敌国的国君要退出战斗。后来楚平王派人赐予郤至一张弓以示慰问,而郤至在会见楚平王的使者时,也是脱去头盔恭恭敬敬听完楚平王的命辞。所以君子评价郤至"勇以知礼"。

先秦时期,人们区分夷夏,似乎四夷便是荒蛮无礼的代名词。但实际上周礼是当时天下的通则,不仅中原文化圈的华夏民族尊奉周礼,所谓的蛮夷也是如此。考古发现证明,楚人的墓葬制度是完全符合周礼规定的,《国语》记载的《楚语》也同样表现了楚人对周礼的尊奉。楚卿屈到十分喜欢吃菱角,临死前便遗言用菱角作为祭祀他的祭品。后来宗老在祭祀时便打算遵照屈到遗言行事,但却遭到了屈到之子屈建的反对。他引用《祭典》"国君有牛享,大夫有羊馈,士有豚犬之奠,庶人有鱼炙之荐,笾豆、脯醢则上下共之",认为不能因为屈到的个人嗜好而"干国之典"。屈建所提到的《祭典》大概是周代关于祭祀礼制的一部礼典,与其他传世文献的记载也相吻合,如《礼记·王制》:"国君无故则不杀牛,大夫无故则不杀羊,士无故并不杀犬豕。"《礼记·内则》:"凡接子择日,冢子则大牢,庶人特豚,士特豕,大夫少牢,国君世子大牢,其非冢子则皆降一等。"等,均可与屈建语相比照,以证屈建所言《祭典》乃周代之通则。此外如楚昭王与观射父论祭祀用牲都与文献记载的周礼相符合。

从上文来看,无论是从正面对遵礼行为的褒扬,还是从反面对违礼行径的批判,都可以看出《国语》的整理者对礼的尊崇。礼的修身治国作用被高扬,甚至到了得礼则霸,失礼则亡的程度,晋文公和晋惠公的史事便是例证。

(二)重德。作为一部记载训诫谏说之辞和存身保国之道的语书,《国语》对"德"的劝勉和褒奖可谓竭尽全力。《国语》一书共249次提到"德",这在先秦典籍中算是比较多的了。尤其《周语下·单襄公论晋周将得晋国》,对"德"有比较充分的表述。晋襄公的孙子为惠伯谈,惠伯谈的儿子为姬周,姬周也就是后来的晋悼公在骊姬之乱中也受到冲击,被派到周王室侍奉单襄公。姬周的言行举止无不合乎周礼的规范,所以单襄公便预言姬周有朝一日一定能成为晋国国君。因为他认为姬周的品行可以称得上"文",而"文"则是"德"的总名,所谓"敬,文之恭也;忠,文之实也;信,文之孚也;仁,文之爱也;义,文之制也;知,文之舆也;勇,文之帅也;教,文之施也;孝,文之本也;惠,文之慈也;让,文之材也"。并且称"象天能敬,帅意能忠,思身能信,爱人能仁,利制能义,事建能知,帅义能勇,施辩能教,昭神能孝,慈和能惠,推敌能让"。而这十一种德行都集于姬周一身,所以单襄公才作出姬周得国的断言。单襄公论德析分为"敬"、"信"、"仁"、"义"、"知"、"勇"、"教"、"孝"、"惠"、"让"等数端,可谓系统而丰富、具体而深切。今仅就其大者,结合《国语》中实例,略加分析。

1. 主恭敬。敬是先秦时期重要的伦理观念。"敬,德之聚也,能敬必有德。"①孔子以后,"敬"作为修身观念被强调。而孔子之前,"敬"主要被认为在治国中起着非常重要的作用。按照牟宗三

---

① 《左传·僖公三十三年》。

先生的观点,"敬"起源于忧患意识,是由"德之未修,学之不讲"而引发的"'临事而惧'负责认真的态度,从负责认真引发出来的是戒慎恐惧的'敬'的观念"①。《尚书》中的《尧典》、《舜典》等篇反复叮咛的"钦哉",即有"敬"的内涵,而《皋陶谟》之"愿而恭,乱而敬"将恭和敬作为对某种德行的规定,敬已经成为治理国家者应有的态度和品质要求。周代则要求为政者要"敬用五事",强调人们处理事情时要有恭敬的态度。在《国语》中,"敬"的内涵仍是针对治国之用和临事态度而发,其曰"受命不迁为敬"、"弃命不敬"②、"夫敬,德之恪也,恪于德以临事,其何不济"③,认为"敬"是德之至,强调如能以至德临事,则可以成就万事。而且在《国语》中,"敬"尤其作为臣子处事态度被反复强调。《周语中·刘康公论鲁大夫俭与奢》中记载刘康公论君臣之道,其中就提到了"敬恪恭俭,臣也",认为这四种是臣子应该具备的品行。因为"敬所以承命也,恪所以守业也,恭所以给事也,俭所以足用也。以敬承命则不违,以恪守业则不懈,以恭给事则宽(远)于死,以俭足用则远于忧。若承命不违,守业不懈,宽于死而远于忧,则可以上下无隙矣。其何任不堪?上任事而彻,下能堪其任,所以为令闻长世也"。这种上下一贯、前后承接的逻辑性表述,将臣子之德以及德与德之间的关系交代得很清楚了。同样,公子申生也说"死不忘君为敬"④,范武子卸任之前也强调"承君命惟敬",所有这些都强调为臣者尤其要秉持"敬"的品性。

2. 守忠信。作为人伦道德的重要范畴,忠信在《国语》中被反复强调,"忠不可暴,信不可犯,忠自中,而信自身,其为德也深矣,

---

① 牟宗三:《中国哲学的特质》,上海古籍出版社1997年。
② 《国语·晋语一·献公将黜太子申生而立奚齐》。
③ 《国语·晋语五·臼季举冀缺》。
④ 《国语·晋语二·骊姬谮杀太子申生》。

其置本也固矣"①。《国语》内容主要记载了春秋时期大国争霸的史事,为成就霸业,忠信便成了国与国之间、君与臣之间维系关系的纽带。例如《周语上·内史过论晋惠公必无后》章记载,公元前650年,晋惠公即位,周天子派邵武公和内史过颁赐侯服以及命圭,但晋惠公君臣非常无礼,甚至晋惠公执圭位置在腰部以下,拜赐时磕头也没有及地。于是内史过在回到王室后便和周襄王说:"晋不亡,其君必无后。且吕、郤将不免。"为什么要这样说呢?因为做成大事必须要依靠众人的力量,"先王知大事之必以众济也",而要想得到民众支持就必须排除邪念,对百姓施行恩惠,即"祓除其心,以和惠民";还要将心比心,"考中度衷";行为合礼,昭明法度,"昭明物则";制定规章制度也要便利百姓,以取信百姓,"制义庶孚"。所谓"祓除其心,精也,忠也,礼也,信也;然则长众使民之道,非精不和,非忠不立,非礼不顺,非信不行。"但作为诸侯,晋惠公却是一个反复无常的人,全无信誉可言。当初在冀芮的怂恿下,公子夷吾贿赂内外,回晋国即位为晋惠公。但回国以后,先是以"子杀二君及一大夫,为子君者,不亦难乎"为借口杀里克,后来又杀丕郑。然后又背弃当初与秦国的约定,没有将河西五城割让给秦国。公元前647年,晋国闹饥荒,向秦国求援,秦国以道义民生为重,不计前嫌运粮救助晋国渡过了难关。而到了公元前646年,秦国闹饥荒,向晋国购粮,但晋国君臣却背信弃义而回绝了秦国的要求。所以当晋惠公失礼于周王室的赐命,内史过便断言晋惠公必无嗣而不能守国。果然,公元前645年秦晋韩原之战,秦胜晋,晋惠公被俘,其子晋怀公后来也被杀。与晋惠公形成鲜明对比的是,晋文公重耳可以算是一个守信重诺之人。回国即位以

---

① 《国语·晋语八·叔向论忠信而本固》。

后,重耳"信于君心,信于名,信于令,信于事"①,任用贤臣,大赏功臣,又打出"尊王"的旗号,获得了上上下下的支持。城濮之战,晋国主动"退避三舍",既是军事策略上的考虑,也是为了兑现当初的诺言,终于一战成就霸业。

此外,《国语》还记载了一些守忠信的臣民,如忠以事国临死不惧的郑国执政叔詹,辞官不出而不愿欺骗鲁襄公的鲁大夫季冶等。

3.尚谦让。《周易·谦》卦说:"天道下济而光明,地道卑而上行。天道亏盈而益谦,地道变盈而流谦,鬼神害盈而福谦,人道恶盈而好谦。"古人说"谦"以卑退、屈己下物为义,孔颖达《周易正义》说:"谦者,屈躬下物,先人后己。"②古人十分推崇谦让,"德莫若让"③,将之作为处理人际关系的重要原则。《国语》中记载了许多谦让的例子,今举正反一例。

先看正面的例子。《晋语五》记载公元前589年,齐国和晋国在靡笄山打了一仗,即著名的"鞌之战",战争的结果是晋国大败齐国。当时范文子任上军主帅,而郤献子却任中军统帅。战斗结束后,范文子最后入城。他的父亲范武子就说我非常担心你,希望能早点见到你,难道你不知道吗?范文子说,是郤献子统率三军取得了胜利,如果我先入城,岂不会让国人都注意我而忽略了郤献子,所以不敢先入城。范武子听后非常高兴,称赞范文子能谦卑处事,可以消除灾祸。想当初范文子朝堂之上抢先回答秦使者的三个问题,而犯了恃才自傲好表现自己的错误,结果遭到了范武子的杖责。而今范文子处事谨慎,不掩人之功,故范武子才十分高兴。

---

① 《晋语四·箕郑对文公问》。
② 孔颖达:《周易正义》,十三经注疏本,中华书局1980年页30。
③ 《周语下·晋羊舌肸聘周论单靖公敬俭让咨》。

与之相反的是晋新军副帅郤至。公元前575年晋楚鄢陵之战，晋大胜楚。晋厉公派郤至到周王室告捷，但郤至却自我表彰，把功劳都揽到自己的头上。他认为他有三种美好品质：勇敢（指他三次追逐楚平王）、守礼（每次见到楚平王，郤至都下车行礼）、仁慈（俘获郑伯后又释放了他）。参诸《左传》、《史记·晋世家》等文献，知郤至所言并非全为虚言，鄢陵之战，他确实立了大功。用他自己的话讲就是他看到了楚军在五个方面露出失败的兆头，即"背宋之盟"、"德薄而以地赂诸侯"、"弃壮之良而用幼弱"、"建立卿士而不用其言"、"夷、郑从之，三陈而不整"。但问题在于郤至认为"微我，晋不战矣"，太抬高自己了，而且还想谋求晋国执政之位，并吹嘘他如果"知晋国之政，楚、越必朝"。晋国的军制是四军，依次为中军、上军、下军、新军。当时郤至为新军佐，居第八位。所以邵桓公认为郤至谋求正卿的职位，属于失次。但狂傲的郤至自比荀伯、赵盾、栾书，不认为失次。所以当邵桓公将郤至的言行告诉王室卿士单襄公时，单襄公预言郤至"兵在其颈"，灾难即将降临到郤至的头上。单襄公所以这样说的理由便是谦让，尽管人的本性总想凌驾别人，但却不能掩盖别人的长处，所以"君子不自称"，原因便是"恶其盖人"。现在郤至企图凌驾在七人之上，其结果必然是遭到七人的怨恨。况且在单襄公看来，郤至所谓的"三伐"（三种美好品质）恰恰是三奸（三种耻辱的行为）：

> 夫仁、礼、勇，皆民之为也。以义死用谓之勇，奉义顺则谓之礼，畜义丰功谓之仁。奸仁为佻，奸礼为羞，奸勇为贼。夫战，尽敌为上，守和同顺义为上。故制戎以果毅，制朝以序成。叛战而擅舍郑君，贼也；弃毅行容，羞也；畔国即仇，佻也。有三奸以求替其上，远于得政矣。以吾观之，兵在其颈，不可久也。①

----

① 《周语中·单襄公论郤至佻天之功》。

单襄公预言郤至不得善终且为时不久。果然,就在使周的第二年,郤至便被晋厉公杀死。而单襄公所说的"圣人贵让",直到今天仍然有一定的借鉴意义。

4.尚宽惠。宽能容人,惠能得人,故为君者尚宽惠。"宽肃宣惠,君也",因为:"宽所以保本也,肃所以济时也,宣所以教施也,惠所以和民也。本有保则必固,时动而济则无败功,教施而宣则遍,惠以和民则阜。若本固而功成,施遍而民阜,乃可以长保民矣,其何事不彻?"①刘康公此番话实际上道出了人君南面之术。如果人君气度狭小,国"以小怨置大德",自然将失去许多贤才。此类记载,广见于《国语》。如整篇《齐语》就记载齐桓公任用管仲而终于雄霸诸侯的故事。但当初公子纠和公子小白(齐桓公)争立,辅佐公子纠的管仲为阻止公子小白,曾箭射公子小白,并中其钩带。公子小白假死迷惑了公子纠才占得先机,抢先一步回国即位,是为齐桓公。齐桓公即位后要挟支持公子纠的鲁人杀死公子纠,但听说管仲有治国之才便捐弃射钩之仇,重用管仲,遂称霸诸侯。齐桓公与管仲君臣相遇的故事在当时便广为流传,《晋语四·寺人勃鞮求见文公》中,晋文公不见当初奉命讨伐自己且砍断自己一只袖口的寺人勃鞮,寺人勃鞮便说晋文公"德宇不宽裕",而称赞齐桓公胸怀宽广能容人,"管仲贼桓公而卒以为侯伯。乾时之役,申孙之矢集于桓钩,钩近于袪,而无怨言,佐相以终,克成令名。"后来晋文公不仅"遽出见之",而且向寺人披承认自己有不能容人的"恶心"。其实晋文公历经磨难之后,可以算是一个心胸宽广的人。他不仅原谅了寺人披,也原谅了当初要杀自己的郑叔詹,以及不服自己的阳樊人。之所以最后他能继齐桓公而称霸,其心胸宽广而能得人也是一个重要的因素。我们再看吴王夫差。吴越议和以后,

---

① 《周语中·刘康公论鲁大夫俭与侈》。

夫差就打算率兵北上攻打齐国,意图争霸中原。老臣伍子胥极力反对,认为"越之在吴,犹人之有腹心之疾也。夫越王之不忘败吴,于其心也戚然,服士以伺吾闲","夫齐、鲁譬诸疾,疥癣也,岂能涉江、淮而与我争此地哉?将必越实有吴土。"但夫差不听伍子胥的直言进谏,执意北伐。公元前484年,吴、齐战于艾陵,吴胜齐。回国后,夫差召见伍子胥。不可一世的夫差不仅在伍子胥面前耀武扬威一番,"今天降衷于吴,齐师受服。孤岂敢自多,先王之钟鼓,寔式灵之。敢告于大夫"。还给伍子胥扣上了一顶大帽子:"今大夫老,而又不自安恬逸,而处以念恶,出则罪吾众,挠乱百度,以妖孽吴国。"而忠贞不渝的伍子胥为了吴国的利益,情愿以死直谏,以"以悬吾目于东门,以见越之入,吴国之亡也"这样泣血之言警告夫差,以求其能幡然悔悟。但夫差不仅听不进圣哲之言,而且残暴而促狭地将伍子胥的尸体"盛以鸱鴺,而投之于江"。后来夫差与晋国争当盟主,却被越王勾践端了老巢。最后自杀而死,临死前心有所悟,自觉无颜面见伍子胥于地下,"使死者无知,则已矣;若其有知,吾何面目以见员也",但却是悔之晚矣!①

5.重智慧。《周语下·单襄公论晋周将得晋国》说:"知,文之舆也。"将智慧比作是道德的车子,有之德则行,无之德则废。在《国语》中,"知"主要是指能适时进退出处,能明哲保身,所谓"事建能知"。事建指能处理百事,亦即能对各种看是纷繁的局面有一个清晰准确的判断,能料事于萌芽。对此,我们不妨结合一个实例来分析。《晋语八·赵文子称贤随武子》记载晋国正卿赵武某一次和叔向在晋国卿大夫墓地游观时说:"如果这些逝去的晋国大夫能起死回生,那么我应该向谁学习呢?"叔向提到了三个人,其中所提到的"阳子"即是阳处父,晋国的大夫,曾任晋襄公的太傅。赵

---

① 《国语·吴语》。

文子认为阳子不能明哲保身,所以他的智慧不够。其实关于这一点,早在阳子活着的时候就已经有人指出了。《晋语五·宁嬴氏论貌与言》记载阳处父奉命到卫国聘问,返回的途中在宁嬴氏的旅馆住了一夜。原本宁嬴氏要追随阳处父,因为从外貌上判断,宁嬴氏认为阳子是一个有德君子。但结果中途宁嬴氏便回来了,没有追随阳子。原来宁嬴氏在路上和阳子交谈,发现阳子外貌虽是仪表堂堂,但内心情感不丰富,且语言表达能力很差。尤其致命的是,阳子"刚而主能,不本而犯,怨之所聚",是很容易招来杀身之祸的人。后来宁嬴氏预言应验,晋襄公七年,阳处父利用太傅的权势擅自改变了军队检阅的地点,并改变了之前命狐射姑为中军元帅的任命,改任赵盾为中军元帅,因此被怀恨在心的狐射姑派人暗杀。而文中被赵文子称赞的随武子即范武子士会,赵文子认为士会既仁且知。《国语》记载士会的行事只有三则,都是围绕他善于明哲保身的处世之道展开的。第一则记载随武子主动请求辞官,以让位于郤献子。因为郤献子在出使齐国时遭到了齐顷公妇人的讥笑,所以回来以后便请求讨伐齐国。范武子正是为了不触犯郤献子的怒气,才主动退避,因为他深刻了解"干人之怒,必获其毒"的道理。第二则很显然是为了保护他儿子,教育他儿子不要掩人以招怨。因为其子范文子在会见秦国使者时,在众大夫都不能回答秦国使者问难的情况下,三次回答了秦国使者的提问。而范武子认为这是"三掩人于朝",所以便杖责范文子。第三则是范武子对范文子的称许。也许是武子的言传身教还是起到了一定的作用,在鄢笭之役胜利后,范文子不敢先入城,以避掠美之嫌。所以范武子才连声称赞他儿子已经知道全身避祸的道理,以及如何全身远祸的方法。

此外《国语》记载不能避祸的人还有晋太子申生及晋大臣里克等,而楚国鲁阳文子辞惠王所赐以及越国的范蠡在亡吴复国后,浮五湖以逝,都堪称全身之道的大智慧之人的典范。

6. 戒淫奢。这里的"淫"不是好色的意思,而是说行为超过一定的礼仪规范,有僭越之嫌。无论是天子、诸侯还是一般的士大夫,都生活在一定的社会谱系中,行为言语都要遵守一定的规范,遵守一定的节制,过制便谓之淫。《周语下·单穆公谏景王铸大钟》记周景王要铸造一套过制的编钟,于是遭来单穆公的非议。单穆公的理由是,先王关于制钟是有一套制度的,即"大不出钧,重不过石",钧通均,相当于今天所说的"标准音";而"石"则指钟的重量。而周景王铸钟超过先王制度,"听之弗及,比之不度,钟声不可以知和,制度不可以出节"。这必将导致"有狂悖之言,有眩惑之明,有转易之名,有过愿之度",使民有离心,国家危殆。但周景王不听劝告,一意孤行,最后还是铸成超出先王制度的大钟,而他最终的结局却是"王崩,钟不和"。同样,晋文公在安定王室之后,请求天子葬礼。但被周襄王拒绝,而且被周襄王柔中带刚地讥讽了一顿。所以孔子批评晋文公"谲而不正",主要是针对这类违反制度的事情而言。

而奢与俭相对,先秦人重视节俭而反对奢侈,"俭,德之共也;侈,恶之大也"。《国语》中也记载了一些节俭和奢侈的例子,通过它们的结局,表明了非常坚定的戒奢重俭观念,把节俭作为一条非常重要的治家和治国规范。如《周语中·刘康公论鲁大夫俭与侈》记载刘康公聘于鲁,在回来以后说到鲁国大夫时认为季文子、孟献子将长期保持福禄,而叔孙宣子、东门子将不会长久而必将败亡。因为臣之道之一便是俭,"俭所以足用","足用则远于忧"。鲁国的季文子、孟献子节俭,故其家族足以托庇。而叔孙宣子、东门子等过分追求享受,便不能遵守礼的约束,不仅会僭越礼制,甚至私欲膨胀,产生政治野心,所以说"人臣而侈,国家弗堪,亡之道也"。后来刘康公的话果然应验了。周定王十六年(公元前591

年),东门子家与鲁宣公密谋,想借用晋国的力量除掉三桓。结果子家出使晋国还没有回来,鲁宣公死了,季孙行父便驱逐子家,子家只好逃往齐国。周简王十一年(公元前575年)叔孙宣伯与鲁宣公夫人穆姜商量,想要借助晋国力量除掉季、孟两家。结果晋人不答应,鲁国大夫联盟驱逐季孙宣伯,季孙宣伯也只好逃往齐国。再看鲁庄公。鲁庄公重新修缮鲁桓公的庙,用红漆油了柱子,又在椽上刻了花纹。按照当时礼制的规定,天子、诸侯的宗庙只能用微青黑色;诸侯宗庙之椽甚至都不能打磨得太光滑,更不要说雕刻花纹了。所以鲁庄公用红色漆柱子,在椽上刻花纹纯属追求美观,不仅违礼,也有奢侈之嫌。所以主管工匠的大夫庆批评鲁庄公忘记了先君的美德,使得"令德替矣"。或以为鲁庄公美饰桓公之庙是为了在哀姜面前炫耀,或以为庄公是为了以此表达孝思。但不管如何,庄公违背了节俭之德,便理应受到批评。此外像《楚语上》记载楚灵王为章华之台而极尽奢华并深以为美,而伍举却"不闻其以土木之崇高、彤镂为美"、"不闻其以观大、视侈、淫色以为明"。如果修台尽奢而使"国民罢焉,财用尽焉,年谷败焉,百官烦焉,举国留之,数年乃成",不仅不是美,而且还将导致国家危殆。相同的例子还有晋国的智襄子,其"为室美",但"室成,三年而智氏亡"。所有这些事例都足以发人深省,使为国为政者警惕。

(三)事天与保民。治国大事到底是听命于神还是听命于人,这是殷周政权更迭以后,周朝统治者苦心思索的一个问题。在殷商时期,国之大事听命于鬼神,所谓"殷人尊神,率民以事神,先鬼而后礼"。① 但这样的一个"大邑商"顷刻间却土崩瓦解了,这让刚刚胜利的周王朝统治者未免有些战战兢兢。到底是什么决定了国运的兴亡,冥冥之中的神真的能决定一切么?他们面临着抉择。

---

① 《礼记·表记》。

思考的结果,周人得出了自己的结论:"天命靡常"①。这是周人对殷周之际王权所以更迭的简洁概括,既是周人总结夏商王朝变更的重要成果,也是周初政治思想的基础。在此基础上,周人作出了"敬天保民"的政治抉择。

敬天并不等于否定天神的存在,事实上不论是出土文献还是传世文献都可以证明周人的鬼神观念与殷商人有同有异。相同的是,他们和殷商人一样相信,在天上有一个"帝"的存在,"文王陟降,在帝左右"。这个"帝"无时无刻不在监视着地上发生的一切,而且它也能主宰地上的一切,周取代商,也是"帝"的意志,"上帝既命,侯服于周"。所以从传世文献及出土文献中不难看出,周人对上帝和祖先神的祭祀周备而隆盛,其虔诚的心志也昭然若揭。比如《逸周书·世俘》记载克商之后杀"殷俘王士百人",《大盂鼎》铭刻"畏天畏(威)"等,而绝大多数的青铜铭刻都要提到作器是为了祭祀某位先祖。不同的是,周人的鬼神不仅具有人格意志,也同时具有道德意志。在周人的表述中,天神的道德意志和"民"密切相关,即所谓"天聪明自我民聪明,天明畏自我民明畏"(《尚书·皋陶谟》),"民之所欲,天必从之"(《尚书·泰誓》)。天、民的关系便成了事实上的一体关系,民是天意的体现者,天是民意的执行者。《周语上·内史过论神》便是这种观念的集中阐发。在内史过的论述中,神是无处不在的,有民的地方就有神,民的体验就是神的体验,或"神飨而民听(顺),民神无怨,故明神降之,观其政德而均布福焉",或"明神弗蠲而民有远志,民神怨痛,无所依怀,故神亦往焉,观其苛慝而降之祸",所以恭顺神灵与慈惠爱民不可偏废。所以当虢公不禋神、不亲民却使人请求神灵赐予土地时,内史过预言虢必亡:

---

① 《大雅·文王》。

> 虢必亡矣,不裡于神而求福焉,神必祸之;不亲于民而求
> 用焉,人必违之。精意以享,裡也;慈保庶民,亲也。今虢公动
> 匮百姓以逞其违,离民怒神而求利焉,不亦难乎!

果然,惠王十九年,虢国被晋国灭掉了,内史过的预言应验了。

很显然,在这种神民一体的观念下,自然而然地便会申发出敬天保民的思想,敬天固然会在宗教祭祀等活动中有所体现,但更主要的现实落脚点却是保民,以慈惠民众达到媚顺天神的目的。《尚书·五子之歌》提出"民惟邦本"的观念,然而《五子之歌》成书年代实在无法确定,至少不是在遥远的夏代。尽管如此,民为邦本的观念产生也一定很早。《周语上·内史过论晋惠公无后》中,内史过曾征引《夏书》曰:"众非元后,何戴?后非众,无与守邦。"意思说百姓没有帝王,就没有了拥戴的对象;而君王如果没有了百姓,就没有办法守护自己的疆土。这实际上也是"民惟邦本"的另一种表达。而且经过了殷周之际政治革新的冲击,民为邦本的观念更加深入人心,得民者得天下的道理已为人们所熟知。《周语上·祭公谏穆王征犬戎》中,祭公谋父在论及殷周易代时说周武王"昭前之光明而加之以慈和,事神保民,莫弗欣喜",而商纣王则是"大恶于民,庶民不忍",所以民众"欣戴武王,以致戎于商牧"。这说明决定朝代变革的因素是人民,民众的意愿也就是天神的意愿,民弃商则天也弃商,周才得以取代商而建立周朝。而失民者亦将失天下,商朝如此,周朝也是如此。周厉王任用专利的荣夷公,芮良夫便预言"周必败"[①]。因为"夫王人者,将导利而布之上下者也,使神人百物无不得其极"。而且"日怵惕,惧怨之来",谨防民神怨愤。但周厉王却任用荣夷公以专利,专利必然遭到百姓的反对,久而久之便会失去民众的支持。芮良夫说"荣公若用,周必败",其

---

① 《周语上·芮良夫论荣夷公专利》。

理由便是"匹夫专利,犹谓之盗,王而行之,其归鲜矣"。其所谓"归",便是主要针对民心的向背而言。

到了春秋时期,随着大国争霸之愈演愈烈,争取民众的支持更成为争霸诸侯的重要政治策略。管仲在回答齐桓公关于治国争霸的问题时,首当其冲的便是安国之策,如何才能使国家安定?管仲认为国家安定的关键便是安民,"滋民,与无财,而敬百姓,则国安矣"。而尹铎为赵简子守晋阳更是深谙"民惟邦本"之道。请看《晋语九·赵简子以晋阳为保障》。尹铎为赵简子治理晋阳,受命之际便问赵简子:"以为茧丝乎?抑为保鄣乎?"也就说是以搜刮钱财为主还是要把晋阳建成赵氏永久的根据地。赵简子选择了后者,于是尹铎到了晋阳后便"省其户数",减轻了晋阳人民的赋税,为赵氏收买民心。果然,公元前453年,智伯恃强,联合韩、魏围攻赵氏,赵简子之子赵襄子据晋阳相抗衡,最终在民众的支持下苦力支撑,终于转危为安。在出走晋阳之前,赵襄子与随从的对话深刻地印证了"民惟邦本"的道理。赵襄子随从所看重的城墙之厚以及储备之多都不能打动赵襄子,因为他知道民和最重要,唯有万众一心才能渡过难关。果然,智伯用汾水灌晋阳,以至于铁锅长期浸泡在水中都有蛤蟆生长于其中,但晋阳人民却仍能一心一意协助赵氏死守。不仅解了晋阳之围,也为以后三家分晋打下了坚实的基础。尹铎为赵氏治理晋阳的故事不禁让我们想起《战国策·齐策》记载的《冯谖客孟尝君》的故事,它们都一样证明了民众的力量。

正因为认识到"民惟邦本"的道理,所以自西周以来,"保民而王"便成为统治者治国方略中不可或缺的一环。因为民之上是王,而王是天所选择的能够秉承天的道德意志而"敬德"、"保民"的统治者。天所选择的王称为天子,天子能够像父母般地爱护人民,所以他才能成为王,此即《尚书·洪范》所云"天子作民父母,以为天下王",《尚书·泰誓》所谓"天佑下民,作之君,作之师,惟其克相上帝,宠绥四方",也是说天是爱惜民众才选择有才德的人作天子,以替天行道。如果王违背了天的道德意志,肆虐于人民,那么天"惟德是辅,改厥元子",就会选择另外一个人来作天子,讨伐暴君,取代他为王。这一点在《国语》中也有显明的体现,"民"字在《国语》中出现了426次便可为明证。

如何保民呢?综合起来则不出两端:一曰以德教民,一曰以财养民。首先看以德教民。"夫德义,生民之本也"①,强调德义教养民众的功效。所以君王保民必崇尚德教,"懋正其德而厚其性","以文修之"使之"怀德而畏威",如此方能"保世以滋大"。晋文公即位时,因为他能循礼而行,受到了天子使臣内史兴的称赞。内史兴认为晋文公"逆王命敬,奉礼义成",具有忠、信、仁、义四德。用四德来教育民众,则"民不怨而财不匮,令不偷而动不携",所以无事不济。事实证明,晋文公确实是一个重视以德教民的贤明君主。请看《晋语四·文公出阳人》。当周襄王赐阳樊与晋文公时,阳樊人不服,晋文公打算以武力镇压。但经过仓葛指责其"无礼"、"无德"之后,晋文公幡然悔悟,称赞仓葛的话是"君子之言",撤去包围,以德教而争取阳樊人的归附。同样在征伐原城时,晋文公约定以三日为限,而过了三日原人仍不服,晋文公便守信撤兵,后来原人主动请降。正所谓"信,国之宝也"②,"信,德之固也"③,晋文公正是靠着诚信之德赢得了民众支持。所以当晋国遇到灾荒时,箕郑便劝晋文公以信来救饥,也就是"信于君心,信于名,信于令,信于事",意思说国君内心常秉持诚信之德,君臣各安其位各行其职,

---

① 《晋语四·文公任贤与赵衰举贤》。
② 《左传·僖公二十五年》。
③ 《左传·文公元年》。

颁布规章制度要令行禁止，办事要诚信。如果能做到这些，百姓就知道君主的内心了，就能取信于民。只要能取信于民，使民知君心，民众便"贫而不惧，藏出如人"，不但饥荒可救，就算是再大的困难也都能解决。凡此种种都可以证明，德行是君主的存身治国之本，以德教民则民德归厚而国家安泰。反之，如果君主不能示民以德，却逆德义而动，则民心无所归依，国家也将陷入危殆。《周语下·单穆公谏景王铸大钟》记载周景王欲铸大钟，招致单襄公的批评。单襄公认为君主如果"出令不信，刑政放纷，动不顺时，民无据依，不知所力，各有离心"就将导致"国其危哉"；而如果能"听言昭德，则能思虑纯固。以言德于民，民歆而德之，则归心焉。上得民心，以殖义方"，如此则"作无不济，求无不获"。可见德教的重要，这其中尤其要强调君主之表率作用。所以《鲁语上》记载曹刿谏止鲁庄公到齐国去观社。社应该是一种大型的集会活动，这种场合下男女相聚，奔者不禁，就如同《诗经·郑风·溱洧》所记载的那样活动。所以《墨子·明鬼》说："燕之有祖，当齐之社稷，宋之桑林，楚之有云梦也，此男女之所属而观也。"也就是为男女见面创造机会的。而鲁庄公作为堂堂一国诸侯，到齐国去看男女游观，实在有损威仪，不成体统。"君举必书，书而不法，后嗣何观？"所以曹刿提出反对。曹刿的核心思想便是"礼，所以正民"，而君主应该成为尊礼守文的楷模，如此方可以善服民众，使民德归心，否则就"无以训民。"当然，纵观整部《国语》，因为无德而失国失民的最典型的例子还是晋惠公，因为无德，其最终落了个"无后于晋国"的下场，教训是何其的深刻而发人深思！

其次是以财养民。祭公谋父劝谏周穆王说："先王之于民也，懋正其德而厚其性，阜其财求而利其器用，明利害之乡，以文修之，使务利而避害，怀德而畏威，故能保世以滋大。"其一便是以德教民，如上文所述；其二便是以财养民，即"阜其财求而利其器用"是也。《国语》中记载以财养民的例子很多,尤其是那些因为害民扰民而失国的反面例子更多。周王室的衰落归根到底便是两个方面的原因:一是不能以德示民,如穆王征伐犬戎;最主要的便是不能以财养民。周厉王任用荣夷公而专山泽之利,便是与民争利,最终被流放于彘。而周宣王号称"中兴之主",但其连年征战妨害民事,尤其是废弃天子亲耕的藉田礼,丢弃了周朝立国之本,也轻慢了"民之大事",如此既不能媚于神又不能和于民,既匮神之祀又困民之财,所以败于姜氏之戎,周王朝最后一次兴盛的机会也失去了。到了东周以后,王室更是衰落,而周天子在加紧盘剥民众财产的同时也更加失去了民众的支持。尤其是周景王,公元前524年,景王欲铸大钱以达到厚敛民资的目的,单襄公加以劝阻。他认为周景王"绝民用以实王府"的做法就好比是堵住河流的源头后形成一个小池塘,一潭死水而已,而且很快就会干涸。这种做法无异于自绝其路,将人民推向了王室的对立面,是"离民"。正确的做法是应该"树德于民以除之(灾祸)",具体地说就是"藏富于民",妥善处理民富与君富的关系。可惜的是,周景王听不进忠言,照样铸了大钱。后来又"绝民之资"铸造大钟,周王室益发衰落便是不可避免的了。

至于说诸侯国例子就更多了。春秋时期大国争霸是你方唱罢我登场,此消彼长。而决定诸侯势力消长的重要因素便是民众,其中尤其重要者便是看能否养民。齐桓公争霸伊始便采纳了管仲"滋民,与无财,而敬百姓,则国安矣"的安民政策,故首霸诸侯;晋文公回国即位便修内政,其中重要的一项措施便是"弃责薄敛,施舍分寡。救乏振滞,匡困资无。轻关易道,通商宽农。懋穑劝分,省用足财",用今天的话说就是一方面减轻百姓负担,另一方面又努力发展经济。所以他能继齐桓公而霸。楚庄王之事在《国语》中言之甚少,但其爱民之心却借伍举得以彰显,"庄王为匏居之台,高不过望国氛,大不过容宴豆,木不妨守备,用不烦官府,民不废时务,官不易朝常"。从伍举的话里不难看出,楚庄王同样也是一个非常节俭且爱民的君主,与建造章华台的奢侈君主楚灵王不同。所以楚庄王也能成为五霸之一。越王勾践之所以能一雪国耻且争霸诸侯,主要原因就在于其能"葬死者,问伤者,养生者,吊有忧,贺有喜,送往者,迎来者,去民之所恶,补民之不足"。相反吴王夫差虽一时极盛,称霸诸侯,但终因"变鲧、禹之功,而高高下下,以罢民于姑苏"而旋败自杀。而楚灵王因为章华台的华美而沾沾自喜,而伍举偏偏不认为这是什么喜事。不仅如此,他还为章华台的华美而忧戚,担心因此导致楚国的败亡。为什么会有如此的担心呢?因为"今君为此台也,国民罢焉,财用尽焉,年谷败焉,百官烦焉,举国留之,数年乃成"。而如此耗费民力民财,只为目观,但"若于目观则美,缩于财用则匮,是聚民利以自封而瘠民也,胡美之为?夫君国者,将民之与处;民实瘠矣,君安得肥?且夫私欲弘侈,则德义鲜少;德义不行,则迩者骚离而远者距违",仅仅是为了"敛民利以成其私欲",却不顾"民蒿焉忘其安乐",所以其不仅不美,反而是"为恶也甚"。① 果然,后来,楚国的民众因为不堪忍受如此的折磨,便在一个叫乾溪的地方背叛了楚灵王。楚灵王孤身一人仓皇出逃,在山林中失魂落魄,过了三天才碰到一个叫畴的专门替宫里打扫卫生的小臣。楚灵王可怜巴巴地说:"我已经三天没有吃饭了。"后来就枕在畴的腿上睡着了。等到楚灵王睡熟了以后,畴就用一块泥巴给楚灵王当枕头,然后自己偷偷地溜走了。楚灵王醒来不见畴的影子,就爬着想进入棘城,但守城的人却不让进。没有办法,只好到了芋尹申亥的家。在芋尹申亥家,楚灵王上吊自杀

---

① 《楚语上·伍举论台美而楚殆》。

了,后来被芊尹申亥草草埋葬了①。楚灵王的下场是何等的可悲又可叹!

所以说,敬天保民作为一条基本治国之策贯穿于西周以来的一切政治生活和日常生活之中。对于《国语》而言,敬天保民也是人主及大臣处理政事的一条重要原则。尤其是保民,得到了高度的重视,甚至临于敬天之上。曹刿论战是大家熟悉的,在《左传》中有记载。恰巧《国语》中也有大致相同的记载,但表述不同。在《鲁语上·曹刿问战》中,曹刿说"惠本而后民归之志,民和而后神降之福",神的降与不降,全凭百姓的意志。如果仅仅凭着一些小恩小惠或者单单靠祭祀,实际上是不能打动神的,更不要说"降福"了。因为"小赐不咸,独恭不优",也就是说没有让更多的人得到君主的恩惠,只能算是"小赐";而只有君主能拿出祭品祭祀神灵,才叫做"独恭"。而"不咸,民不归也;不优,神弗福也",意思说不能遍施恩惠,百姓就不会归心;而祭品不丰富,神灵也就不会赐福。所以"民求不匮于财,而神求优裕于享",其根本还是在广大的民众。很显然,民比神更关键,"夫民,神之主也。是以圣王先成民而后致力于神"②。所以当鲁庄公说出"余听狱虽不能察,必以情断之"时,曹刿便说:"是则可矣。知夫苟中心图民,智虽弗及,必将至焉。"民众才是决定一切的最根本力量。

不仅如此,甚至孟子所谓"民贵君轻"的思想也可以在《国语》里找到相同的表述。《鲁语上·里革论君之过》记载当晋人杀了晋厉公以后,鲁成公便问众人:"如果臣杀了君主,是谁的过错。"在众人都不知如何应对的情况下,里革旗帜鲜明地说是君主的过错。因为君主有很大的权力,一旦君主被杀,说明君主一定是犯了

---

① 事见《吴语·夫差伐齐不听申胥之谏》。
② 《左传·桓公六年》。

很多不可饶恕的错误。接着里革又举了历史上的例子,例如夏桀、商纣、周幽王、周厉王等都是"以邪临民"的君主,只顾自己享受,不问民众死活,所以这些人被杀都是咎由自取。后来孟子说纣是独夫民贼,显然与里革之论很相似。而里革的这番惊世骇俗之论,也可以算是《国语》民本思想表达的极致了。

(四)尚贤。西周时期的官僚举荐制度以"亲亲尚恩"的世袭制为主,但随着周代礼制的被破坏,尤其是大国争霸的时代的到来,"亲亲尚恩"的世袭制观念逐渐被尚贤举能的人才观所取代,从而使尚贤使能逐渐成为我国古代各政治家、思想家所推崇和奉行的一条重要的治国方略。人们已经认识到人才的重要。"为政在人,其人存,则其政举;其人亡,则其政息。"①正是"贤人所归,则其国强"。人才是国家的重要资源,能否及时有效地发现和任用人才,不仅关乎能否争霸诸侯,甚至也关系到国家的生死存亡。作为一部记录春秋时期大国争霸史的史书,《国语》在这方面有着独到的论述,也记载了许多任贤举能的例子。

从大国争霸的角度来看,《国语》记载齐、晋、楚、吴、越等春秋五霸,几乎毫无例外地将春秋霸业与尚贤举能相联系。齐桓公是春秋首霸,然齐桓公所以能成就霸业,与其对管仲的任用有着密不可分的关系。尽管在公子纠与公子小白(即后来的齐桓公)的权力角逐中,管仲曾作为敌人而箭射公子小白,但当鲍叔牙举荐管仲有"五能",即宽惠柔民、治国家不失其柄、忠信可结于百姓、制礼义可法于四方、执枹鼓立于军门使百姓皆加勇,便立刻派人到鲁国要回了管仲。管仲自鲁返齐,劝齐桓公以霸术。而齐桓公也是真心爱才,任管仲为相,虚心向他请教治国方略。最终使齐国大治,齐桓公也因此成就了"九合诸侯,一匡天下"的霸业。《国语·齐

---

① 《礼记·中庸》。

语》在总结齐国成功之道时说:"大国惭愧,小国附协。唯能用管夷吾、宁戚、隰朋、宾胥无、鲍叔牙之属而伯功立。"诚属不诬之言。

再看晋文公争霸。作为晋献公的庶子,公子重耳在夺位之争中本不占任何优势。但因为有贤臣辅佐,使重耳不仅渐渐成熟为一位政治家,也使他一步步登上了晋侯的宝座,并最终继齐桓公之后成为春秋霸主。我们看公子重耳的成长史就不难发现贤才辅佐的莫大之功。先是狐偃使之脱离戎狄而就齐,又靠狐偃的帮助,重耳才不至于沉沦于齐国。到了曹国,僖负羁之妻称赞公子重耳为贤人,其从者都有相国之才,所以劝僖负羁要善待重耳。到了宋国,公孙固也称赞重耳"好善不厌",即"父事狐偃,师事赵衰,而长事贾佗。狐偃其舅也,而惠以有谋。赵衰其先君之戎御,赵夙之弟也,而文以忠贞。贾佗公族也,而多识以恭敬。此三人者,实左右之"。到了楚国,子玉要杀重耳以绝楚患,但被成王拒绝,因为"晋公子敏而有文,约而不谄,三材侍之,天祚之矣"。到了秦国,秦穆公将怀嬴许配给公子重耳,这是重耳政治命运的重大转折。但如果不是胥臣臼季以及狐偃,重耳也许将失去这次机会,那其后的命运就不可知了。在晋献公死后重耳和夷吾回国嗣位这件事上,正是采纳了狐偃的正确抉择才得以以退为进,并最终占据主动。其实,从重耳告诉狐偃"里克欲纳我"、"非丧谁代,非乱谁纳我"等话中,可以推断重耳是非常想利用这个机会一试身手的。但当狐偃告诉他不要急于冒险时,他方才明白"不哀丧而求国,难;因乱以入,殆"的道理,并义正辞严地拒绝了屠岸夷的请求。尤其是他得体地辞谢了秦国使者公子絷的暗示,得到了秦穆公的称许,这是后来秦穆公善待重耳的重要原因之一。回国以后,对内重耳能"昭旧族,爱亲戚,明贤良,尊贵宠,赏功劳,事耇老,礼宾旅,友故旧。胥、籍、狐、箕、栾、郤、柏、先、羊舌、董、韩,寔掌近官。诸姬之良,掌其中官。异姓之能,掌其远官",任用贤能,大封有功;对外则采纳狐偃的建议，出兵勤王，打出"尊王"的旗号，为称霸诸侯铺平道路。纵观晋文公的行事经历，可以看出他成功的每一步都离不开贤臣的帮助。

至于吴王夫差与越王勾践之所以命运不同，重要的因素还在于人才。夫差刚愎自用，听不进伍子胥的逆耳忠言，甚至逼迫伍子胥自杀，随后就只能落得国破身死的下场。相反越王勾践能采纳范蠡及大夫种的建德善言，不仅一雪国耻，还最终称霸诸侯。

读《国语》，我们常常能读到许多智者的故事。他们凭借自己的学识、经验或者是道德、责任感，勇敢地匡正君王过失（如祭公谋父、虢文公等）、担当拯救国家于危难的道义（如如齐告籴的臧文仲、以膏沐犒师的弦喜等），或者提出忠告（如长勺之战的曹刿、多次忠告重耳的狐偃等）、对事情的发展作出非常正确的预判（如内史过、内史兴、单襄公、叔向等）。甚至于我们可以说《国语》中真正集忠义、智慧于一身的不是高贵的周天子，也不是显赫的春秋霸主齐桓公、晋文公等，而是那些出言献策的贤臣谋士。事实上，齐桓公的每一步行事无不是管仲的策略和谋划。所以当子路认为管仲不死为"未仁"时，孔子说："桓公九合诸侯，不以兵车，管仲之力也。如其仁！如其仁！"而公子重耳贪婪齐国的舒适生活而不愿意离开齐国，试想如果不是狐偃设计，历史上也许就不会有那个威名显赫春秋霸主晋文公了。

不仅如此，对于那些荐贤的人，《国语》也不遗余力地予以表彰。据《晋语四·文公任贤与赵衰举贤》记载，晋文公问赵衰谁能够作中军元帅时，赵衰首先推荐了郤縠。赵衰认为郤縠不仅知识广博，而且非常好学。而先王法典以及历史都可以说是道德的宝库。一个爱学习的人德行一定高，而且能时时牢记百姓利益。接着晋文公又要任命赵衰为卿，但赵衰主动推荐了栾枝。因为栾枝这个人正直、谨慎，又有先轸辅佐，一定能成大事。后来赵衰又推荐了狐毛、先且居等，事实证明，赵衰推荐可谓知人。为此晋文公当众称赞赵衰"三让"，认为赵衰三让，每次都能为国家举荐到优秀的人才。所以晋文公后来特意施行五军制，建立了新军，分别称为新上军和新下军，赵衰任新上军统率，后来又任命赵衰为中军副帅。晋文公对赵衰能够"三让"，感到特别满意，称赞说："赵衰三让不失义。让，推贤也。义，广德也。德广贤至，又何患矣。"意思说赵衰三次谦让都符合礼制，而且为国家举荐贤才，而有这样的人，国家社稷一定稳如泰山。

晋大夫祁奚"内举不避亲"，推荐自己的儿子祁午接替自己的军尉之职，也是一段有名的荐贤佳话。《晋语七·祁奚荐子午以自代》记载晋国大夫祁黄羊在晋悼公即位后被任命为中军尉，后来老了便想辞去军尉之职。晋悼公便让他推荐继任者，于是他便推荐了自己的儿子祁午。用祁奚的话说，就是"择子莫若父"，所以他推荐自己的儿子便显得胸怀坦荡荡。在介绍自己儿子优点时，祁奚从少年知顺，壮年知学，成人知敬等三个方面表彰祁午。而祁午"殁平公，军无秕政"也证明了祁奚所言不虚。

《国语》还记载了一些"外举不避仇"的事例。冀缺是晋惠公重臣冀芮的儿子，冀芮曾伙同吕甥密谋纵火想烧死刚刚回国即位的晋文公重耳。后来晋文公在秦穆公的帮助下诱杀了冀芮和吕甥，冀缺为了避祸便在冀邑耕田度日。后来一次偶然的机会，臼季出使回来，看见在田野里劳动的冀缺夫妇相敬如宾，便向晋文公举荐了冀缺。晋文公在了解到冀缺的品行后，便打消了疑虑，不避前嫌任命冀缺为下军大夫。后来，冀缺屡立战功，不负臼季之荐，到了晋襄公时被任命为卿。事见《晋语五·臼季荐冀缺》。而更加具有情趣性的是《晋语九·邮无正谏赵简子无杀尹铎》。下邑之役，荀寅、范吉射在晋阳构筑军事壁垒，包围晋阳。战乱平息后，赵简子命令当时守晋阳的尹铎拆除这些军事壁垒。但尹铎不仅不拆除,反而加固了这些壁垒,以作为反面教材时时警醒人们。而赵简子不明尹铎真实用意,想要杀死尹铎。于是邮无正便向赵简子进谏,使赵简子明白了尹铎的真实内心,于是赵简子便重赏了尹铎。文章的最后交待说,当初邮无正和尹铎有仇,所以当尹铎知道邮无正替自己辩白以后,便把自己得到的赏品转赠给邮无正。而邮无正却予以拒绝,并且说他这样做是为了赵氏家族,而不是为了他尹铎,而他认为自己和尹铎的仇并没有消,所谓"怨若怨"。一句"怨若怨",道出了邮无正的公正坦白,而且极富情趣性。

治国用贤是十分明显的道理,但举贤的心理、情形乃至背景却有着千差万别。《国语》以大量生动的事例表达了识贤、重贤、荐贤、用贤的重要性和其中的道德意义,确实十分耐人寻味,直到今天也有它的积极意义。

五 《国语》的思想文化内涵

作为原始文献资料的汇编,《国语》也为我们提供了一些文化史方面的材料,展示了当时人们的精神生活风貌。关于这一问题,我们可以从以下几个方面来谈。

(一)宗教信仰。宗教是关于超自然、超人间力量的一种社会意识,以及与之相关的表示信仰和崇拜的行为。它的本质和核心内容是关于超自然、超人间力量的信仰,其产生和发展是为了满足人类的某些精神需求,并最终成为一种制度化和规范化的社会文化体系。尤其是进入阶级社会以后,宗教信仰往往和政治联系在一起,体现一定的政治理性,成为统治者的统治工具。① 就《国语》

---

① 吕大吉:《宗教学通论新编》,中国社会科学出版社1998年,页79—80。

而言，它反映了自西周直至春秋战国时期我国的宗教信仰、宗教行为及其与政治伦理之间的关系。下面我们将从几个方面对《国语》所体现的宗教信仰及其技术层面进行分析。

天命观念。人们常常把自然界以及人类社会的生活看作是神意或天命的结果，相信天或神灵对人间的一切具有操纵力量。在我国殷商时期就已经出现了作为至上神的上帝观念，这一点在殷商卜辞中有非常多的证据。就甲骨卜辞的记载而言，殷人事无巨细，一切都听命于上天，所以《礼记·表记》记载："殷人尊神，率民以事神，先鬼而后礼。"到了周朝代商而立，周人对殷人的天命观作了一些改造，尤其是在天命观念中增加了道德因素。他们认为天命无常，唯德是辅。一个朝代或一个君王能否得到上天的支持，主要是看它或他是否有德。而对于一个君主来说，他是否有德主要取决于他是否能够忠实履行君王的职责，包括对上天的祭祀、对民众的爱护、对先王传统的遵循等诸多方面。如果不能做到这些，就会被上天所鄙弃，也就有可能失去国家，甚至君主自身的生命。与殷商的天命观比起来，周人的天命观确实有很大的进步，也更具人文关怀。比如《鲁语上·曹刿问战》中曹刿在谏说鲁庄公的时候便提出"惠本而后民归之志，民和而后神降之福"的主张。那么何谓之"本"，如何才能"民和"呢？曹刿认为关键在于要对民众施行恩惠，要公平处理国家大事，君子与民众各司其职。君主动用民力不要违反农时，使用财物不要超越礼制，国家和民众都能有余财，都有能力去祭祀。此外如《郑语》引《泰誓》"民之所欲，天必从之"、《晋语四·卫文公不礼重耳》之"天祚有德"等都可以看出周人的天命观中带有浓厚的道德因素。

但这不是说周人的天命观就已经摆脱了非理性的束缚，或者说已经超越了非理性而达到了理性的境界，《国语》在记载天命时仍有许多非理性的成分。我们仍然以《周语上·内史过论神》为例,尽管在内史过的论述中强调神与民的关系,强调"神飨而民听(顺),民神无怨,故明神降之,观其政德而均布福焉",以及"明神弗蠲而民有远志,民神怨痛,无所依怀,故神亦往焉,观其苛慝而降之祸"。但我们也应该看到在内史过的论述中,神是无所不在的,甚至神还有形可托。这次降临在虢国莘地的神,内史过不仅说出它的来龙去脉,还知道它是丹朱之神。究其实来说,虢国的灭亡是因为虢公"贪冒、辟邪、淫佚、荒怠、粗秽、暴虐",加之"动溃百姓"、"离民求利"。但内史过却将这些以神的预言形式对世人宣讲,以天命的方式使自己的预言获得神性,这正体现了周人的天命观。同样我们再以公子重耳在逃难途中经历的几件事情为例。过五鹿时,公子重耳向农夫乞食,农夫却给他土块以发泄内心的不满。当重耳生气要用鞭子打那个农夫时,子犯却与重耳想法不同,他将农夫的行为看作是上天的赐予,是"天命"。同样在齐国,当齐姜劝说重耳离开齐国,也多次以天命为理由,并说到瞽史之纪,甚至以"上帝临子,贰必有咎"相威胁。总之,齐姜认为重耳应该回到晋国并必将重振晋国是天命的必然。同样还有楚成王,他也认为重耳重振晋国是天之所兴。所以,在周人的思想观念中,天仍有不可捉摸的神秘感,仍有常人无法企及更无法左右的神奇力量,对天命的相信使他们终究不能摆脱天命的束缚。

神灵系统。在周人的信仰中,上帝具有无上的地位,甚至被抽象化而等同于天,如韦昭注《国语》曰:"上帝,天也。"因此,只有天子才可以祭祀上帝,《鲁语上·曹刿谏庄公如齐观社》以及《晋语八·郑子产来聘》都记载"天子祀上帝",其中子产还说到"诸侯祀百辟,自卿以下不过其族"。同样我们在《诗经》、《尚书》等古籍中都可以看到相关记载,如《诗经·文王》、《大明》等。因为上帝位尊,所以周人对上天的祭祀比较频繁,《天平御览》引《五经异义》说"王者一岁七祭天地"。其中最为重要的便是郊祭,据《礼记·

祭义》记载，举行郊祭的时候，周天子要亲自牵着祭祀用的牺牲，王公大臣都依次相随。从郊外返回大庙之后，周天子将牺牲拴在庙门内的石碑上，卿大夫等则赤裸上身取牛耳朵的毛献给神，再用鸾刀割取牲体以腥肉祭祀，以示对天的恭敬。《礼记·郊特牲》也有类似的记载。因为祭祀上天如此重要，以至于在周天子的叙述中都认为方圆千里的王畿之地，正是为了保障祭祀上天百神，而周宣王不籍千亩，虢文公认为这样不能保障祭祀上帝的粢盛。

除了祭祀上帝外，《国语》还记载了周人对日、月之神的祭拜。《鲁语下·公父文伯之母论劳逸》说："是故天子大采朝日，与三公、九卿祖识地德；日中考政，与百官之政事，师尹维旅、牧、相宣序民事；少采夕月，与大史、司载纠虔天刑；日入监九御，使洁奉禘、郊之粢盛。"所谓"大采"即五彩礼服，在春分日举行祭日大典，朝拜日神，然后开始春耕。而"少采"即指三采礼服，天子在秋分之夜穿上三采的黼衣祭拜月神。因为这件事同样十分重要，所以天子在日落以后还要监视官员准备好祭祀用的粢盛。

《周语中·襄王拒晋文公请隧》记载周襄王说王畿的设置目的是为了"供上帝山川百神之祀"，其中的"山"自然指山神，"川"指河伯之类的水神，而"百神"则是指各种大小神灵。《国语》记载公子重耳在返回晋国的途中，渡黄河时，子犯以退为进，以"请由此亡"相要挟。于是公子重耳便将一块祭祀用的玉沉入黄河，说："有如河水"，意思说以黄河为证。黄河既然能作证，自然不是普通的河水，而是要黄河之神亦即河伯作证。而公元前586年，晋国的梁山发生山崩。梁山位于晋国绛都附近，是晋国举行望祭的名山，所以梁山崩塌，晋景公便匆匆忙忙召回宗伯商量此事，准备祭祀活动。尽管因为一个车夫的劝说，晋国没有举行祭祀活动，但由此可见当时人的山神信仰。《礼记·祭法》记载："周人禘喾而郊稷，祖文王而宗武王。燔柴于泰坛，祭天也；瘗埋于泰折，祭地也，用骍犊。埋少牢于泰昭,祭时也。相近于坎坛,祭寒暑也。王宫,祭日也。夜明,祭月也。幽宗,祭星也。雩宗,祭水旱也。四坎坛,祭四方也。山林、川谷、丘陵。能出云,为风雨,见怪物,皆曰神。"可见在周人的心目中,自然界事物只要能"出云"、"为风雨"都可以称之为神,都要进行祭祀。

祖先崇拜。从字型看,"祖"所从之"且"乃是男性生殖器的象形,考古发掘中也发现了不少陶制或石制的象征男根的灵物,被人们称之为"陶祖"和"石祖"。可能在人类早期,人们既不能理解自身的来历,又对人口的繁衍十分看重,因而才会把与之相关的男根作为崇拜的对象。所以以男根为"祖",正反映了人类早期的生殖崇拜观念。从这一意义上说,祖先崇拜首先便是生殖崇拜,其最大的现实要求也应该是解决人们对人口的需求,也就是子孙的繁衍。在此基础上进一步扩大,才会有诸如财富、平安等方面的需求,于是祖先便逐步成为某一氏族或部落的保护神。但仍然以繁衍氏族为首功,比如《大雅·生民》歌颂周人的先祖后稷,尤其表彰他在农业生产和谷物培育方面的功勋。在周人看来,后稷不仅仅是先祖,他还给了后代立身之本,也就是以农业立国的传统。《国语·郑语》记载史伯论楚、秦、齐将兴时说:"夫成天地之大功者,其子孙未尝不章,虞、夏、商、周是也。虞幕能听协风,以成乐物生者也。夏禹能单平水土,以品处庶类者也。商契能和合五教,以保于百姓者也。周弃能播殖百谷蔬,以衣食民人者也。"也就是说,虞幕、夏禹、商契、周弃等因为有恩德于下民,所以能庇护后代,使子孙福泽绵长。这实际上肯定了有德祖先对后世繁衍的功勋。甚至于个人在遭遇危险时,也可以求助先祖庇佑。《晋语九·卫庄公祷》记载卫庄公蒯聩参加铁之战前,向周文王、卫康叔、卫襄公、卫灵公等祈祷,请求保佑他参战时不要伤害身体,同时还能打胜仗。

从甲骨卜辞的记载看,商人的祖先具有完全的神性,并受到隆重的祭祀。而对于周人来说，其祖先，哪怕是文王这样显赫的先祖也只是处于半神半人的状态。在《诗经》等传世文献以及出土青铜器铭刻中，我们经常可以看到文王在上帝的身旁不断"陟降"，协助皇天或上帝百神以福佑周王室，而他们自己却不能直接对周人降福。

周人的祖先祭祀虽不如商人隆重，但仍是十分的频繁。《周语上·祭公谏穆王征犬戎》记载："日祭、月祀、时享、岁贡、终王，先王之则也。"日祭是指祭祀逝去的祖父和父亲，每日四次上食。月祀是指祭祀曾、高祖父，每月朔、望两次祭祀，再加上腊月二十五日的祭祀。时享是指四时之祭，祭祀的对象是文王和武王，并禀报朝中大事。具体说即正月的春祠，祭品以韭菜为主；四月的夏礿，祭品以麦为主；七月的尝祭，祭品以黍稷为主；十月的烝祭，祭品以稻为主。岁贡指年终之时在太庙中举行大祭。此外周天子每三年要举行一次袷祭，五年要举行一次禘祭，二者泛称殷祭，即把高祖以上的祖先全部集中祭祀于太庙之中。同样的内容也见于《楚语下》，并称"诸侯舍日，卿、大夫舍月，士、庶人舍时"，也就是说诸侯不日祭，卿、大夫不日祭、月祀，士、庶人不日祭、月祀、时享。不仅祭祀的规模不同，祭祀的对象也不同。天子遍祀；而诸侯只祭祀天地、三辰及其其封国内的名山、大川；卿大夫只祭祀按照礼典规定的五祀和祖先，士、庶人只祭祀自己的祖先。此外祭祀的祭品也不一样，天子初一、十五用太牢（即祭品为猪牛羊），祭祀时用三太牢；诸侯初一、十五只能用一牛，祭祀用太牢；卿、大夫初一、十五用一羊、一猪，祭祀用一牛；士初一、十五用煎鱼，祭祀以一猪；平民初一、十五供奉蔬菜，祭祀用煎鱼。

周人在祭祀先祖时尤其关注的是祭祀的精神和心态，主张要诚敬。天子祭祀时要亲自射杀祭祀用的牺牲，王后亲自准备祭祀用的谷物。诸侯祭祀要亲自射牛、割羊、杀猪，诸侯夫人亲自准备祭祀用的谷物。祭祀时按照昭、穆顺序依次进行，还要有生人代替先祖受祭，也就是所谓的"尸"，相当于后世神主牌位或画像。关于这一点读者可以参看《诗·小雅·楚茨》的记载，在此不赘述。进入春秋以后，祭祀先祖的权利有下移的趋势，一般的士人、平民也有祭祀先祖的权利，这一点与西周不同。

（二）稽疑手段。面对神秘的大自然，或纷繁复杂的社会人事，用什么手段来预测，或者解开心中的谜团？这是当时的人们必须要解决的一个问题。通读《国语》，我们不难发现诸多这方面的记载，而稽疑的手段也可谓五花八门。

占卜。作为决疑手段，占卜出现得很早，在河南安阳等地发现大量殷商时期的甲骨卜辞，成为我们研究殷商史的重要材料。周人历来也有占卜习俗，比如《大雅·绵》、《尚书·大诰》等文献的记载。在陕西周原发现的周人占卜甲骨，则为我们提供了实物证据。进入春秋以后，占卜仍是非常重要的决疑手段，与占卜有关的史料仍广泛见诸《左传》、《国语》等史书。据史书记载，春秋时期周王室及诸侯国都有自己的占卜官吏，这些卜官仍有一定的社会地位。鲁隐公十一年（公元前712年），滕侯与薛侯朝鲁，滕侯便以自己是周王室的卜正而鄙视薛侯，认为庶姓的薛侯不能在自己的前面。而且从信仰的层面看，春秋时人对占卜及其结果仍然比较信从，许多事情仍是通过占卜来决疑。事关国家生死存亡要卜，比如吴越之战，文种便以"卜问天"为由，劝说勾践不要与吴开战，而应静观其变。立太子可能要卜，晋献公命申生伐东山，里克谏，晋献公便说立太子之道为三，即"身钧以年，年同以爱，爱疑决之以卜筮"。打仗要卜，比如晋献公讨伐骊戎，便先卜问吉凶。婚姻大事也要卜，公父文伯之母为公父文伯订婚，便先卜问。甚至打仗时和谁同乘一辆车，也要卜问，事见《晋语三》所载晋惠公与庆郑事。

不过需要说明的是，春秋时期的占卜相对殷商以及西周而言，人为因素更加突出,君王或者权势人物往往根据自己的需要而解释卜兆。比如晋献公要伐骊戎,但史官史苏却占出不吉的卦,所谓"胜而不吉"。具体的占辞为:"挟以衔骨,齿牙为猾,戎夏交捽。交捽是交胜也,臣故云。且惧有口,携民,国移心焉。"其中的"猾",韦昭解释为"弄",很显然暗示了以后骊姬搬弄是非,为祸晋国之事。但晋献公却说:"何口之有?口在寡人,寡人弗受,谁敢兴之?"直接点明自己在预言事件中的决策地位,以及对占卜卜辞的超越。人为因素的突出从总的方面来看,反映了人对非理性的超越与理性思维观念的增强。

《国语》记载了春秋时期一位著名的卜者,晋国的卜偃。这位著名的卜者在晋献公时便是掌卜大夫,他曾经预言封于魏的毕万的后人要兴旺发达,也曾预言虢国要灭亡。尤其是晋献公之后,因为骊姬之乱,晋国长期动荡,侯位更替则如走马灯一般。而卜偃则能审时度势,作出正确的判断。比如嗜杀的晋怀公继位,卜偃便称病不出,后来晋怀公果然被晋文公杀死。而当晋文公回国,卜偃则主动为之出谋划策,包括平定周王室之乱,卜偃都起到了重要作用。所以,卜偃可以算是一位有着卜者身份的政治家,他对于时事的预言是建立在对事情充分分析基础之上的,与神秘玄虚的卜辞有很大的不同。

筮法。据《尚书·洪范》记载,商代就有了筮法,但以龟卜为主。在西周前期,占卜是比较盛行的决疑手段。到了西周后期,筮法开始兴盛,成为判断吉凶的重要方式。所谓的筮法其实就是易,是指用一定数目的蓍草通过营算成不同数目的奇、偶数来预言吉凶。《周礼·春官·筮人》记载筮人"掌《三易》,以辨九筮之名,一曰《连山》,二曰《归藏》,三曰《周易》。九筮之名:一曰巫更,二曰巫咸,三曰巫式,四曰巫目,五曰巫易,六曰巫比,七曰巫祠,八曰巫参,九曰巫环,以辨吉凶。凡国之大事,先筮而后卜"。从《周礼》

的记载看,当时国家的大事都要进行卜筮,而且是先筮后卜。

史书记载,《连山》是夏代筮占之书,《归藏》是商代筮占之书,而《周易》就是周代的筮占之书。这说明筮法不是一成不变的,而是在不断更新变化。就算是《周易》其最初也不是我们今天所见到的这个样子,它也在变化。今天我们在西周早期出土的青铜器、陶器、甲骨上,见到不少数字。如周原甲骨上刻的有"六六七"、"七六六"、"六六十"等,如果用偶数表示阴,奇数表示阳,这三组数字分别相当于八卦中的震、艮、坤。单卦之外还有重卦,如"八七八七八五"、"七六六七六六"、"七六六六七六"、"七六六七一八"等,分别相当于今天《周易》六十四卦中的节、艮、蒙和蛊卦①。这与文献中记载的《周易》以七、九表示少阳、老阳,以六、八表示老阴、少阴不同,它只在乎奇、偶。不仅表示阴阳的数字不同,就连卦辞也不同。周原甲骨中蛊卦后有卦辞,其为"日,其入,王□鱼",而今天蛊卦的卦辞为"元亨,利涉大川。先甲三日,后甲三日",两者的差别还是比较大的。不仅如此,今本《周易》用"— —"、"—"表示阴、阳,与早期用数字也不相同。

大概到了春秋时期,《周易》的理论以及实际操作的方法已经定型了。《周易·系辞上》记载了周易成卦方法,它的操作步骤大体如下:

> 大衍之数五十(有五),其用四十有九。分而为二以象两。挂一以象三。揲之以四,以象四时。归奇于扐以象闰。五岁再闰,故再扐而后挂。天数五,地数五。五位相得而各有其合,天数二十有五,地数三十,凡天地之数五十有五。此所以成变化而行鬼神也。……四营而成易,十有八变而成卦。

---

① 陈全方:《周原新出卜甲研究》,载《人文杂志》丛刊第二辑《西周史研究》。

古人把一到十中的五个奇数当作天数,其和为二十五;把一到十中的偶数当作地数,其和三十。占筮时用五十五个蓍策代表天、地之数,但实际使用的只有四十九根。把这四十九根蓍策任意分成两部分,象征天、地。再从象征地的那部分蓍策中取出一根,象征人。然后将代表天的部分以四为单位揲去蓍策,所余的或为一,或为二,或为三,或为四,然后将余数夹在手指之间。再用同样的方法揲去象征地的那部分,同样会得到或一、二、三、四的余数,同样夹在手指之间。之所以以四为单位揲去,因为四象征四时;而之所以夹在手指间,则象征闰月。完成了这些便称之为"一变"。然后将夹在手指间的余策放置一旁,再将象征天、地、人的诸策重新混在一起,按照上述方法再做一遍,同样会得到余数,这称之为"二变"。再将一变、二变所得余数放置一旁,将"二变"中代表天、地、人的诸策再操作一遍,同样会得到余数,这就称之为"三变"。将一变、二变、三变所得的余数放置一旁,剩下的蓍策只可能有四种可能:三十六策、三十二策、二十八策、二十四策。这四种数目的蓍策用四揲取,或就揲而尽,称之为老阳;或八揲而尽,称之为少阴;或七揲而尽,称之为少阳;或六揲而尽,称之为老阴。此所谓"四营",将其结果用"— —"或"—"表示,便得到了占卦的初爻。依此类推便会得到二、三、四、五、上等诸爻。完成这一过程共需要操作十八次,故曰"十有八变而成卦"。

成卦之后,若六爻都是由不变的老阴、老阳组成,便用本卦占筮吉凶。若六爻都是由可变的少阳、少阴组成,便用宜变之卦筮。但如果是乾卦之坤,便用乾卦"用九"爻辞占;如果遇坤之乾,便用坤卦的"用六"占。其他的变卦,都用变卦占。除了六爻皆变和六爻皆不变的卦象,还有宜变之卦,以解释事物运动变化的复杂性。近人高亨先生对此作了深入的研究,他解释周人宜变之爻为:每爻都在四营之内,属于九、八、七、六中的一种。如果六爻都是六,则总和为三十六；若六爻都是九，则总和为五十四。无论如何都小于"大衍之数"五十五。如果要确定六爻之中哪一爻为宜变之爻，就用大衍之数减去六爻的总和，得到余数（在一至十九之间）。然后从初爻往上数；数到上爻仍然没有完，就再从上往下数。就像这样循环往复，直到数完余数，停止的那一爻便是宜变之爻。宜变之爻恰巧是可变之爻，则占筮就用这可变之爻去占。如果宜变之爻不是可变之爻，则根据具体情况作出不同的处理。如果本卦有一爻或二爻可变，则以本卦占；如有三爻可变，则既可用本卦，也可用之卦；若有四或五爻可变，就用之卦占①。下面结合《国语》卦例加以解释。

《周语下》记载单穆公说当初成公回国，占筮得"遇《乾》之《否》"。高亨先生解释说这一《乾》卦的初、二、三都是可变之爻，它的数字应该为九；而四、五、上都是不变之爻，其数为七。六爻总和为四十八，与"大衍之数"五十五相差七。按照上述方法数，则《乾》卦的上爻是宜变之爻。但上爻为七是不变之爻，故《乾》卦的九都变为六，这样就得到了《否》卦。而《晋语》记载公子重耳返国，占筮得"贞《屯》悔《豫》皆八也"。此卦应该初、四、五为可变之爻，其数依次为九、六、九；二、三、上为不变之爻，其数都是八。这一《屯》卦的六爻之和为四十八，与大衍之数相差七。用上述方法数，同样宜变之爻是上爻，但上爻为八，是不变之爻，所以就要变《屯》卦的可变之爻，九便为六，六变为九，这样九得到《豫》卦。两卦的上爻都是八，所以说"皆八"。

与龟卜一样，筮占的解释同样充满变数，显示了人们对自身非理性的超越和理性思想的发展。公子重耳占得"贞《屯》悔《豫》皆

---

① 高亨：《周易古经今注·周易筮法新考》，中华书局1984年，页139—160。

八也(贞,本卦;悔,之卦)",筮史认为不吉,因为他是本着卦的爻位解释的。而司空季子则依照卦辞解释,所以认为吉利。尤其是大家熟知的《左传》昭公二十八年南蒯之叛以及《左传》襄公九年穆姜对卦的解释,都已经超出了卦象、卦辞的范围,着眼于对事件背景的分析,而不是迷信或盲从筮占,表明一种为我所用的态度。

占梦。古代的人们搞不清梦是怎么回事,往往会把梦和神秘的预言或者神秘的力量联系起来,把梦看作是事情的预兆,通过梦来预判吉凶。梦的迷信与占梦行事,由来已久。今本《竹书纪年》云:"尧……梦攀天而上。""舜耕于历,梦眉长与发等,遂登庸。""帝禹夏后氏,梦自洗于河,取水饮之。""汤将奉天命放桀,梦及天而舐之,遂有天下。"而最早的文字资料殷商甲骨卜辞中,已有大量关于梦的记载,有学者利用这方面的资料撰文考察商人的梦观念和占梦思想。就现有的周代文献看,周人的占梦之风应该比前代更盛。《太平御览》引《周书》曰:"文王去商在程。正月既生魄,太姒梦见商之庭产棘,小子发取周庭之梓,树乎阙间,梓化为松柏棫柞。寤惊,以告文王,王及太子发并拜吉梦,受商之大命于皇天上帝。"把太姒的这个梦看作是上天的启示,当作是受命的征兆。《国语·周语下》引《泰誓》,说周武王伐商时宣称:"朕梦协朕卜,袭于休祥,戎商必克。"这也印证了《太平御览》所引《周书》记载的太姒之梦并非虚言,也证明了梦对现实生活乃至军国大事的干预作用。

《周礼》记载太卜掌管三兆、三易、三梦之法,其中三梦:一曰致梦,二曰觭梦,三曰咸陟。又记载专设占梦之官,其职责为"掌其岁时,观天地之会,辨阴阳之气,以日月星辰占六梦之吉凶。一曰正梦,二曰噩梦,三曰思梦,四曰寤梦,五曰喜梦,六曰惧梦。季冬聘王梦,献吉梦于王,王拜而受之。乃舍萌于四方,以赠恶梦,遂令始傩驱疫"。这说明周代占梦之事完全是职业化、制度化了,而且占梦官职责所涉及的六种梦几乎涵盖了所有梦的类型,其中"思梦"、"喜梦"等类型的区分也同时表明当时人对梦的看法或认识已渐趋理性化。

进入春秋以后,梦仍有广泛的影响,人们对梦还是深信不疑。比如在《左传》僖公二十八年楚晋城濮之战前,楚国的主将令尹子玉梦见河神向他索要琼弁玉缨,并许诺助他致胜。但子玉不答应,所以受到别人的指责,事后果然战败自杀。再就梦见的对象看,《左传》及《国语》记载所梦最多的便是天神。《左传》成公五年,晋国赵婴梦见天使;宣公三年,郑文公的贱妾也梦见了天使。《国语·周语下》记载晋成公的母亲梦见天神用黑墨画晋成公的屁股,说他将来要继承君位,而此天神的行为大抵类似于作一个记号。而《国语·晋语二》记载虢公梦见了天之刑神,其貌"人面白毛虎爪",而且手执斧钺,告诉虢公说晋国将袭击虢国。当然除了天神,也可能会梦见鬼,尤其是厉鬼之类,比如成公十年晋景公梦见大厉,哀公十七年卫庄公梦见厉鬼等等。《国语》没有直接记载梦见厉鬼的事情,但有梦见不祥之物的记载。比如《晋语八》记载晋平公梦见了黄熊,韩宣子便问来访的郑国使者子产这是什么东西,子产便认为这是夏的始祖鲧的化身,而鲧为四凶之一,所以这里的黄熊当为不祥之物。

正因为梦仍有如此之影响,所以便有人借助梦来实施阴谋。骊姬想构陷太子申生,便派人告诉申生说晋献公梦见了申生的生母齐姜,要申生快点准备胙肉祭祀齐姜,这才给骊姬造成机会投毒,并最终陷害了他。

除了上述这些决疑手段,《国语》还记载了占星术,如《晋语四》记载公子重耳过五鹿向野人乞食,结果野人却给了他一块土。重耳生气要鞭打野人,子犯却认为这是吉祥征兆,是上天受命。他说:"岁在寿星及鹑尾,其有此土乎!天以命矣,复于寿星,必获诸侯,天之道也。由是始之,有此其以戊申乎?所以申土也。"古人将天分为十二次,天道十二年一循环,所以子犯说"复于寿星,必获诸侯"。当然占星一个重要的方面是离不开分野,而齐姜与公子重耳的对话则明确地表明了分野观念的存在。

占气。古人会将国家的吉凶和天上的云气相关联,《周礼》记载职官也有"视祲",便是专门负责望气的官员。《国语·晋语一》记载晋献公伐翟柤之国,他的理由便是翟柤之国出现了不祥的"妖氛"。当然这所谓的"妖氛"实际上是托词和借口,郤叔虎对翟柤国情的分析是恰如其分的。

谣谶。后世往往将童谣与谶纬相联系,认为其中蕴藏玄机,可预言国家兴衰存亡等大事。《晋语二》记载晋献公问卜偃伐虢的时间,卜偃便说了一段童谣:"丙之晨,龙尾伏辰,均服振振,取虢之旂。鹑之贲贲,天策焞焞,火中成军,虢公其奔。"这其中"龙尾"、"天策"、"火"等均与天象有关,使童谣具有了神秘的色彩,所以便成为人们散布消息的特殊方式。此外《郑语》还记载了周宣王时期关于褒姒的童谣。

(三)音乐审美。我国先秦时期的音乐审美并不仅仅关注音乐的形式美,甚至有意淡化这方面的效果,而相对更关注音乐的社会文化功用,比如政治的教化意义、对人心的改造等等。它的核心观念便是"和"。就传世文献看,"和"作为一种音乐审美范畴,始见于《国语·郑语》。史伯在与郑桓公讨论天下时局时认为周朝已经衰敝,理由是周幽王"去和而取同"。所谓的"和"便是"以他平他",也就是强调不同事物通过一定的方式和规则相辅相成达到和谐;而"同"则是"以同裨同",也就是同类事物简单的相叠加,比如以水益水,以火助火之类。史伯认为不同事物通过组织、调配,达到和谐相处,并且会获得不断向前的发展动力,从而具有无限的生长空间。而如果片面强调同,排斥不同的事物,反而会阻碍、限制事物的发展。比如阴、阳和谐便能化生万物,而如果只有阴或只有阳,事物反而不能生长、发展,所以古人说"孤阴不生,独阳不长"。史伯这种"和实生物,同则不继"的观念是正确的,而他这种观念的形成无疑也受到了音乐的启发。他说:"和六律以聪耳"便是强调不同的乐音(六律)放在一起,才能产生美妙的音乐(聪耳)。相反如果只有一种音声,便产生不了无限变化的优美乐章,所以说"声一不听"。应该说史伯的这种思想对后世产生了很大的影响,250多年之后,齐国的晏婴在和齐景公谈话时,便继承发展了史伯的"和同之辨"的思想,并从音乐审美的角度对"和实生物"的思想作了进一步的发挥。

史伯之后,"和"不仅成为音乐审美的核心范畴,而且在类比的位移中,被引进社会政治以及伦理道德领域,在"音和—心和—人和"与"音和—心和—政和"这两种模式中展开,成为社会人文和谐中重要的一环。这正是中国传统音乐审美以及音乐教育重视音乐与人生、音乐与社会关系的原因所在。

首先我们来看音乐与人生的关系。从生理健康的角度看,人过分追求音声的新奇刺激很容易导致人心态的失衡,在大起大落的情绪动荡中,人很容易因过分的喜悦或过分的悲伤而筋疲力尽,甚至精力衰竭而诱发疾病,《晋语八·医和视平公疾》便是一个例证。史称晋平公十分喜爱新声,因为昼夜纵欲以至于日久生疾。秦国的医和来为晋平公治病,认为他沉溺于声色,已经病入膏肓,无药可救,并把这种病称之为"蛊"。什么叫蛊,孔颖达说:"蛊者,心志迷乱之疾。若今昏狂失性,其疾名之为蛊。公惑于女色,失其常性。"这就好比贪恋赌博或迷恋上网的人,不分白天黑夜沉湎其事,哪有不生灾害病的呢?《左传·昭公元年》记载医和教导晋平公说:"先王之乐所以节百事也,故有五节、迟速、本末以相及。中声以降,五降之后,不容弹矣。于是有繁手淫声,慆堙心耳,乃忘平和,君子弗听也。"但晋平公不听教诲,最终因此而丧命。同样在伶州鸠对周景王之问中,也有相似思想的表达。

如果从心理的角度看,自周代以来的雅乐体制要求音乐演奏旋律平稳而少有变化,追求所谓"啴、谐、慢、易、繁文、简节"之音。也许这样的音乐因不能激荡人的心灵,有时未免单调,所以魏文侯听古乐就会恹恹欲睡。但反过来说,这样的音乐也能让人内心平和,不会有太大的情绪波动,尤其会抑制人对音乐作为一种享受的无节制追求。这样的音乐正是"节"的效果和应有之义。所以自春秋以来的音乐文献中反复强调"节",强调宫、商、角、徵、羽五声为音阶应用的规范,对于超出这五声范围的音阶使用总体上持排斥的态度。《左传》襄公二十九年季札观乐、昭公元年医和为晋平公治病以及昭公二十五年郑国的子大叔都谈到了"五声"之规范以及以礼节制音乐的要求。同样《国语·晋语》记载晋国的乐师师旷论乐也谈到了"修礼以节之"的观念,尤其是《周语下》记载伶州鸠和周景王讨论音乐时所表现出来的观念更可以看作是先秦音乐审美"和"观念的一次集中阐发。伶州鸠强调以"宫"为主,"第以及羽",并说"大不逾宫,细不过羽",也就是最低音不低于宫,最高音不高过羽,表现的仍是五声的观念。伶州鸠、单穆公之所以反对周景王,从音乐的角度提出的理由便是"无射有林"则"耳弗及",因为"细大相陵",违反了"大昭小鸣"的和之道。而和平之乐对人的内心会产生什么样的影响呢?单穆公说人的耳朵与人的眼睛一样也是人心的发动机关,一定要听平和之音,这样才能聪顺,才能昭显德行,才能思虑精纯平固。反之,如果"视听不和,而有震眩,则味不入精,不精则气佚,气佚则不和",也就是说激荡的音乐会使人失去内心的平和。

其次我们来谈周代音乐审美中对音乐与政治关系的强调。周代音乐审美中"和"范畴不仅指音声之间的配合调适从而达到和谐的效果,更主要指社会人与人之间关系尤其是君臣、君民关系的和谐融洽,以及政治治理层面的社会安定康乐。关于这一问题同样可以从两个方面探讨。一是在上位者尤其是天子、诸侯如果一味地追求视听声色享受,必然不能专心致志治理天下国家,不能专心于政事。而且会说出狂乱悖理之言,颁布一些不合乎正义的政令。所以君王一味沉湎于声乐享受便被认为是一种失德行为,不仅无益团结百姓,而且将"离散民众",并最终将失去民众的支持。

另一方面,违背已有的乐制规定,为了声色享乐而大量浪费贵重的金属来制造乐器,比如钟、镈之类,这就势必需要很多的金属而妨害正当的财用。同时随着乐器规模的扩大必然也要扩大演出的队伍,这就需要大量的人力。所有这些对治理国家都是不利的。在《国语·周语下》单穆公以及伶州鸠等人之所以反对周景王去铸造大钟,一个重要的原因便是"无射有林"需要大量的青铜材料,其结果只能导致王室或大夫等加大对百姓的盘剥力度。而这样无疑会激发王室与百姓的矛盾,会"离散民众"。

当然,随着历史的发展,人们也越来越看重音乐形式方面的审美效果,追求音乐自身所能给人带来的审美愉悦。周景王要铸造规模庞大的编钟的一个重要因素便是追求编钟演奏的音乐效果,使其由纯粹的节奏乐器变成能参与演奏的旋律乐器,正如规模宏大的曾侯乙编钟那样。而晋平公好新声也不是特例,而是当时社会的大趋势,比如魏文侯听古乐便恹恹欲睡。就音乐本身来说,由原先一味重视音乐的社会化效果到追求音乐自身的审美情趣,这是一个进步,同时也是历史发展的必然结果。

六 《国语》的历史价值

作为一部史书,《国语》的史学价值一直受到人们的重视,成为人们研究先秦史的重要史料。崔述曾轻视《国语》是"战国之人取春秋之事而拟其语言者",认为《国语》的记载不可信。但徐旭生则批评了崔述的观点,他说:"崔氏看不起《国语》是因为它所记多与'正经'不合。殊不知道它所保存的为未经系统化的材料,比经过系统化的'正经'中的材料更为可贵。"①下面我们对《国语》所记史事以五帝和西周史为中心做一简单梳理,并将之与《史记》比较,以明其价值。

(一)五帝传说。"五帝"一词最早见于《庄子·天运》、《管子·正世》、《韩非子》、《荀子》等书,可见其产生的年代不会早于战国中期。战国五帝系统有二:一是以黄帝、颛顼、帝喾、尧、舜为五帝,见于《大戴礼记·五帝德》;二是以太昊、炎帝、黄帝、少昊、颛顼为五帝,出自《吕氏春秋》。这两者之间是什么关系?徐旭生名之为东、西方两种不同的系统,也有人认为这不是地域差异的反映,而是学派的差别。《大戴礼记》是儒家五帝系统,而《吕氏春秋》是阴阳家系统。②但问题或许并不这么简单。《国语》中虽不见"五帝"这一词,但从文献源流上看,《大戴礼记》的五帝系统显然与《国语·鲁语》有关。《鲁语上·展禽论祭爰居非政之宜》说:"黄帝能成命百物,以明民共财,颛顼能修之。帝喾能序三辰以固民,尧能单均刑法以仪民,舜勤民事而野死。"虽然没有五帝的名称,但出现了黄帝、颛顼、帝喾、尧、舜,已与后来《大戴礼记·五帝德》的五帝名称及顺序相同,这说明当时关于这一顺序的五帝传说已经比较流行了。至少在鲁地的学者看来,此五人算是有德明君,这也许是衍生《大戴礼记》五帝系统的初因。但同样值得注意的

---

① 徐旭生:《中国古史的传说时代》,广西师范大学出版社2003年,页236。

② 常金仓:《五帝名号考辨》,《陕西师范大学学报》2003年第5期。

是《楚语下·观射父论绝地天通》。它先说到少皞德衰的时候,天下混乱的状况。然后说到颛顼继承少皞后,如何整治这种天下大乱的局面,具体说就是"绝地天通"。它既然说颛顼承少皞而王天下,则与《吕氏春秋》的五帝系统又有某种联系。相比之下,《楚语》关于五帝的传说似乎比《鲁语》更早。所以我们或可以推断,《吕氏春秋》记载的是古老的五帝传说,而《大戴礼记》的记载则是后人的新说,取舍的依据便是德行的高低。因为在儒家文化系统中,"五帝"原本就应该是一种道德封号,而曾经衰德的少皞是没有资格立身于"五帝"系统中的。司马迁作《史记·五帝本纪》便是本着《国语·鲁语》所开创的思路。三代之前的帝王很多,这在《五帝本纪》中也有表现,它也提到了五帝之外的许多古帝王。但这些人不入五帝系统,取去的标准便是德。

关于黄帝,其始见于《左传》和《国语》,但以《国语》记载为详。《晋语四·重耳婚媾怀嬴》记载黄帝与炎帝的关系,曰:"昔少典娶于有蟜氏,生黄帝、炎帝。黄帝以姬水成,炎帝以姜水成。成而异德,故黄帝为姬,炎帝为姜,二帝用师以相济也,异德之故也。"又记载黄帝有二十五子,得姓者十四人等。所有这些都为《史记》所采信,写进了《五帝本纪》。

关于颛顼,《国语》提到颛顼的有《周语》、《鲁语》、《楚语》,尤以《楚语》为详,引文见上。《周语》说颛顼曰:"星与日辰之位,皆在北维,颛顼之所建也。"而《楚语》观射父论颛顼之功,也强调其重建天地秩序,即"绝地天通"。所以《史记·五帝本纪》说到颛顼之德便说他"静渊以有谋,疏通而知事;养材以任地,载时以象天,依鬼神以制义,治气以教化,絜诚以祭祀",与《国语》所记颛顼之德相类似。

关于帝喾,见于《国语》则有《周语》、《鲁语》、《郑语》。《周语》说颛顼能建日月星辰之位,而"帝喾受之"。《鲁语》说帝喾"能序三辰以固民",故承颛顼而王。《郑语》则说"夫黎为高辛氏火正",而《左传》昭公二十九年说"颛顼氏有子曰犁,为祝融",这与《郑语》记楚人先祖相吻合。《史记·楚世家》叙述楚人先世,与《郑语》记载大同小异。

关于尧、舜的传说广见于先秦史籍,似乎不拘泥于《国语》,且比《国语》早者《尚书》便有《尧典》篇,记述甚详,故于此略而不论。除此之外,《国语》还提到炎帝,见于《晋语》。也提到了烈山氏,《鲁语上·展禽论祭爰居非政之宜》:"昔烈山氏之有天下也,其子曰柱,能殖百谷百蔬;夏之兴也,周弃继之,故祀以为稷。"提到了共工,"昔共工弃此道也,虞于湛乐,淫失其身,欲壅防百川,堕高堙庳,以害天下。皇天弗福,庶民弗助,祸乱并兴,共工用灭"①。"共工氏之伯九有也,其子曰后土,能平九土,故祀以为社。"②提到了蓐收,"虢公梦在庙,有神人面白毛虎爪,执钺立于西阿,公惧而走。神曰:'无走!帝命曰使晋袭于尔门。'公拜稽首。觉,召史嚚占之,对曰:'如君之言,则蓐收也。天之刑神也。'"③这些都对我们研究上古文化史有着非常重要的意义,研究上古史自然也离不开《国语》。比如烈山氏,从其称名上就可以看出古代农业曾经历过焚烧草莱、刀耕火种的这样一段历史时期。而人们之所以将烈山氏、神农氏、炎帝等联系起来,也正是基于这样的历史事实。而烈山氏之子因为"能殖百谷百蔬",所以实际上是周人始祖弃的前任,是比周弃更早的后稷。又如其论蓐收,《左传》昭公二十九年:"少昊氏有四叔,曰重、曰该、曰修、曰熙,实能金、木及水。使重为句芒,该为蓐收,修及熙为玄冥,世不失职,以济穷桑。"在五行系统

---

① 《周语下·太子晋谏灵王壅谷水》。
② 《鲁语上·展禽论祭爰居非政之宜》。
③ 《晋语二·虢将亡舟之侨以其族适晋》。

中,句芒为青帝佐,配位于东方;而蓐收为白帝佐,配位于西方。而这种五行化的色彩在春秋时期就已经出现了。如《晋语》中的蓐收,白色、虎爪、主刑杀、立西阿,完全符合后来五行系统中西方神属的特征。而句芒,据《墨子·明鬼》:"昔者郑穆公当昼日中处乎庙,有神入门而左,鸟身素服三绝,面状正方。……曰:予为句芒。"入门而左为东方,也与后世句芒为青帝佐之配位合。

(二)西周史。《国语》所涉及西周史资料十分丰富,其中《周语》卷上专记西周史,其他章节也有散见资料。概而言之,可条分缕析如下。

1. 先周王世。自后稷至文王,周人的王世,《周语下·太子晋谏灵王壅谷水》之"自后稷之始基靖民,十五王而文始平之"以及《周语下·刘文公与苌弘欲城周》之"后稷勤周,十有五世而兴",都说是十五世。此条史料不见于他书,司马迁《史记·周本纪》详细开列了文王之前周人王世,即稷弃、不窋、鞠、公刘、庆节、皇仆、差弗、毁隃、公非、高圉、亚圉、公叔祖类、古公亶父、王季、文王,应该是取材于《国语》的。

2. 武王伐纣。先秦典籍如《尚书》、《诗经》、《左传》等书关于武王伐商的记载颇多,也都认为牧野之战在甲子日,而且这一点也被新出土青铜器《利簋》所证实。相对而言只有《周语下·景王问律于伶州鸠》详细记载了武王伐商时的天象,而这一点也随着夏商周断代工程的推进,越来越引起人们重视。有非之者,认为这段记载可能出于后世尤其可能是兵家的推衍,是不可信的伪史料。而信之者自然认为这是弥足珍贵的史料,并认为《国语》记载的天象与《武成》记载相吻合,也与《利簋》铭文"岁鼎"相合。那么如何看待这种分歧? 不可否认的是,《国语》伶州鸠的这段话是战国时人根据当时的天象知识作出的推断,而非当时的实录。因为比《国语》更早的文献如《尚书》、《诗经》、《春秋》经文等都没有十二星次名,即便是有也可能不同于汉代对十二星次的划分,而且伶州鸠所说的"星""辰"等也难以确指,日也不可能与月、星、辰等同时出现。然而并不能因此完全否定《国语》这段文献的价值,至少不能排除"岁在鹑火"是古代流传下来的说法,尽管"鹑火"一词可能是后人推算所加;"星与日辰之位皆在北维"亦与曾侯乙墓漆书"日辰于维"的说法基本一致;"二月癸亥夜陈,未毕而雨"也与《武成》等文献以及《利簋》铭文之"昏夙有商"记载不矛盾。所以尽管伶州鸠所说为东周人分野、岁星纪年、星纪隅维等思想的反映,不可能是西周之实录传承;但他参与铸钟,必谙国祀。对于武王伐纣这样的重大史事,绝不可能凭空捏造。

第二段记载了羽、厉、宣、嬴乱四个周人的律名,这四个律名不见于其他文献,但在曾侯乙钟律名中出现了。这就使得这段文字的价值不仅在音乐史上得到了确认,也可以作为一个有力的旁证材料,证明伶州鸠对武王伐商的记忆绝非空穴来风。

3. 昭王的王后。《周语上·内史过论神》提到昭王的王后为房后。虽是孤证,却也有一定的参考价值。

4. 穆王征伐犬戎。虽然《古本竹书纪年》、《穆天子传》等也有类似的记载,但均不如《国语》记载翔实,《史记》全录《国语》可证其价值。

5. 恭王灭密。《史记·周本纪》录《周语上·密康公母论小丑备物终必亡》作为恭王行事。钱穆《西周地理考》利用此条考证密国地理位置。

6. 厉王革典。《周语上·芮良夫论荣夷公专利》记载周厉王任命荣夷公为王室卿士,以推行"专利"政策,史称"厉王革典"。厉王一朝南征北讨,战事颇多,这势必会导致军费大增而需要加大盘剥,故废弃井田制,向新垦山泽私田征收赋税,亦即文中所言"专山泽之利"。既然加大盘剥,也势必会遭到国人非议,但厉王不思改进,却愚蠢地想钳民之口,是为《周语上·邵穆公谏厉王弭谤》。发展到极致,最终导致了国人暴动,周厉王也被流放到彘。《史记·周本纪》记载厉王行事,便全部采自《国语》。

7. 宣王时期。周宣王号称中兴之主,但同时又未尝不是多事之主,尤其是战争频仍,这一点在《诗经》中有着非常多的证据。《诗经》记载周宣王史事多称颂,而《国语》记载周宣王的史事多讥讽。其间的史事为宣王脱难、宣王不籍千亩、千亩之战、料民于太原、宣王立戏、杜伯射宣王等。其中《竹书纪年》记载了宣王千亩之战,而《墨子·明鬼》记载了杜伯射宣王事。除此以外,《国语》所记周宣王史事便不见于其他先秦典籍。司马迁写《史记·周本纪》宣王行事,便全部采自《国语》。

8. 西周的灭亡。周幽王时期天灾加上人祸,终于导致西周灭亡。天灾见于《周语上·西周三川皆震伯阳父论周将亡》,而人祸则是虢石父、褒姒等祸害周朝。先秦史籍中记载西周灭亡的内容颇多,比如《诗·小雅·十月之交》、《雨无正》等,且多与《国语》记载相同或相类。关于褒姒的身世,《楚辞·天问》云:"妖夫曳衒,何号于市?周幽谁诛,焉得夫褒姒?"但不如《国语》记载翔实。这样的内容看似荒诞不经,但却是研究先秦文化史不可或缺的史料,在后世史学家看来也有很高的可信度,所以《史记·周本纪》全文录入。

综合《国语》所记载的西周史料,并将之与《史记》等相比,可以看出其具有很高的史料价值。司马迁是一位严谨的史学家,《史记》也号称信史。通过比较我们不难得出结论:《国语》有关西周史料是司马迁写《史记·周本纪》重要的取材对象。尤其是关于恭王、宣王行事的一些材料,只见于《国语》,但却都被《史记》采信,更加证明了《国语》的价值。

七 《国语》的文学成就

《国语》既是一部史书,同时也是优秀的史传散文,具有很高的文学成就,在先秦文学史上占有一席之地。在古代,因为与《左传》的关系,《国语》列于经部,一直受到了人们的重视。对于《国语》的文学成就人们也予以称赞,如唐代的刘禹锡称赞《国语》"辨而工",宋代的陈造谓之"文壮而辞奇"。即便是对《国语》的思想存有非议,如柳宗元等人批评《国语》"好诡以反伦,其道舛逆",但也不否认其"文胜而言庞"的文学色彩①,教别人作文也要"参之《国语》以博其趣"②。明朱右一方面认为《国语》"既未足以翼《春秋》之经",不过"战国间能言之士"所造之文。但其编《春秋传类编》时还是将《国语》编了进去,他的目的是为了"俾学者知作文立言之有法也",并曰:"语云'文胜质则史',是编也亦史氏之宗匠,文章家之筌蹄欤"③。

20世纪以来,对《国语》的研究主要集中在注释或与《左传》、左丘明关系的考辨方面,对其文学成就的研究论文并不多见。少许的研究也多与《左传》相关而语,与之比较后认为《国语》的成就不如《左传》,如钱基博《中国文学史》认为《国语》依照国家进行编排材料的思路来自《诗经》,因为《诗经》是把不同诸侯国的诗分开编排的。关于《国语》的艺术成就,他说:"文之佳者,深闳杰异;不同《左传》之从容委曲;而《越语》尤奇峻。然亦有委靡繁絮,不能振起者。"同时他也认为《国语》文风不统一,不如《左传》的"婉而

---

① 柳宗元:《与吕道州温论非国语书》。
② 柳宗元:《答韦中立书》。
③ 朱右:《白云稿》卷四《春秋传类编序》。

成章,熔铸如出一手",而且《国语》语言"多枝叶",也就是比较啰嗦。钱氏认为之所以如此,可能是因为《国语》出自不同诸侯国史官之手,所谓"材有厚薄,学有深浅",所以不能醇一。其实这样的话,宋代的司马光就已经说过了。他的《述国语》也认为《国语》叙事太啰嗦,不如《左传》"简直精明,浑厚遒峻",他也认为原因在于"列国之史学有厚薄,才有浅深,不能醇一"。

大家知道,游国恩先生主编的《中国文学史》是建国以来使用人数最多、影响最大的文学史教材,那么他对《国语》的评价自然也会影响到许多人。而事实上,他对《国语》的评价很低。他说:"从文学上的成就说,《国语》远不如《左传》。这从长勺之战可以看出。两书所记,意同而辞不同。一则简练而姿态有神,一则平庸而枯槁乏味。试一比较,优劣自见。"我想这可能是造成大家漠视《国语》文学成就的一个重要因素。所以直到今天,尽管大家对《国语》文学成就的评价有所提高,如谭家健《试论〈国语〉的文学价值》①,但我认为对《国语》的研究和评价依然不能和《国语》的实际相匹配。《左传》和《国语》作为两部不同的史书,二者在记事以及体例上各有特点,风格迥然不同,取得的成就也各有千秋。我们既不能以《左传》研究代替对《国语》的研究,更不能在盛赞《左传》成就的同时却贬低《国语》。

全面深入地研究《国语》的文学成就,我们认为可以从以下几个方面入手:

(一)记言。作为一部语书,《国语》以记言为主。其标准的文体模式是简单交代起因,然后是长篇大段的议论,最后再简单地交代结果,以印证议论的合理和预言的准确。这在《周语》和《鲁语》中表现得尤为明显,如《周语上·祭公谏穆王征犬戎》,首句"穆王

---

① 《江淮论坛》1983 年第 6 期。

将征犬戎"交代事情的缘起,然后便是祭公谋父围绕"耀德不观兵"展开大段议论,最后以"王不听,遂征之,得四白狼、四白鹿以归。自是荒服者不至"交代整个事件最终的结局。至于穆王是如何得到"四白狼、四白鹿"的,荒服者不至又有何表现等,均一概略省。有时甚至于与某段议论相关的结果延续很长时间,牵涉头绪很多,《周语》的作者也会一并作简单的交代,如《周语下·单襄公论晋将有乱》,其末段曰:"鲁侯归,乃逐叔孙侨如。简王十一年,诸侯会于柯陵。十二年,晋杀三郤。十三年,晋侯弑,于翼东门葬,以车一乘。齐人杀国武子。"《周语》三十三则,文体模式无不如此。毫无疑问,《鲁语》也是如此,如《曹刿谏庄公如齐观社》。甚至通篇记言而不涉及记事或不交代所述事件的结果,如《曹刿问战》。但《周语》、《鲁语》之外,虽然仍是以记言为主,也还可以见到《周语》那样的文体模式,如《晋语五·宁嬴氏论貌与言》,但叙事成分明显增加。这一点通过相同的事件,如《周语》论晋惠公必无后与《晋语》叙述晋惠公的内容加以比较便可以看出这种变化。甚至像《郑语》两则,结合起来看,仍然是议论加简单结果交代的文体模式。

尽管是以大量记言,有的甚至是以说理为主,但《国语》记言丝毫不会让人感到枯燥或者空洞。所以古人才会有"辨而工"、"文壮而辞奇"之类的评价。分析原因,我们认为主要有以下几点:

1.言说的气势。明屠隆称赞《国语》之文同《左传》一样"高峻严整,古雅藻丽,而浑朴未散,含光酝灵,如江海之波,汪洋浩森,非有跳沫摇洋之势,而千灵万怪,润乎深藏。明月照之,则天高气清;

长风荡之,则排空动地。"①这样的盛赞如同刘禹锡之赞其"辨而工"②,陈造之赞其"文壮"③,都强调《国语》之为文饱含气势。以《鲁语上·曹刿谏庄公如齐观社》为例。鲁庄公到齐国观社是不合礼法的行为,所以曹刿反对。尽管曹刿为臣,庄公为君,但曹刿的言说是仍然很有气势,原因就在于曹刿的立论处处是围绕着"礼"展开的。曹刿旗帜鲜明地指出礼的作用在于正民,所以先王才制定了礼。那么庄公的行为违反了礼制,就不能起到端正民风的作用,失去了表率意义。而且"君举必书",庄公的违礼行为能给后人留下什么样的印象呢?全文通读下来,你可以感受到曹刿之言掷地有声,发人深省。此外如单穆公劝谏周景王,阳樊人谴责晋文公,里革匡扶鲁宣公,伍子胥痛斥夫差,范蠡之所谓"君行制,臣行意",等等,都是很有气势的。这些人并不因为君臣地位的差别而有所顾忌,而是依据礼或德对违制或无德的人予以谴责或批判。当阳樊人仓葛质问晋文公"其何德之布以怀柔之,使无有远志"并宣称"今将大泯其宗祊,而蔑杀其民人,宜吾不敢服也"时,确乎给人荡气回肠之感,所以强势的晋文公也不得不承认这是"君子之言",并主动撤除了对阳樊的包围。

2. 言说的技巧。论辩如战争,如果有高深的技巧,同样能收到不战而屈人之兵的效果。既不需要声嘶力竭,也不需要互相指责谩骂,只需要看似平淡的几句话,便可让对方俯首称臣。以《周语中·襄王拒晋文公请隧》为例。公元前636年,颓叔、桃子等人勾结狄人大败周师,周公忌父等周大夫被俘,周襄王逃奔到了郑国,暂时居住在郑国的汜地。颓叔等拥立王子带,周襄王便向晋文公

---

① 屠隆:《由拳集》卷二十三《文论》。
② 刘禹锡:《刘宾客文集》卷二《彭阳侯令狐氏先庙碑》。
③ 陈造:《江湖长翁集》卷三十一《题国语》。

告急。公元前635年，晋文公帅晋军为王室平乱，擒杀了王子带，恢复周襄王的王位。在这种情况下，晋文公恃复位之功，便向周襄王请求在他百年之后也用天子的隧葬礼。可以想见此时周襄王的两难境地，答应就会失去天子的尊严，不答应则得罪恃强有功的晋文公。此刻，周襄王便以天子的身份，辅以礼法的手段，柔中带刚地拒绝了晋文公的无礼要求。他首先从正面立论，先说王室以千里之地"供上帝山川百神之祀"、"备百姓兆民之用"、"待不庭不虞之患"，其余皆均分于诸侯，以证明王室并不贪婪；再说"死生之服物采章"方面，天子与诸侯有别，而诸侯若同于天子便是僭越。通过这种方式，周襄王事实上在警告晋文公既不要贪心，也不要僭越。然后周襄王又以退为进、以守为攻说晋文公有功于王室，理应受到赏赐，但如果"班先王之大物以赏私德"，就连你晋文公都要憎恶我这种违礼之举。最后又软中带硬，以"改玉改行"的古制讥讽晋文公。说如果你晋文公自以为功劳大能镇抚百姓，就干脆自立为天子。真要是那样的话，他愿意"流辟旅于裔土"。但如果你晋文公仍是姬姓，仍是公侯，则不能违先王之制。最后再次不无讥讽地让晋文公在自己封地上行非礼之事，周王室就睁一只眼闭一只眼，知道就当不知道。在周襄王一番凌厉的语言攻击下，晋文公便灰溜溜地败下阵来。这确是一篇绝妙文辞，说者淋漓痛快，听者无地自容却又无法发作，体现出高超的论辩技巧。此外如周襄王拒杀卫成公、孟文子与郈敬子拒绝鲁文公等无不如此，大都是采用以退为进的方式，以礼法或德行为武器，置对方于无言以对的尴尬境地，并最终战胜或驳倒对方。

3. 言说的逻辑。《国语》所记载的诸国语说，其言说方式或者先给出结论，然后论证这个结论，如《周语中·单襄公论陈必亡》；或者是驳难，如《周语中·襄王拒杀卫成公》。但无论是立还是破，都是以说理为手段，以证明自己的观点或征服对方为目的。这就要求思维具有逻辑性，论点鲜明，论据合理有效，推论周密有序，只有这样才能服人。以《周语上·祭公谏穆王征犬戎》为例，全篇围绕"耀德不观兵"展开议论。周穆王以犬戎"不供时享"为借口欲兴兵征伐犬戎，而从祭公谋父"今自大毕、伯士之终也，犬戎氏以其职来王"、"犬戎树惇，帅旧德而守终纯固"推断，犬戎并没有不供时享，而实际上是穆王欲加之罪而故意捏造罪名。所以，穆王之举遭来祭公的反对。祭公谋父首先引用周公"偃武修德"思想为据，并以周朝历代先王作为例证，证明唯有"偃武修德"方能"保世以滋大"。然后祭公谋父又引用先王五服供赋制度作为依据，说明对于遵礼守制的诸侯、戎夷应该"耀德不观兵"。全文结构严谨、层次分明，说理紧紧围绕论点层层深入，具有极强的说服力。而且为了论证逻辑的周密性，在论证"不观兵"时特意点明"不观兵"不等于废兵。如果对百姓有利，便可以用兵，如武王之伐商纣。其次对于那些不守礼制且屡教不改的诸侯、戎夷就可以用兵。这样就使得论证更加具有逻辑性，结论更加有说服力。

纵观《国语》全书，其论证基本上都能旗帜鲜明地亮出自己的观点，然后围绕观点选材组材，使得论证具有逻辑力量。甚至在论证中，运用一定的逻辑论断方式来帮助自己说理。以《晋语八·辛俞从栾氏出奔》为例。公元前 574 年，栾书与中行偃杀死了晋厉公，便把持朝政。栾书死后，他的儿子栾黡继承父位，更加专横。栾黡娶范宣子之女栾祁为妻，生个儿子叫栾盈。栾盈为人正派，又能礼贤下士，所以受人拥戴。而栾盈之母栾祁在栾黡死后，与他人通奸，并逐步霸占栾氏的家产。在这种情况下，栾祁怕她儿子栾盈对自己不利，便恶人先告状，向她父亲当时做晋国正卿的范宣子诬告栾盈要谋反。范宣子因为忌惮栾盈日益隆盛的声名，也正愁找不到整治栾盈的理由。所以栾祁一告状，范宣子便以到著地筑城为名，将栾盈驱逐出境了。无奈之下，栾盈逃到楚国。栾盈出逃以后,执政范宣子下令栾氏家臣不得追随,否则将被处死。在这种情况下,他的家臣辛俞忠于家主,冒死追随栾盈出奔。在被抓以后,他却能运用偷换概念的方法为自己辩护,并安然脱险。执政范文子所谓"无从栾氏而从君"的"君"分明是指晋侯,而辛俞却以"三世事家,君之"的礼制,将"无从栾氏而从君"的"君"换成了栾氏。事君以死,而执政又说"不从君者大戮",这就为自己的行为找到了理由。不仅没有被治罪,还打动了晋平公使之一再挽留辛俞。文章虽是诡辩之辞,但却说得天衣无缝,不仅有逻辑力量,也充满了幽默俏皮的喜剧色彩。

4.言说的形象性。如何把抽象的道理说得浅易直接,很容易让听众理解并接受,体现了论证的艺术,也关乎说理目标的实现。《国语》说理往往大量引述相关的史事,以史为鉴以帮助说理。《楚语上·蔡声子论楚材晋用》一文中,蔡声子为了帮助蒙冤逃亡的椒举回国,用了四个事例来劝说令尹子木要珍惜人才,不要让"楚材晋用"的事情再发生。通过这四个例子,蔡声子让令尹子木明白人才流失将会带来什么样的结果,每一个例子都是血的教训。在事实面前,什么样的道理也不需要多说,其间的得失利害便已经十分清楚了。除了大量举证史事外,《国语》在说理中还大量引用古代的典籍,如《诗》、《书》、《周官》等,或者引用古代的格言警句来帮助说理。可以说这些过去的典籍或格言都是经验的结晶,其正确性无需多言且广为人知,因而极具说服力。以《周语中·单襄公论卻至佻天之功》为例。鄢陵之战,晋国大胜楚国。战后,晋卿卻至到周王室告捷。在这个过程中,卻至大肆自伐己功,想让周天子任命他为晋正卿,执掌晋国国政。卻至行为遭到单襄公的批判,认为他是佻天之功,预言他将有不测之祸。在论述过程中,单襄公便大量引用先王典籍或前世警句以帮助说理。在这段论述中,单襄公分别引述谚语"兵在其颈"以及"兽恶其网,民恶其上"、《尚书》中的"民可近也,而不可上也"、《诗经》中的"恺悌君子,求福不回"等,以证明"圣人贵让"的道理。这些经典语句的引用,无疑增强了自己说理的力度。

此外,《国语》中也有许多精妙的比喻,使抽象的事理变得非常直观。如《周语上·邵穆公谏厉王弭谤》说:"防民之口,甚于防川。川壅而崩,伤人必多,民亦如之。"把高深的治国经验比之于治水,而防民好比治水用堵的方法,其结果必然是河堤崩溃,洪水泛滥。而治民不让百姓心中的怨气得到适当的发泄,最后也必然要爆发。这样就使得原本很抽象的道理,一下子变得形象浅易,容易明白了。又如《晋语四·胥臣论教诲之力》:"夫教者,因体能质而利之者也。若川然,有原,以昂浦而后大。"同样用大川之喻,很浅明地说明了教育的功用。

5. 言说的心理。说理也是一场心理战,如何准确地把握听者的心理,很大程度上关乎自己的道理能不能很容易地被对方接受。所以我们读《国语》,阅读其中某些精彩华章,便不难看出有许多论战对听众的心理有着准确细微的把握,从而体贴出对方的心理需求,然后对症下药,以达到自己的目的。以齐桓公向鲁国索要管仲为例。鲍叔牙向齐桓公举荐管仲,齐桓公虽然想重用管仲,但当时管仲尚在鲁国。鲁国的施伯是个不好对付的人,知道管仲有济世之才,齐国欲重用管仲,所以定然不会轻易将管仲放还齐国,甚至有可能对管仲生命造成危险。于是鲍叔牙便以"寡君有不令之臣在君之国,欲以戮之于群臣"为借口,向鲁国索要管仲,终于如愿以偿。通读整个故事,不难看出,双方完全是一场心理战,敌我双方的真实目的彼此尽知,然后大家斗智斗勇。此外像越国向吴王夫差求和,在临行之前也是对吴王的心理作出了准确的判断,然后对症下药,终于为越国赢得了喘息的机会。诚可谓"一人之辩,重于九鼎之宝,三寸之舌,强于百万之师"①。

《国语》中还记载了一些人通过揣度对方心理,使自己转危为安的例子。最典型的便是《晋语四·郑叔詹据鼎耳而疾号》。当初晋文公逃亡之时路过郑国,但郑文公不以礼相待。郑大夫叔詹就劝郑文公礼遇公子重耳,后来看郑文公坚持不礼遇重耳,便转而劝郑文公杀掉重耳以绝郑国后患。所以当重耳回晋国即位便要向以前无礼于自己的人或国家实施报复,叔詹当然是不能原谅的一个。所以晋文公才想烹杀叔詹,以泄心中之愤。但在生死存亡的关头,叔詹自然是成竹在胸,因为他很了解晋文公的为人,尤其是其欲霸诸侯的志向。首先他以当初自己曾劝郑文公礼遇晋文公,表明自己是"尊明胜患"的智者。然后点明自己这一次又是主动以一己之身换郑国安全,是"杀身赎国"的忠者。然后便毅然"就烹"。但颇具戏剧性的是,在"就烹"的一瞬间,叔詹却据鼎耳而呼:"自今以往,知忠以事君者,与詹同。"此中大有深意。试想,晋文公既然想称霸诸侯,自然要得到贤才的辅佐。而叔詹这一声呼喊,实际上在揣摩透了晋文公心理之后作出的决定。如果这时晋文公仍然执意要杀叔詹,也必将在某种程度上挫伤晋国大臣的忠心,还有可能落下一个诛杀忠臣和心胸狭隘的形象。他已经算准了这一点,果然,晋文公不仅不杀他,还"厚为之礼而归之"。这样大家各取所需,叔詹保命,晋文公留名。此外,像寺人披游说晋文公,都是在揣摩透了对方心理之后才采取的举动,而且也都收到了很好的效果。而《晋语一》记载优施替骊姬设计陷害太子申生时,首先也是对申生的心理进行了分析:"其为人也,小心精洁,而大志重,又不忍人。精洁易辱,重偾可疾,不忍人,必自忍也。辱之近行。"根据这一心理分析,骊姬采取在献公面前诽谤离间申生之策

---

① 刘勰:《文心雕龙·论说篇》。

略,导致自尊自爱心地敦厚而志向远大的申生受献公猜忌厌恶,最后"乃自经于新城之庙"。尽管优施和骊姬是危害国家,构陷他人的阴险小人,但若抛开这件事的反面意义不说,其对申生的心理性格的分析却是准确的,也是他们能如愿陷害申生的重要前提。

在吴越争霸中,伍子胥作为吴国重要的谋臣,无疑具有杰出的才能和高远的见识。但在替自己辅佐的君主出谋划策时,因为没有注意到进谏的技巧,说话过于直接,便没有收到效果。伍子胥劝谏吴王夫差,往往是直言不讳,对吴王夫差的性格缺陷也是不留情面地指出。比如在越国要与吴国结盟时,伍子胥分析天下形势和越王勾践的用心,与越国谋臣文种所言相似,说明伍子胥的英明和睿智。但他那些诸如"玩吴国于股掌之上"、"君王(即夫差)之盖威以好胜"等话,好大喜功又盲目自大的夫差怎么能听得进去呢?不仅听不进去,而且还会反感。所以当吴王夫差在打败齐国以后,更加气盛,以至于逼迫伍子胥自杀。假如伍子胥考虑到夫差刚打完胜仗的心态以及他的性格特征,采取一种委婉的方式劝谏夫差,也许效果会大不同。伍子胥的悲剧很容易让我们想起楚汉战争中项羽的谋臣范增,范增也是因为过于耿直,最后与项羽发生冲突,君臣失和,以至于项羽战败,范增抑郁愤懑而死。

(二)写人。作为一部记言的史书,《国语》表面上看起来不以善写人物见长。但仔细品读后,你也许会对《国语》刻写人物的水平心生赞美之情。整部《国语》写了一百多个人物,其中不乏形象生动、性格鲜明者。分析《国语》刻画人物的方法,大致可以归纳出以下几点:

1. 传记手法的萌芽。考察《国语》一书的文学成就,不能停留在某一固定层面上,它呈现出一个动态的过程,不同"语"表现出来的水平并不一致。分析其写人技巧也是如此。大体上说,《周语》尤其强调记言,对事情的来龙去脉缺乏清晰交代,甚至说叙事意识不甚明确。通常是一大段言论占据文章主体,其每一则后面的简单交代,本意也不在叙事,只是验证前面记言的结果,相当于甲骨卜辞的验辞。从这个意义上来说,《国语》中只有《周语》最直接地继承了《尚书》以来的记言传统,只不过《周语》更接近口语化而已。但我们看到,在《国语》的其他"语"中,随着叙事成分的增强,人物的语言和具体的情境相结合,一切都变得有声有色。尤其是某一人物的不同行事被集中起来,这区别于此前的史书,就算是同时或稍后的《左传》作为编年体史书也不得不把同一人物或一件事割裂开来分配于不同的时间段,以至于一切都变得支离破碎。但是《国语》却在尝试着这么做。我们看以下的统计:

《周语》有四则记述单襄公,记述单靖公一则,记述单穆公三则,可见单氏家族在《周语》中的地位。《鲁语上》一至二记述曹刿,五至九都和臧文仲有关,而记述里革的内容有三则。《鲁语下》一至七都是记述叔孙穆子的言行,十至十七记载公父文伯之母敬姜事迹,另有四则和孔子有关。《晋语三》全记载晋惠公事,《晋语四》都和晋文公有关,《晋语七》全部记载晋悼公事,《晋语八》十一至十六都和赵文子有关,《晋语九》五至十六都是记赵简子事。《吴语》主要记夫差,而《越语》主要写勾践。在这个问题上,我们赞成谭家健先生的意见,即《国语》围绕某一个人物同时记载许多小故事是作者有意为之,这将有利于更好地表现一个人的思想、品格乃至个性特征①。试想,如果《国语》仅仅记一则两则某人言行,则大多数人物的形象一定是模糊不清的。《国语》围绕某人记述不同行事的写史手法对《晏子春秋》,乃至于对《史记》都是有影响的。

当然,《国语》的这种集中起来叙写人物的组材方式还不能和

---

① 谭家健:《试论〈国语〉的文学成就》,《江淮论坛》1983年第6期。

后世的纪传体写史方法等同起来。因为若干故事之间尚缺乏有机统一的安排,各个小故事之间几乎是独立对等的。即便是可以相互衔接的,也没有融会贯穿在一起。如《晋语五》八至十二都是写公元前589年齐、晋靡笄之役事,本来可以在一个完整的叙事结构中组织起来,但作者却将之分属五篇,彼此独立。有的几则故事记载同一件事,而彼此之间差别甚小,如《晋语六》五至八都是写范文子反对讨伐郑国,主张"内睦而后图外",几则故事内容大同小异。这些都说明《国语》作者没有坚持一以贯之的叙事观念,他的根本目的还是记言。

2. 以言行表现人物。尽管《国语》总体原则是记言,但个性化的语言也能表现出人物的品性乃至性格特征。以《周语中·阳人不服晋侯》为例。晋文公拥立周襄王后,周襄王赏赐晋文公土地以酬其劳,但晋文公本意不在土地,而在于天子的葬礼。他请求隧礼,但遭到了周襄王的拒绝,不得已便接受了土地。却没有料到在接受天子所赐阳樊时"阳人不服",可以想见晋文公异乎寻常地气愤,所以他便派兵包围了阳樊,大有"大泯其宗祊,而蔑杀其民人"之势。在情况万分危急之下,仓葛挺身而出。他一方面以"德治",指责晋文公滥用武力,不能以德服人。另一方面以情感人,指出阳樊之人"皆天子之父兄甥舅",而非冥顽不灵的"裔民",所以不宜虐待之。最后又从晋文公立场出发,劝谏其"惠及之"。如此再三,迫使晋文公不得不称赞仓葛是君子,而撤除包围。而仓葛的形象也呼之欲出,其能不战而屈人之兵,却又非后来翻云覆雨的战国策士。他本着道义挺身而出,面对恃强临弱的晋文公,有礼、有理又有节,着实称得上是一个有勇有谋的人。此外像曹刿的形象也是靠语言去塑造,一句"君举必书"同样也能让人感到其正直不屈、凛然不可犯的丈夫形象。

个性化语言如果再配以个性化行为,则人物性格便更加鲜明生动了。《鲁语》写史官里革的故事并不多，只有三则。虽然如此，但却让一位正直又嫉恶如仇且有血有肉、栩栩如生的忠臣形象跃然纸上。《里革更书逐莒太子仆》说的是莒太子仆杀死了他父亲纪公，带着国宝来投奔鲁国，希望获得鲁国的支持能返国即位为君。尽管杀父被认为是十恶不赦的大罪，但鲁宣公贪图纪公国宝，命令执政季孙行父赏赐太子仆以采邑。但里革更改诏书，命令驱逐太子仆，并指责鲁宣公是"藏奸者"。《里革断公罟而弃之》记载鲁宣公在泗水深渊撒网，这将不利于生态平衡。于是，里革便将渔网割断，扔在一边。这一割一扔便塑造出了一位不畏权势而敢于直言直行的忠贞形象。然后便大谈如何维持生态平衡的道理，指责鲁宣公的行为是"贪无艺也"。最后迫使鲁宣公低头认错，并让有司将被里革割断的网收藏起来，以"使我无忘谂"，时时警醒自己。最给人震撼的是《里革论君之过》。公元前574年，晋厉公杀了郤锜、郤犨、郤至三兄弟，晋国大夫栾书、中行偃害怕晋厉公对他们不利，便派人杀死了晋厉公。而晋厉公也是一个无道昏君，不仅穷奢极欲，而且任用小人，所以栾书等杀了晋厉公并没有遭到国人的反对。晋厉公被杀的消息传到鲁国，鲁成公就问众人，如果臣子杀了国君，到底是谁的过错。在众人都不应对的情况下，里革明确回答是君主的过错。因为君主位高权重，如果被杀说明其犯了许多的过错。君主治理国家应该为民众树立正确的榜样，但如果"以邪临民，陷而不振，用善不肯专"，那就只能是死有余辜了。并且里革还举了历史上一些因为无道而被杀的君主，例如夏桀、商纣、周厉王、周幽王之类。最后里革又用水作比，把君主比喻成是川泽，而百姓就是川泽中的鱼，如果君主推行善政，百姓自然就会顺从；如果不行善政而被杀，也只能是咎由自取。这完全是放言无忌，但却是有理有据、爱憎分明的忠直之言。联系前两则里革行事，一个公而忘私、忠贞耿介的诤臣形象便活灵活现了。

3.细节描写。细节是文学作品中描写人物性格、事件发展、社会环境和自然景物的最小的组成单位,恰当运用细节描写,就能形象地刻画出人物性格,展示人物丰富的内心世界。尽管我们说《国语》利用细节来描写或表现人物的内容还不多,但也有其精彩动人处。我们以《晋语四》写晋文公的几处细节为例。《重耳自狄适齐》记载重耳在自狄适齐的途中,经过一个叫五鹿的地方。因为太饿,便"乞食于野人",想不到野人"举块以与之",重耳盛怒之下,便欲"鞭之",贵公子的派头仍然很足。想来这个举块给重耳的"野人"也是十分的气愤,也可能自己都在饿肚子,所以便以此发泄不满而已。但这个原本表示愤怒的举动,却让子犯看出其中可以利用的价值,于是借天道大肆宣扬其中的"深意",把它说成是上天的暗示,是天命。这样做一则可以平息重耳怒气,尽量少生事端;二则可以鼓舞重耳,使之坚定地走下去。这是一个富有戏剧性的细节片断,寥寥片语,一个贵公子,一个鼓动家的形象却已跃然纸上了。

到了齐国,贪恋舒适生活的重耳却不愿意动了,愿意"死于此"。于是姜氏便和子犯商量用酒灌醉重耳,带他离开齐国。重耳醒酒以后,就拿戈追赶子犯,并且说:"如果我最后不能成就大事,作不了国君,我就把你肉吃掉。"而子犯一边躲避重耳的追击,一边回答说:"如不能成就大事,你我都将死无葬身之地。如果成就大事,您就有许多美味可口的食物,哪里还会吃我这又腥又臊的肉。"《左传》也记载了这一段,但只是"姜与子犯谋,醉而遣之。醒,以戈逐子犯"等简单记事,不如《国语》记载生动有趣。通过谋划、醉酒、以戈逐等细节,再加上人物的对话,则公子重耳的强横成性以及子犯的老成而不乏幽默的性格都得到了鲜明的表达。

到了秦国,秦穆公将怀嬴嫁与重耳。有一次"公子使奉匜沃盥,既而挥之","挥之",或解释为公子重耳挥手让怀嬴离开,或解释为重耳洗手过后摆动手去水而将水珠溅到怀嬴身上,不论如何,都可以看出重耳内心轻贱怀嬴。所以嬴怒曰:"秦、晋匹也,何以卑我?"重耳"惧,降服囚命"。从这一个细节可以看出重耳这时在政治上的成熟,不需要别人指点也知道该如何处理这样的事了。

在返回晋国的途中:

> 及河,子犯授公子载璧,曰:"臣从君还轸,巡于天下,怨其多矣!臣犹知之,而况君乎?不忍其死,请由此亡。"公子曰:"所不与舅氏同心者,有如河水。"沈璧以质。

这是一个小插曲,老谋深算的子犯表面上说,我因为和您一起流亡,不仅在晋国得罪了人,也还有得罪您的地方,"请由此亡",您让我从此与您告别,找个地方隐姓埋名吧。这其实是以退为进的一着棋,目的不外乎是要挟重耳,为自己的将来上一道保险。重耳对此也是心知肚明,所以便对河发誓,安抚舅氏,并"沈璧以质"。

可以说《国语》中重耳是最生动的人物形象之一,这其中自然也有细节描写的作用。正因为有了这些细节,人物形象才变得鲜活而丰满。

4. 在矛盾冲突中写人。《国语》记载了一些十分尖锐的矛盾冲突场面或事件,在这些场面或事件中,人物性格得到了真实的表现以及鲜明的揭示。我们以《晋语二·骊姬潛杀太子申生》为例。骊姬始终不忘构陷太子申生,处心积虑利用晋献公对她的宠爱进谗。她说:"吾闻申生之谋愈深",然后警告晋献公"君若不图,难将至矣"。在得到晋献公的应允后,又使优施拉拢胁迫里克。后来又假传晋献公命令,让申生祭奠齐姜,然后借机下毒,嫁祸申生。当申生被迫逃到曲沃,骊姬又施展泼妇伎俩,最后逼申生自杀。在整个事件中,骊姬始终以阴险狡诈、口蜜腹剑的形象出现于世人面前。

同样阴损的还有优施。优即俳优,也就是后世的优伶,专门以乐舞谑戏取悦于人的艺人。优施是俳优,名字叫施。他因为和骊姬通奸,所以在骊姬构陷申生这件事上,便格外卖力。骊姬告诉他,说晋献公已经同意杀申生,但她惧怕里克,因为里克不仅是晋国执政,手握实权,而且里克和申生关系也很好。优施马上便答应骊姬,要替骊姬摆平里克。于是优施便和里克饮酒,在酒席中唱道:"暇豫之吾吾,不如鸟乌。人皆集于苑,已独集于枯。"意思说一个人如果不能主动亲近安逸快乐的生活,他的智慧还不如乌鸦。大家都栖息在草木丰美的囿苑里,只有他还抱着枯枝不肯放。试想,这样的话说得太玄虚了,不能不让人心生疑窦。所以里克便禁不住问何谓"苑",何谓"枯"。优施便告诉里克,奚齐的母亲骊姬是国君夫人,她的儿子将来一定会做晋国国君,跟着他自然前途光明,这便可以算是"苑";而申生的母亲已经死了,他本人又失去了晋献公的信任,这样的人就好比是没有希望的枯枝。然后优施又一步步胁迫里克,终于分化孤立了申生。从优施的行为看,他是一个与骊姬狼狈为奸的小人,他充分利用自己特殊的身份,作骊姬的帮凶。他说"我优也,言无邮",然后在里克面前用俳优的口吻暗示里克,从而成功地排除了杀申生的最后一道阻力,终于使杀申生的计谋得以实现。帮凶嘴脸暴露无遗。

而里克作为晋国执政,握有实权。他原本比较正直,也一直支持申生。当初晋献公让申生率军征伐皋落狄,里克便以"太子不典兵"古制为由反对。虽然受到晋献公的奚落,但他还是鼓励申生要努力作战,以此来改善父子关系。但这一次当他听优施说晋献公已经决心除掉申生的时候,便开始患得患失了。可以看出优施的话使他坐卧不安,"不飨而寝",所以夜半时还把优施找来,最终选择了中立的立场。正如丕郑所言,里克的态度直接导致骊姬毫无忌惮地陷害申生,"惜也!不如曰不信以疏之,亦固太子以携之,多为之故,以变其志,志少疏,乃可间也。今子曰中立,况固其谋也,彼有成矣,难以得间"。最后里克"称疾不朝",客观上打击了太子,也加速了骊姬陷害申生的步伐,成为了一个非常不光彩的角色,暴露了他自私和胆小怕事的性格。

而作为整个事件的最大受害者,申生的愚忠和盲目让人同情又惋惜。他明知是骊姬的计谋,却不愿去揭发,因为他知道"君非姬氏,居不安,食不饱。我辞,姬必有罪。君老矣,吾又不乐"①。自己蒙冤却不申辩,因为那是"章父之恶",担心因此"取笑诸侯"。最后只能自缢新城。从他的老师杜原款临死对申生说的话中,应该不难猜测申生性格形成的原因。

在这一事件中,有人主谋,有人帮凶;有人从容就死,也有人明哲保身。这种种取舍以及性格、心理,都在生死冲突中得以彰显。

5. 互见法。"互见法"是司马迁作史之法,学界对此也有很多的论述。具体说来,司马迁的"互见法"一是将一个人的言行和事迹不全载在本传中,而分别插入记载于其他的有关传记中。第二是将性质相类似的人物采用两两相对的写法,通过互见以对照,从而刻画其性格,寄托作者的褒贬倾向和突出对历史人物的看法②。而对比《国语》,我们可以找到其渊源。《国语》对司马迁的影响是无用赘言的,而司马迁作史的"互见法"在《国语》中都有表现。

先说第一种表现手法。《国语》虽不是纪传体,但《国语》往往通过几件事记载一个人的行事,这些小故事有的是正面表扬,有的则是反面批评。如《晋语五》记载晋中军元帅郤献子的行事,《郤献子分谤》记载韩献子处死一违反军纪但罪不至死的人,郤献子救之不及,便将死者示众,以此替韩献子分担责任。《张侯御郤献

---

① 《左传·僖公四年》。
② 孙以昭:《司马迁的"互见法"及其渊源》,《安徽大学学报》1995年第6期。

子》则通过身负重伤却依然坚持指挥战斗,终于帮助晋军在齐晋靡笄山之役中胜出的故事,借以表现郤献子的勇敢。《郤献子等各推功于上》记载靡笄山之役胜利之后,晋景公想嘉奖他们,但中、上、下三军元帅都谦让推辞,将功劳归于对方,表现出不自伐、不贪功的思想境界。但在齐顷公战败后朝见晋景公的时候,郤献子却以俘虏国君的礼节接待齐顷公,以报复自己使于齐时所遭受的屈辱。所以晋大夫苗贲皇批评他"勇而不知礼,矜其伐而耻国君",不会有好结果。同样文章写臧文仲、晋文公、赵简子等都采用了这种方法。

其次看对比式"互见法"。《晋语二·里克杀奚齐而秦立惠公》记载晋献公死后,里克杀了骊姬、奚齐、卓子。而到底立谁为君,晋国大夫之间,重耳、夷吾之间,秦国、晋国君臣之间展开了一系列政治权谋和讨价还价活动。在同一件事情的处理中,可以分别人物的贤愚及品性的高低。里克派屠岸夷到狄去请重耳回国即位,重耳在征求子犯意见之后,便辞谢了里克的邀请。尤其是他非常恰当地辞谢了秦国公子絷的暗示,得到了秦穆公的称赞:"吾与公子重耳,重耳仁。"在这一心智的较量中,公子重耳以头脑清醒有远谋而占得先机,赢得了仁义的声名,也为他以后能得到秦国支持而回国即位打下了基础。反观公子夷吾,他听了蒲城午的话,受到了冀芮的鼓动便跃跃欲试,应允回国即位。在会见秦国使者的时候,不仅失礼,而且以国家利益为筹码,出卖国家利益,表现出一副小人嘴脸。两相比较,人物品格的高低便可立判。同样,参与这件事的还有重耳与夷吾手下的谋士。作为重耳谋士,子犯识大体,有智谋,能给重耳以正确的指导。而作为夷吾的谋臣,冀芮却劝夷吾以利谋国,"尽国以赂内外,无爱虚以求入,既入而后图聚",完全是一个贪利而又短视的小人。

同样,《晋语三·惠公斩庆郑》和《楚语下·蓝尹亹避昭王而不载》所述事件大体相同,都是在战争或君主危难的情况下,臣下出于某种原因而没有舍身救主。但人物的命运却截然不同,庆郑被杀,而蓝尹亹却安然无恙。两相对比,也可以看出晋惠公与楚昭王心胸、气度之高下。

6.《国语》中的女性。《国语》不仅记载了一系列个性鲜明的男性形象,还记载了一些女性,这些女性在才能、识见等方面丝毫不逊色于男子,甚至还高出男子。她们或见微知著,能预言吉凶祸福。《周语上·密康公母论小丑备物必亡》记载密康公之母从礼制的角度劝说密康公要将三名同姓女子献于天子,否则将导致灭国亡身。事实证明,密康公之母是正确的,在三女奔密康公一年之后,周恭王灭了密国。类似的还有曹国大夫僖负羁之妻,她凭借对重耳及子犯等随从的观察,便能预见后来之事,劝其夫"盍自贰焉"。后来晋文公攻破曹国却报僖负羁的馈食之恩,全赖僖负羁之妻。晋大夫伯宗之妻,不仅预见伯宗要遭陷害,而且早作安排,帮助儿子伯州犁脱难。叔向之母见叔鱼和杨食我之生,便能预言将来之事。

或坚毅果敢、临事善取舍,能作出正确的选择。这当以齐姜为代表。齐姜是齐桓公的女儿,知书达理且深明大义。当重耳安于舒适的环境,欲终老于齐国的时候,齐姜便极力劝说重耳应以事业为重。当其婢女听说子犯等人谋划离开齐国的事情而向齐姜告密的时候,她便杀了婢女以绝后患,虽有毒辣之嫌,却也不失为果敢之举。因为婢女如将此事告知外人,让齐桓公知道,或于重耳不利。当劝说重耳无效,齐姜便和子犯商量,终于灌醉重耳,将其带离齐国。试想如果没有齐姜的支持,重耳或不能成就大业。

或知书达理,明于治道。《鲁语下》十至十七都是记载公父文伯之母敬姜的事迹的,如此多的篇幅记载一位女性,这在《国语》中并不多见。公父文伯之母举止合于礼,这一点两次受到了孔子的称赞,可见非同一般。而且她还深谙治道,以"君子能劳,后世有继"告诫季康子。她对劳逸关系的辩证认识等,都能让人深思。

《国语》中对骊姬的刻画算是比较成功的,也是花费相当大心思的一个。对骊姬的出场,《国语》的作者作了相当的铺垫。晋献公伐骊戎,史苏便预言"胜而不吉"。当晋献公为获得骊姬而沾沾自喜的时候,史苏更是直言骊戎将以女戎胜晋。当骊姬生子奚齐,史苏又预言"乱本生矣"。随后《国语》用了相当的篇幅记载了骊姬如何勾结内外,并不断给晋献公吹枕边风,一步步陷害太子。她投毒嫁祸申生,到新城责骂申生,终于逼迫申生自缢。申生死了以后,骊姬又进一步陷害重耳和夷吾等群公子,并最终尽逐群公子,将他的儿子奚齐推上晋侯的位置。而晋国也因为骊姬"五立而后平",陷于长期混乱之中。所谓红颜祸水,男子对女子参政始终抱有戒备心理,周武王在灭商之后也将妲己比喻为司晨的母鸡。所以《国语》愿意花费大力气去刻画骊姬,记述骊姬造成的晋室之难,其用意或正在于此。正如《郑语》记载了褒姒亡周的史事,而史苏在预言骊姬乱晋的时候,同样也将他与妹喜、妲己、褒姒相比,都表达了对女性参政欲及权力欲的排斥。

《国语》之前,《诗经》记载了早期周王室的一些贤妃,也记载了灭周的褒姒。《诗经》之后,将女性纳入史家考察视野的便是《国语》和《左传》。后来刘向作《列女传》,很多的材料便采自《国语》。

总之,尽管《国语》不是以一部善于刻画人物而著称于世的史书,但同样展示了神色各异的众多人物形象。无论是君王、大臣,还是下层官吏乃至普通民众,都有生动感人者,而且对后世也产生了很大的影响,成为中国文学宝贵的遗产。

(三)叙事。文学史或者研究先秦散文的专书在提到《国语》时往往强调它是一部记言的史书,因此对于它在叙事方面的成就甚少提及。尤其是在与《左传》相比较的时候,更是表现出对《国语》叙事的漠视。例如作为专门研究先秦叙事的著作,傅修延的《先秦叙事研究》和王靖宇的《中国早期叙事文研究》都不甚重视《国语》,傅书没有提及《国语》,王著则明显贬《国语》而抬《左传》,凡《国语》、《左传》不同,多是《国语》的不足却是《左传》的优势①。但我们认为,研究先秦叙事不重视《国语》实在是一大失误,不仅因为《国语》叙事自有其长处,更因为我们可以凭借《国语》清楚地看到先秦叙事散文的发生之缘起和发展变化之轨迹。

先看《国语》叙事的长处。《国语》风格不一,各"语"叙事水平也参差不齐。明人陶望龄曰:"《国语》一书,深厚浑朴。《周》、《鲁》尚矣,《周语》辞胜事,《晋语》事胜辞。《齐语》单记桓公霸业,大略与《管子》同。如其妙理玮辞,骤读之而心惊,潜玩之而味永,还须以《越语》压卷。"②大体上说,《郑语》简略可忽略不计,《周语》、《鲁语》、《楚语》等尚说辞而不尚记事,但《晋语》、《吴语》、《越语》等记事水平都很高。在此我们以《晋语》记载的骊姬陷害太子申生故事为例,看《国语》叙事水平及其与《左传》的优劣比较。

《左传》记载了"申生之死"从骊姬陷害申生的初期写起,中间经过了晋献公对申生的重重考验,直至最后阴谋得逞,申生自杀,重耳、夷吾逃亡。整个故事在叙事上显得不枝不蔓,也条理井然。但情节、人物等方面都显得简略,在叙事水平和刻画人物等方面不如《国语》细腻逼真、生动传神。

《国语》叙述"申生之死"是从《晋语一·献公将黜太子申生而立奚齐》开始的,但此前却花费大量篇幅叙述史苏之论。这看似无

---

① 王靖宇:《中国早期叙事文研究》,上海古籍出版社2003年。
② 朱彝尊:《经义考》卷二百九。

关的闲笔,却为后来骊姬乱晋作了情节上的铺垫。而且在《献公将黜太子申生而立奚齐》中,里克说"夫史苏之言将及矣,其若之何",也很周密地回应了前面史苏的言论。这种前后照应的叙事结构显示了《国语》对材料处理的缜密。然后《国语》又叙述了"烝于武公"之事,在这件事情上,献公称疾不往,要奚齐代祭,引起了猛足的怀疑。而在叙事上,却可以看出太子申生的地位正一点点发生变化,属必要的情节铺垫。接着《国语》又叙述了晋伐翟柤之事,这看似无关,却写出了晋献公对骊姬之宠爱之深,以至于献公失眠被人怀疑是因为骊姬没有陪宿。而且可以看出晋献公是个好大喜功的君主,所以后来骊姬借助梁五、东关嬖五以"晋之启土"、"且旌君伐"为由劝说献公外放三位公子时,他便欣然同意。这样前后照应,人物的性格显得真实可信。尽管《国语》、《左传》都写到晋献公带领申生出征的事情,但《左传》在士蒍之外突然插入卜偃占卜"毕万之后必大"的事情,让人摸不着头脑。

  关于构陷太子申生的阴谋,《左传》记载似乎全是骊姬一人所为,这似乎不大可信。因为陷害太子申生不仅历时长久,而且中间经过了许多细密复杂的设计,以骊姬一人之力,似乎不大容易完成。所以《国语》点出主谋除骊姬外,还有一人曰施,是晋献公的俳优。此人不但善于察言观色,而且工于心计,骊姬的许多阴谋实与此人有关。如其教骊姬夜半哭泣于献公之侧,先是假意请求献公杀了自己,"无以一妾乱百姓";然后又分析晋献公的处境,尤其点出申生有可能为了讨好百姓而杀献公,使得献公惊且惧,并最终答应"吾将图之"。又如其威逼利诱里克一段,优施倚仗自己特殊的身份,软硬兼施,成功地阻止了里克的干预,拔掉了陷害申生的最后一个障碍,使申生完全被孤立,于是阴谋得逞。因为有了优施这个人物的参与,骊姬这个人物才更加真实可信,而且很好地解释了一些《左传》存在漏洞的问题。比如《左传》闵公二年也曾说到伐东山狄时，里克曾进谏晋献公，不赞成申生出征。没有成功，又劝诫申生认真做人做事而不要顾虑其他。似乎里克对申生十分关心，但却没有说明为什么在申生遭陷害时，里克无动于衷。这就存在一个叙事缺陷，因为里克为晋之重臣，骊姬也十分忌惮他，他有能力减缓骊姬等陷害申生的进程或减小申生的危险性。《国语》交代了优施诱逼里克的情况，就使得整个故事完整周详了，也增加了叙事的合理性。

在废立太子这件事上，作为绝对的权威，晋献公无疑是一个关键性的人物。但《左传》的处理似乎过于平面化，相对而言，《国语》就显得真实得多。固然骊姬夜哭加上梁五、东关嬖五等人的陷害使得有点糊涂的晋献公图谋对付申生，使申生居曲沃、作二军、伐东山狄等皆证明了晋献公对申生的不满。但毕竟是自己的亲生儿子，晋献公难道就忍心杀害申生，难道他对申生就没有一点恻隐之心？对此《左传》没有作交代，而《国语》却叙述了一个小插曲。晋献公虽然说要杀申生，但却一直没有动手，以至于从稷桑返回五年以后，急不可耐的骊姬便又在晋献公面前说起申生的坏话，并威胁晋献公说大难将至，于是晋献公只好说：“我一直想杀他，但没有找到给他定罪的借口。”于是骊姬便和优施商量如何威胁里克，孤立申生。但为什么献公迟迟没有采取行动，以至于"处五年"骊姬又旧话重提？如果骊姬不再旧话重提，献公还会废掉乃至杀死申生吗？我觉得晋献公之所以迟迟不采取行动，原因就在于父子之情使得其不忍下手。而有了这一段叙事插曲，晋献公的性格便显得真实可信得多。因为正是骊姬的枕头风，使得晋献公最终决定杀申生。

《国语》与《左传》都叙述了骊姬以下毒的酒食陷害申生的事情，但二者叙事却不相同。《国语》的记载是：

> 骊姬以君命命申生曰："今夕君梦齐姜，必速祠而归福。"

> 申生许诺，乃祭于曲沃，归福于绛。公田，骊姬受福，乃置鸩于酒，置堇于肉。公至，召申生献，公祭之地，地坟。申生恐而出。骊姬与犬肉，犬毙；饮小臣酒，亦毙。公命杀杜原款。申生奔新城。

而《左传》的记载却是：

> 及将立奚齐，既与中大夫成谋，姬谓大子曰："君梦齐姜，必速祭之！"大子祭于曲沃，归胙于公。公田，姬置诸宫六日。公至，毒而献之。公祭之地，地坟。与犬，犬毙。与小臣，小臣亦毙。姬泣曰："贼由大子。"大子奔新城。公杀其傅杜原款。

尽管二者情节相似，但却有重要的不同。《国语》中骊姬要申生自己将她下过毒的酒食献给献公，似乎她与整个事情无关。《左传》则是骊姬亲自出马，相比就不如《国语》中骊姬行事周密、阴毒。《国语》中的申生在场，而《左传》中申生却不在场。但《国语》、《左传》都写到太子申生后来逃回新城的情节，这样记载申生在场的《国语》就比《左传》更加自然顺畅。

其次，我们通过《国语》不同"语"之间的差异，来分析先秦叙事散文发展轨迹。我们以《周语》、《晋语》、《越语》为例。

《周语》典型的文本模式通常由三部分组成，即简单的事件起因，往往是一两句话，如"穆王将征犬戎"之类。接着是围绕这件事的大段说辞，往往是陈述某事可行或不可行的理由，并对事情的发展作出预判。最后是简单的叙事，交代事情的结果，与上文说辞作出的预判相呼应。如《周语上·芮良夫论荣夷公专利》，先交代"厉王说荣夷公"，然后是芮良夫的大段说辞，并作出预判"周必败"，最后一段"既，荣夷公为卿士，诸侯不享，王流于彘"，算是回应了芮良夫的话。这种文本模式见于《鲁语》，如《鲁语上·夏父弗忌改昭穆之常》；见于《晋语》，如《晋语一·献公卜伐骊戎胜而不吉》；见于《楚语》，如《楚语上·范无宇论国为大城未有利者》。

《郑语》两篇，如两篇合观，便可以认为仍符合上文所言的文本模式。

典型的《周语》文本模式让我们想起甲骨卜辞的叙事方式。完整的甲骨卜辞包括前辞、命辞、占辞和验辞四部分，如《甲骨文合集》第14138："戊子卜，吉㱿贞：帝及四夕令雨？贞：帝弗其及今四夕令雨？王占曰：丁雨，不更辛。旬丁酉，允雨。"《卜辞通纂》第735："癸巳卜，南殳贞，旬无咎？王占曰：乃兹亦有祟，若偁。甲午，王往逐兕，小臣甾车，马硪，驭王车，子史亦坠。"典型《周语》文本模式起交代事情发展结局作用的第三部分在作用和表达方式方面与卜辞的验辞非常相似。所以我们认为先秦叙事散文传统的源头应该在甲骨卜辞中寻找，与史官文化有着非常密切的关系。

这样的文本从叙事的角度看，虽然有事件的起因和结果，但却不甚重视对事件过程的交代。如《周语上·邵公谏厉王弭谤》的最后一段交代"王不听，于是国人莫敢出言。三年，乃流王于彘"，其中的"三年，乃流王于彘"包含丰富的叙事信息，但文章却没有交代，只作为结果交代便了事。但这种状况至少在《晋语》中得到了改善。以晋文公处理阳樊之事为例。《周语中·阳人不服晋侯》中叙事成分很少，只有"王至自郑，以阳樊赐晋文公。阳人不服，晋侯围之"以及"晋侯闻之，曰：'是君子之言也。'乃出阳民"，而在《晋语四·文公出阳人》中大大增加了叙事成分，它记载了王为什么能够"至自郑"：

二年春，公以二军下，次于阳樊。右师取昭叔于温，杀之于隰城。左师迎王于郑。王入于成周，遂定之于郏。

原来是晋文公率领晋军勤王，平定了王室之乱，周襄王才得以从郑国返回。而且就叙事而言，时间、地点、事件都很清楚了。另外，《晋语四·文公出阳人》与《周语中·阳人不服晋侯》相比，大大地减少了记言的成分，比如在《周语》中，周襄王拒绝晋文公请隧的无礼要求,有很长的一段说辞,在《晋语》中就一句话,"王章也,不可以二王,无若政何"。同样在《晋语》中,仓葛说的话也比《周语》简洁。

不仅如此,《晋语》中也有了非常完整复杂的叙事内容。以公子重耳故事为例。《国语》中,公子重耳的故事是写得比较成功的章节,其目的是要通过重耳经历展示一代霸主成长成熟的历程。但这件事不仅历时十九年之久,而且过程复杂,头绪纷繁,经过了很多诸侯国,也牵涉到许多人,写起来确实有一定的难度。但这里我们就可以看出作者对材料处理的高明技巧,他基本上是按照时间为经,空间为纬,选择一些有助于刻画人物或带有全局意义的关键性材料进行叙事,如卜适齐楚、五鹿乞食、齐姜劝谏、曹公观胁、退避之诺、允婚求援等,布局精心合理,叙述有条不紊,既交代清楚事情的发展脉络,又避免了过于冗长的叙述。作者选材组材有全局观,注意到了前后的照应。如经过郑国对郑叔詹的谏言交代比较详细,因为后来还有《郑叔詹据鼎耳而疾号》的内容要写。而《晋语二》写重耳逃离蒲城,只简单地交代了"公令阉楚刺重耳,重耳逃于狄"。但到了《晋语四·寺人勃鞮求见文公》,则借助文公之口补充了大量内容,包括斩袪等细节,从而避免了重复。不仅如此,作者还有意识运用小说家的叙事心理和叙事技巧,选取了一些有趣的话题加以描述,以增加叙事的生动性。如醉逐子犯就比《左传》显得生动有趣,而僖负羁之妻与僖负羁的交谈也明显带有虚构的色彩。

但《晋语》叙事也有不成熟的地方,有的仍然只是简单的记言而缺乏叙事成分,有的材料相互重复,甚至相互矛盾。就算是叙事比较成功的公子重耳逃亡,材料组织也有破绽。如《国语》记载重耳过五鹿乞食于野人,然后又叙述到过卫,卫文公不礼遇重耳,而宁庄子劝谏文公。如此,则重耳就是两过卫国。同样的内容,《左

传》僖公二十三年:

> 过卫,卫文公不礼焉。出于五鹿,乞食于野人,野人与之块。公子怒,欲鞭之。子犯曰:"天赐也。"稽首受而载之。

《史记》记述与《左传》大同小异,只不过说话的人不是子犯,而是赵衰。所以,有人参考《左传》和《史记》,认为《国语》可能是误置,应将两部分材料合而为一①。

而且同样是记言,其叙事功能也有许多的差别。从内容上看,有的是德言或理言,长篇大论只为表述某种德或阐发某种理;有的是事言,叙述某件事。从形式上看,有的言是独言,而有的则是对话。就叙事而言,事言和对话体的叙事功能更强。从这个意义上看,尽管《晋语》较之《周语》等叙事功能明显得到了强化,但内容上仍偏重于德或理,手法上仍以独言为主。故真正代表《国语》最高叙事水平的当数《吴语》、《越语》。

先看《吴语》。《吴语》从吴越战争写起,直至吴国被灭。《吴语》可以算是纯熟的叙事作品,而不再单纯地记言,或以记言为主体。其记言也不以明德或明理为主要目的,而是切合事件的事言,以对话形式展开,成为叙事的一部分。《吴语》九则故事之间前后一贯,并借助过渡词而成为一个叙事整体。这类似《晋语四》叙述公子重耳的方式,但比《晋语四》更加整饬连贯。《吴语》以较长的篇幅叙述吴晋争立盟主,因为有越国偷袭事件的加入,实际上便有了明暗两条叙事线索。但作者能恰当地处理人物行为与心理之间的关系,刻画出吴人前线突围的铤而走险,读来给人惊心动魄之感。尤其是吴国想和晋国一战以争夺盟主一节,写到了吴人以退为进做垂死挣扎,倾巢而出以求震慑晋国的场面:

---

① 王靖宇:《中国早期叙事文研究》,上海古籍出版社2003年版,页53。

> 吴王昏乃戒,令秣马食士。夜中,乃令服兵擐甲,系马舌,出火灶,陈士卒百人,以为彻行百行。行头皆官师,拥铎拱稽,建肥胡,奉文犀之渠。十行一嬖大夫,建旌提鼓,挟经秉枹。十旌一将军,载常建鼓,挟经秉枹。万人以为方阵,皆白裳、白旂、素甲、白羽之矰,望之如荼。王亲秉钺,载白旗以中陈而立。左军亦如之,皆赤裳、赤旟、丹甲、朱羽之矰,望之如火。右军亦如之,皆玄裳、玄旗、黑甲、乌羽之矰,望之如墨。为带甲三万,以势攻,鸡鸣乃定。既陈,去晋军一里。昧明,王乃秉枹,亲就鸣钟鼓、丁宁、錞于振铎,勇怯尽应,三军皆哗钊以振旅,其声动天地。

这宏大的气势和极尽夸饰的场面描写,在先秦历史散文中还是很少见的,此后也少有,就算是放在以善叙事的《左传》中也毫不逊色。

《吴语》的最后一则集中笔墨写越国如何灭吴,以及吴王夫差兵败自杀史事,分战前、战中、战后三个部分写。其中战前准备写到了吴越两国的形势对比,还插入越王勾践与楚国使者申包胥的对话,后来《左传·曹刿论战》就是这种写法。具体战争写得有详有略,但松江之战写得比较详细,且较有声色。在大败吴国后,勾践拒绝了夫差请成的要求,一举灭了吴国。其中对人物的神态、心理刻画比较传神,夫差祭告伍子胥当属于警拔之笔。

《越语》分上、下两篇,《越语上》集中笔墨从越国的角度写吴越战争,重在写十年教训,十年生聚的艰苦过程。因为有《吴语》在前,所以《越语上》对最后决战写得比较简略,只有"败吴于囿,又败之于没,又郊败之"等寥寥数语。《越语下》集中写范蠡辅佐越王勾践灭吴的史事。表面看来,《越语下》以记言为主,实际上是围绕同一件事展开的,属事言。其重点不在于要表达某种道理,而是围绕吴越之争进行,其目的只有一个:要勾践耐心等待时机的成熟。所以它属于战争谋略的一部分，而非抽象说理。它借助语言，将《越语上》卧薪尝胆的过程具体化了，传达了丰富的叙事信息。文章有详细的纪年，叙事线索清晰，这也是它与《国语》其他篇章不一样的地方。

总之，《国语》叙事在整体上也许不如《左传》成就大，但也有其特色和成就，就算和《左传》比较，也有超出《左传》的地方。如《吴语》叙述吴越松江之战绘声绘色，而《左传》哀公十七年记载同一件事只有少许数十字："三月，越子伐吴，吴子御之笠泽，夹水而陈。越子为左右句卒，使夜，或左或右，鼓噪而进。吴师分以御之。越子以三军潜涉，当吴中军而鼓之，吴师大乱。遂败之。"平铺直叙，就显得寡淡无味。更何况因为史料来源不一，写作的年代也不同，便为我们考察先秦叙事文发展提供了资料。所以，研究先秦叙事文，《国语》是十分有价值的材料，也理应引起我们的重视。

八　如何阅读《国语》

首先，我们谈如何读《国语》的文本。

我们读任何一本古书都要尽可能选择校勘精良的版本来读。就《国语》而言，我们今天所能见到的最早的版本便是宋代的两种版本：公序本和明道本。清代以前，公序本很受世人看重，广为流传。自从清代著名版本学家、藏书家黄丕烈用明道本与公序本互相校勘，并参考《左传》、《史记》等书，著成《校刊明道本韦氏国语解札记》二卷，其就成为《国语》最精良的版本。上海古籍出版社1998年在黄丕烈校勘的明道本基础上，又参考了明代翻刻的公序本，出版了《国语》，是目前最好的《国语》读本。但与此同时，我们要知道所谓印刷术主要是宋以来才比较流行，才开始有大量版刻的古书。但这样的古书对我们从某种意义上说是一个限制。如果有可能,我们现在阅读古书应该是把出土文献、古书引文同现存版本进行比较。也许《国语》不像《孙子兵法》、《老子》等书,有大量的出土文献可以与之相参校。湖北随州出土的曾侯乙编钟铭文中出现了《国语·周语》记载的周代律名,据说湖南慈利简中有《国语·吴语》的内容,但这样的出土材料要么太少,要么还没有公布,所以目前都不能对我们读《国语》有太大的帮助。但《左传》、《史记》却仍然可以给我们提供很大的帮助,一是因为《左传》、《国语》记载的史料有许多是相同的,而司马迁写《史记》确实参考了大量《国语》的材料。如果我们读《国语》能把其与《左传》、《史记》等相参考,一定会有很好的效果。尤其是《左传》,它与《国语》记载的史实既有许多重合,而且要比《国语》丰富,对我们读《国语》尤其有帮助。比如《鲁语》记载齐鲁之战重在突出曹刿的战争观,但这场战争到底因何而起,其结果又如何,《国语》并没有交代。如果我们参考《左传》等书,就知道是怎么回事了。原来此前齐国内乱,齐襄公被杀以后,公子纠和公子小白一起赶回齐国,争取早日回国能继承君位。当时鲁国支持的是公子纠,不料抢先回国即位的是公子小白,也就是后来的齐桓公。齐桓公继位后便与鲁国交恶,先是鲁庄公九年(公元前685年)在乾时打败鲁国,接着在鲁庄公十年(公元前684年)又兴兵伐鲁,在长勺与鲁军作战。鲁庄公依靠民众的力量,在曹刿的正确指挥下,终于打败了齐军。类似的事例还有许多,在此就不再多举例了。

其次,我们要结合一定的历史背景来认识《国语》的价值。

历来有很多人认为《国语》是《左传》的"外传",或者是《左传》的作者为了写作《左传》而收集的材料汇编,因而看轻《国语》。就在今天还是如此,无论是学历史的还是学文学的,大都认为《国语》的价值和成就没有《左传》高。《国语》是否有《左传》价值高,这是一个仁者见仁、智者见智的问题,不能立刻给出一个结论。但至少有一点可以肯定,《国语》有它的价值,《左传》也不能完全取代《国语》,所以千百年来《国语》与《左传》一起流传了下来。

在读《国语》时,我们应该始终坚持它的历史本位主义,也就是说《国语》是一部史书。所谓的思想性、文学性等,都是通过一定的历史人物或历史事件体现出来的。所以我们把握《国语》的思想性、文学性,都离不开特定的历史背景。否则我们可能就做不到"同情之理解",甚至把古人的行为当作是荒诞不经或者是迂腐可笑的事。比如《周语上·内史过论神》,内史过不仅知道降于莘地神的来龙去脉,还知道它是丹朱之神,言之凿凿,使人如见其形。在今天,我们一眼就能判断其真伪,知道内史过所言完全是无稽之谈。但如果放到这件事情所发生的时代背景中,就会发现古人并非故弄玄虚,而是他们真实思想的表现。因为周人是有神论者,神是无处不在的,神包括鬼在内不仅存在,还能降福或降祸于人。

当然我们说给古人以足够的理解,并不是要我们也像古人那样去思考或认识问题,也不是说我们要接受古人的观念思想。读古书,我们还是要有足够的鉴别是非的能力,既要善于吸收好的精华的部分,也要能鉴别排斥不好的东西。我们还是以神降于莘这件事为例。尽管当时的人们把这件事当作确有之事来宣扬,甚至写进史书,但我们应该有足够的判断力来判断其是非或真伪。如果我们也像内史过那样去看待这件事,那就未免太可笑了。再比如在《国语》中我们经常会读到某人凭借他人的言行举止便能预言其祸福吉凶,甚至预言其生死。仔细想想这只能看作是当时人对礼,尤其是周礼特别尊崇,所以才会把礼看作是国家或人生死存亡的依据。如果我们也这样看问题的话,就未免太迂腐可笑了。

最后,我们谈如何读懂《国语》的潜台词。

对于《国语》记载的许多事例深层原因的分析,我们不能仅仅局限于文本所提供的信息,而应该深入进去,探询其言外之意,这对于我们真正读懂《国语》是很有帮助的。我们以《晋语二·虢将亡舟之侨以其族适晋》为例加以说明。

虢公姬丑梦见神人警告,说上天将命晋国灭掉虢国。负责占梦的史嚚认为晋国有刑杀之祸,但昏庸的虢公不仅不引以为戒,反而囚禁了史嚚,命令国人贺梦。于是,虢国大夫舟之侨就预见虢国将亡,便带着族人逃到了晋国。六年以后,虢国果然被晋国所灭。但虢国之灭果然和虢公做的这个梦有什么关系吗?据《周语上·内史过论神》记载,说虢公姬丑"少荒",也就是沉湎于酒色田猎等事而不问政事。同篇又记载虢公派太史、太祝去祭神祈求土地,说明他贪婪。内史过又说虢公"动匮百姓以逞其违",说明他不体恤民生疾苦。而他囚禁史嚚,又让国人贺梦,则说明虢公其人喜欢听阿谀奉承之词,听不进逆耳忠言,昏庸愚顽。这种种因素综合起来,虢国之亡自然在情理之中,实际上与梦没有任何关系,或者说这个梦充其量不过是为虢国之亡披上一层神秘外衣而已,真实的因素还是人在起决定作用。

再看舟之侨逃离虢国这件事,是不是他看见虢公贺梦就断言虢国将亡呢?也许还有更加深层的原因。关于舟之侨出逃的原因,《左传》闵公二年记载虢公掠夺犬戎的财物,舟之侨认为虢国"无德而禄,殃也",所以便出逃了。而《战国策·秦策》记载晋献公要灭虢国,但忌惮舟之侨,便用女乐荒乱虢国之政,舟之侨在多次进谏没有效果的情况下,便出逃了。但不管是什么原因,都不会仅仅是因为贺梦这件事,贺梦充其量不过是个导火索而已。

柳宗元在《非〈国语〉》中曾讨论过这件事,他认为虢国之亡实际上与梦无关,而是因为内政不修,人心思乱,丢了夏阳也不害怕,反而到处树敌,所以终于导致灭亡。而舟之侨是个聪明人,他看到虢国政治混乱所以才决定避祸离开。而如果要是因为虢公之梦才决定离开,柳宗元说他就要讥笑舟之侨了。柳宗元是个真正读懂了《国语》的人,他的《非〈国语〉》主要便是对《国语》真实之意的探求,而且对《国语》的思想内涵作了恰如其分的评价分析。所以我认为读者可以将《国语》与柳宗元的《非〈国语〉》相参照,这对我们读《国语》是很有帮助的。

九 校注说明

(一)《国语》原文,以上海古籍出版社1981年重印清代士礼居翻刻明道本为底本。

(二)底本异文以"本或作"在注释中标出。若公序本异文对其有参考价值,则于注释中标出。

(三)底本中的明显误字,据参校本直接改正。

(四)底本标点断句有误,则直接改正。

(五)底本中的古体、异体字,直接改为正体字。

(六)本书注释,以三国时期吴韦昭《国语解》为主要依据,同时也借鉴了现代以来的注释研究成果,如董立章的《国语译注辨析》、来可泓《国语直解》,并参以己意。

(七)注释以单字为主,同时也适当兼顾疑难语句的疏通。对地理名物、典章制度、历史背景、文化常识等也简明扼要地予以解释。生僻字加注汉语拼音。

周 语 上

1.穆王将征犬戎①,祭公谋父②谏曰:"不可。先王耀德不观兵③。夫兵戢而时动④,动则威⑤,观则玩⑥,玩则无震⑦。是故周文公之《颂》⑧曰:'载戢干戈,载櫜弓矢。我求懿德,肆于时夏,允王保之⑨。'先王之于民也,懋正其德而厚其性⑩,阜其财求而利其器用⑪,明利害之乡⑫,以文修之⑬,使务利而避害,怀德而畏威,故能保世以滋大⑭。

[注释]①穆王:是西周的第五代天子,名满。犬戎:是古时西戎的一个种族名。 ②祭(zhài)公谋父:祭,国名,姬姓,始封国君为周公之子。故地在今天河南省郑州市东北。谋父,穆王时祭国国君的字。 ③耀德不观兵:耀德,明德。重视德化而不重武力。 ④戢(jí):聚集,收藏。时动:到了合适的时候才用武力征讨。古时候春夏秋三季务农,冬季农闲则讲习武事。 ⑤威:畏,威力。 ⑥观则玩:玩,黩,轻慢。 ⑦玩则无震:震,威。滥用武力、穷兵黩武,就将失去威力。 ⑧周文公之《颂》:周文公,周公旦,他死后的谥号叫做"文"。《颂》,指今本《诗经》中的《周颂·时迈》,相传这首诗是周公为美周武王伐纣而作,故称周文公之《颂》。这首诗的主旨是讲述偃武修德。 ⑨载戢干戈,载櫜(gāo)弓矢。我求懿德,肆于时夏,允王保之:载,则。干,盾。戈,戟。櫜,收藏弓的袋子,这里用作动词,收藏。懿,美好。肆,

陈,宣扬。时,是。夏,中国。允,诚信。整句意为:收起干戈兵器,藏起强弓利矢,我王寻求美好的德行。让美好的德行传遍中国,诚信我王一定能永葆这美德。　⑩懋:劝勉,鼓励。　⑪阜:盛大,丰多。　⑫乡:通"向",方向。⑬文:礼法。　⑭滋大:发展壮大。滋,增益,加多。

"昔我先王世后稷①,以服事虞、夏。及夏之衰也②,弃稷不务,我先王不窋用失其官③,而自窜于戎、狄之间④,不敢怠业⑤,时序其德⑥,纂修其绪⑦,修其训典⑧,朝夕恪勤⑨;守以敦笃,奉以忠信,奕世载德⑩,不忝前人⑪。至于武王,昭前之光明而加之以慈和⑫,事神保民,莫弗欣喜。商王帝辛⑬,大恶于民。庶民不忍,欣戴武王⑭,以致戎于商牧⑮。是先王非务武也,勤恤民隐而除其害也⑯。

[注释]①先王世后稷:世,父子相继为世,即世袭。后,君主;稷,古时掌管农事的官;周朝的始祖弃在舜时作农官,故称弃为后稷。　②夏之衰:指夏启之子太康时代。太康沉湎于田猎,不恤农事,被有穷国君后羿所杀。③不窋(kū):弃的后代,带领周人由弃的始封地邰迁到邠。用:由,因。④窜:藏匿。　⑤怠:荒废,废弃。　⑥序:布陈,宣扬。　⑦纂:继续。绪:事业。　⑧训:教。典:法。　⑨恪:敬谨。　⑩奕世:累世。　⑪忝(tiǎn):辱没。　⑫昭:彰明,显扬。　⑬帝辛:商纣王。　⑭戴:奉戴,拥戴。　⑮商牧:商朝的首都朝歌郊外之牧野,今河南淇县南。　⑯恤:体恤,体察。隐:内心的痛苦,隐忧。

"夫先王之制:邦内甸服①,邦外侯服②,侯、卫宾服③,蛮、夷要服④,戎、狄荒服⑤。甸服者祭⑥,侯服者祀⑦,宾服者享⑧,要服者贡⑨,荒服者王⑩。日祭、月祀、时享、岁贡、终王,先王之训也。有不祭则修意⑪,有不祀则修言⑫,有不享则修文⑬,有不贡则修名⑭,有不王则修德,序成而有不至则修刑。于是乎有刑不祭,伐不祀,征不享,让不贡⑮,告不王⑯。于是乎有刑罚之辟⑰,有攻伐之兵,有征讨之备,有威让之令,有文告之辞。布令陈辞而又不至,则增修于德而无勤民⑱于远,是以近无不听⑲,远无不服。

[注释]①邦内:指国都四周方圆千里之地,由天子直接管辖。甸服:甸,王田。甸服指邦内之人替天子耕种王田以服事天子。 ②邦外:邦畿之外。 ③侯、卫宾服:指从侯畿至卫畿之间的五畿,共二千五百里。按礼,这些地方应定期朝见天子,天子待之以宾客之礼。 ④蛮、夷要服:蛮,蛮畿;夷,夷畿;要,通"约";要服,要结盟约而服从。 ⑤戎、狄荒服:戎,镇畿。狄,蕃畿。因其在九州之外荒蛮之地,与戎、狄同俗,故谓之荒。荒服,不定日期地朝见天子。 ⑥祭:供日祭。 ⑦祀:供月祀。 ⑧享:献。天子四季献享,祭祀有功德的始祖,由宾服者供应祭品。 ⑨贡:岁贡,贡献天子年终大祭所需祭品。 ⑩王:臣服天子。每一王终,新王即位,就携带本国珍贵物品朝拜天子。 ⑪意:志意。有不供日祭者,天子修正志意以自责。 ⑫言:号令。 ⑬文:政教法典。 ⑭名:尊卑名分。 ⑮让:谴责。 ⑯告:通告。 ⑰辟:法。 ⑱勤民:使民勤苦。 ⑲听:通"顺",顺从。

"今自大毕、伯士之终也①,犬戎氏以其职来王②,天子曰:'予必以不享征之,且观之兵③。'其无乃废先王之训而王几顿乎④!吾闻夫犬戎树惇⑤,帅旧德而守终纯固⑥,其有以御我矣⑦!"

[注释]①大毕、伯士:犬戎的两位君主。终:卒。 ②职:职分。 ③享:宾服之礼。整句的意思是:我一定要用不供时享的罪名去讨伐他们,且向他

们炫耀武力。 ④顿:委顿,颓败。 ⑤树惇:树,立;惇,惇厚。 ⑥帅:遵循,依照。纯固:专一。 ⑦有以:有理由。

王不听,遂征之,得四白狼、四白鹿以归①。自是荒服者不至。

[**注释**]①白狼、白鹿:犬戎所贡礼物,以贡穆王岁享之用。

2. 恭王游于泾上①,密康公从②,有三女奔之③。其母曰:"必致之于王④。夫兽三为群,人三为众,女三为粲⑤。王田不取群⑥,公行下众⑦,王御不参一族⑧。夫粲,美之物也。众以美物归女⑨,而何德以堪之⑩?王犹不堪⑪,况尔小丑乎⑫?小丑备物⑬,终必亡。"康公不献。一年,王灭密。

[**注释**]①恭王:周恭王名伊扈,周穆王之子。 ②密康公:密,西周诸侯国名,姬姓,故址在今甘肃灵台。密康公,密国国君。 ③奔:私奔。 ④致:献上。 ⑤粲(càn):美好。 ⑥田:田猎。 ⑦公行下众:公,诸侯。诸侯外出,途中遇到众人,则凭轼俯身,行礼致意。 ⑧王御不参一族:御,嫔妃。参,同"叁",三。一族,同父所生。天子也不敢以同父的三姊妹为嫔妃。 ⑨女:通"汝",代指密康公。 ⑩而:通"尔",你。堪:承受。 ⑪犹:尚且。 ⑫小丑:小人物,相对天子而言。 ⑬备物:众物完备,拥有各种美好的东西。

3. 厉王虐①,国人谤王②。邵公③告曰:"民不堪命矣!"王怒,得卫巫④,使监谤者,以告⑤,则杀之。国人莫敢言,道路以目⑥。王喜,告邵公曰:"吾能弭谤矣⑦,乃不敢言⑧。"邵公曰:"是障之也⑨。防民之口,甚于防川⑩。川壅而溃,伤人必多,民亦如之。是故为川者⑪决之使导⑫;为民者宣之使言⑬。故天子听政,使公卿至于列士献诗⑭,瞽献曲⑮,史献书⑯,师箴⑰,瞍赋⑱,矇诵⑲,百工谏⑳,庶人传语㉑,近臣尽规㉒,亲戚补察㉓,瞽、史教诲㉔,耆、艾修之㉕,而后王斟酌焉。是以事行而不悖㉖。民之有口,犹土之有山川也,财用于是乎出㉗;犹其有原隰衍沃也㉘,衣食于是乎生。口之宣言也,善败于是乎兴,行善而备㉙败,其所以阜财用、衣食者也。夫民虑之于心而宣之于口,成而行之㉚,胡可壅也㉛?若壅其口,其与能几何㉜?"王不听,于是国莫敢出言,三年,乃流王于彘㉝。

[注释]①厉王:周夷王之子,名胡。 ②谤:批评,指责。 ③邵公:名虎,谥号为"穆",史称邵穆公,王室卿士。 ④卫巫:卫地之巫。 ⑤以告:即"以之告王"的省略句,把诽谤周厉王的人告发给周厉王。 ⑥国人莫敢言,道路以目:国人敢怒不敢言,道路上相遇彼此不敢说话,只好以目示意。 ⑦弭:消除。 ⑧乃:竟然。 ⑨障:堵塞。 ⑩甚:严重,厉害。 ⑪为川者:治理河道的人。下文"为民者"结构与之相同。 ⑫决之使导:决,疏浚。导,通。 ⑬宣:宣泄。 ⑭列士献诗:周朝时士分为上士、中士、下士三等,统称为列士。他们也要和公卿一样献诗以讽谏天子。 ⑮瞽(gǔ):盲人,古代乐官皆为盲人充当,此处的"瞽"即为乐师。 ⑯史:外史,掌管三皇五帝之书。 ⑰师:小师,地位次于大师的乐官。箴:箴谏,告诫。 ⑱瞍(sǒu):眼中没有瞳仁的盲人。赋:赋公卿列士所献诗。 ⑲矇(méng):眼中有瞳仁但却看不见的盲人。诵:诵箴谏之语。 ⑳百工:各种手工业者。 ㉑庶人传语:庶人(平民)卑贱,没有机会亲见天子,便经由官吏传语于王。 ㉒近臣:指在天子身边服侍天子的骖乘、宰夫、膳夫之类的官吏。规:规谏。 ㉓亲戚:王室姻亲。 ㉔瞽:乐太师。史:太史。 ㉕耆(qí)、艾修之:六十岁的老人曰耆,五十岁的老人曰艾,此处泛指年老之人。 ㉖悖:违背事理。 ㉗于:从。是:这。 ㉘原:宽广而平坦的土地。隰(xí):低洼的湿地。衍:地势低下而平坦的土地。沃:可以灌溉的良田。或曰"衍"、"沃"都是指田间沟

渠。 ㉙备:防范。 ㉚成而行之:允许百姓发泄心中不满,并且采纳其中正确的意见。 ㉛胡可壅也:怎么能堵塞百姓之口,使其不说呢? ㉜其与能几何:这样又能维持多久? ㉝乃流王于彘(zhì):根据下文《宣王脱难》的记载,解释"流"为放逐则不妥。此句或有倒文,原文或为"王乃流于彘"。流:流亡,逃亡。彘:地名,今山西霍县东北有彘城。

4.厉王说荣夷公①,芮良夫②曰:"王室其将卑乎③!夫荣公好专利而不知大难④。夫利,百物之所生也⑤,天地之所载也⑥,而或专之⑦,其害多矣。天地百物,皆将取焉,胡可专也⑧? 所怒甚多,而不备大难,以是教王⑨,王能久乎? 夫王人者⑩,将导利而布之上下者也⑪,使神人百物无不得其极⑫,犹日怵惕⑬,惧怨之来也。故《颂》曰⑭:'思文后稷⑮,克配彼天⑯。立我蒸民⑰,莫匪尔极⑱。'《大雅》曰⑲:'陈锡载周⑳。'是不布利而惧难乎㉑? 故能载周,以至于今。今王学专利,其可乎? 匹夫专利㉒,犹谓之盗,王而行之,其归鲜矣㉓。荣公若用㉔,周必败。"既㉕,荣公为卿士㉖,诸侯不享㉗,王流于彘。

[**注释**]①说(yuè):通悦,喜悦、宠信。荣夷公:名终,周同姓畿内伯爵诸侯。荣,封国名,在今陕西户县。夷,谥号。为周天子卿士。 ②芮良夫:周大夫。芮(ruì):封国名,在今陕西大荔东南。 ③其:大概、恐怕。卑:微、衰微。 ④专:擅。难:畏惧、畏惮。 ⑤百物:万物,泛指数量之多。 ⑥载:成,指受天地之气以成万物。 ⑦或:有人。 ⑧胡:怎么、何。 ⑨是:这,此处指专利。 ⑩王人者:王人,为人民之王。王,作动词,意为君临。 ⑪导:开导、疏通。利:财源。布:施给、给予。上下:上指天神,下指民众。 ⑫极:中。本义为房屋中栋。引申为适中、适度。 ⑬怵(chù)惕:戒慎恐惧。 ⑭《颂》:指《诗经·周颂·思文》篇。这是一首周人祭祀其始祖后稷的乐歌。 ⑮思:发语词,无意义。文:文德。后稷:周的始祖,名弃,舜的农

官,教民众播种百谷。　⑯克:能够。　⑰立:同粒,谷粒。蒸民:众民。　⑱匪:通非,不。极:极点,引申为大德。　⑲《大雅》:指《诗经·大雅·文王》篇,这是一首歌颂周文王功德的诗。　⑳陈:布,布施。锡:通赐,赐予。载:载成。　㉑是:指代后稷与周文王。　㉒匹夫:古代指平民中的男子。㉓归:归附的人。鲜(xiǎn):少。　㉔用:用事。指当政、执政。　㉕既:不久。　㉖卿士:又称卿事。西周、春秋时官职名称。王朝的执政官。　㉗享:献。

5. 彘之乱①,宣王在邵公之宫②,国人围之。邵公曰:"昔吾骤谏王③,王不从,是以及此难④。今杀王子,王其以我为怼而怒乎⑤!夫事君者险而不怼⑥,怨而不怒,况事王乎?"乃以其子代宣王,宣王长而立之。

[注释]①彘之乱:指公元前 842 年国人暴动,流放厉王于彘之乱。②宣王:周宣王,前 827 年至前 782 年在位。厉王之子,名姬靖,一作姬静。避难奔至邵公家中,受到邵公保护。公元前 827 年,厉王于彘地逝世,周公、邵公奉其为天子。宫:屋的通称。古代不论贵贱,住房都可称之为宫。秦汉以后,专指帝王所居住之屋为宫。　③骤:数次,多次。　④及:至。　⑤其:大概,恐怕。表示猜测。怼(duì):怨恨、怨愤。　⑥险:又作"譀",通"慊"。慊(qiǎn):不满,怨恨。君:君主。这里指诸侯,以示与王(天子)的差别。

6. 宣王即位①,不籍千亩②。虢文公谏曰③:"不可。夫民之大事在农,上帝之粢盛于是乎出④,民之蕃庶于是乎生⑤,事之供给于是乎在⑥,和协辑睦于是乎兴⑦,财用蕃殖于是乎始,敦庬纯固于是乎成⑧,是故稷为大官⑨。古者,太史顺时觇土⑩,阳瘅愤盈⑪,土气震发,农祥晨正⑫,日月底于天庙⑬,土乃脉发⑭。

[注释]①宣王:周宣王。 ②不籍千亩:不履行天子亲赴籍田举行籍礼的古制。籍:借,借赖民力来耕种。古制天子田籍千亩,诸侯百亩。以示重视农业,为民众作出榜样。自从周厉王开始,籍田的古制被废除了,宣王即位,也不遵古制。 ③虢(guó)文公:周文王弟虢仲之后,为周王卿士。虢,封国名,在今陕西宝鸡,一说在今河南荥阳。文,谥号。 ④粢盛:祭祀时供奉上帝的谷物。粢(zī):供祭祀的谷物。盛(chéng):谷物盛放在器皿中。 ⑤蕃庶:繁殖人口。庶:众多。 ⑥事:指政事。即政府的财用。 ⑦协:合。辑:聚。辑睦:和睦。兴:兴起、形成。 ⑧敦庞(máng):敦厚、庞大。 ⑨稷:本是粮食作物黍,古时以之为百谷之长,故稷指代为农官之长。大官:指农官职务的重大。或说"天官"。 ⑩太史:掌握天文历法、国家典籍的官员。周时为史官与历官之长。觋(mì):视察。 ⑪瘅(dàn):厚。愤:充积。盈:盈满。 ⑫农祥:星名,即房宿,二十八星宿之一。晨正:指立春之日。房星正月中晨见于南方,古人作为农耕之时的标志。 ⑬底(zhǐ):至。天庙:星名,即营宿,二十八宿中之室宿。孟春时日、月都到室宿。 ⑭脉发:指天气转暖,地气升腾。脉:理。

"先时九日,太史告稷曰:'自今至于初吉①,阳气俱蒸②,土膏其动③。弗震弗渝④,脉其满眚⑤,谷乃不殖⑥。'稷以告王曰:'史帅阳官以命我司事曰⑦:"距今九日,土其俱动,王其祗祓⑧,监农不易⑨。"'王乃使司徒咸戒公卿⑩、百吏⑪、庶民⑫,司空除坛于籍⑬,命农大夫咸戒农用⑭。

[注释]①初吉:农历每月初一至初十。这里指二月初。 ②蒸:升腾。 ③土膏:土地潮湿滋润。动:萌动。 ④震:动。渝:改变。 ⑤眚(shěng):灾病。 ⑥殖:繁殖、生长。 ⑦史:太史。阳官:春官,即宗伯,掌礼仪。司事:主管农事的官员。 ⑧祗祓:恭敬地举行祛灾祈福的仪式。祗(zhī):恭敬。祓(fú):斋戒。 ⑨监:监察、视察。 ⑩司徒:官名,西周始置,六卿之一,掌教化。咸:都。 ⑪百吏:百官。 ⑫庶民:百姓,此处指为周天子耕种

千亩籍田的农民,共三百人,由甸师统领。 ⑬司空:官名,六卿之一,掌工程建筑。 ⑭农大夫:田官。掌监督农奴从事农业生产。农用:农具。

"先时五日,瞽告有协风至①,王即斋宫②,百官御事③,各即其斋三日。王乃淳濯飨醴④,及期,郁人荐鬯⑤,牺人荐醴⑥,王裸鬯⑦,飨醴乃行,百吏、庶民毕从。及籍,后稷监之,膳夫⑧、农正陈籍礼⑨,太史赞王⑩,王敬从之。王耕一坺⑪,班三之⑫,庶民终于千亩⑬。其后稷省功⑭,太史监之;司徒省民⑮,太师监之⑯;毕,宰夫陈飨⑰,膳宰监之⑱。膳夫赞王,王歆大牢⑲,班尝之⑳,庶人终食。

[注释]①瞽:盲人。这里指乐太师,知晓风声音的人。协:和。协风至:风气和,时候到了。 ②斋宫:帝王所斋戒的地方。祭祀前需净身心,以示虔诚。 ③御事:治理、处理政务。 ④淳濯:沐浴。淳:沃。濯:溉。飨醴(xiǎng lǐ):饮甜酒。醴:甜酒。 ⑤郁:郁金香草。郁人:官名,掌酒器。荐:献。鬯(chàng):祭祀用的香酒。取郁金香草汁和黑黍调和而成的酒。 ⑥牺人:官名。掌牺樽彝献醴酒。 ⑦裸:灌。裸鬯:帝王以酒浇地,赖祭奠祖先或神灵的仪式。 ⑧膳夫:官名。掌王饮食膳馐。 ⑨农正:官名。主管农事之田大夫。主管陈设籍礼,祭神,为农祈祷。 ⑩赞:导。 ⑪王耕一坺(bá):天子用一耜耞单独翻耕一下土地。一耒之土。或解释为:两人并头各执一耜发土为偶,一人独耕为坺,帝王至尊,无可并头耕种之人,故用一耒耞独耕。 ⑫班:次。三之:下各三倍其上。王以下按公卿百官阶位高下次序各推土三倍于其上。王一坺,公三坺,卿九坺,大夫二十七坺。 ⑬终:尽,这里指耕完。 ⑭省(xǐng)功:检查耕种功效。 ⑮省民:检查人数。 ⑯太师:官名,三公之一。西周始置,原为高级武官,统率全国军队。 ⑰宰夫:官名,下大夫。掌朝仪之事。 ⑱膳宰:官名,即膳夫。掌管王的饮食。 ⑲歆:享用。大牢:即太牢,用牛、羊、猪三牲祭祀称太牢,以示隆重。 ⑳尝:品尝。

"是日也,瞽帅、音官以风土①。廪于籍东南②,钟而藏之③,而时布之于农④。稷则遍戒百姓,纪农协功⑤,曰:'阴阳分布⑥,震雷出滞⑦。'土不备垦,辟在司寇⑧。乃命其旅曰⑨:'徇⑩,农师一之⑪,农正再之,后稷三之,司空四之,司徒五之,太保六之⑫,太师七之,太史八之,宗伯九之⑬,王则大徇⑭。耨获亦如之⑮。'民用莫不震动,恪恭于农⑯,修其疆畔⑰,日服其镈⑱,不解于时⑲,财用不乏,民用和同。

[**注释**]①瞽帅:乐师。乐官之长。有版本作"瞽师"。音官:乐官。风土:古人认为风生于土,所谓"风出乎土"(徐元诰语)。"天地之气,合而生风"(《吕氏春秋·季夏》),故以音律考察风土,风气和则土气适于栽种。②廪(lǐn):粮仓。籍田的粮仓又称御仓、神仓。古代按照方位、四时、五行相配,东配春、木,南配夏、火。东、南都是指物之所生的地方,所以,官仓造于东、南。 ③钟:聚集、汇聚。 ④布:普施。 ⑤纪:治理,综理。协:共同、协力。 ⑥阴阳分布:指春季日夜长短均等。 ⑦滞:指冬眠蛰伏的虫类。 ⑧辟:罪责。司寇:官名。六卿之一,掌刑狱。 ⑨旅:众人。指籍田上服役的人。 ⑩徇:巡视。 ⑪农师:官名。掌农事。 ⑫太保:官名。三公之一。辅佐天子。 ⑬宗伯:官名。六卿之一,掌祭祀典礼。 ⑭大徇:大巡视。 ⑮耨(nòu):除草。 ⑯恪恭:恭敬谨慎。 ⑰疆畔:田界。 ⑱镈(bó):锄头一类的农具。 ⑲解:通懈,懈怠。

"是时也,王事唯农是务,无有求利于其官,以干农功①,三时务农而一时讲武②,故征则有威③,守则有财。若是,乃能媚于神而和于民矣④,则享祀时至而布施优裕也。

[**注释**]①干:干扰。 ②三时:指春、夏、秋三季。一时:指冬季。

③威:威武、威势。 ④媚:献媚,取悦。

"今天子欲修先王之绪而弃其大功①,匮神乏祀而困民之财②,将何以求福用民?"

王不听,三十九年,战于千亩③,王师败绩于姜氏之戎。

[注释]①绪:事业。大功:指籍千亩、重农事。 ②匮:匮乏、缺乏。 ③千亩:此处指邑名。在今山西介休南。

7. 鲁武公以括与戏见王①,王立戏,樊仲山父谏曰②:"不可立也!不顺必犯③,犯王命必诛④,故出令不可不顺也。令之不行,政之不立,行而不顺,民将弃上⑤。夫下事上、少事长,所以为顺也⑥。今天子立诸侯而建其少⑦,是教逆也⑧。若鲁从之而诸侯效之⑨,王命将有所壅⑩,若不从而诛之,是自诛王命也。是事也,诛亦失,不诛亦失⑪,天子其图之⑫!"王卒立之⑬。鲁侯归而卒,及鲁人杀懿公而立伯御⑭。

[注释]①鲁武公:姬敖,周公旦六世孙,公元前825—前816年在位。武,谥号。括:鲁武公长子,未立。戏:鲁武公幼子。公元前816—前807年在位,为鲁懿公。公元前807年鲁武公携二子西朝王室,夏归而卒。 ②樊仲山父:王室卿士。樊为畿内封国,在今河南省济源县。 ③不顺:不合情理。指不遵守嫡长子继承制。犯:违背。 ④诛:诛杀。 ⑤弃:抛弃,背叛。上:君王。 ⑥所以:这是。所,助词。以,介词。 ⑦建:立。 ⑧逆:违逆、背逆。 ⑨效:仿效、效法。 ⑩壅:壅塞。指先王立长之命壅塞不行。 ⑪诛亦失,不诛亦失:意即诛杀讨伐(鲁)是(周)王室的过失,不诛杀讨伐(鲁)也是(周)王室的过失。 ⑫图:思索,谋划。 ⑬卒:最终。 ⑭伯御:姬括之子。

8.三十二年春①,宣王伐鲁,立孝公②,诸侯从是而不睦③。宣王欲得国子之能导训诸侯者④,樊穆仲曰⑤:"鲁侯孝。"王曰:"何以知之?"对曰:"肃恭明神而敬事耇老⑥;赋事行刑⑦,必问于遗训而咨于故实⑧;不干所问⑨,不犯所咨。"王曰:"然则能训治其民矣。"乃命鲁孝公于夷宫⑩。

[注释]①三十二年:指周宣王三十二年(公元前796年)。 ②孝公:鲁懿公戏之弟姬称。 ③睦:亲睦。 ④国子:指姬姓宗室子弟。训导诸侯:周制规定,选择贤德的诸侯,由周天子任命为一方诸侯之长,以教导训诲诸侯,尊奉王命。 ⑤樊穆仲:即樊仲山父。穆,是其谥号。 ⑥耇(gǒu):老,指老年人。 ⑦赋:布、颁布。 ⑧问:询问,此指依据、参考。故实:过去的惯例。 ⑨干:干涉、冒犯。干、犯为互文。 ⑩夷宫:宣王祖父夷王之庙。古代授爵之命必在祖庙。

9.宣王既丧南国之师①,乃料民于太原②。仲山父谏曰:"民不可料也!夫古者不料民而知其少多,司民协孤终③,司商协民姓④,司徒协旅⑤,司寇协奸⑥,牧协职⑦,工协革⑧,场协入⑨,廪协出⑩,是则少多、死生、出入、往来者皆可知也。于是乎又审之以事⑪,王治农于籍⑫,蒐于农隙⑬,耨获亦于籍⑭,狝于既烝⑮,狩于毕时⑯,是皆习民数者也⑰,又何料焉?不谓其少而大料之,是示少而恶事也⑱。临政示少⑲,诸侯避之。治民恶事,无以赋令⑳。且无故而料民,天之所恶也㉑,害于政而妨于后嗣。"王卒料之㉒,及幽王乃废灭㉓。

[注释]①丧:亡、丧失。南国:古代称长江、汉水之间的地方为南国。师:

军队。此句指周宣王与姜氏之戎作战时,征调江、汉流域的楚、申、吕、邓、陈、蔡等国军队从征,战争失败,南国军队伤亡惨重。 ②料民:计算、核查人口。太原:地名。在原州、泾阳之间,周与西北少数民族接壤的边界。在今宁夏固原县北界。 ③司民:官名。掌登记民众户籍。协:合。孤:无父叫孤。终:死。 ④司商:"商"通"章",乐章。司商,官名。即大司乐,掌赐族受姓,并掌握贵族所辖之民。民姓:即定民姓氏。古代采用吹律定姓之法。 ⑤司徒:官名。掌军队征集。旅:军队。 ⑥司寇:官名。主掌刑狱、纠察等事。奸:邪恶狡诈之徒。此指在押罪犯。 ⑦牧:官名。指奉命征集、组织民众从事各种工役的大夫。职:职掌内所役民众。 ⑧工:百工,官名。掌营造等政务的官吏,后代泛指各种手工业工匠。革:变更。 ⑨场:场人。掌管仓库的粮物收藏保管。入:入库之物,据此可推知纳税民数。 ⑩廪:廪人。主管国家谷仓的储粮总计,以备供国家发给群众俸禄、救济和恩赐臣民,及官府工役的薪金,故可推知庶民之数。 ⑪于是乎:当是时,同时。审:详查,细究。事:指籍田与狩猎。 ⑫治农:管理、督促农事。籍:籍田。 ⑬蒐(sōu):春季打猎的意思。隙:间隙。指农闲时。 ⑭耨获:除草中耕和收获庄稼。 ⑮狝(xiǎn):秋季打猎叫狝。烝(shēng):通升。指新谷既升的仲秋季节。 ⑯狩(shǒu):冬季打猎叫狩。毕:指一年农事完毕。 ⑰习:简习、大概了解。 ⑱示:显示。少,指人口少。恶事:指政事败坏。 ⑲临政:当政、治理国家。临:靠近、接近之意。 ⑳赋令:发布命令。 ㉑恶(wū):厌恶、厌恨。 ㉒卒:终于,最终。 ㉓幽王:宣王之子,名宫涅,前781年至前771年在位,被犬戎攻杀于骊山之下,西周灭亡。

10. 幽王二年①,西周三川皆震②。伯阳父曰③:"周将亡矣!夫天地之气④,不失其序⑤;若过其序⑥,民乱之也。阳伏而不能出,阴迫而不能烝⑦,于是有地震。今三川实震,是阳失其所而镇阴也⑧。阳失而在阴,川源必塞;源塞,国必亡。夫水土演而民用也⑨。水土无所演,民乏财用,不亡何待?昔伊、洛竭而夏亡⑩,河竭而商亡⑪。今周德若二代之季矣⑫,其川源又塞,塞必竭。夫国必依山川⑬,山崩川竭,亡之征也⑭。川竭,山必崩。若国亡不过十年,数之纪也⑮。夫天之所弃,不过其纪。"是岁也,三川竭,岐山崩⑯。十一年,幽王乃灭,周乃东迁⑰。

[注释]①幽王二年:即公元前780年。 ②西周:指建都在镐京(今陕西西安西南沣水东岸)的周朝,也称宗周、西都。三川:指泾水、渭水、洛水。震:地震。 ③伯阳父:周太史。 ④气:指阴阳二气。 ⑤序:次序、序位。 ⑥过:失去、混淆。 ⑦烝:升、升腾。 ⑧镇阴:指阳气被阴气所堵塞而不能升腾。镇,通填。 ⑨演:通衍,润湿。 ⑩伊、洛:指伊水和洛水,在今河南省、近夏都阳城(今河南登封东南)。 ⑪河:指黄河。 ⑫二代之季:指夏朝和商朝的末世。 ⑬国:指国都。 ⑭征:征兆、预兆。 ⑮数之纪:数起于一,终于十,到了十,就要更变,所以十为数之纪。纪,极、终极。 ⑯岐山:山名。在今陕西岐山县。 ⑰东迁:公元前771年,周幽王被犬戎杀死后,其子宜臼即位,是为平王,时西周镐京残破,平王于前770年迁都洛邑(今河南洛阳),史称东周。

11. 惠王三年,①边伯、石速、蒍国出王而立子颓②。王处于郑三年③。王子颓饮三大夫酒,子国为客④,乐及遍儛⑤。郑厉公见虢叔⑥,曰:"吾闻之,司寇行戮,君为之不举⑦,而况敢乐祸乎⑧!今吾闻子颓歌舞不息,乐祸也。夫出王而代其位,祸孰大焉⑨!临祸忘忧,是谓乐祸。祸必及之,盍纳王乎⑩?"虢叔许诺⑪。郑伯将王自圉门入⑫,虢叔自北门入,杀子颓及三大夫,王乃入也。

[注释]①惠王:周惠王,一作惠王阆,一作毋凉,庄王孙,釐王之子。公元前676年至前652年在位。 ②边伯、石速、蒍(wěi)国:三人皆为周王室大夫,其中蒍国是子颓的老师。子颓:庄王子,惠王的叔父。 ③处:客居。

④子国:指芳国。客:上宾。古代飨礼必尊一人为客。 ⑤遍儛:指六代乐舞。指黄帝之《云门》、尧之《咸池》、舜《箫韶》、禹之《大夏》、殷之《大濩》、周武王之《大武》。 ⑥郑厉公:郑庄公之子姬突。前700年—前697年在位,前697年出奔蔡国,太子忽(郑昭公)、子亹、子婴相继为君。前680年厉公返郑复辟,前679—前673年在位。虢叔:虢公林父,名丑,王室卿士。 ⑦举:指举乐。 ⑧乐祸:以灾祸为快乐。 ⑨孰:谁。 ⑩盍:何不。 ⑪许诺:答应。 ⑫圉(yǔ)门:王城的南门。

12. 十五年①,有神降于莘②,王问于内史过③,曰:"是何故? 固有之乎④?"对曰:"有之。国之将兴,其君齐明⑤、衷正⑥、精洁⑦、惠和⑧,其德足以昭其馨香⑨,其惠足以同其民人⑩。神飨而民听⑪,民神无怨,故明神降之,观其政德而均布福焉⑫。国之将亡,其君贪冒⑬、辟邪、淫佚、荒怠⑭、粗秽⑮、暴虐;其政腥臊⑯,馨香不登⑰;其刑矫诬⑱,百姓携贰⑲。明神不蠲而民有远志⑳,民神怨痛,无所依怀㉑,故神亦往焉,观其苛慝而降之祸㉒。是以或见神以兴㉓,亦或以亡。昔夏之兴也,融降于崇山㉔;其亡也,回禄信于聆隧㉕。商之兴也,梼杌次于丕山㉖;其亡也,夷羊在牧㉗。周之兴也,鸑鷟鸣于岐山㉘;其衰也,杜伯射王于鄗㉙。是皆明神之志者也㉚。"

[注释]①十五年:指周惠王十五年,公元前662年。 ②莘:虢国地名。在今河南陕县硖石镇之莘原。 ③内史:官名。周大夫,掌爵禄废置、策命诸侯及列国之卿。过:内史之名。 ④固:本来,原本。 ⑤齐明:明察一切。齐,一。 ⑥衷正:中正。衷,中。 ⑦精洁:精诚廉洁。 ⑧惠和:惠爱仁和。 ⑨昭:彰明。馨香:祭品的香气。喻德政惠民的美好声誉。 ⑩同:协同。 ⑪飨:通享。歆享。 ⑫均:普遍。 ⑬贪冒:贪图财利。 ⑭荒:荒废政务。 ⑮粗秽:粗劣秽恶。 ⑯腥臊:臭恶。喻指政治腐败。 ⑰馨香

不登:指祭神时祭品的香气不会升腾上天。古人认为祭品香气升天,神闻而降临,歆享赐福。若政治腐败,民生怨恨,则祭品芳香不升于天。 ⑱矫诬:欺诈诬罔。 ⑲携贰:叛离。 ⑳蠲(juān):清洁。远志:怀有叛离之心。 ㉑依怀:依归,指靠。 ㉒苛慝:苛暴邪恶。慝(tè): ㉓或:有的。 ㉔融:指祝融。传说中南方炎帝之佐,死为火官之神。崇山:即嵩山。 ㉕回禄:祝融之弟吴回,火神。信:古时作战或田猎,临时住两夜叫信。两夜以上叫次。聆(qín)隧:地名。其地不详。 ㉖梼杌(táo wù):一说指大禹的父亲鲧。一说为传说中的凶兽。结合下文的夷羊,此处理解为神兽为当。丕山:山名。在河南浚县。 ㉗夷羊:传说中的神兽。牧:指牧野。在今河南淇县南。 ㉘鸑鷟(yuè zhuó):凤凰。 ㉙杜伯:畿内杜国国君,黄帝之后裔。杜伯为宣王时大夫,无辜被宣王杀死。三年后,宣王会同诸侯在上林苑中打猎,杜伯化为厉鬼,着红衣戴红帽,射杀宣王。鄗:即镐京。 ㉚志:通识。

王曰:"今是何神也?"对曰:"昔昭王娶于房①,曰房后,实有爽德②,协于丹朱③,丹朱凭身以仪之④,生穆王焉⑤。是实临照周之子孙而祸福之。夫神壹不远徙迁⑥,若由是观之,其丹朱之神乎?"王曰:"其谁受之⑦?"对曰:"在虢土。"王曰:"然则何为?"对曰:"臣闻之:道而得神⑧,是谓逢福;淫而得神,是谓贪祸⑨。今虢少荒⑩,其亡乎?"王曰:"吾其若之何?"对曰:"使太宰以祝⑪、史帅狸姓⑫,奉牺牲⑬、粢盛⑭、玉帛往献焉⑮,无有祈也⑯。"

[注释]①昭王:周成王之孙、康王之子姬瑕。房:周初封国,在今河南遂平。 ②爽德:二德。指个人品德不好。 ③协:同于。丹朱:尧的不孝之子。 ④凭身:托身、依托。仪:匹配。 ⑤穆王:即周穆王,名满。 ⑥壹:一心。 ⑦受:承受。 ⑧道:正道。 ⑨贪祸:因贪得祸。 ⑩荒:沉湎于酒色田猎等淫逸之事,政务渐趋昏乱。 ⑪太宰:官名,掌祭祀。祝:太祝,官名,掌祈福。 ⑫史:太史,官名。掌祭祀礼仪。帅:率领。狸姓:丹朱之后

人。古人认为鬼神不享受异族祭祀,故携带丹朱的后人同往。 ⑬牺牲:祭祀使用的牛、猪、羊。 ⑭粢盛:供祭祀的谷物。 ⑮玉帛:玉器和币帛。泛指祭祀物品。 ⑯祈:祈求。

王曰:"虢其几何①?"对曰:"昔尧临民以五②,今其胄见③,神之见也,不过其物④。若由是观之,不过五年。"王使太宰忌父帅傅氏及祝⑤、史奉牺牲、玉鬯往献焉⑥。内史过从至虢,虢公亦使祝、史请土焉⑦。内史过归,以告王曰:"虢必亡矣,不禋于神而求福焉⑧,神必祸之;不亲于民而求用焉⑨,人必违之⑩。精意以享⑪,禋也;慈保庶民,亲也。今虢公动匮百姓以逞其违⑫,离民怒神而求利焉,不亦难乎!"十九年⑬,晋取虢。

[注释]①几何:多久。 ②临:治理。尧:传说中原始社会末期部落联盟首领,亦称陶唐氏、唐尧,禅位于舜。 ③胄(zhòu):后代。此指丹朱之神。 ④物:数。 ⑤忌父:即周公忌父,太宰之名。傅氏:指丹朱的后代,在周时为傅氏。 ⑥玉鬯(chàng):祭祀时盛酒的玉器,形如勺,圭为柄。 ⑦请土:请求神赐给土地。 ⑧禋(yīn):正心诚意地祭祀。 ⑨用:差遣使用民力。 ⑩违:违背。 ⑪享:献。 ⑫匮:匮乏。指民众财力匮乏。逞:称愿。违:邪恶。 ⑬十九年:周惠王十九年(前658)。

13. 襄王使邵公过及内史过赐晋惠公命①,吕甥、郤芮相晋侯不敬②,晋侯执玉卑③,拜不稽首④。

[注释]①襄王:惠王之子姬郑,公元前651年至前619年在位。邵公过:王室卿士,名过,谥号武,邵穆公之后。晋惠公:晋献公庶子夷吾。公元前650年至前637年在位。赐命:诸侯即位,天子赐予黻冕圭璧,以示合法化。 ②吕甥:晋大夫,封于瑕,以吕为姓氏。又作吕省、瑕甥等。郤芮(xì ruì):晋

大夫,封于冀,郤为姓氏。相:赞礼,即任司仪,引导行礼者。 ③玉:玉圭,天子所赐。此指晋侯惠公所执信圭。卑:礼仪规定执贽礼应在腰带以上,额以下,一般置在胸前。低于腰带为卑,不合礼度。 ④稽首:跪拜时以头触地,是古时最尊崇的一种礼节。

内史过归,以告王曰:"晋不亡,其君必无后。且吕、郤将不免①。"王曰:"何故?"对曰:"《夏书》有之曰②:'众非元后③,何戴④?后非众,无与守邦⑤。'在《汤誓》曰⑥:'余一人有罪⑦,无以万夫;万夫有罪,在余一人。'在《盘庚》曰⑧:'国之臧⑨,则惟女众⑩。国之不臧,则惟余一人,是有逸罚⑪。'如是则长众使民⑫,不可不慎也。民之所急在大事⑬,先王知大事之必以众济也⑭,是故祓除其心⑮,以和惠民。考中度衷以莅之⑯,昭明物则以训之⑰,制义庶孚以行之⑱。祓除其心,精也⑲;考中度衷,忠也;昭明物则,礼也;制义庶孚,信也。然则长众使民之道,非精不和,非忠不立,非礼不顺,非信不行。今晋侯即位而背外内之赂⑳,虐其处者㉑,弃其信也;不敬王命,弃其礼也;施其所恶,弃其忠也;以恶实心㉒,弃其精也。四者皆弃㉓,则远不至而近不和矣,将何以守国?

[注释]①不免:无法躲避。 ②《夏书》:指《尚书·大禹谟》。 ③元后:天子。元:元首。后:君主。 ④戴:拥护、爱戴。 ⑤邦:国家。诸侯的封国称为邦。 ⑥《汤誓》:指《尚书·汤誓》,为商汤讨夏桀时的誓师辞。 ⑦余一人:天子自称。 ⑧《盘庚》:指《尚书·盘庚上》,为商王盘庚迁殷时对官、民的训辞,分上、中、下三篇。 ⑨臧:善、好。 ⑩女:通"汝",指你们。 ⑪逸:过错。 ⑫长(zhǎng)众:领导民众。 ⑬大事:指祭祀与战争。 ⑭济:成功。 ⑮祓除:古代一种祈福祛灾的仪式。祓,音fú,福。 ⑯考中:

省察自己的内心。度衷:忖度别人的内心。莅:莅临。 ⑰昭明:彰明、光明。物则:事物的法则。物:事。 ⑱制义庶孚:指据情灵活处置,使民众生信。义:通"宜"。孚:信。 ⑲精:精洁。 ⑳背外内之赂:内赂指晋惠公欲入晋为君,约丕郑、里克为内应,返国为君之前许诺赐予丕郑负蔡之田七十万,予里克汾阳之田百万;外赂指返国为君前外约秦穆公发兵,声称为君事成后割河东五城予秦。 ㉑虐其处者:指杀里克、丕郑之事。虐:虐杀。处者:指丕郑、里克原为辅佐奚齐的大臣,在晋国内。 ㉒实心:充满内心。 ㉓四者:指信、礼、忠、精。

"古者,先王既有天下,又崇立上帝①、明神而敬事之②,于是乎有朝日、夕月以教民事君③。诸侯春秋受职于王以临其民,大夫、士日恪位著以儆其官④,庶人、工、商各守其业以共其上⑤。犹恐其有坠失也,故为车服⑥、旗章以旌之⑦,为贽币⑧、瑞节以镇之⑨,为班爵⑩、贵贱以列之,为令闻嘉誉以声之⑪。犹有散、迁、懈慢而著在刑辟⑫,流在裔土⑬,于是乎有蛮夷之国⑭,有斧钺⑮、刀墨之民⑯,而况可以淫纵其身乎?

[注释]①崇:崇敬,尊敬。立:指建立祭祀的典礼。上帝:天神。 ②明神:指日、月。 ③朝日:指天子春分之晨祭拜日出于都城东门外。夕月:指天子秋分之夕祭拜月现于都城西门外。 ④恪:恪守,恭谨。位著:在朝之义。中庭左右称为位,门屏之间称为著。儆:警惕,谨慎。 ⑤共:同"供",供奉。 ⑥车服:车舆与章服。 ⑦旌章:旌旗与章帜。旌:旌表,表识。 ⑧贽币:相见时所赠礼物。贽,见面礼。币,即缯帛。 ⑨瑞节:瑞玉制造的符节。古代诸侯朝聘时的信物,不同位阶的人所持符节不同。镇:重。 ⑩班爵:班次爵位。 ⑪令闻嘉誉:美好的声誉。对有功德者,以策命述其功绩,晋爵赏赐以表彰。声:表扬。 ⑫散:散漫。迁:迁移。懈:懈怠。慢:懒惰。著:著明。指明文规定。辟:罪。 ⑬裔土:中原以外偏远的地方。

⑭蛮夷之国:泛指边远地区的少数民族和周边的国家。 ⑮斧钺:指处死之极刑。钺:大斧。 ⑯刀墨:指黥刑,在脸上刺字涂墨的刑罚。

"夫晋侯非嗣也①,而得其位,亹亹怵惕②,保任戒惧③,犹曰未也。若将广其心而远其邻④,陵其民而卑其上⑤,将何以固守?

[注释]①非嗣:指惠公不是献公的嫡长子,不是法定的继承人。 ②亹亹(wěi):勤勉的样子。怵(chù)惕:警惕戒惧。 ③保任:保守职位。 ④广其心:放纵自己思想和欲望。 ⑤陵:凌虐,欺压。民:臣民,指里克、丕郑集团。

"夫执玉卑,替其贽也①;拜不稽首,诬其王也。替贽无镇②,诬王无民。夫天事恒象③,任重享大者必速及,故晋侯诬王,人亦将诬之;欲替其镇④,人亦将替之。大臣享其禄,弗谏而阿之,亦必及焉。"

[注释]①替:陵替,引申为践踏。 ②无镇:无以自重。 ③天:大。恒象:常常预示凶吉的征兆。 ④镇:镇圭。古代朝聘时王所执信物。此指天子。

襄王三年而立晋侯①,八年而陨于韩②,十六年而晋人杀怀公③。怀公无胄,秦人杀子金、子公④。

[注释]①襄王三年:据《春秋》、《左传》,"三"当为"二"之误。二年即公元前650年。 ②八:当为"七",七年,指公元前645年。韩:韩原,今陕西韩城西南。秦晋韩原之战,惠公被俘。 ③十六年:指公元前636年。怀公:指惠公之子子圉。惠公死,子圉逃回晋为君,秦穆公护送重耳入晋,晋弑杀子圉于高梁(今山西临汾东北),迎立重耳。 ④子金:吕甥。子公:郤芮。

14. 襄王使太宰文公及内史兴赐晋文公命①,上卿逆于境②,晋侯郊劳③,馆诸宗庙④,馈九牢⑤,设庭燎⑥。及期,命于武宫⑦,设桑主⑧,布几筵⑨,太宰莅之,晋侯端委以入⑩。太宰以王命命冕服⑪,内史赞之⑫,三命而后即冕服⑬。既毕,宾、飨、赠、饯如公命侯伯之礼⑭,而加之以宴好。

[注释]①太宰文公:即王子虎,周王卿士。内史兴:周内史,叔兴父。晋文公:献公之子,惠公异母兄,名重耳,公元前636年至前628年在位,春秋五霸之一。 ②上卿:官名。周制,卿分上卿、亚卿、下卿三等,上卿须经天子任命,最为尊贵。逆:通迎,迎接。 ③郊劳:指到郊外迎接慰劳,表示尊重。 ④馆:客舍。 ⑤馈:献物给尊者为馈。九牢:牛羊豕各一为一牢。 ⑥庭燎:在殿庭点燃大烛,以示隆重。 ⑦武宫:晋武公之庙。武公:姓姬名称。献公之父,文公之祖。也称曲沃武公。公元前716年至前677年在位。 ⑧桑主:桑木做的神主。此指献公神主。诸侯葬后七虞(十一日)以桑木为死者神主还祭于殡宫,小祥更换练主(栗木所做)。晋文公设桑主祭祀其父献公,表示自己上继献公为君,否认惠、怀的君统。 ⑨几筵:祭祀的几与席。 ⑩端委:黑赤色礼服和礼帽。端:玄端,黑赤色礼服。委:委貌,礼帽。 ⑪冕服:古贵族礼服,在重大节日(吉礼和祭祀)时常用。 ⑫赞:帮助。 ⑬三命:三次以襄王的名义命赐文公,文公辞让三次,表示谦逊。 ⑭宾:指迎宾之礼。飨:指宴飨之礼。赠:指馈赠之礼。饯:指郊送饮酒之礼。

内史兴归,以告王曰:"晋,不可不善也。其君必霸,逆王命敬,奉礼义成①。敬王命,顺之道也;成礼义,德之则也。则德以导诸侯②,诸侯必归之。且礼所以观忠、信、仁、义也,忠所以分也③,仁所以行也④,信所以守也⑤,义所以节也⑥。忠分则均,仁行则报,信守则固,义节则度。分均无怨,行报无匮⑦,守固不偷⑧,节度不携⑨。若民不怨而财不匮,令不偷而动不携,其何事不济！中能应外,忠也；施三服义⑩,仁也；守节不淫,信也；行礼不疚⑪,义也。臣入晋境,四者不失,臣故曰:'晋侯其能礼矣,王其善之！'树于有礼⑫,艾人必丰⑬。"

[注释]①义:应读为"仪",指奉行礼仪而有成。成:指符合周礼制要求。②则德:规范的道德。 ③分:均分,分赐。 ④行:推行,行施恩惠。⑤守:坚持,恪守。 ⑥节:节制,约束。 ⑦匮:匮乏。 ⑧偷:苟且。⑨携:离心。 ⑩施三服义:指前文中的"三命而后服",晋文公三辞王命,冠服适宜。 ⑪疚:病。 ⑫树:树立,培植。 ⑬艾:报答。

王从之,使于晋者,道相逮也①。及惠后之难②,王出在郑,晋侯纳之。

[注释]①道相逮:指在道路上前后相及,络绎不绝。 ②惠后之难:周惠王之后陈妫是襄王继母,陈妫生子带,惠王宠陈妫,想更立子带为太子,未及而逝。子带奔齐,后被襄王接回国,却与襄王后隗氏私通。襄王废隗氏,大夫颓叔、桃子乘机拥立子带,勾结狄师入侵,襄王出奔郑国,寄居于此。后晋文公诛杀子带而纳襄王复位。

襄王十六年,立晋文公。二十一年,以诸侯朝王于衡雍①,且献楚捷②,遂为践土之盟③,于是乎始霸。

[注释]①诸侯:指宋、齐、郑、鲁、陈、蔡、卫等国。衡雍:地名。在今河南原阳以西。 ②楚捷:指晋在城濮之战中打败楚国。 ③践土之盟:率诸侯朝王,在践土会盟。周襄王策命晋文公为诸侯之长,成为霸主。

周 语 中

1.襄王十三年①,郑人伐滑②。王使游孙伯请滑③,郑人执之④。王怒,将以狄伐郑⑤。富辰谏曰⑥:"不可。古人有言曰:'兄弟谗阋⑦、侮人百里⑧。'周文公之诗曰⑨:'兄弟阋于墙⑩,外御其侮。'若是则阋乃内侮,而虽阋不败亲也⑪。郑在天子,兄弟也⑫。郑武、庄有大勋力于平、桓⑬;我周之东迁,晋、郑是依⑭;子颓之乱⑮,又郑之繇定。今以小忿弃之,是以小怨置大德也,无乃不可乎!且夫兄弟之怨,不征于他⑯,征于他,利乃外矣。章怨外利⑰,不义;弃亲即狄⑱,不祥;以怨报德,不仁。夫义所以生利也,祥所以事神也,仁所以保民也。不义则利不阜⑲,不祥则福不降,不仁则民不至。古之明王不失此三德者⑳,故能光有天下,而和宁百姓,令闻不忘㉑。王其不可以弃之。"王不听。十七年,王降狄师以伐郑㉒。

[注释]①襄王:周襄王。十三年:指公元前639年。 ②滑:周同姓诸侯国,伯爵,都城费。故址在今河南偃师县缑氏镇,前627年为秦袭郑之师所灭。先郑伐滑,滑人表示听命于郑,郑师归,滑叛郑亲卫,郑文公又遣公子士、泄堵寇伐滑。 ③游孙伯:周大夫。请滑:为滑说情。 ④郑人:指郑文公姬

捷。执:扣押、囚禁。 ⑤狄:指当时活动于陕西东北部的隗氏之狄。 ⑥富辰:周大夫。 ⑦谗阋(xì):互相诽谤、争斗。 ⑧侮人:外侮,欺己之外敌。 ⑨周文公:指周公旦。诗:指《诗经·小雅·棠棣》,相传为周公所作,但无定论。 ⑩墙:墙内,指内部。 ⑪败亲:损害、毁坏亲族。 ⑫在:对于……而言。兄弟:公元前806年,宣王封其弟姬友为郑君,即郑桓公。 ⑬郑武:郑武公。名掘突,公元前770年至前744年在位,以卿士辅平王东迁洛邑。庄:郑庄公,名寤生,公元前743年至前701年在位,为桓王卿士,曾以王命伐宋。大勋力:大功劳。勋:有功于王室曰勋。平:周平王。 ⑭依:依靠。 ⑮子颓之乱:指子颓发动政变,赶走周惠王,王奔郑,在郑厉公帮助下杀子颓送惠王复位。子颓:庄王之子,惠王之叔父。 ⑯征:召。他:指狄人。 ⑰章:通彰,彰明、显露。 ⑱即:靠近,接近。 ⑲阜:丰厚。 ⑳明王:英明、贤明的君王。三德:指仁、义、祥。 ㉑光:大。令闻:好名声。意为泽被后代。 ㉒降:下令。

　　王德狄人①,将以其女为后,富辰谏曰:"不可。夫婚姻,祸福之阶也②。由之利内则福,利外则取祸。今王外利矣,其无乃阶祸乎?昔挚、畴之国也由大任③,杞、缯由大姒④,齐、许、申、吕由大姜⑤,陈由大姬⑥,是皆能内利亲亲者也⑦。昔鄢之亡也由仲任⑧,密须由伯姞⑨,郐由叔妘⑩,聃由郑姬⑪,息由陈妫⑫,邓由楚曼⑬,罗由季姬⑭,卢由荆妫⑮,是皆外利离亲者也。"

　　[注释]①德:感激。名词用于动词。 ②阶:阶梯。 ③挚、畴:任姓诸侯国。奚仲、仲虺之后,大任之家。挚的都城在今河南汝南县东南。畴的都城在今河南平顶山西南。大任:王季之妃,文王之母。 ④杞、缯:姒姓诸侯国。夏禹之后,大姒之家。杞的都城在今河南杞县,缯的都城在今河南方城。大姒:周文王之妃,武王之母。 ⑤齐、许、申、吕:姜姓诸侯国。齐的都城在今山东淄博,许的都城在今河南许昌之东,申的都城在今河南南阳之北,吕的

都城在今河南南阳之西。大姜：太王之妃,王季之母。 ⑥陈：妫姓诸侯国,都城在今河南淮阳。虞舜之后裔。大姬：武王之女,成王之姊。 ⑦亲亲：第一个"亲"为动词,意为亲爱；第二个"亲"为名词,意为亲人、亲族。 ⑧鄢(yān)：妘姓诸侯国。都城在今河南鄢陵西北。东周初为郑武公所灭。仲任：鄢君的夫人。 ⑨密须：也称密。姞姓诸侯国。伯姞(jí)：密须国女子。 ⑩郐(kuài)：妘姓诸侯国,都城在今河南新郑西北。为郑武公所灭。叔妘：郐君夫人。 ⑪聃：姬姓诸侯国,都城在今河南平舆北,灭于楚。郑姬：聃君夫人。 ⑫：息：姬姓诸侯国,都城今河南息县西,灭于楚。陈妫：息君夫人。 ⑬邓：曼姓诸侯,都城在今湖北襄樊附近,灭于楚。楚曼：邓女,楚武王夫人,楚文王之母。 ⑭罗：熊姓诸侯国,都城在今湖北宜城附近,灭于楚。季姬：罗君夫人。 ⑮卢：妘姓诸侯,都城在今湖北襄樊西南,灭于楚。荆妫：卢过之女,为楚王夫人。

王曰："利何如而内,何如而外？"对曰："尊贵、明贤、庸勋①、长老、爱亲、礼新、亲旧。然则民莫不审固其心力以役上令②,官不易方③,而财不匮竭,求无不至,动无不济。百姓兆民④,夫人奉利而归诸上⑤,是利之内也。若七德离判,民乃携贰,各以利退,上求不暨⑥,是其外利也。夫狄无列于王室,郑伯南也⑦。王而卑之,是不尊贵也。狄,豺狼之德也。郑未失周典⑧,王而蔑之,是不明贤也。平、桓、庄、惠皆受郑劳,王而弃之,是不庸勋也。郑伯捷之齿长矣,王而弱之,是不长老也。狄,隗姓也,郑出自宣王⑨,王而虐之,是不爱亲也。夫礼,新不间旧,王以狄女间姜、任⑩,非礼且弃旧也。王一举而弃七德,臣故曰利外矣。《书》有之曰：'必有忍也,若能有济也。'王不忍小忿而弃郑,又登叔隗以阶狄。狄,封豕豺狼也,不可厌也。"王不听。

[注释]①庸:用。　②固:通"涸",竭尽。　③官不易方:官府不改变治理国家的方略。　④百姓:百官。古代官有世功,受氏姓,故称百姓。兆民:万民。　⑤夫:发语词。　⑥暨:至,及。　⑦南:通"男",指郑伯为男服之侯爵。　⑧周典:周礼。　⑨郑出自宣王:郑始封国君郑桓公友为周厉王之子,周宣王之弟,封在宣王世。　⑩姜、任:指姜氏、任氏之女,世为周王室妃嫔。

十八年,王黜狄后①。狄人来诛杀谭伯。富辰曰:"昔吾骤谏王,王弗从,以及此难。若我不出,王其以我为怼乎?②"乃以其属死之③。

[注释]①黜(chù):废黜。因狄后私通王子带,故襄王黜之。　②怼:怨恨。　③以其属死之:因此事而率部属与狄人战,并死于征战。

初,惠后欲立王子带①,故以其党启狄人②。狄人遂入,周王乃出居于郑③,晋文公纳之。

[注释]①惠后:周惠王后,王子带生母,襄王继母。王子带,襄王异母弟,封于甘,史称甘昭公。　②党:指颓叔、桃子之类。启:开,引申为勾引。③出居于郑:居于郑之汜地,今河南襄城县南

2. 晋文公既定襄王于郑①,王劳之以地②,辞,请隧焉③。王不许,曰:"昔我先王之有天下也,规方千里以为甸服④,以供上帝山川百神之祀,以备百姓兆民之用,以待不庭不虞之患⑤。其余以均分公侯伯子男⑥,使各有宁宇⑦,以顺及天地,无逢其灾害,先王岂有赖焉。内官不过九御⑧,外官不过九品⑨,足以供给神祇而已,岂敢厌纵其耳目心腹以乱百度?亦唯是死生之服物采章⑩,以临长百姓而轻重布之⑪,王何异之有?今天降祸灾于周室,余一

人仅亦守府,又不佞以勤叔父⑫,而班先王之大物以赏私德⑬,其叔父实应且憎,以非余一人,余一人岂敢有爱⑭?先民有言曰:'改玉改行'⑮,叔父若能光裕大德,更姓改物,以创制天下,自显庸也⑯,而缩取备物以镇抚百姓,余一人其流辟旅于裔土⑰,何辞之有与?若由是姬姓也,尚将列为公侯,以复先王之职,大物其未可改也。叔父其懋昭明德,物将自至,余何敢以私劳变前之大章,以忝天下⑱,其若先王与百姓何?何政令之为也?若不然,叔父有地而隧焉,余安能知之?"文公遂不敢请,受地而还。

[注释]①郏:地名,今河南洛阳西。 ②劳:赏赐,酬劳。 ③隧:墓道。古代天子葬礼有隧道,诸侯有羡道。隧道系地下道,棺椁穿隧入葬;而羡道则上不覆土,露于地面。 ④规:规划。 ⑤不庭:不来朝贡的诸侯或夷王。不虞:不能预料。 ⑥公、侯、伯、子、男:周代分封的五等爵制。公之地方五百里,侯四百里,伯三百里,子二百里,男一百里。 ⑦宇:居处。 ⑧内官:宫中女官。九御:天子之妃。据《礼记·昏义》,天子立六宫、三夫人、九嫔。 ⑨外官:朝廷诸官。九品:即三公、九卿、二十七大夫、八十一元士等。 ⑩服物:衣服、织品及器物。采章:有采纹的旌旗、车舆、服饰等。 ⑪临长:治理。 ⑫叔父:称呼同姓诸侯。 ⑬大物:大礼。私德:私惠之德。 ⑭爱:吝啬。 ⑮改玉改行:古代君子佩玉。佩玉者地位不同,佩玉的规格就不同,行走的快慢以及节奏也不同,适用的音乐节奏也不同。因此改变佩玉,便要改变行步的节奏。 ⑯显庸:公开使用。 ⑰辟:通"避"。裔土:边远之地。 ⑱忝:辱,玷污。

3.王至自郑,以阳樊赐晋文公①。阳人不服,晋侯围之。仓葛②呼曰:"王以晋君为能德,故劳之以阳樊,阳樊怀我王德,是以未从于晋。谓君其何德之布以怀柔之③,

使无有远志④?今将大泯其宗祊⑤,而蔑杀其民人⑥,宜吾不敢服也!夫三军之所寻⑦,将蛮、夷、戎、狄之骄逸不虔⑧,于是乎致武。此嬴者阳也⑨,未狃君政⑩,故未承命。君若惠及之,唯官是征,其敢逆命,何足以辱师!君之武震,无乃玩而顿乎⑪?臣闻之曰:'武不可觌⑫,文不可匿⑬。觌武无烈⑭,匿文不昭。'阳不承获甸,而祗以觌武,臣是以惧。不然,其敢自爱也?且夫阳,岂有裔民哉⑮?夫亦皆天子之父兄甥舅也,若之何其虐之也?"晋侯闻之,曰:"是君子之言也。"乃出阳民。

[**注释**]①阳樊:周天子畿内邑,在今河南济源县之曲阳城,周初封于樊仲山父,故名阳樊。 ②仓葛:人名。 ③怀柔:以恩德感化,使之归顺。 ④远志:离叛之心。 ⑤宗祊(bēng):宗庙。祊:庙门。 ⑥蔑:弃。 ⑦寻:讨伐,进攻。 ⑧将:仅仅。 ⑨嬴(léi):弱。 ⑩狃:习,熟悉。 ⑪玩:不慎,轻启战端。顿:委顿,困顿。 ⑫觌(dí):通"黩"。滥用。 ⑬文:文德,指教化之功。匿:隐藏。 ⑭烈:功勋,功烈。 ⑮裔民:凶顽之民。

4. 温之会①,晋人执卫成公归之于周。晋侯请杀之,王曰:"不可。夫政自上下者也,上作政,而下行之不逆,故上下无怨。今叔父作政而不行,无乃不可乎?夫君臣无狱②,今元咺虽直③,不可听也。君臣皆狱,父子将狱,是无上下也。而叔父听之,一逆矣。又为臣杀其君,其安庸刑?布刑而不庸,再逆矣。一合诸侯④,而有再逆政⑤,余惧其无后。不然,余何私于卫侯⑥?"晋人乃归卫侯。

[**注释**]①事在周襄王二十年(公元前632年)。温:晋地,在今河南温县

西。　②狱:讼。　③元咺(xuǎn):卫大夫,曾经与卫侯争讼。卫侯败讼,故被晋侯捉拿交给周襄王处理。直:理由充分。　④合:主盟。　⑤再:两次。⑥私:偏爱。

5.二十四年,秦师将袭郑①,过周北门。左右皆免胄而下拜②,超乘者三百乘③。王孙满观之,言于王曰:"秦师必有谪④。"王曰:"何故?"对曰:"师轻而骄,轻则寡谋,骄则无礼。无礼则脱⑤,寡谋自陷。入险而脱,能无败乎?秦师无谪,是道废也。"是行也,秦师还,晋人败诸崤⑥,获其三帅丙、术、视⑦。

[注释]①秦师将袭郑:公元前628年四月,郑文公病逝,郑穆公立。秦趁郑新君初立便于是年十二月袭击郑国。　②左右:战车左右的甲士。胄:头盔。　③超乘:跃上战车。按礼,应该摘下头盔小步速行而过。　④谪:灾祸。　⑤脱:简脱,没有约束。　⑥崤:山名,在今河南三门峡市东。　⑦丙、术、视:秦帅白乙丙、西乞术、孟明视。

6.晋侯使随会聘于周①,定王享之肴烝②,原公相礼③。范子私于原公,曰:"吾闻王室之礼无毁折④,今此何礼也?"王见其语,召原公而问之,原公以告。

[注释]①随会:士季武子,晋正卿。其封邑在随(今山西介休),后变更为范(今河南范县),故称随会、士会、范会。聘:周代礼制,诸侯向天子或其他诸侯国定期派遣使者问候修好。　②肴烝:又名折俎,将牲体切成小块放在礼器内供宾客享用。　③原公:周大夫原襄公,采邑在原(今河南济源之原乡),故以原为氏。相:傧相,襄助行使礼仪的人。④毁折:切割牲体。

王召士季,曰:"子弗闻乎,禘郊之事①,则有全烝②;

王公立飫③,则有房烝④;亲戚宴飨,则有肴烝。今女非他也,而叔父使士季实来修旧德,以奖王室⑤。唯是先王之宴礼,欲以贻女。余一人敢设饫禘焉,忠非亲礼⑥,而干旧职,以乱前好?且唯戎、狄则有体荐⑦。夫戎、狄,冒没轻儳⑧,贪而不让。其血气不治,若禽兽焉。其适来班贡⑨,不俟馨香嘉味,故坐诸门外,而使舌人体委与之⑩。女今我王室之一二兄弟,以时相见,将和协典礼,以示民训则,无亦择其柔嘉⑪,选其馨香,洁其酒醴,品其百笾⑫,修其簠簋⑬,奉其牺象⑭,出其尊彝⑮,陈其鼎俎⑯,净其巾幂⑰,敬其祓除⑱,体解节折而共饮食之。于是乎有折俎加豆⑲,酬币宴货⑳,以示容合好,胡有孑然其郊戎、狄也㉑?

[注释]①禘郊:天子在都城南郊举行的祭天大礼,最为隆重。 ②全烝:将完整的牲体不加蒸煮放在礼器内献祭,以保持祭牲的血腥气,是祭礼中规格最高的。但不能食用,只是虚设。 ③立飫(yù):飨礼。是在天子诸侯庙中举行的待客隆礼,且具有议事的性质。参加宴会的人立而不坐。 ④房烝:将牲体劈开一半放在礼器内,虚设不食。房,通"旁",即偏,一半。 ⑤奖:成,辅佐。 ⑥忠:厚,丰盛。 ⑦体荐:全牲。 ⑧冒没:冒昧。儳:不知上下进让之礼。 ⑨适:往。班贡:献纳赋贡。 ⑩舌人:翻译。 ⑪柔:通"脜"。《说文》:"脜嘉:善肉。" ⑫品:排列整齐有序。笾(biān):古代祭祀用以盛放果实及熟米的竹编容器,形似豆,有盖,可容四升。 ⑬簠簋(fǔ guǐ):古代祭祀或宴享时用来盛放黍稷稻粱的容器,方形的为簠,圆形的为簋。 ⑭牺象:酒器。牺尊如牛形,象尊如象形。 ⑮尊彝:古代礼器的总称。 ⑯鼎:古代的烹饪器。俎:砧板。 ⑰巾幂:用来覆盖礼器的巾帛。 ⑱祓除:扫除。 ⑲加豆:宴享之后,用豆盛酱芹菜、兔肉酱之类的献上。 ⑳酬币:行酬礼时主人送给宾客的束帛类礼品。宴货:宴享时赠送宾客的礼物。 ㉑孑然:全牲。

"夫王公诸侯之有饫也,将以讲事成章①,建大德、昭大物也,故立成礼烝而已②。饫以显物③,宴以合好,故岁饫不倦,时宴不淫④,月会⑤、旬修⑥、日完不忘⑦。服物昭庸⑧,采饰显明⑨,文章比象⑩,周旋序顺⑪,容貌有崇,威仪有则,五味实气⑫,五色精心⑬,五声昭德⑭,五义纪宜⑮,饮食可飨,和同可观⑯,财用可嘉,则顺而德建,古之善礼者,将焉用全烝?"

[注释]①讲事成章:讨论大事,立定章程。 ②立成:不坐下,立而成礼。③显物:显示物品准备齐全。 ④不淫:不过制。 ⑤月会:计算一月之费用。 ⑥旬修:十日内完成该完成的事情。 ⑦日完:完成每天该完成的事情。 ⑧庸:功劳。 ⑨明:明德。 ⑩文章比象:衣服上的黼黻文饰绘成山、龙、花、虫之类的形状。 ⑪周旋序顺:宾主间应酬揖让有礼,各从其序。⑫五味实气:五味使人气血充实。 ⑬五色精心:五色不相乱以使人内心安详。 ⑭五声昭德:五声昭明德行。 ⑮五义:父义、母慈、兄友、弟恭、子孝。纪宜:纲纪伦理道德。 ⑯和同:和睦同心。

武子遂不敢对而退,归乃讲聚三代之典礼①,于是乎修执秩以为晋法②。

[注释]①讲:研习。聚:搜集。三代:夏、商、周。 ②秩:常。执秩:可以用来治国的常法。

7. 定王使单襄公聘于宋①。遂假道于陈,以聘于楚。火朝觌矣②,道茀不可行③,候不在疆④,司空不视涂⑤,泽不陂⑥,川不梁⑦,野有庾积⑧,场功未毕⑨,道无列树,垦田若艺⑩,膳宰不致饩⑪,司里不授馆⑫,国无寄寓,县无施舍,民将筑台于夏氏。及陈、陈灵公与孔宁、仪行父南冠以如夏氏⑬,留宾不见。

[**注释**]①单襄公:王室卿士,名朝。食邑于单,故名。单:畿内封国,在今河南孟津。 ②火:大火星。觌(dí):见。 ③茀(fú):野草塞路。 ④候:候人,负责迎送宾客的官员。疆:疆界。 ⑤司空:负责道路桥梁建设的官员。涂:通"途",道路。 ⑥陂:堤坝。 ⑦梁:桥梁。 ⑧庾积:露天堆放的粮仓。庾,无顶的粮仓。 ⑨场功:与收获庄稼相关的事务。 ⑩蓺:杂草繁生。 ⑪饩(xì):活牲。 ⑫司里:都城中掌管房舍的官。 ⑬南冠:楚冠。陈灵公与大臣一起私通夏征舒之母,后来陈灵公被夏征舒射杀。

单子归,告王曰:"陈侯不有大咎,国必亡。"王曰:"何故?"对曰:"夫辰①角见而雨毕,天根见而水涸,本见而草木节解,驷见而陨霜,火见而清风戒寒。故先王之教曰:'雨毕而除道,水涸而成梁,草木节解而备藏,陨霜而冬裘具,清风至而修城郭宫室。'故《夏令》曰:"九月除道,十月成梁。"其时儆②曰:'收而场功③,偫而畚梮④,营室之中⑤,土功其始。火之初见,期于司里⑥。'此先王所以不用财贿,而广施德于天下者也。今陈国火朝觌矣,而道路若塞,野场若弃,泽不陂障,川无舟梁,是废先王之教也。

[**注释**]①辰:星辰,即下文的角、天根(亢宿与氐宿之间的部位)、本(氐宿)、驷(天驷、房星)、火(大火、心宿二)等。 ②儆:告诫。 ③而:通"尔",你。 ④偫(zhì):等待,准备。畚梮:畚箕和扁担。 ⑤营室之中:夏正十月初昏,定星出现在天空正中。 ⑥期:会聚,集合。

"周制有之曰:'列树以表道,立鄙食以守路①。国有郊牧②,疆有寓望③,薮有圃草,囿有林池,所以御灾也。其余无非谷土,民无悬耜④,野无奥草⑤。不夺民时,不蔑民功⑥。有优无匮,有逸无罢⑦。国有班事,县有序民。'今陈国道路不可知,田在草间,功成而不收,民罢于逸乐,是弃先王之法制也。

[注释]①立鄙食以守路:四方边境每十里设置一茅庐,供应饮食。②郊牧:郊外设置放牧场所。 ③寓望:馆舍。 ④耜:翻土的农具。 ⑤奥草:丛生的野草。 ⑥蔑:弃。 ⑦罢:通"疲"。

"周之《秩官》①有之曰:'敌国宾至②,关尹以告③,行理以节逆之④,候人为导,卿出郊劳⑤,门尹除门⑥,宗祝执祀,司里授馆,司徒具徒,司空视涂,司寇诘奸⑦,虞人入材⑧,甸人积薪⑨,火师监燎⑩,水师监濯⑪,膳宰致飧⑫,廪人献饩,司马陈刍,工人展车,百官以物至,宾入如归。是故小大莫不怀爱。其贵国之宾至,则以班加一等,益虔。至于王吏,则皆官正莅事,上卿监之。若王巡守,则君亲监之。'今虽朝也不才,有分族于周,承王命以为过宾于陈,而司事莫至,是蔑先王之官也。

[注释]①《秩官》:周初逸书,记载职官品级、职责的一部书。 ②敌国:地位相当的国家。 ③关尹:掌管关口的官员,又称司关。 ④行里:小行人。负责出使聘问,迎接宾客。节:符节。逆:迎。 ⑤郊劳:出近郊慰劳。⑥门尹:司门的官员。除:清洁,整理。 ⑦司寇:掌司法的官员。诘奸:盘查。 ⑧虞人:掌管山林川泽的官。 ⑨甸人:主管照明柴薪,又称甸师。⑩火师:掌宫殿照明,又称司火、司烜氏。 ⑪水师:掌洗涤之事,又称萍氏。⑫飧:熟食。

"先王之令有之曰:'天道赏善而罚淫,故凡我造国①,无从非彝②,无即慆淫③,各守尔典,以承天休。'今陈侯不念胤续之常④,弃其伉俪妃嫔,而帅其卿佐以淫于夏氏,不亦渎姓矣乎⑤?陈,我大姬之后也⑥。弃衮冕而南冠以出,不亦简彝乎⑦?是又犯先王之令也。

[注释]①造国:立国,分封诸侯国。 ②从:顺从,随从。非彝:不法。③慆淫:慢怠,无度。 ④胤:后裔,后代。 ⑤渎姓:亵渎先祖。 ⑥大姬:周武王之女,配陈始封诸侯胡公。 ⑦简:弃。

"昔先王之教,懋帅其德也①,犹恐殒越。若废其教而弃其制,蔑其官而犯其令,将何以守国?居大国之间,而无此四者,其能久乎?"

[注释]①懋(mào):努力。

六年,单子如楚。八年,陈侯杀于夏氏①。九年,楚子入陈②。

[注释]①陈侯杀于夏氏:宣公十年(公元前599年),陈灵公被夏征舒所杀。 ②楚子入陈:公元前598年,楚庄王率军入陈,杀夏征舒,复陈国。

8.定王八年,使刘康公聘于鲁①,发币于大夫。季文子、孟献子皆俭②,叔孙宣子、东门子家皆侈③。

[注释]①刘康公:定王同母弟,王室卿士,又称王季子。刘:畿内封国,在今河南偃师境内。 ②季文子:鲁上卿季孙行父。孟献子:鲁上卿仲孙蔑。③叔孙宣子:鲁下卿叔孙侨如。东门子家:鲁大夫公孙归父。

归,王问鲁大夫孰贤?对曰:"季、孟其长处鲁乎!叔孙、东门其亡乎!若家不亡,身必不免。"王曰:"何故?"对曰:"臣闻之:为臣必臣,为君必君。宽肃宣惠①,君也;敬恪恭俭,臣也。宽所以保本也,肃所以济时也,宣所以教施也,惠所以和民也。本有保则必固,时动而济则无败功,教施而宣则遍,惠以和民则阜②。若本固而功成,施遍而民阜,乃可以长保民矣,其何事不彻?敬所以承命也,恪所以守业也,恭所以给事也,俭所以足用也。以敬承命则不违,以恪守业则不懈,以恭给事则宽于死,以俭足用则远于忧。若承命不违,守业不懈,宽于死而远于忧③,则可以上下无隙矣,其何任不堪?上任事而彻,下能堪其任,所以为令闻长世也。今夫二子者俭,其能足用矣,用足则族可以庇。二子者侈,侈则不恤匮,匮而不恤,忧必及之,若是则必广其身。且夫人臣而侈,国家弗堪,亡之道也。"王曰:"几何?"对曰:"东门之位不若叔孙,而泰侈焉,不可以事二君。叔孙之位不若季、孟,而亦泰侈焉,不可以事三君。若皆蚤世犹可,若登年以载其毒④,必亡。"

[注释]①宽:宽厚。肃:整饬。宣:通达。惠:惠爱。 ②阜:丰,丰厚。③宽于死:远离死亡。 ④登年:加多年岁。

十六年,鲁宣公卒。赴者未及①,东门氏来告乱,子家奔齐。简王十一年,鲁叔孙宣伯亦奔齐,成公未殁二年。

[注释]①赴:通"讣",告丧。

9. 简王八年,鲁成公来朝①,使叔孙侨如先聘且告。见王孙说②,与之语。说言于王曰:"鲁叔孙之来也,必有异焉。其享觐之币薄而言诌③,殆请之也④;若请之,必欲赐也。鲁执政唯强,故不欢焉而后遣之;且其状方上而锐下,宜触冒人⑤。王其勿赐。若贪陵之人来而盈其愿⑥,是不赏善也,且财不给。故圣人之施舍也议之,其喜怒取与亦议之。是以不主宽惠,亦不主猛毅,主德义而已。"王曰:"诺。"使私问诸鲁,请之也。王遂不赐,礼如行人⑦。及鲁侯至,仲孙蔑为介⑧,王孙说与之语,说让。说以语王,王厚贿之⑨。

[**注释**]①朝:诸侯亲自朝见天子。按礼,诸侯一年一小聘,三年一大聘,五年一朝。 ②王孙说:周大夫。 ③享觐:觐见天子,进献礼物。 ④请:自请。 ⑤触冒:冒犯。指叔孙侨如为人强悍、霸道。 ⑥贪陵:贪婪骄横。 ⑦行人:官名,主掌朝聘之事,属于普通使者。 ⑧介:宾介,宾客之随从。古代聘问之事,主人有傧相迎宾,宾客有介通传。 ⑨贿:赏赐财物。

10. 晋既克楚于鄢①,使郤至告庆于周②。未将事③,王叔简公饮之酒④,交酬好货皆厚⑤,饮酒宴语相说也。

[**注释**]①鄢:地名,在今河南鄢陵县。周简王十一年(公元前575)晋厉公伐郑,楚共王救郑,晋、楚在鄢陵激战,晋大败楚师。 ②郤(xì)至:晋卿。鄢陵之战任晋新军副帅,食邑于温,故又称温季。告庆:献捷。 ③将事:举行告庆礼。 ④王叔简公:周大夫,又称王叔子、王叔陈生。 ⑤交酬:宾主互相赠送的礼物。好货:宴饮时赠送宾客的礼物。

明日,王叔子誉诸朝。郤至见邵桓公①,与之语。邵公以告单襄公曰:"王叔子誉温季,以为必相晋国;相晋国,必大得诸侯。劝二三君子必先导焉②,可以树③。今夫子见我,以晋国之克也,为己实谋之,曰:'微我,晋不战矣!楚有五败,晋不知乘④,我则强之⑤。背宋之盟⑥,一也;德薄而以地赂诸侯⑦,二也;弃壮之良而用幼弱⑧,三也;建立卿士而不用其言⑨,四也;夷、郑从之,三陈而不整⑩,五也。罪不由晋,晋得其民,四军之帅,旅力方刚⑪;卒伍治整,诸侯与之。是有五胜也:有辞,一也;得民,二也;军帅强御,三也;行列治整,四也;诸侯辑睦⑫,五也。有一胜犹足用也,有五胜以伐五败,而避之者,非人也。不可以不战。栾、范不欲⑬,我则强之。战而胜,是吾力也。且夫战也微谋,吾有三伐;勇而有礼,反之以仁。吾三逐楚君之卒,勇也;见其君必下而趋,礼也;能获郑伯而赦之,仁也。若是而知晋国之政⑭,楚、越必朝。'

[注释]①邵桓公:王室卿士。 ②二三君子:王室的诸卿士。导:引荐。③树:树立党羽。 ④乘:利用。 ⑤强:力主与楚战。 ⑥背宋之盟:背弃与宋国签订的盟约。指公元前575年楚、郑伐宋事。 ⑦德薄而以地赂诸侯:指楚以汝阴之田诱郑叛晋归楚。 ⑧壮之良:指楚大夫申叔时。用幼弱:指楚司马子反。 ⑨建立卿士而不用其言:指楚共王不听卿士子囊的劝阻背弃晋盟的事。 ⑩三陈:楚、郑、东夷。 ⑪旅:众。 ⑫辑睦:安辑和睦。⑬栾:晋正卿栾书。范:晋卿士燮。 ⑭知政:执政。

"吾曰:'子则贤矣。抑晋国之举也①,不失其次②,吾惧政之未及子也。'谓我曰:'夫何次之有?昔先大夫荀伯自下军之佐以政③,赵宣子未有军行而以政④,今栾伯自下军往⑤。是三子也,吾又过于四之无不及。若佐新军而升为政,不亦可乎?将必求之。'是其言也,君以为奚若?"

[注释]①举:举荐。 ②次:次序。 ③荀伯:荀林父。由下军之佐擢升至正卿。 ④赵宣子:赵盾。由中军之佐升至正卿。 ⑤栾伯:栾书。由下军之将升至正卿。

襄公曰："人有言曰：'兵在其颈。'其郤至之谓乎！君子不自称也，非以让也，恶其盖人也①。夫人性，陵上者也，不可盖也。求盖人，其抑下滋甚②，故圣人贵让。且谚曰：'兽恶其网，民恶其上。'《书》曰：'民可近也，而不可上也。'《诗》曰：'恺悌君子，求福不回③。'在礼，敌必三让④，是则圣人知民之不可加也⑤。故王天下者必先诸民，然后庇焉，则能长利。今郤至在七人之下而欲上之，是求盖七人也，其亦有七怨。怨在小丑，犹不可堪，而况在侈卿乎⑥？其何以待之⑦？

[注释]①盖人：掩盖他人。 ②滋甚：很严重。 ③恺悌（kǎi tì）：平易近人。回：邪僻。 ④敌：相当。 ⑤加：凌驾于其上。 ⑥侈：大。 ⑦待：对待。

"晋之克也，天有恶于楚也，故儆之以晋。而郤至佻天之功以为己力①，不亦难乎？佻天不祥，乘人不义，不祥则天弃之，不义则民叛之。且郤至何三伐之有？夫仁、礼、勇，皆民之为也。以义死用谓之勇，奉义顺则谓之礼，畜义丰功谓之仁。奸仁为佻，奸礼为羞，奸勇为贼。夫战，尽敌为上，守和同顺义为上。故制戎以果毅，制朝以序成。叛战而擅舍郑君，贼也；弃毅行容，羞也；叛国即仇，佻也。有三奸以求替其上②，远于得政矣。以吾观之，兵在其颈，不可久也。虽吾王叔，未能违难③。在《太誓》曰：'民之所欲，天必从之。'王叔欲郤至，能勿从乎？"

[注释]①佻：偷。 ②替：废。 ③违：离。

郤至归,明年死难①。及伯舆之狱②,王叔陈生奔晋。

[注释]①明年死难:公元前574年,晋厉公杀郤至。 ②伯舆之狱:公元前563年,王叔子与大夫伯舆争权兴讼,王叔子败诉,逃亡到晋国。

周　语　下

1.柯陵之会①,单襄公见晋厉公视远步高。晋郤锜见②,其语犯③。郤犨见④,其语迂⑤。郤至见,其语伐⑥。齐国佐见⑦,其语尽⑧。鲁成公见,言及晋难及郤犨之谮⑨。

[**注释**]①柯陵之会:鲁成公十七年(公元前574年),鲁侯、晋侯、齐侯、宋公、曹公等会同王室卿士单子、尹子等商讨伐郑,会盟于柯陵。柯陵:地名,在今河南新郑西。　②郤锜:晋卿,名伯驹。　③犯:冒犯。　④郤犨(chōu):晋卿,又称苦成叔。　⑤迂:绕圈子,迂曲。　⑥伐:自夸。　⑦国佐:齐卿,又称国武子、国子。　⑧尽:说话无隐讳。　⑨晋难:晋欲伐郑,派栾黡乞师于鲁。鲁成公惧怕其母姜氏与叔孙侨如作乱,危害国家。故作了应对安排以后才出师,没有来得及参战。晋厉公听信叔孙侨如的谗言,便怪罪鲁成公。郤犨之谮:叔孙侨如之诬,便是通过郤犨传话于晋厉公。

单子曰:"君何患焉!晋将有乱,其君与三郤其当之乎!"鲁侯曰:"寡人惧不免于晋,今君曰'将有乱',敢问天道乎,抑人故也?"对曰:"吾非瞽、史①,焉知天道?吾见晋君之容,而听三郤之语矣,殆必祸者也。夫君子目以定体②,足以从之,是以观其容而知其心矣。目以处义③,足以步目,今晋侯视远而足高,目不在体,而足不步目,其心必异矣。目体不相从,何以能久?夫合诸侯,民之大事也,于是乎观存亡。故国将无咎,其君在会,步言视听,必皆无谪,则可以知德矣。视远,日绝其义;足高,日弃其德;言爽④,日反其信;听淫,日离其名。夫目以处义,足以践德,口以庇信,耳以听名者也,故不可不慎也。偏丧有咎,既丧则国从之。晋侯爽二,吾是以云。

[注释]①瞽、史:乐师与太史。乐师能吹律听声,预言吉凶。太史知天时,掌知古代政事变动,故能卜知天意。 ②目以定体:以眼光来决定身体的动作。 ③义:宜,合适。 ④爽:差错,过失。

"夫郤氏,晋之宠人也,三卿而五大夫,可以戒惧矣。高位寔疾颠①,厚味寔腊毒②。今郤伯之语犯,叔迂,季伐,犯则陵人,迂则诬人,伐则掩人。有是宠也,而益之以三怨,其谁能忍之!虽齐国子亦将与焉③。立于淫乱之国,而好尽言,以招人过,怨之本也。唯善人能受尽言,齐其有乎?吾闻之,国德而邻于不修,必受其福。今君偪于晋④,而邻于齐,齐、晋有祸,可以取伯⑤,无德之患,何忧于晋?且夫长翟之人利而不义⑥,其利淫矣,流之若何⑦?"

[注释]①寔:同"实",句中语气词,表强调。疾颠:快速垮台。 ②腊(xī)毒:极毒。 ③与:遭受到。 ④偪:即"逼",逼迫。 ⑤伯:通"霸"。 ⑥长翟之人:叔孙侨如。叔孙侨如之父叔孙得臣在咸地大败翟人,俘获其君长翟侨如。为铭记功勋,故为其子取名侨如。 ⑦流:放逐。

鲁侯归,乃逐叔孙侨如。简王十一年,诸侯会于柯陵。十二年,晋杀三郤。十三年,晋侯弑①,于翼东门葬②,以车一乘。齐人杀国武子③。

[注释]①晋侯弑:晋侯杀三郤,栾书、中行偃惧怕祸将及于自身,遂杀厉公。 ②翼:地名,在今山西翼城东南。 ③齐人杀国武子:齐人庆克与齐灵公之母声孟子私通。国佐责备庆克。于是声孟子在灵公前进谗言,灵公杀国佐。

2.晋孙谈之子周适周①,事单襄公,立无跛②,视无还③,听无耸④,言无远⑤;言敬必及天,言忠必及意,言信必及身,言仁必及人,言义必及利,言智必及事,言勇必及制⑥,言教必及辩,言孝必及神,言惠必及和,言让必及敌;晋国有忧未尝不戚,有庆未尝不怡⑦。

[注释]①晋孙谈:晋襄公之孙,名谈,又称惠伯谈。周:谈之子,名周,又称公子周。后即位为晋悼公。当时骊姬向晋献公进谗言,不留群公子于国内,故公子周到周王室。 ②跛(bì):偏,一脚用力。 ③还:旋转眼珠。 ④耸:竖起耳朵。 ⑤远:非耳目所及,意为不大声说话。 ⑥制:法度。 ⑦怡:高兴。

襄公有疾,召顷公而告之①,曰:"必善晋周,将得晋国。其行也文②,能文则得天地。天地所胙③,小而后国。夫敬,文之恭也;忠,文之实也;信,文之孚也④;仁,文之爱也;义,文之制也;智,文之舆也;勇,文之帅也;教,文之施也;孝,文之本也;惠,文之慈也;让,文之材也。象天能敬⑤,帅意能忠,思身能信,爱人能仁,利制能义,事建能智,帅义能勇,施辩能教,昭神能孝,慈和能惠,推敌能让。

此十一者，夫子皆有焉。

[注释]①顷公：单襄公之子。 ②文：经天纬地曰文。 ③胙：赐福。
④孚：诚信。 ⑤象天：效法天，取法于天。

"天六地五①，数之常也。经之以天，纬之以地。经纬不爽，文之象也。文王质文②，故天胙之以天下。夫子被之矣，其昭穆又近③，可以得国。且夫立无跛，正也；视无还，端也；听无耸，成也；言无远，慎也。夫正，德之道也；端，德之信也；成，德之终也；慎，德之守也。守终纯固，道正事信，明令德矣④。慎成端正，德之相也。为晋休戚，不背本也。被文相德，非国何取！

[注释]①天六：天之六气，阴、阳、风、雨、晦、明。地五：地之五行，金、木、水、火、土。 ②质文：文质彬彬。 ③昭穆：古代宗法制度下的宗庙制度，左昭右穆，父昭子穆，孙复为穆，以此类推。 ④明：成，养成。

"成公之归也①，吾闻晋之筮之也②，遇《乾》之《否》③曰：'配而不终，君三出焉。'一既往矣，后之不知，其次必此。且吾闻成公之生也，其母梦神规其臀以墨④，曰：'使有晋国，三而畀骊之孙⑤。'故名之曰：'黑臀'，于今再矣⑥。襄公曰骊，此其孙也。而令德孝恭，非此其谁？且其梦曰：'必骊之孙，实有晋国。'其卦曰：'必三取君于周。'其德又可以君国，三袭焉⑦。吾闻之《大誓》，故曰：'朕梦协朕卜，袭于休祥，戎商必克。'以三袭也。晋仍无道而鲜胄⑧，其将失之矣。必早善晋子，其当之也。"顷公许诺。及厉公之乱，召周子而立之，是为悼公。

[注释]①成公:晋成公,公元前606年至前600年在位,名黑臀。②筮:用蓍草占卦。 ③《乾》之《否》:《乾》为本卦,《否》为变卦。《乾》卦的上卦、下卦都是乾(☰),而下卦为变爻,乾(☰)变为坤(☷)。于是上乾下坤,《乾》卦就便成了《否》。乾为天、为君,坤为地、为臣,故卦辞曰"配而不终",意思说成公能成晋侯,但其后代仍将为臣。又因为《乾》卦与《否》卦相比,《乾》卦三爻三变,故曰"君三出焉",表示三次从外面迎立新君。 ④规:画。⑤畀:给予。骊:晋襄公之名。孙:晋周。其为晋襄公曾孙。 ⑥再:成公之后,其子景公、孙厉公二世为君,故曰"再"。 ⑦三袭:指德、梦、卦三者相吻合。 ⑧仍:数次。鲜胄:后裔甚少。

3. 灵王二十二年①,谷、洛斗②,将毁王宫。王欲壅之③,太子晋④谏曰:"不可。晋闻古之长民者,不堕山,不崇薮⑤,不防川,不窦泽⑥。夫山,土之聚也;薮,物之归也;川,气之导也⑦;泽,水之钟也。夫天地成而聚于高,归物于下。疏为川谷,以导其气;陂塘污庳,以钟其美⑧。是故聚不阤崩⑨,而物有所归;气不沈滞,而亦不散越⑩。是以民生有财用,而死有所葬。然则无夭、昏、札、瘥之忧⑪,而无饥、寒、乏、匮之患,故上下能相固,以待不虞,古之圣王唯此之慎。

[注释]①灵王:简王之子,名大心,又名泄心。二十二年为公元前550年。 ②斗:谷水、洛水争抢水道。 ③壅:堵塞。 ④晋:灵王之子,因早死未立。 ⑤薮:泽无水谓之薮。 ⑥窦:洞。 ⑦气之导:古人认为河流通导天帝之气。 ⑧陂塘:蓄水的池塘。污庳(bì):低洼的地方。庳,低下。钟:聚集。 ⑨阤(zhì)崩:崩溃。 ⑩散越:散发到远方。 ⑪札:疫病而死。瘥(cuó):疾病。

"昔共工弃此道也①,虞于湛乐,淫失其身②,欲壅防百川,堕高堙庳,以害天下。皇天弗福,庶民弗助,祸乱并兴,共工用灭③。其在有虞,有崇伯鲧④,播其淫心,称遂共工之过,尧用殛之于羽山⑤。其后伯禹念前之非度,厘改制量⑥,象物天地,比类百则,仪之于民,而度之于群生⑦,共之从孙四岳佐之⑧,高高下下,疏川道滞,钟水丰物,封崇九山,决汩九川,陂鄣九泽,丰殖九薮,汩越九原⑨,宅居九隩⑩,合通四海。故天无伏阴,地无散阳,水无沈气,火无灾燀⑪,神无闲行⑫,民无淫心,时无逆数⑬,物无害生。帅象禹之功⑭,度之于轨仪⑮,莫非嘉绩,克厌帝心⑯。皇天嘉之,祚以天下,赐姓曰'姒'、氏曰'有夏',谓其能以嘉祉殷富生物也。祚四岳国,命为侯伯,赐姓曰'姜'、氏曰'有吕',谓其能为禹股肱心膂⑰,以养物丰民人也。

[注释]①共工:尧时大臣,"四凶"之一,被尧流放于幽州。 ②虞:通"娱"。湛乐:过分追求享乐。失:通"佚",淫佚。 ③用:因此。 ④鲧:传说中大禹的父亲,他用湮法治水,九年不成,被尧杀于羽山。因其被封于崇,故曰崇伯。 ⑤殛(jí):诛杀。羽山:一说在江苏东海县,一说在山东蓬莱县。⑥厘改:修改,整改。 ⑦度:考虑。 ⑧四岳:共工后裔,为四方诸侯之长,分掌天下诸侯。 ⑨汩越:平治。 ⑩九隩(yù):九州可以住人的地方。⑪灾燀(chǎn):自然灾害。燀,火花飞溅的样子。 ⑫闲行:奸神淫厉。⑬逆数:时令反常。 ⑭帅象:考察。 ⑮轨仪:法度。 ⑯克厌:能满足。⑰股肱心膂:指大腿、手臂、心腹、脊骨,喻得力大臣。

"此一王四伯,岂繄多宠①?皆亡王之后也②。唯能厘举嘉义③,以有胤在下④,守祀不替其典。有夏虽衰,杞、鄫犹在⑤;申、吕虽衰,齐、许犹在⑥。唯有嘉功,以命姓受祀,迄于天下。及其失之也,必有慆淫之心间之⑦。故亡其氏姓,踣毙不振⑧;绝后无主,湮替隶圉⑨。夫亡者岂繄无宠?皆黄、炎之后也。唯不帅天地之度⑩,不顺四时之序,不度民神之义,不仪生物之则,以殄灭无胤,至于今不祀。及其得之也,必有忠信之心间之。度于天地而顺于时动,和于民神而仪于物则,故高朗令终⑪,显融昭明,命姓受氏,而附之以令名。若启先王之遗训,省其典图刑法,而观其废兴者,皆可知也。其兴者,必有夏、吕之功焉;其废者,必有共、鲧之败焉。今吾执政无乃实有所避⑫,而滑夫二川之神⑬,使至于争明⑭,以妨王宫,王而饰之,无乃不可乎!

[**注释**]①一王:大禹。四伯:四岳。繄:是。 ②亡王:共工与鲧。③厘举:选择应用。 ④胤:后代。 ⑤杞、鄫:大禹后代的封国。 ⑥申、吕、齐、许:四岳之后的封国。 ⑦慆淫:享乐过度。 ⑧踣毙:僵仆。 ⑨隶圉(yǔ):奴仆。 ⑩帅:遵循。 ⑪高朗令终:光辉灿烂。 ⑫避:通"辟",邪僻。 ⑬滑:乱,扰乱。 ⑭明:精气。

"人有言曰:'无过乱人之门①。'又曰:'佐饔者尝焉②,佐斗者伤焉。'又曰:'祸不好,不能为祸③。'《诗》曰:'四牡骙骙,旟旐有翩,乱生不夷,靡国不泯。'④又曰:'民之贪乱,宁为荼毒。'⑤夫见乱而不惕⑥,所残必多,其饰弥章。民有怨乱,犹不可遏,而况神乎?王将防斗川以饰宫,是饰乱而佐斗也,其无乃章祸且遇伤乎?自我先王厉、宣、幽、平而贪天祸,至于今未弭。我又章之,惧长及子孙,王室其愈卑乎?其若之何?

[注释]①乱人:悖乱之人。 ②佐饔者:辅佐厨师的人。 ③好:财色之类让人心生喜好的东西。不好不能为祸,意为财色之祸生于好。 ④诗句出自《大雅·桑柔》之二章。骙骙(kuí kuí):马奔驰不息。旟(yú)旐(zhào):旗子。其中旟是绘有鸟隼的旗子,旐是绘有龟蛇的旗子。夷:平。 ⑤诗句出自《大雅·桑柔》之十一章。宁:安,怎么。荼:苦。 ⑥惕:恐惧。

"自后稷以来宁乱①,及文、武、成、康而仅克安民②。自后稷之始基靖民③,十五王而文始平之,十八王而康克安之,其难也如是。厉始革典④,十四王矣。基德十五而始平,基祸十五其不济乎!吾朝夕儆惧,曰:'其何德之修,而少光王室⑤,以逆天休?'王又章辅祸乱⑥,将何以堪之?王无亦鉴于黎、苗之王⑦,下及夏、商之季⑧,上不象天,而下不仪地,中不和民,而方不顺时,不共神祇,而蔑弃五则⑨。是以人夷其宗庙,而火焚其彝器⑩,子孙为隶,下夷于民,而亦未观夫前哲令德之则。则此五者而受天之丰福⑪,飨民之勋力⑫,子孙丰厚,令闻不忘,是皆天子之所知也。

[注释]①宁乱:安定动乱,平息纷乱。 ②仅:通"勤"。 ③基:始。 ④厉始革典:周厉王开始改革周王室原有的规章制度。 ⑤少:才,才能够。 ⑥章:明。辅:辅佐。 ⑦黎、苗:九黎与三苗,都是喜欢作乱的人。 ⑧季:晚期。 ⑨五则:即上文所说的象天、仪地、和民、顺时、共(供)神等五则。 ⑩彝器:宗庙祭祀用的鼎、尊之类。 ⑪则:效法,以……为则。 ⑫飨:享。

"天所崇之子孙①,或在畎亩,由欲乱民也。畎亩之人,或在社稷,由欲靖民也。无有异焉!《诗》云:'殷鉴不远,在夏后之世。'将焉用饰宫?其以微乱也②。度之天神,则非祥也。比之地物,则非义也。类之民则,则非仁也。方之时动,则非顺也。咨之前训,则非正也。观之诗书,与民之宪言,则皆亡王之为也。上下议之,无所比度,王其图之。夫事大不从象③,小不从文,上非天刑,下非地德,中非民则,方非时动而作之者,必不节矣。作又不节④,害之道也。"

王卒铸之。及景王多宠人,乱于是乎始生。景王崩,王室大乱。及定王,王室遂卑。

[**注释**]①天所崇之子孙:如九黎、三苗的后裔。　②徼:通"邀",招致,招来。　③象:天象。　④节:节制。

4. 晋羊舌肸聘于周①,发币于大夫及单靖公。靖公享之②,俭而敬;宾礼赠饯,视其上而从之;燕无私,送不过郊;语说《昊天有成命》③。

[**注释**]①羊舌肸(xī):晋大夫,字叔向,复姓羊舌。　②单靖公:王室卿士,单襄公之孙,顷公之子。　③语:宴语。《昊天有成命》:《周颂》的一篇。

单之老送叔向①,叔向告之曰:"异哉!吾闻之曰:'一姓不再兴。'今周其兴乎!其有单子也。昔史佚②有言曰:'动莫若敬,居莫若俭,德莫若让,事莫若咨。'单子之贶我③,礼也,皆有焉。夫宫室不崇,器无彤镂,俭也;身耸除洁④,外内齐给⑤,敬也;宴好享赐,不逾其上,让也;宾之礼事,放上而动⑥,咨也。如是,而加之以无私,重之以不殽⑦,能避怨矣。居俭动敬,德让事咨,而能避怨,以为卿佐,其有不兴乎!

[注释]①老:室老,家臣之长者,卿大夫之贵臣。 ②史佚:周初文、武时的史官。 ③贶(kuàng):赠赐,赏赐。 ④耸:警惕。除:治理。 ⑤齐给:整齐严肃。 ⑥放:模仿,依照。 ⑦毂:杂。

"且其语说《昊天有成命》,颂之盛德也。其诗曰:'昊天有成命,二后受之,成王不敢康。夙夜基命宥密,於,缉熙!亶厥心肆其靖之。'是道成王之德也。成王能明文昭,能定武烈者也。夫道成命者,而称昊天,翼其上也①;二后受之,让于德也。成王不敢康,敬百姓也。夙夜,恭也。基,始也。命,信也。宥,宽也。密,宁也。缉,明也。熙,广也。亶,厚也。肆,固也。靖,和也。其始也,翼上德让,而敬百姓。其中也,恭俭信宽,帅归于宁②。其终也,广厚其心,以固和之。始于德让,中于信宽,终于固和,故曰成。单子俭敬让咨,以应成德。单若不兴,子孙必蕃,后世不忘。

[注释]①翼:敬。 ②帅:遵循。

"《诗》曰:'其类维何?室家之壸。君子万年,永锡祚胤。'类也者,不忝前哲之谓也①。壸也者②,广裕民人之谓也。万年也者,令闻不忘之谓也。胤也者,子孙蕃育之谓也。单子朝夕不忘成王之德,可谓不忝前哲矣。膺保明德,以佐王室③,可谓广裕民人矣。若能类善物,以混厚民人者,必有章誉蕃育之祚④,则单子必当之矣。单若有阙,必兹君之子孙实续之,不出于他矣。"

[注释]①忝:贻羞。 ②壸(kǔn):原意为宫中巷道,引申为宽。

③膺:胸。　④祚:福祉。

5. 景王二十一年①,将铸大钱②。单穆公曰:"不可。古者天灾降戾③,于是乎量资币,权轻重④,以振救民⑤。民患轻⑥,则为作重币以行之,于是乎有母权子而行⑦,民皆得焉。若不堪重⑧,则多作轻而行之,亦不废重,于是乎有子权母而行,小大利之。

[注释]①景王:周灵王之子,名贵。二十一年:公元前524年。　②大钱:重币。　③戾:至。　④资:物财。轻重:轻币、重币。　⑤振:通"赈",赈济。　⑥患轻:患钱轻而物贵。　⑦母:重币。子:轻币。母权子:新出的重币按照同值的轻币倍数,与轻币一起使用,从而满足民众的需求。　⑧堪:忍受。不堪重:币重货轻,使用不便,故不能忍受。

"今王废轻而作重,民失其资①,能无匮乎②?若匮,王用将有所乏,乏则将厚取于民③。民不给,将有远志④,是离民也。且夫备有未至而设之⑤,有至而后救之,是不相入也⑥。可先而不备,谓之怠;可后而先之,谓之召灾。周固嬴国也⑦,天未厌祸焉⑧,而又离民以佐灾,无乃不可乎?将民之与处而离之,将灾是备御而召之,则何以经国?国无经,何以出令?令之不从,上之患也,故圣人树德于民以除之。

[注释]①废轻而作重,民失其资:废除了轻币,民众丧失财货。　②匮:乏,缺乏。　③厚取:加重盘剥。　④远志:离异之心。　⑤备有未至而设之:储备财货,以备不虞之祸,居安思危。　⑥不相入:不互相取代。　⑦嬴:病,弱。　⑧未厌祸:灾祸频仍。

"《夏书》有之曰:'关石、和钧①,王府则有。'《诗》亦有之曰:'瞻彼旱麓,榛楛济济。恺悌君子,干禄恺悌。'②夫旱麓之榛楛殖,故君子得以易乐干禄焉。若夫山林匮竭,林麓散亡,薮泽肆既③,民力彫尽,田畴荒芜,资用乏匮,君子将险哀之不暇,而何易乐之有焉?

[注释]①关:通关之征。石:计量单位,古者三十为钧,四钧为石。关石即赋税。和钧:和均,平均。 ②出自《大雅·旱麓》。济济:茂盛。恺悌:和易近人。 ③肆既:极尽。

"且绝民用以实王府,犹塞川原而为潢汙也①,其竭也无日矣。若民离而财匮,灾至而备亡②,王其若之何?吾周官之于灾备也,其所怠弃者多矣,而又夺之资,以益其灾,是去其藏而翳其人也③,王其图之!"王弗听,卒铸大钱。

[注释]①潢汙:低洼的积水处。 ②亡:通"无"。 ③翳:遮蔽,消除。

6. 二十三年①,王将铸无射②,而为之大林③。单穆公曰:"不可。作重币以绝民资,又铸大钟以鲜其继④。若积聚既丧,又鲜其继,生何以殖⑤?且夫钟不过以动声⑥,若无射有林⑦,耳弗及也⑧。夫钟声以为耳也,耳所不及,非钟声也。犹目所不见,不可以为目也。夫目之察度也,不过步武尺寸之间⑨;其察色也,不过墨丈寻常之间⑩。耳之察和也⑪,在清浊之间;其察清浊也,不过一人之所胜。是故先王之制钟也,大不出钧,重不过石,律度量衡于是乎生,小大器用于是乎出⑫,故圣人慎之。今王作钟也,听之弗及,比之不度⑬,钟声不可以知和,制度不可以出节⑭,无益于乐,而鲜民财,将焉用之!

[**注释**]①二十三年:公元前522年。 ②无射(yì):十二律之一,此处指以无射为宫的编钟。 ③大林:旧注以为指六吕之一的林钟,不确。林钟指编钟,大林便是编钟过制。考古发现周代雅乐制度体系中,编钟多八件成编。春秋以后,逐渐增至九件甚至更多。相对八件成编的编钟,九件及其以上便是"大林"。 ④鲜其继:用财过度,难以为继。 ⑤生:财。殖:增殖。 ⑥动声:谓合奏时钟声起领奏的作用。 ⑦有:又。 ⑧耳弗及:非德音,不能听。 ⑨步:六尺。武:半步。 ⑩墨:五尺。丈:十尺。寻:八尺。常:十六尺。 ⑪和:音声和谐。 ⑫律度量衡于是乎生,小大器用于是乎出:度量标准和器用都是根据钟律制定出来的。 ⑬不度:不合法度。 ⑭节:制度,标准。指上文所说的律度量衡和小大器用。

"夫乐不过以听耳,而美不过以观目。若听乐而震①,观美而眩②,患莫甚焉。夫耳目,心之枢机也,故必听和而视正。听和则聪,视正则明。聪则言听,明则德昭。听言昭德,则能思虑纯固。以言德于民,民歆而德之③,则归心焉。上得民心,以殖义方④,是以作无不济,求无不获,然则能乐。夫耳内和声,而口出美言,以为宪令,而布诸民,正之以度量,民以心力,从之不倦。成事不贰,乐之至也。口内味而耳内声⑤,声味生气⑥。气在口为言,在目为明。言以信名⑦,明以时动。名以成政,动以殖生。政成生殖,乐之至也。若视听不和,而有震眩,则味入不精,不精则气佚,气佚则不和。于是乎有狂悖之言,有眩惑之明,有转易之名⑧,有过慝之度⑨。出令不信,刑政放纷,动不顺时,民无据依,不知所力,各有离心。上失其民,作则不济,求则不获,其何以能乐?三年之中,而有离民之器二焉⑩,国其危哉!"

[注释]①震:心旌摇荡。 ②眩:迷惑。 ③歆:感动。 ④方:道。 ⑤内:通"纳"。 ⑥气:精气。 ⑦信:申,审定。名:号令。 ⑧转易:变化无常。 ⑨慝(tè):邪恶。 ⑩二:一为铸大钱,二为铸大钟。

王弗听,问之伶州鸠①。对曰:"臣之守官弗及也②。臣闻之,琴瑟尚宫,钟尚羽,石尚角,匏竹利制,大不逾宫,细不过羽。夫宫,音之主也。第以及羽,圣人保乐而爱财,财以备器,乐以殖财。故乐器重者从细③,轻者从大④。是以金尚羽,石尚角⑤,瓦丝尚宫⑥,匏竹尚议⑦,革木一声⑧。

[注释]①伶:乐官。州鸠:乐官名。 ②守官:职责,职守。 ③重者从细:金石之属尚高声,故曰金尚羽,石尚角。 ④轻者从大:木竹之类乐器尚低声,故曰瓦丝尚宫,匏竹尚议。 ⑤石:石磬。 ⑥瓦:埙、缶类乐器。丝:琴瑟之类。 ⑦匏:笙竽之类。竹:管箫类。议:选择。 ⑧革:鼓。木:柷。一声:无清浊之别。

"夫政象乐①,乐从和,和从平。声以和乐,律以平声。金石以动之,丝竹以行之,诗以道之,歌以咏之,匏以宣之,瓦以赞之,革木以节之。物得其常曰乐极②,极之所集曰声,声应相保曰和,细大不逾曰平③。如是,而铸之金,磨之石,系之丝木,越之匏竹,节之鼓而行之,以遂八风④。于是乎气无滞阴⑤,亦无散阳⑥;阴阳序次,风雨时至;嘉生繁祉,人民和利,物备而乐成,上下不罢⑦,故曰乐正。

今细过其主妨于正⑧,用物过度妨于财,正害财匮妨于乐。细抑大陵,不容于耳,非和也。听声越远⑨,非平也,妨正匮财,声不和平,非宗官之所司也⑩。

[注释]①象:如同。 ②极:中。 ③逾:遮蔽。 ④八风:八方之风。 ⑤滞阴:夏寒。 ⑥散阳:冬暖。 ⑦罢:通"疲"。 ⑧正:正音。 ⑨越远:清越迂远。 ⑩宗官:宗伯。

"夫有和平之声,则有蕃殖之财。于是乎道之以中德,咏之以中音,德音不愆①,以合神人,神是以宁,民是以听。若夫匮财用,罢民力,以逞淫心,听之不和,比之不度,无益于教,而离民怒神,非臣之所闻也。"

[注释]①愆(qiān):过失。

王不听,卒铸大钟。二十四年,钟成,伶人告和。王谓伶州鸠曰:"钟果和矣。"对曰:"未可知也。"王曰:"何故?"对曰:"上作器,民备乐之,则为和。今财亡民罢,莫不怨恨,臣不知其和也。且民所曹好①,鲜其不济也。其所曹恶,鲜其不废也。故谚曰:'众心成城,众口铄金。'三年之中,而害金再兴焉,惧一之废也。"王曰:"尔老耄矣②,何知?"二十五年,王崩,钟不和。

[注释]①曹:众,辈。 ②老耄(mào):老朽。耄:古时八十称耄。

7. 王将铸无射,问律于伶州鸠。对曰:"律所以立均出度也①。古之神瞽考中声而量之以制②,度律均钟③,百官轨仪④,纪之以三⑤,平之以六⑥,成于十二,天之道也。

夫六,中之色也,故名之曰黄钟⑦,所以宣养六气、九德也⑧。由是第之:二曰太蔟,所以金奏赞阳出滞也⑨。三曰姑洗,所以修洁百物,考神纳宾也⑩。四曰蕤宾,所以安靖神人,献酬交酢也⑪。五曰夷则,所以咏歌九则,平民无贰也。六曰无射,所以宣布哲人之令德,示民轨仪也。为之六间⑫,以扬沈伏,而黜散越也⑬。元间大吕⑭,助宣物也。二间夹钟,出四隙之细也。三间仲吕,宣中气也。四间林钟,和展百事,俾莫不任肃纯恪也⑮。五间南吕,赞阳秀也。六间应钟,均利器用,俾应复也。

[注释]①均:即韵,调律器。 ②神瞽:古代被奉为神灵的乐师。中声:中和之音。 ③度律:度量律管的长度。均钟:给钟调音。 ④百官:百事。 ⑤纪之以三:即三分损益法。 ⑥平之以六:即将十二律分成六阳律(六律)、六阴律(六吕)。 ⑦黄:古人以黄色为中色。 ⑧六气:阴、阳、风、雨、晦、明。九德:九功之德,即金、木、水、火、土、谷、正德、利用、厚生等。 ⑨金奏赞阳出滞:太蔟正音为商,属金,故曰金奏。赞阳出滞:佐生万物。 ⑩考神:迎合神意,即祭祀。 ⑪酬:劝说。酢:报德。 ⑫为之六间:以六阴律间于六律之间。 ⑬黜:除去。一曰读为"屈",意为收,收聚散越之气。 ⑭元:首,首先。 ⑮纯恪:非常恭敬。

"律吕不易①,无奸物也。细钧有钟无镈②,昭其大也。大钧有镈无钟③,甚大无镈,鸣其细也。大昭小鸣④,和之道也。和平则久,久固则纯,纯明则终,终复则乐,所以成政也。故先王贵之。"

[注释]①易:变更。即依照上文所说的次序依次相配。 ②细:细音,指角、徵、羽。钧:调。钟:大钟。镈(bó):小钟。 ③大:高音,指宫、商。 ④大昭小鸣:高音、低音不相互遮蔽,都能听见。

王曰:"七律者何①?"对曰:"昔武王伐殷,岁在鹑火②,月在天驷③,日在析木之津④,辰在斗柄⑤,星在天鼋⑥。星与日辰之位,皆在北维⑦。颛顼之所建也⑧,帝喾受之⑨。我姬氏出自天鼋,及析木者,有建星及牵牛焉⑩,则我皇妣大姜之姪伯陵之后⑪,逢公之所凭神也⑫。岁之所在,则我有周之分野也。月之所在,辰马农祥也⑬。我太祖后稷之所经纬也,王欲合是五位三所而用之⑭。自鹑及驷七列也⑮,南北之揆七同也⑯,凡人神以数合之,以声昭之。数合声和,然后可同也⑰。故以七同其数,而以律和其声,于是乎有七律。

[注释]①七律:七音(宫、商、角、徵、羽、变宫、变徵)之十二律。　②岁:岁星。古人认为木星十二年绕天一周,一年行一次,用以纪年,故曰岁星。鹑火:星次名,位在正南方,当二十八宿的柳、星、张,是周的分野。　③天驷:二十八宿的房。　④析木:星次名,位在东北,从尾宿的十度到南斗十一度为析木。津:天汉,银河。　⑤斗柄:北斗的斗杓。　⑥星:辰星,即水星。天鼋(yuán):星次名,即玄枵,须女宿八度至危宿十五度。　⑦北维:北方水位。⑧颛顼:五帝之一,北方天神。　⑨帝喾:五帝之一,即高辛氏。　⑩建星:星宿名,属于斗宿。牵牛:星宿名。　⑪大姜:大王之妻,王季之母。伯陵:大姜始祖逢伯陵。　⑫逢公:伯陵之后,大姜之侄,殷之诸侯,封于齐地。天鼋为齐的分野,大姜为齐女,故曰姬周出自天鼋。凭:凭靠。　⑬辰马:房宿。房为天驷,而驷为马,故曰辰马。农祥:农事开始的征兆。　⑭五位:岁、月、日、星、辰。三所:逢公所凭神,周分野之所,后稷所经纬。　⑮自鹑及驷七列也:鹑火到天驷合七宿,即张、翼、轸、角、亢、氐、房。　⑯揆:度。七同:合于七律。　⑰同:神人相应。

"王以二月癸亥夜陈①,未毕而雨。以夷则之上宫毕②,当辰。辰在戌上③,故长夷则之上宫,名之曰羽,所以藩屏民则也。王以黄钟之下宫④,布戎于牧之野,故谓之厉,所以厉六师也。以太蔟之下宫,布令于商,昭显文德,底纣之多罪⑤,故谓之宣,所以宣三王之德也。反及嬴内⑥,以无射之上宫,布宪施舍于百姓,故谓之嬴乱,所以优柔容民也。"

[注释]①陈:列阵。 ②夷则之上宫:夷则律宫音上部的音。毕:列阵完毕。 ③辰:辰星。戌上:斗柄在戌上。 ④下宫:宫音下方的音。 ⑤底(zhǐ):昭讨。 ⑥嬴内(guì ruì):地名,即妫汭。

8. 景王既杀下门子①。宾孟适郊②,见雄鸡自断其尾,问之,侍者曰:"惮其牺也③。"遽归告王,曰:"吾见雄鸡自断其尾,而人曰'惮其牺也',吾以为信畜矣。人牺实难④,己牺何害?抑其恶为人用也乎,则可也。人异于是。牺者,实用人也⑤。"王弗应,田于巩⑥,使公卿皆从,将杀单子,未克而崩⑦。

[注释]①下门子:周大夫,王子猛的傅。景王嫡子早死,故立庶子王子猛。但后来景王又宠爱另一庶子朝,欲立朝。故先杀王子猛的傅。 ②宾孟:子朝的傅,名宾起。 ③牺:牺牲。 ④人牺:为他人作牺牲。 ⑤用人:管理统治他人。 ⑥田:打猎。巩:地名,在今河南巩义市西南。 ⑦崩:天子死曰崩。

9. 敬王十年①,刘文公与苌弘欲城周②,为之告晋。魏献子为政③,说苌弘而与之。将合诸侯。

[注释]①敬王十年:公元前510年。敬王:景王之子,悼王之弟,名匄。 ②刘文公:王室卿士,名卷。苌弘:周大夫,字叔。城周:建筑成周。 ③魏献

子:晋国正卿,名舒。政:执政。

卫彪傒适周①,闻之,见单穆公曰:"苌、刘其不殁乎②?周诗有之曰:'天之所支,不可坏也。其所坏,亦不可支也。'昔武王克殷,而作此诗也,以为饫歌③,名之曰'支',以遗后之人,使永监焉④。夫礼之立成者为饫,昭明大节而已,少典与焉⑤。是以为之日惕,其欲教民戒也。然则夫'支'之所道者,必尽知天地之为也。不然,不足以遗后之人。今苌、刘欲支天之所坏,不亦难乎?自幽王而天夺之明⑥,使迷乱弃德,而即慆淫⑦,以亡其百姓,其坏之也久矣。而又将补之,殆不可矣!水火之所犯,犹不可救,而况天乎?谚曰:'从善如登,从恶如崩⑧。'昔孔甲乱夏,四世而陨⑨;玄王勤商,十有四世而兴⑩。帝甲乱之,七世而陨⑪。后稷勤周,十有五世而兴;幽王乱之,十有四世矣。守府之谓多⑫,胡可兴也?夫周,高山、广川、大薮也,故能生是良材,而幽王荡以为魁陵、粪土、沟渎⑬,其有悛乎⑭?"

[注释]①卫彪傒:卫国大夫。适:到,往。 ②殁:死。 ③饫歌:举行饫礼时演奏的乐歌。 ④监:通"鉴"。 ⑤典:公序本作"曲",乐章,乐曲。"少曲举"意为少乐曲之类的礼节。 ⑥明:明德。 ⑦即:接近。慆淫:轻侮慢怠。 ⑧登:登山。崩:山崩。 ⑨孔甲乱夏,四世而陨:孔甲是夏朝的第十四世君,《史记·夏本纪》记载他"好方鬼神,事淫乱",所以天下诸侯都背叛了他。于是夏朝衰落,到桀只有四世,夏就灭亡了。 ⑩玄王:商的始祖契,其母简狄吞食玄鸟卵生契。 ⑪帝甲乱之,七世而陨:帝甲即祖甲。契至汤十四世,汤至帝甲二十四世,而帝甲至纣仅仅七世。 ⑫守府:守住府库。引申为守住宗庙社稷。多:很不容易的事。 ⑬荡:毁坏。魁陵:小山丘。沟

渎:小水沟。 ⑭悛:停止,休止。

单子曰:"其咎孰多?"曰:"苌叔必速及①,将天以道补者也②。夫天道导可而省否③,苌叔反是,以诳刘子,必有三殃:违天,一也;反道,二也;诳人,三也。周若无咎,苌叔必为戮。虽晋魏子亦将及焉。若得天福,其当身乎④?若刘氏,则必子孙实有祸。夫子而弃常法⑤,以从其私欲,用巧变以崇天灾⑥,勤百姓以为己名,其殃大矣。"

[注释]①及:得祸。 ②将天以道补:以天道而补人事。 ③导可:支持顺应天道的人事。省否:排除逆天而动的。 ④当身:仅仅他自身遭殃,不会殃及子孙。 ⑤子:刘文公。 ⑥巧变:心存侥幸而玩弄机巧。此指学平王东迁之事。

是岁也,魏献子合诸侯之大夫于狄泉①,遂田于大陆②,焚而死③。及范、中行之难④,苌弘与之,晋人以为讨,二十八年,杀苌弘。及定王,刘氏亡。

[注释]①狄泉:地名,在今河南洛阳。 ②大陆:地名,本是一片沼泽地,在今河北隆尧、巨鹿、任县一带,现在已经成为洼地了。 ③焚而死:魏献子在烈山打猎时被烧死。 ④范、中行之难:公元前497年,晋大夫范吉射、中行寅作乱,被击败。因为王室刘氏与范氏世为婚姻,刘氏曾声援范氏。故晋人讨伐王室,敬王被迫杀了刘文公的属臣、王室大夫苌弘。

鲁 语 上

1. 长勺之役①,曹刿问所以战于庄公。公曰:"余不爱衣食于民②,不爱牲玉于神③。"对曰:"夫惠本而后民归之志④,民和而后神降之福。若布德于民而平均其政事⑤,君子务治而小人务力;动不违时,财不过用;财用不匮,莫不能使共祀⑥。是以用民无不听,求福无不丰。今将惠以小赐,祀以独恭⑦。小赐不咸,独恭不优⑧。不咸,民不归也;不优,神弗福也。将何以战?夫民求不匮于财,而神求优裕于享者也,故不可以不本。"公曰:"余听狱虽不能察⑨,必以情断之⑩。"对曰:"是则可矣。知夫苟中心图民,智虽弗及,必将至焉。"

[注释]①长勺(shuò)之役:发生在公元前684年。长勺:今山东曲阜境内。　②爱:吝啬。　③牲玉:牺牲和玉帛,祭祀用品,其中的牺牲为牛、猪、羊。　④本:民众,即以民为国家社稷之本。　⑤平均:公平地治理。　⑥共祀:国君和民众都有能力供奉用于祭祀的物品。　⑦惠以小赐,祀以独恭:惠:施恩。独恭:仅仅国君有能力供奉祭祀,而民众则拿不出祭祀用的物品。　⑧小赐不咸,独恭不优:咸:普遍。优:丰厚。　⑨听狱:审理案件。　⑩情:实情。

2.庄公如齐观社①。曹刿谏曰:"不可。夫礼,所以正民也。是故先王制诸侯,使五年四王、一相朝②。终则讲于会③,以正班爵之义④,帅长幼之序,训上下之则,制财用之节,其闲无由荒怠。夫齐弃太公之法而观民于社,君为是举而往观之,非故业也⑤,何以训民?土发而社⑥,助时也。收攟而蒸⑦,纳要也⑧。今齐社而往观旅⑨,非先王之训也。天子祀上帝,诸侯会之受命焉。诸侯祀先王、先公,卿大夫佐之受事焉⑩。臣不闻诸侯相会祀也,祀又不法。君举必书⑪,书而不法,后嗣何观?"公不听,遂如齐。

[注释]①庄公如齐观社:如:到。社:社神。事在公元前671年,齐国借祭祀社神之机,检阅军队,炫耀实力。而齐国的社稷类似于燕国的祖庙、宋国的桑林,都是男女幽会不禁之所。鲁庄公赴齐观社,目的是为了看齐桓公之女哀姜,所以次年便有鲁庄公迎娶哀姜之事。 ②使五年四王、一相朝:四王指五年中四次派卿大夫朝拜周天子,一相朝指诸侯间一次相互朝拜。 ③会:朝会天子,诸侯相朝之后朝会天子。 ④班爵之义:班爵指排列爵位尊卑,"义"通"仪"。 ⑤故业:故例。 ⑥土发:地气上升。古时在春分、秋分之时便举行社祭以祈福,谓之春社、秋社。 ⑦收攟(jùn)而蒸:"攟"同"捃",收拾。"蒸"同"烝",冬季举行的祭祀叫烝。 ⑧要:租赋所入之数。 ⑨观旅:观人物之众。 ⑩佐之受事:指卿大夫助祭。 ⑪君举必书:古时君主的一举一动,都有史官负责记载,左史记事,右史记言。

3.庄公丹桓宫之楹,而刻其桷①。匠师庆言于公曰:"臣闻圣王公之先封者②,遗后之人法,使无陷于恶。其为后世昭前之令闻也③,使长监于世,故能摄固不解以久④。今先君俭而君侈,令德替矣⑤。"公曰:"吾属欲美之⑥。"对曰:"无益于君,而替前之令德,臣故曰庶可已矣⑦。"公弗听。

[**注释**]①庄公丹桓宫之楹(yíng),而刻其桷(jué):丹,名词活用做动词,指漆成红色。楹,屋柱。桷,椽子。据《穀梁传》,古代礼制规定,上自天子、诸侯,下到大夫、士,宗庙不得雕饰图绘。公元前671年,鲁庄公装饰桓公庙,是为了迎娶哀姜。　②先封:始封的诸侯国君。　③令闻:好名声。　④摄固不解:坚持不懈怠。　⑤替:废弃。　⑥属:臣僚。　⑦庶:大概,差不多。

4. 哀姜至,公使大夫、宗妇觌用币①。宗人②夏父展曰:"非故也。"公曰:"君作故。"对曰:"君作而顺则故之,逆则亦书其逆也。臣从有司③,惧逆之书于后也,故不敢不告。夫妇贽不过枣、栗④,以告虔也。男则玉、帛、禽、鸟⑤,以章物也⑥。今妇执币,是男女无别也。男女之别,国之大节也,不可无也。"公弗听。

[**注释**]①宗妇:同宗大夫之妻。觌(dí):见。币:古人相见时所拿的进见礼,即赘礼。　②宗人:又称宗伯,掌宗庙祭祀之官。　③从有司:谦词,即任宗人。　④贽不过枣、栗:以枣、栗为赘礼,取其早起、战栗之义。　⑤男则玉、帛、禽、鸟:据《仪礼》,古人初次见面则献赘礼,公、侯、伯、子、男执玉,诸侯国太子、附庸国国君、诸侯的孤卿执帛,卿执羔,大夫执雁,士执雉,庶人执鹜,工商执鸡。　⑥章物:彰明所执之物以别贵贱。

5. 鲁饥,臧文仲言于庄公曰:"夫为四邻之援,结诸侯之信,重之以婚姻,申之以盟誓,固国之艰急是为。铸名器①,藏宝财,固民之殄病是待②。今国病矣,君盍以名器请籴于齐③!"公曰:"谁使?"对曰:"国有饥馑④,卿出告籴,古之制也。辰也备卿⑤,辰请如齐。"公使往。

[**注释**]①名器:表示尊卑等级的贵重器物,如钟、鼎之属。　②殄病:殄,

绝尽,如灾荒之类。病:困苦。　③盍,何不。籴(dí):买粮。　④饥馑:谷不熟为饥,蔬不熟为馑。　⑤辰:臧文仲名辰。

从者曰:"君不命吾子,吾子请之,其为选事乎①?"文仲曰:"贤者急病而让夷②,居官者当事不避难,在位者恤民之患,是以国家无违。今我不如齐,非急病也。在上不恤下,居官而惰,非事君也。"

[注释]①选事:"选"当读为"篹",取也。自己找事。　②夷:平常、容易之事。

文仲以鬯圭与玉磬如齐告籴①,曰:"天灾流行,戾于弊邑②,饥馑荐降③,民赢几卒④,大惧乏周公、太公之命祀⑤,职贡业事之不共而获戾⑥。不腆先君之币器⑦,敢告滞积⑧,以纾执事⑨;以救弊邑,使能共职。岂唯寡君与二三臣实受君赐,其周公、太公及百辟神祇实永飨而赖之⑩!"齐人归其玉而予之籴。

[注释]①鬯(chàng)圭:勺取鬯酒以祭祀神灵的圭瓒,形状如勺,玉石所作,圭柄长一尺二寸。玉磬:玉石作的磬,宫廷中用于演奏雅乐的一种乐器,一般编组使用。　②戾:至。　③荐:连续。古人云"连岁不熟曰荐"。　④赢:瘦弱、疲敝。　⑤乏周公、太公之命祀:周公为太宰,太公为大师,因灭商兴周有功,故周天子命诸侯共祭祀。　⑥职贡:贡纳物品于周王室的职责。业事:天子所赋予之职守,如安抚国土,攘斥夷狄等职责。戾:罪。　⑦腆:丰厚。　⑧告,请也。滞积:粮仓中的存粮。　⑨以纾执事:纾,纾缓,缓解。执事:有关官吏。　⑩辟:君,君主。百辟指鲁国历代先公先王。

6.齐孝公来伐鲁,臧文仲欲以辞告①,病焉②,问于展禽③。对曰:"获闻之,处大教小,处小事大,所以御乱也,不闻以辞。若为小而崇,以怒大国,使加己乱,乱在前矣,辞其何益?"文仲曰:"国急矣!百物唯其可者④,将无不趋也。愿以子之辞行赂焉,其可赂乎?"

[注释]①辞告:谢罪文书。臧文仲想用谢罪文书求齐国退兵。 ②病:不知如何措辞。 ③展禽:鲁大夫展获,名禽,亦即柳下惠。 ④唯其可:只要能退齐师。

展禽使乙喜以膏沐犒师①,曰:"寡君不佞②,不能事疆埸之司③,使君盛怒,以暴露于弊邑之野,敢犒舆师④。"齐侯见使者曰:"鲁国恐乎?"对曰:"小人恐矣,君子则否。"公曰:"室如悬磬,野无青草,何恃而不恐?"对曰:"恃二先君之所职业。昔者成王命我先君周公及齐先君太公曰:'女股肱周室,以夹辅先王⑤。赐女土地,质之以牺牲⑥,世世子孙无相害也。'君今来讨弊邑之罪,其亦使听从而释之,必不泯其社稷⑦;岂其贪壤地,而弃先王之命?其何以镇抚诸侯?恃此以不恐。"齐侯乃许为平而还⑧。

[注释]①乙喜:鲁国大夫展喜,字乙。膏沐:润发的油膏。 ②不佞:不才。 ③疆埸(yì):疆界。司:事务。 ④舆师:军队。 ⑤股肱:大腿和手臂,比喻有力的助手。 ⑥质之以牺牲:订立盟誓,祭告上天。 ⑦泯:灭。 ⑧平:媾和。

7. 温之会①,晋人执卫成公归之于周,使医鸩之②,不死,医亦不诛。

[注释]①温之会:事在鲁僖公二十八年(公元前632年),晋、宋、鲁、齐

等国在温(今河南温县西南)会盟,商讨攻打不服从的国家。 ②鸩:毒杀。

臧文仲言于僖公曰:"夫卫君殆无罪矣。刑五而已,无有隐者①,隐乃讳也。大刑用甲兵②,其次用斧钺③,中刑用刀锯④,其次用钻笮⑤,薄刑用鞭扑,以威民也。故大者陈之原野⑥,小者致之市朝⑦,五刑三次⑧,是无隐也。今晋人鸩卫侯不死,亦不讨其使者⑨,讳而恶杀之也。有诸侯之请,必免之。臣闻之:班相恤也⑩,故能有亲。夫诸侯之患,诸侯恤之,所以训民也。君盍请卫君以示亲于诸侯,且以动晋⑪?夫晋新得诸侯,使亦曰:'鲁不弃其亲,其亦不可以恶。'"公说,行玉二十珏⑫,乃免卫侯。

[注释]①隐:暗中谋杀。 ②甲兵:无力征讨。 ③斧钺(yuè):斩首用的大斧。 ④刀锯:割刑与刖刑。 ⑤钻笮(zuó):膑刑挖掉膝盖骨用钻,黥刑刺字用笮。"笮"通"凿"。 ⑥陈:阵,指列队征讨。 ⑦市朝:卿大夫受诛陈尸于朝,士以下受诛陈尸于街市。 ⑧三次:指野、朝、市。 ⑨使者:指上文所说的行刑的医者。 ⑩班:次,等。指鲁国等与卫国同等爵位的诸侯国。 ⑪动:感动。 ⑫珏:两玉相合为一珏。

自是晋聘于鲁,加于诸侯一等,爵同,厚其好货。卫侯闻其臧文仲之为也,使纳赂焉。辞曰:"外臣之言不越境①,不敢及君。"

[注释]①外臣:卿大夫对他国之君的自称。

8.晋文公解曹地以分诸侯①。僖公使臧文仲往,宿于重馆②,重馆人告曰:"晋始伯而欲固诸侯,故解有罪之地以分诸侯。诸侯莫不望分而欲亲晋,皆将争先;晋不以固班③,亦必亲先者,吾子不可以不速行。鲁之班长而又先④,诸侯其谁望之?若少安,恐无及也。"从之,获地于诸侯为多。反,既复命,为之请曰:"地之多也,重馆人之力也。臣闻之曰:'善有章⑤,虽贱赏也;恶有衅⑥,虽贵罚也。'今一言而辟境,其章大矣,请赏之。"乃出而爵之⑦。

[注释]①晋文公解曹地以分诸侯:解,削、削割。晋文公重耳流亡时经过曹国,曹共公不待之以礼。晋文公继位后,便伐曹以报复。 ②重馆:重,地名,在今山东鱼台县西北。馆:馆舍。 ③固:通"故"。 ④班长:爵位尊显。 ⑤章:显明,彰明。 ⑥衅:征兆。 ⑦出而爵之:出,出籍,即解除其仆役身份。爵,爵位。

9.海鸟曰"爰居"①,止于鲁东门之外三日,臧文仲使国人祭之。展禽曰:"越哉②,臧孙之为政也!夫祀,国之大节也③;而节,政之所成也。故慎制祀以为国典。今无故而加典,非政之宜也。

[注释]①爰居:海鸟名,又名杂县。 ②越:迂,迂阔。 ③节:制度。

"夫圣王之制祀也,法施于民则祀之,以死勤事则祀之,以劳定国则祀之,能御大灾则祀之,能扞大患则祀之①。非是族也,不在祀典。昔烈山氏之有天下也②,其子曰柱,能殖百谷百蔬;夏之兴也,周弃继之③,故祀以为稷。共工氏之伯九有也④,其子曰后土⑤,能平九土⑥,故祀以为社。黄帝能成命百物⑦,以明民共财,颛顼能修之。帝喾能序三辰以固民,尧能单均刑法以仪民⑧,舜勤民事而野死⑨，鲧鄣洪水而殛死⑩，禹能以德修鲧之功，契为司徒而民辑⑪，冥勤其官而水死⑫，汤以宽治民而除其邪，稷勤百谷而山死⑬，文王以文昭⑭，武王去民之秽。故有虞氏禘黄帝而祖颛顼⑮，郊尧而宗舜⑯；夏后氏禘黄帝而祖颛顼，郊鲧而宗禹；商人禘舜而祖契，郊冥而宗汤；周人禘喾而郊稷，祖文王而宗武王；幕，能帅颛顼者也，有虞氏报焉⑰；杼⑱，能帅禹者也，夏后氏报焉；上甲微⑲，能帅契者也，商人报焉；高圉、大王⑳，能帅稷者也，周人报焉。凡禘、郊、祖、宗、报，此五者国之典祀也。

[注释]①扞：抵御。 ②烈山氏：传说中帝王炎帝的号，亦即神农氏。 ③弃：周人的始祖，即后稷。 ④共工氏之伯九有也：共工氏，传说中的古帝王名。伯，通"霸"。九有：有通"域"，九有即九域。 ⑤后土：共工氏的儿子，传说曾为黄帝土官，后世祀为土地神。 ⑥平：治理。 ⑦命：通"名"。 ⑧单：通"殚"，尽。均：平。仪：善。 ⑨野死：舜死于苍梧之野，葬于九疑山。 ⑩鄣：堵塞。殛：杀戮。 ⑪辑：和睦。 ⑫冥勤其官而水死：冥，商代的先祖之一。传说冥死于治河，被后世奉为五帝之一，称玄冥，主水，为北方神。 ⑬山死：传说稷勤百谷，死于黑水之山。 ⑭文昭：文德昭著。 ⑮禘：古代帝王祭祀祖先的大祭，在始祖宗庙祭祀始祖所自出的天帝。祖：古代天子对开国国君的祭祀。 ⑯郊：古代天子祭天，以祖先配祀。宗：古代天子进行的庙祭。 ⑰幕：舜之先祖。报：祭祀名，报德之祭。 ⑱杼：禹的七世孙，少康之子，复兴夏朝有功，故夏人报祭之。 ⑲上甲微：商契八世孙，汤的六世祖。上甲微之父王亥被有易氏杀死，并被夺走牛羊。上甲微借师河伯，灭了有易氏，报了父仇。 ⑳高圉：后稷十世孙，重振周业而有功。大王：即古公亶父，迁周于岐山，重兴周业。

"加之以社稷山川之神，皆有功烈于民者也①；及前哲令德之人，所以为明质也②；及天之三辰，民所以瞻仰也；

及地之五行,所以生殖也;及九州名山川泽,所以出财用也。非是不在祀典。

[**注释**]①功烈:功绩,功德。 ②质:诚信。

"今海鸟至,己不知而祀之,以为国典,难以为仁且智矣。夫仁者讲功,而智者处物①。无功而祀之,非仁也;不知而不能问,非智也。今兹海其有灾乎?夫广川之鸟兽②,恒知避其灾也。"

[**注释**]①处物:明察事理。 ②广川:此处指大海。

是岁也,海多大风,冬暖。文仲闻柳下季之言,曰:"信吾过也①,季子之言不可不法也。"使书以为三筴②。

[**注释**]①信:诚然,确实。 ②三筴(cè):筴同"策"。三策即三篇,分赐鲁三卿:司空、司马、司徒。

10. 文公欲弛孟文子之宅①,使谓之曰:"吾欲利子于外之宽者。"对曰:"夫位,政之建也;署,位之表也②;车服,表之章也③;宅,章之次也④;禄,次之食也。君议五者以建政,为不易之故也。今有司来命易臣之署与其车服,而曰:'将易而次⑤,为宽利也。'夫署,所以朝夕虔君命也⑥。臣立先臣之署,服其车服,为利故而易其次,是辱君命也,不敢闻命。若罪也,则请纳禄与车服而违署⑦,唯里人所命次⑧。"公弗取。臧文仲闻之曰:"孟孙善守矣⑨,其可以盖穆伯而守其后于鲁乎⑩!"

[注释]①弛:毁坏。 ②署:官署。表:标志。 ③章:区别。 ④次:住宅,房舍。 ⑤而:你。 ⑥虔:虔敬。 ⑦纳:归,归还。违:去,离开。 ⑧里人:即里宰,里中管事人员,负责命定住宅。 ⑨守:职守。 ⑩盖:掩盖,弥补。穆伯:即公孙敖,孟文子之父,曾为襄仲聘莒女,见莒女美便自娶为妻室,后出奔莒,死于齐。今孟文子坚持礼义,可弥补父丑。

公欲弛郈敬子之宅①,亦如之。对曰:"先臣惠伯以命于司里,尝、禘、烝、享之所致君胙者有数矣②。出入受事之币以致君命者,亦有数矣③。今命臣更次于外,为有司之以班命事也④,无乃违乎⑤!请从司徒以班徙次。"公亦不取。

[注释]①郈(hòu)敬子:鲁大夫,郈惠伯玄孙敬伯,名同。 ②尝、禘、烝、享之所致君胙者有数矣:秋祭曰尝,夏祭曰禘,冬祭曰烝,春祭曰享。胙:祭祀用的肉。 ③数:数世。 ④班:等级爵位。 ⑤违:远。

11. 夏父弗忌为宗①,烝②将跻僖公③。宗有司曰:"非昭穆也④。"曰:"我为宗伯,明者为昭⑤,其次为穆,何常之有!"有司曰:"夫宗庙之有昭穆也,以次世之长幼,而等胄之亲疏也。夫祀,昭孝也。各致齐敬于其皇祖⑥,昭孝之至也。故工史书世⑦,宗祝书昭穆,犹恐其逾也。今将先明而后祖,自玄王以及主癸莫若汤⑧,自稷以及王季莫若文、武,商、周之烝也,未尝跻汤与文、武,为不逾也。鲁未若商、周而改其常,无乃不可乎?"弗听,遂跻之。

[注释]①夏父弗忌:鲁大夫,夏父展之后,任宗伯之职。 ②烝:冬季时祭。 ③跻(jī)僖公:跻,升。跻僖公即升僖公的神主到闵公之上去祭祀。僖公、闵公均为庄公之子,僖公虽是闵公的庶兄,却继闵而立。按礼,僖公神主

应该在闵公之下。　④昭穆:古代宗法制度,指宗庙排列神主的次序。始祖居中,二、四、六世位于始祖之左,称昭;三、五、七世位于始祖之右,称穆。⑤明:明德。　⑥各致齐(zhāi)敬于其皇祖:各,恪也。齐敬,虔诚恭敬。皇,大。　⑦书世:记载世次先后。　⑧玄王:商始祖契。主癸:商汤之父。

展禽曰:"夏父弗忌必有殃。夫宗有司之言顺矣①,僖又未有明焉。犯顺不祥,以逆训民亦不祥②,易神之班亦不祥,不明而跻之亦不祥,犯鬼道二,犯人道二,能无殃乎?"侍者曰:"若有殃焉在? 抑刑戮也,其夭札也③?"曰:"未可知也。若血气强固,将寿宠得没④,虽寿而没,不为无殃。"既其葬也,焚⑤,烟彻于上⑥。

[注释]①顺:合乎礼义。　②逆:违礼。训:教诲。　③夭:短命而死。札:遭瘟疫而死。　④寿宠:终老而保宠。没,通"殁",死亡。　⑤焚:大火焚烧其棺椁。　⑥彻:通,达。

12. 莒太子仆弑纪公①,以其宝来奔。宣公使仆人以书命季文子曰②:"夫莒太子不惮以吾故杀其君,而以其宝来,其爱我甚矣。为我予之邑。今日必授,无逆命矣。"里革遇之而更其书曰③:"夫莒太子杀其君而窃其宝来,不识穷固又求自迩④,为我流之于夷。今日必通,无逆命矣。"明日,有司复命,公诘之,仆人以里革对。公执之,曰:"违君命者,女亦闻之乎?"对曰:"臣以死奋笔,奚啻其闻之也⑤! 臣闻之曰:'毁则者为贼,掩贼者为藏⑥,窃宝者为宄⑦,用宄之财者为奸',使君为藏奸者,不可不去也。臣违君命者,亦不可不杀也。"公曰:"寡人实贪,非子之罪。"乃舍之。

[注释]①莒:国名,在今山东莒县。纪公:莒国国君庶其。 ②仆人:官名,即谒者,在君主身边掌管迎接宾客之事。季文子:季孙行父,为鲁国正卿。 ③里革:鲁国太史,名克。 ④穷固:困厄。迩:近,亲近。 ⑤奚啻:何止。 ⑥藏:包庇。 ⑦宄(guǐ):犯法作乱者。

13. 宣公夏滥于泗渊①,里革断其罟而弃之②,曰:"古者大寒降,土蛰发③,水虞于是乎讲罛罶④,取名鱼⑤,登川禽⑥,而尝之寝庙⑦,行诸国,助宣气也⑧。鸟兽孕,水虫成,兽虞于是乎禁罝罗⑨,矠鱼鳖以为夏犒⑩,助生阜也⑪。鸟兽成,水虫孕,水虞于是禁罜䍡⑫,设阱鄂⑬,以实庙庖,畜功用也。且夫山不槎蘖⑭,泽不伐夭⑮,鱼禁鲲鲕⑯,兽长麑䴠⑰,鸟翼鷇卵⑱,虫舍蚳蝝⑲,蕃庶物也,古之训也。今鱼方别孕,不教鱼长,又行网罟,贪无艺也⑳。"

[注释]①滥:在水中张设渔网。渊:深水。 ②罟(gǔ):渔网。 ③土蛰:蛰伏在土里冬眠的动物。 ④水虞:负责川泽禁令,管理川泽渔捕的官,又称川衡、泽虞。罛(gū):渔网。罶(liǔ):竹制捕鱼工具,鱼能进不能出。 ⑤名:大。 ⑥登:供祭。 ⑦尝:秋祭名。 ⑧宣气:疏通地下阳气。 ⑨兽虞:主掌山林禁令,管理林麓物产的官,又称林衡、山虞。罝(jū):捕兔的网。罗:捕鸟的网。 ⑩矠(zé):以叉矛刺取鱼鳖等物。犒:干肉。 ⑪阜:生长。 ⑫罜(zhǔ)䍡(lù):小渔网。 ⑬鄂:捕兽器。 ⑭山不槎(chá)蘖(niè):槎,砍伐。蘖,断木生出的小枝。 ⑮夭:初生的草木。 ⑯鲲:鱼子。鲕(ér):小鱼。 ⑰麑(ni):幼鹿。䴠(yǎo):幼麋。 ⑱鷇(kòu):待哺的幼鸟。 ⑲蚳(chí):蚂蚁卵。蝝(yuán):未长翅膀的幼蝗。古人用蚳蝝作酱。 ⑳艺:极。

公闻之曰:"吾过而里革匡我,不亦善乎!是良罟也,为我得法。使有司藏之,使吾无忘谂①。"师存侍②,曰:

"藏罟不如寘里革于侧之不忘也。"

[注释]①谂(shěn):劝告,规谏。 ②师存:乐师名。

14. 子叔声伯如晋谢季文子①,郤犫欲予之邑②,弗受也。归,鲍国③谓之曰:"子何辞苦成叔之邑,欲信让耶,抑知其不可乎?"对曰:"吾闻之,不厚其栋,不能任重④。重莫如国,栋莫如德。夫苦成叔家欲任两国而无大德,其不存也,亡无日矣。譬之如疾⑤,余恐易焉⑥。苦成氏有三亡:少德而多宠,位下而欲上政,无大功而欲大禄,皆怨府也。其君骄而多私⑦,胜敌而归⑧,必立新家⑨。立新家,不因民不能去旧;因民,非多怨民无所始。为怨三府,可谓多矣。其身之不能定,焉能予人之邑!"鲍国曰:"我信不若子,若鲍氏有衅⑩,吾不图矣。今子图远以让邑,必常立矣。"

[注释]①子叔声伯:鲁大夫。谢:谢罪,致歉。季孙行父被叔孙侨如谗害,为晋人扣押。 ②郤犫:晋国下卿,即苦成叔。 ③鲍国:齐人鲍叔牙的玄孙。当时在鲁国作施孝叔家臣。 ④栋:架屋的主梁。 ⑤疾:瘟疫。 ⑥易:延及。 ⑦私:私宠之臣。 ⑧胜敌而归:指公元前 575 年,晋在鄢陵打败楚国。 ⑨新家:新封卿大夫。 ⑩衅:征兆,事端。

15. 晋人杀厉公①,边人以告②,成公在朝。公曰:"臣杀其君,谁之过也?"大夫莫对,里革曰:"君之过也。夫君人者,其威大矣。失威而至于杀,其过多矣。且夫君也者,将牧民而正其邪者也,若君纵私回而弃民事③,民旁有慝无由省之④,益邪多矣。若以邪临民,陷而不振,用善不肯专,则不能使,至于殄灭而莫之恤也,将安用之？桀奔南巢,纣踣于京,厉流于彘,幽灭于戏,皆是术也⑤。夫君也者,民之川泽也。行而从之,美恶皆君之由,民何能为焉。"

[注释]①晋人杀厉公:公元前573年,晋人栾书、荀偃派程滑杀晋厉公于匠丽氏之家。 ②边人:边防将吏。 ③回:邪僻。 ④旁:普遍。慝:邪恶。 ⑤术:道。

16. 季文子相宣、成,无衣帛之妾,无食粟之马。仲孙它谏曰:"子为鲁上卿,相二君矣,妾不衣帛,马不食粟,人其以子为爱①,且不华国乎②！"文子曰:"吾亦愿之。然吾观国人,其父兄之食粗而衣恶者犹多矣,吾是以不敢。人之父兄食粗衣恶,而我美妾与马,无乃非相人者乎③！且吾闻以德荣为国华,不闻以妾与马。"

[注释]①爱:吝啬。 ②华国:使国家光彩。 ③相人:辅佐国君的人。

文子以告孟献子①,献子囚之七日。自是,子服之妾衣不过七升之布,马饩不过稂莠②。文子闻之,曰:"过而能改者,民之上也。"使为上大夫。

[注释]①孟献子:仲孙它之父仲孙蔑。 ②饩(xì):饲料。稂(láng)莠(yǒu):都是有害于庄稼的害草。

鲁 语 下

1. 叔孙穆子聘于晋,晋悼公飨之①,乐及《鹿鸣》之三②,而后拜乐三。晋侯使行人问焉③,曰:"子以君命镇抚弊邑,不腆先君之礼,以辱从者,不腆之乐以节之。吾子舍其大而加礼于其细④,敢问何礼也?"

[注释]①飨:同"享",宴享。 ②《鹿鸣》之三:指《诗经·小雅》之《鹿鸣》、《四牡》、《皇皇者华》。 ③行人:官名,掌管朝聘时外交之礼。 ④大:指下文所说的《肆夏》之三及《文王》之三。细:指《鹿鸣》之三。

对曰:"寡君使豹来继先君之好①,君以诸侯之故,贶使臣以大礼②。夫先乐金奏《肆夏》:《樊》、《遏》、《渠》,天子所以飨元侯也;夫歌《文王》、《大明》、《绵》,则两君相见之乐也。皆昭令德以合好也,皆非使臣之所敢闻也。臣以为肄业及之③,故不敢拜。今伶箫咏歌及《鹿鸣》之三④,君之所以贶使臣,臣敢不拜贶。夫《鹿鸣》,君之所以嘉先君之好也,敢不拜嘉⑤。《四牡》,君之所以章使臣之勤也,敢不拜章⑥。《皇皇者华》,君教使臣曰'每怀靡及',谘、谋、度、询,必咨于周⑦。敢不拜教。臣闻之曰:

'怀和为每怀,咨才为诹,咨事为谋,咨义为度,咨亲为询,忠信为周。'君贶使臣以大礼,重之以六德,敢不重拜。"

[注释]①豹:即叔孙穆子。 ②贶(kuàng):赏赐,赐予。 ③肄(yì):学习,练习。 ④伶:乐官。 ⑤嘉:赞赏,嘉美。 ⑥章:彰明。 ⑦"每怀靡及",诹、谋、度、询,必咨于周:皆出自《皇皇者华》。

2. 季武子为三军①,叔孙穆子曰:"不可。天子作师,公帅之②,以征不德。元侯作师③,卿帅之,以承天子。诸侯有卿无军④,帅教卫以赞元侯。自伯、子、男有大夫无卿,帅赋以从诸侯⑤。是以上能征下,下无奸慝。今我小侯也,处大国之间,缮贡赋以共从者,犹惧有讨。若为元侯之所⑥,以怒大国,无乃不可乎?"弗从。遂作中军。自是齐、楚代讨于鲁,襄、昭皆如楚。

[注释]①季武子:鲁卿,季文子之子季孙宿(夙)。三军:上、中、下三军。按照《周礼》规定,天子六军,诸侯大国三军,一军一万二千五百人。鲁始封为大国,有三军建制,后国势削弱,仅有上、下两军。公元前562年,季武子复作三军。 ②公:诸侯在王室担任卿士的。 ③元侯:统领一方的大国诸侯。 ④诸侯有卿无军:次国二卿命于天子,一卿命于国君。但没有三军。 ⑤赋:兵车、甲士。古时按田赋出兵车甲士,故可称之为"赋"。 ⑥所:"所为"的略称,指"大国三军"。

3. 诸侯伐秦①,及泾莫济。晋叔向见叔孙穆子曰:"诸侯谓秦不恭而讨之,及泾而止,于秦何益?"穆子曰:"豹之业,及《匏有苦叶》矣②,不知其他。"叔向退,召舟虞与司马③,曰:"夫苦匏不材于人,共济而已④。鲁叔孙赋《匏有苦叶》,必将涉矣。具舟除隧⑤,不共有法。"是行也,鲁人以莒人先济,诸侯从之。

[注释]①诸侯伐秦:事在公元前559年,晋六卿率诸侯师伐秦,报公元前562年败于栎之仇。 ②《匏有苦叶》:《诗·邶风》中的一篇,其首章曰:"匏有苦叶,济有深涉。深则厉,浅则揭。"借此表明渡河的决心。 ③舟虞:掌舟船的官。司马:掌军法的官。 ④共:供。 ⑤除隧:清除道路。

4.襄公如楚,及汉,闻康王卒①,欲还。叔仲昭伯曰:"君之来也,非为一人也,为其名与其众也②。今王死,其名未改,其众未败,何为还?"诸大夫皆欲还。子服惠伯③曰:"不知所为,姑从君乎!"叔仲曰:"子之来也,非欲安身也,为国家之利也,故不惮勤远而听于楚;非义楚也,畏其名与众也。夫义人者,固庆其喜而吊其忧,况畏而服焉?闻畏而往④,闻丧而还,苟芈姓实嗣,其谁代之任丧⑤?王太子又长矣,执政未改,予为先君来,死而去之,其谁曰不如先君?将为丧举,闻丧而还,其谁曰非侮也?事其君而任其政,其谁由己贰⑥?求说其侮⑦,而亟于前之人⑧,其仇不滋大乎?说侮不懦,执政不贰,帅大仇以惮小国,其谁云待之?若从君而走患⑨,则不如违君以避难。且夫君子计成而后行,二三子计乎⑩?有御楚之术而有守国之备,则可也;若未有,不如往也。"乃遂行。

[注释]①康王:楚康王,公元前559年至公元前545年在位。 ②名:大国之威名。众:人物之众。 ③子服惠伯:大夫子服椒,仲孙它之子。 ④畏:通"威"。 ⑤任丧:主丧。古时候国君死,太子主丧,然后即位为君。 ⑥贰:二心。 ⑦说:通"脱"。 ⑧亟:急,快。 ⑨走患:趋向祸患。 ⑩计:谋划。

反,及方城①,闻季武子袭卞②,公欲还,出楚师以伐鲁。荣成伯③曰:"不可。君之于臣,其威大矣。不能令于国,而恃诸侯,诸侯其谁昵之④?若得楚师以伐鲁,鲁既不违夙之取卞也,必用命焉,守必固矣。若楚之克鲁,诸姬不获窥焉⑤,而况君乎?彼无亦置其同类以服东夷,而大攘诸夏,将天下是王,而何德于君,其予君也?若不克鲁,君以蛮、夷伐之,而又求入焉,必不获矣。不如予之。夙之事君也,不敢不悛⑥。醉而怒,醒而喜,庸何伤⑦?君其入也!"乃归。

[注释]①方城:楚国北部边境的方城山,在今河南省叶县南。 ②卞:鲁国城邑,在今山东泗水县卞桥镇。 ③荣成伯:鲁大夫,名栾。 ④昵:亲近。 ⑤诸姬:姬姓诸侯。不获窥:尚不能揣度其真心。 ⑥悛:悔改。 ⑦庸何:不用。

5. 襄公在楚,季武子取卞,使季冶逆①,追而予之玺书②,以告曰:"卞人将畔③,臣讨之,既得之矣。"公未言,荣成子曰:"子股肱鲁国,社稷之事,子实制之。唯子所利,何必卞?卞有罪而子征之,子之隶也,又何谒焉④?"子冶归,致禄而不出⑤,曰:"使予欺君,谓予能也。能而欺其君,敢享其禄而立其朝乎?"

[注释]①季冶:子冶,季氏的族人。逆:迎接。 ②玺书:盖有印泥的书信或文书。古代大夫之印也可称玺,秦始皇以后才将玺作为皇帝印章的专称。 ③畔:通"叛"。 ④谒:告,禀告。 ⑤致:交还,归。

6. 虢之会①,楚公子围二人执戈先焉②。蔡公孙归生与郑罕虎见叔孙穆子,穆子曰:"楚公子甚美,不大夫矣,抑君也。"郑子皮曰:"有执戈之前,吾惑之。"蔡子家曰:"楚,大国也;公子围,其令尹也。有执戈之前,不亦可乎?"穆子曰:"不然。天子有虎贲③,习武训也;诸侯有旅贲④,御灾害也;大夫有贰车⑤,备承事也;士有陪乘,告奔走也。今大夫而设诸侯之服,有其心矣⑥。若无其心,而敢设服以见诸侯之大夫乎?将不入矣。夫服,心之文也⑦。如龟焉⑧,灼其中,必文于外。若楚公子不为君,必死,不合诸侯矣。"公子围反,杀郏敖而代之。

[**注释**]①虢:地名,在今河南郑州市北。 ②楚公子:即后来的楚灵王熊虔,当时任楚令尹。二人执戈:按礼制,此为国君出行之礼。 ③虎贲:天子车驾的前后卫队,兼充王宫禁卫。 ④旅贲:帝王或国君出行时护驾的勇士。 ⑤贰车:副车。 ⑥有其心矣:谓熊虔有异心,后来其果然于公元前541年杀楚王郏敖而自立。 ⑦文:外在的表现,如文饰。 ⑧龟:用龟甲占卜。

7. 虢之会,诸侯之大夫寻盟未退。季武子伐莒取郓①,莒人告于会,楚人将以叔孙穆子为戮②。晋乐王鲋求货于穆子,曰:"吾为子请于楚。"穆子不予。梁其胫谓穆子曰:"有货,以卫身也。出货而可以免,子何爱焉?"穆子曰:"非女所知也。承君命以会大事,而国有罪,我以货私免,是我会吾私也。苟如是,则又可以出货而成私欲乎?虽可以免,吾其若诸侯之事何?夫必将或循之,曰:'诸侯之卿有然者故也。'则我求安身而为诸侯法矣。君子是以患作③。作而不衷④,将或道之,是昭其不衷也。余非爱货,恶不衷也。且罪非我之由,为戮何害?"楚人乃赦之。

[注释]①郓:地名在今山东沂水县北。 ②楚人将以叔孙穆子为戮:指为盟主的公子围欲杀赴盟的叔孙穆子,以惩戒鲁国侵莒。 ③患作:患开创不良的先例。 ④衷:通"忠"。

穆子归,武子劳之,日中不出。其人曰:"可以出矣。"穆子曰:"吾不难为戮,养吾栋也。夫栋折而榱崩①,吾惧压焉。故曰虽死于外,而庇宗于内,可也。今既免大耻,而不忍小忿,可以为能乎?"乃出见之。

[注释]①榱(cuī):椽子。

8.平丘之会①,晋昭公使叔向辞昭公,弗与盟。子服惠伯曰:"晋信蛮、夷而弃兄弟,其执政贰也②。贰心必失诸侯,岂唯鲁然?夫失其政者,必毒于人③,鲁惧及焉,不可以不恭。必使上卿从之。"季平子曰:"然则意如乎④!若我往,晋必患我,谁为之贰⑤?"子服惠伯曰:"椒既言之矣,敢逃难乎?椒请从。"

[注释]①平丘之会:公元前532年,鲁国季平子攻打莒国,占领了莒国郠地(今山东沂水县境)。莒人向诸侯盟主晋国控诉鲁国,公元前529年,晋、齐、宋、卫郑、曹、莒等国会盟平丘(今河南封丘县东)。晋昭公拒绝鲁昭公赴会。 ②贰:二心于华夏,而偏袒莒等蛮夷。 ③毒:加害。 ④意如:季平子,鲁上卿,名意如。 ⑤贰:副手。

晋人执平子。子服惠伯见韩宣子①曰:"夫盟,信之要也②。晋为盟主,是主信也。若盟而弃鲁侯,信抑阙矣。昔栾氏之乱③,齐人间晋之祸,伐取朝歌。我先君襄公不敢宁处,使叔孙豹悉帅敝赋,踦跂毕行④,无有处人,以从军吏,次于雍渝⑤,与邯郸胜击齐之左,捷止晏莱焉⑥,齐师退而后敢还。非以求远也,以鲁之密迩于齐,而又小国也;齐朝驾则夕极于鲁国⑦,不敢惮其患,而与晋共其忧,亦曰:'庶几有益于鲁国乎!'今信蛮、夷而弃之,夫诸侯之勉于君者,将安劝矣⑧?若弃鲁而苟固诸侯,群臣敢惮戮乎?诸侯之事晋者,鲁为勉矣⑨。若以蛮、夷之故弃之,其无乃得蛮、夷而失诸侯之信乎?子计其利者,小国共命⑩。"宣子说,乃归平子。

[**注释**]①韩宣子:晋国正卿,名起。韩献子之子。 ②要:结,结合。③栾氏之乱:指晋大夫栾盈之乱。公元前550年,栾盈在齐庄公支持下发动叛乱,齐庄则趁乱伐卫攻晋,进攻朝歌(今河南淇县)。鲁派上卿叔孙豹率军救晋。 ④踦(qī):肢体不全。跂(qí):多出的脚趾。 ⑤雍渝:晋地,在今河南浚县西南。 ⑥捷:拉住。晏莱:齐大夫。 ⑦极:至,到。 ⑧劝:劝勉。 ⑨勉:尽力。 ⑩共:通"恭"。

9. 季桓子穿井①,获如土缶,其中有羊焉。使问之仲尼曰:"吾穿井而获狗,何也?"对曰:"以丘之所闻,羊也。丘闻之:木石之怪曰夔、蝄蜽②,水之怪曰龙、罔象③,土之怪曰羵羊。"

[**注释**]①季桓子:鲁国上卿,季平子之子,名斯。 ②木石:指山。夔:传说中山林怪兽,状如牛,无角。蝄蜽(wǎng liǎng):传说中山林精怪,好学人声而迷惑人。 ③罔象:传说中水中的精怪。 ④羵(fén)羊:传说中土里的精怪,雌雄不分。

10. 季康子问于公父文伯之母①曰:"主亦有以语肥也②。"对曰:"吾能老③而已,何以语子。"康子曰:"虽然,肥愿有闻于主。"对曰:"吾闻之先姑④曰:'君子能劳,后世有继。'"子夏闻之,曰:"善哉!商闻之曰:'古之嫁者,不及舅、姑,谓之不幸。'夫妇,学于舅、姑者也⑤。"

[**注释**]①季康子:季桓子之子季孙肥。鲁上卿。公父文伯:鲁大夫,名歜。母:公父文伯之母,曰敬姜。 ②主:大夫及大夫妻皆可称主。 ③能老:岁数大。 ④先姑:死去的婆婆。 ⑤舅:丈夫的父亲。

11. 公父文伯饮南宫敬叔酒①,以露睹父为客②。羞鳖焉,小。睹父怒,相延食鳖③,辞曰:"将使鳖长而后食之。"遂出。文伯之母闻之,怒曰:"吾闻之先子④曰:'祭养尸⑤,飨养上宾。'鳖于何有⑥?而使夫人怒也!"遂逐之⑦。五日,鲁大夫辞而复之。

[**注释**]①南宫敬叔:鲁大夫,孟僖子之子,曾受学于孔子。 ②露睹父为客:露睹父,鲁大夫。客:上宾。周礼规定,众人饮酒,尊年高德劭者为上宾,其余为众宾,此外又设相(赞礼者)。 ③延:邀请,延请。 ④先子:古时对已逝公公的称呼,指季悼子。 ⑤尸:古时祭祀,以人代替死者受祭。此人称尸。 ⑥鳖于何有:即"何有于鳖",与鳖有什么相干。 ⑦之:代公父文伯。

12. 公父文伯之母如季氏,康子在其朝①,与之言,弗应,从之及寝门②,弗进而入。康子辞于朝而入见,曰:"肥也不得闻命,无乃罪乎?"曰:"子弗闻乎?天子及诸侯合民事于外朝③,合神事于内朝;自卿以下,合官职于外朝,合家事于内朝;寝门之内,妇人治其业焉。上下同之。夫外朝,子将业君之官职焉;内朝,子将庀季氏之政焉④,皆非吾所敢言也。"

[**注释**]①朝:处理政事之所。 ②寝门:寝室所在的内院之门。 ③合:成,谋成。 ④庀:治理。

13. 公父文伯退朝,朝其母①,其母方绩②。文伯曰:"以歜之家而主犹绩,惧忏季孙之怒也③,其以歜为不能事主乎!"

[**注释**]①朝:拜见,朝见。 ②绩:绩麻。 ③忏(gān):触犯。季孙:鲁执政季康子,又为季氏大宗。

其母叹曰:"鲁其亡乎!使僮子备官而未之闻耶①?居②,吾语女。昔圣王之处民也③,择瘠土而处之,劳其民而用之,故长王天下。夫民劳则思,思则善心生;逸则淫,淫则忘善,忘善则恶心生。沃土之民不材,逸也;瘠土之民莫不向义,劳也。是故天子大采朝日④,与三公、九卿祖识地德⑤;日中考政,与百官之政事,师尹维旅、牧、相宣序民事⑥;少采夕月⑦,与大史、司载纠虔天刑⑧;日入监九御,使洁奉禘、郊之粢盛⑨,而后即安。诸侯朝修天子之业命,昼考其国职,夕省其典刑,夜儆百工,使无慆淫⑩,而后即安。卿大夫朝考其职,昼讲其庶政,夕序其业,夜庀其家事,而后即安。士朝受业,昼而讲贯⑪,夕而习复,夜而计过无憾,而后即安。自庶人以下,明而动,晦而休,无日以怠。

[**注释**]①僮子:童子。备官:为官。 ②居:坐。 ③处:安置。 ④大采朝日:大采,五彩的礼服。朝日:朝拜日神。据周礼,天子春分日举行祭日典礼,朝拜日神,开始春耕。 ⑤祖识:熟识。地德:土地上五谷生长的状况。

⑥师尹:大夫官。旅:众士。牧:地方官吏。相:国相。宣:遍。序:次。 ⑦少采:三采礼服,即黼衣。夕月:祭祀月神。 ⑧司载:主管天文、观察星象吉凶的人。纠虔:恭敬,虔诚。天刑:天象中预言吉凶的征兆。 ⑨九御:九嫔,宫中女官,主管祭服、祭品。粢盛:放在祭器内供祭祀用的谷物。 ⑩慆淫:懈怠,邪恶。 ⑪讲贯:讲习。

"王后亲织玄紞①,公侯之夫人加之以纮、綖②,卿之内子为大带③,命妇成祭服,列士之妻加之以朝服,自庶士以下,皆衣其夫。社而赋事,烝而献功,男女效绩,愆则有辟④,古之制也。君子劳心,小人劳力,先王之训也。自上以下,谁敢淫心舍力?今我,寡也,尔又在下位,朝夕处事,犹恐忘先人之业。况有慆惰,其何以避辟!吾冀而朝夕修我⑤曰:'必无废先人。'尔今曰:'胡不自安。'以是承君之官,余惧穆伯之绝嗣也。"仲尼闻之曰:"弟子志之,季氏之妇不淫矣。"

[注释]①玄紞(dǎn):王冠两旁用以悬挂玉瑱的黑色丝带。 ②纮(hóng):系冠冕的丝带。綖(yán):覆盖在冠冕上的黑布。 ③内子:卿之正妻。大带:祭服所用的黑帛束腰带。 ④愆(qiān):过失。辟(bì):刑罚。 ⑤而:你。修:警惕,警戒。

14.公父文伯之母,季康子之从祖叔母也。康子往焉,闱门与之言①,皆不逾阈。祭悼子,康子与焉,酢不受②,彻俎不宴③,宗不具不绎④,绎不尽饫则退⑤。仲尼闻之,以为别于男女之礼矣。

[注释]①闱(wěi):开,打开。 ②酢(zuò):祭肉。 ③俎:古时祭祀用以盛放祭品的礼器。 ④宗:宗人,主持祭祀的人。绎:天子、诸侯祭祀的第

二天又祭祀称绎。大夫祭祀后当日复祭称宾尸。此处虽称绎,实则宾尸。
⑤饫(yù):宴享名,祭祀后大宗与族人饮酒。

15. 公父文伯之母欲室文伯,飨其宗老①,而为赋《绿衣》②之三章。老请守龟卜室之族。师亥闻之曰:"善哉!男女之飨,不及宗臣;宗室之谋,不过宗人。谋而不犯,微而昭矣。诗所以合意,歌所以咏诗也。今诗以合室,歌以咏之,度于法矣。"

[**注释**]①宗老:宗族中主管礼乐的家臣。 ②《绿衣》:属于《诗·邶风》,其三章曰:"绿兮丝兮,女所治兮。我思古人,俾无訧兮。"

16. 公父文伯卒,其母戒其妾曰:"吾闻之:好内①,女死之;好外,士死之。今吾子夭死,吾恶其以好内闻也。二三妇之辱共先者祀,请无瘠色②,无洵涕③,无搯膺④,无忧容,有降服⑤,无加服。从礼而静,是昭吾子也。"仲尼闻之曰:"女知莫若妇,男知莫若夫。公父氏之妇智也夫!欲明其子之令德。"

[**注释**]①好内:喜好女色。 ②瘠色:容颜憔悴。 ③洵:通"泫",流泪。 ④搯膺:捶击胸部。 ⑤降服:降低一等的丧服。

17. 公父文伯之母朝哭穆伯①,而暮哭文伯。仲尼闻之曰:"季氏之妇可谓知礼矣。爱而无私,上下有章②。"

[**注释**]①穆伯:敬姜的丈夫。 ②章:法度。

18. 吴伐越,堕会稽①,获骨焉,节专车②。吴子使来好聘,且问之仲尼,曰:"无以吾命。"宾发币于大夫,及仲尼,仲尼爵之。既彻俎而宴③,客执骨而问曰:"敢问骨何为大?"仲尼曰:"丘闻之:昔禹致群神于会稽之山,防风氏后至④,禹杀而戮之,其骨节专车。此为大矣。"客曰:"敢问谁守为神?"仲尼曰:"山川之灵,足以纪纲天下者,其守为神;社稷之守者,为公侯。皆属于王者。"客曰:"防风何守也?"仲尼曰:"汪芒氏之君也,守封、嵎之山者也,为漆姓。在虞、夏、商为汪芒氏,于周为长狄,今为大人⑤。"客曰:"人长之极几何?"仲尼曰:"僬侥氏长三尺,短之至也。长者不过十之,数之极也。"

[注释]①堕:毁坏。 ②专车:专,满。指一节骨头与车厢等长。 ③彻俎:祭祀完毕,撤去礼器。 ④防风氏:相传为古代汪芒国的国君。然据今人王献堂考证,防风氏是炎帝的后裔,漆姓。见王献堂著《炎黄氏族文化考》。⑤大人:春秋时,长狄改称大人。

19. 仲尼在陈,有隼集于陈侯之庭而死,楛矢贯之①,石砮其长尺有咫②。陈惠公使人以隼如仲尼之馆问之。仲尼曰:"隼之来也远矣! 此肃慎氏之矢也③。昔武王克商,通道于九夷、百蛮,使各以其方贿来贡④,使无忘职业。于是肃慎氏贡楛矢、石砮,其长尺有咫。先王欲昭其令德之致远也,以示后人,使永监焉,故铭其栝⑤曰'肃慎氏之贡矢',以分大姬,配虞胡公而封诸陈。古者,分同姓以珍玉,展亲也⑥;分异姓以远方之职贡,使无忘服也。故分陈以肃慎氏之贡。君若使有司求诸故府,其可得也。"使求,得之金椟⑦,如之。

[**注释**]①楛(hù):荆类,可作箭杆。 ②砮(nǔ):箭镞。咫:八寸。 ③肃慎:北方少数民族,又称息慎、稷慎,以狩猎为主,女真人的祖先。 ④方贿:地方特产。 ⑤栝(guā):箭末扣弦处。 ⑥展:重,伸。 ⑦金椟:以铜带缄封的木盒。

20.齐闾丘来盟①,子服景伯②戒宰人曰:"陷而入于恭③。"闵马父笑,景伯问之,对曰;"笑吾子之大也④。昔正考父校商之名颂十二篇于周太师,以《那》为首⑤,其辑之乱⑥曰:'自古在昔,先民有作。温恭朝夕,执事有恪。'先圣王之传恭,犹不敢专,称曰'自古',古曰'在昔',昔曰'先民'。今吾子之戒吏人曰'陷而入于恭',其满之甚也。周恭王能庇昭、穆之阙而为'恭'⑦,楚恭王能知其过而为'恭'。今吾子之教官僚曰'陷而后恭',道将何为?"

[**注释**]①闾丘:齐大夫,闾丘明。 ②子服景伯:名何。鲁国大夫。 ③陷:失误。 ④大:通"泰",骄纵。 ⑤《那》:《诗经·商颂》的首篇。 ⑥乱:乐曲的最后一段,多总结全篇要旨。 ⑦庇:弥补。

21.季康子欲以田赋①,使冉有访诸仲尼②。仲尼不对,私于冉有曰:"求来!女不闻乎?先王制土,籍田以力③,而砥其远迩④;赋里以入⑤,而量其有无;任力以夫,而议其老幼。于是乎有鳏、寡、孤、疾,有军旅之出则征之,无则已。其岁,收田一井⑥,出稯禾⑦、秉刍⑧、缶米⑨,不是过也。先王以为足。若子季孙欲其法也,则有周公之籍矣⑩;若欲犯法,则苟而赋,又何访焉!"

[**注释**]①田赋:按照田亩征收亩税和军赋。 ②冉有:名求,孔子学生,

当时为季康子家臣。　③籍田:借民力耕田。　④砥:平,平衡。引申为调节。　⑤赋:税。里:商贾居住的地方。　⑥井:井田,九百亩为一井。⑦秭(zōng):计量单位,古制六百四十斛为一秭。　⑧秉刍:古制一百六十斗为一秉,刍是指喂牲口的草料。　⑨缶:古制十六斗为一缶。　⑩籍:周公制定的籍田法。

齐　　语

1.桓公自莒反于齐,使鲍叔为宰①,辞曰:"臣,君之庸臣也。君加惠于臣,使不冻馁,则是君之赐也。若必治国家者,则非臣之所能也。若必治国家者,则其管夷吾乎②。臣之所不若夷吾者五:宽惠柔民,弗若也;治国家不失其柄,弗若也;忠信可结于百姓,弗若也;制礼义可法于四方,弗若也;执枹鼓立于军门③,使百姓皆加勇焉,弗若也。"桓公曰:"夫管夷吾射寡人中钩④,是以滨于死⑤。"鲍叔对曰:"夫为其君动也⑥。君若宥而反之⑦,夫犹是也。"桓公曰:"若何?"鲍子对曰:"请诸鲁⑧。"桓公曰:"施伯⑨,鲁君之谋臣也,夫知吾将用之,必不予我矣。若之何?"鲍子对曰:"使人请诸鲁,曰:'寡君有不令之臣在君之国,欲以戮之于群臣,故请之。'则予我矣。"桓公使请诸鲁,如鲍叔之言。

[注释]①鲍叔:齐大夫,鲍敬叔之子,名牙。宰:官名,辅佐国君治理国政的官员。　②管夷吾:管仲,齐大夫。　③枹(fú):鼓槌。　④钩:衣带钩。　⑤滨:通"濒"。近,临近。　⑥动:为"勤"之误,勤力,勉力。　⑦宥(yòu):赦宥,宽赦。　⑧请诸鲁:齐桓公即位,胁迫鲁杀公子纠,召忽自杀,但管仲未

死。时在鲁。　⑨施伯:鲁惠公之子公子尾,字施父。

庄公以问施伯,施伯对曰:"此非欲戮之也,欲用其政也。夫管子,天下之才也,所在之国,则必得志于天下。令彼在齐,则必长为鲁国忧矣。"庄公曰:"若何?"施伯对曰:"杀而以其尸授之。"庄公将杀管仲,齐使者请曰:"寡君欲亲以为戮,若不生得以戮于群臣,犹未得请也。请生之①。"于是庄公使束缚以予齐使②,齐使受之而退。

[注释]①生:使其生。　②束缚:捆绑。

比至,三衅、三浴之①。桓公亲逆之于郊,而与之坐而问焉,曰:"昔吾先君襄公筑台以为高位,田、狩、罼、弋②,不听国政,卑圣侮士,而唯女是崇③。九妃、六嫔,陈妾数百,食必粱肉,衣必文绣。戎士冻馁,戎车待游车之裂④,戎士待陈妾之余。优笑在前⑤,贤材在后。是以国家不日引⑥,不月长。恐宗庙之不扫除,社稷之不血食⑦,敢问为此若何?"管子对曰:"昔吾先王昭王、穆王,世法文、武远绩以成名⑧,合群叟,比校民之有道者,设象以为民纪⑨,式权以相应⑩,比缀以度⑪,竱本肇末⑫,劝之以赏赐,纠之以刑罚,班序颠毛⑬,以为民纪统。"桓公曰:"为之若何?"管子对曰:"昔者,圣王之治天下也,参其国而伍其鄙⑭,定民之居,成民之事,陵为之终⑮,而慎用其六柄焉⑯。"

[注释]①衅浴:用芳香的草药熏身及沐浴。　②田:打猎。狩:围猎。罼(bì):捕捉雉鸡、野兔的网。弋:用系着绳子的箭打猎。　③崇:宠爱。④裂:破裂,残破。　⑤优笑:俳优,供国君嬉笑玩乐的艺人。　⑥引:进步,

发展。　⑦血食:国家祭祀。祭祀重血腥,故古代祭祀要杀牲取血,称血食。⑧绩:功绩。　⑨象,通"像",榜样。或曰"象魏",宫廷外的阙门。古代将颁布法规悬挂于象魏之上,让民众遵守。故"象"引申为法规。　⑩式:法规,法度。权:权变。　⑪比缀:配合。　⑫膞(zhuǎn):平均,均衡。肇:端正。⑬班序颠毛:以头顶上毛发的黑白来排列顺序。　⑭参:三。国:都城。鄙:边境。　⑮陵:坟墓。　⑯六柄:生、杀、贫、富、贵、贱之权。

桓公曰:"成民之事若何?"管子对曰:"四民者①,勿使杂处,杂处则其言哤②,其事易③。"公曰:"处士、农、工、商若何?"管子对曰:"昔圣王之处士也,使就闲燕④;处工,就官府;处商,就市井;处农,就田野。

[注释]①四民:士、农、工、商。　②哤(máng):言语嘈杂、纷乱。③易:变易,不能安居乐业而见异思迁。　④闲燕:清静。

"令夫士,群萃而州处①,闲燕则父与父言义,子与子言孝,其事君者言敬,其幼者言弟②。少而习焉,其心安焉,不见异物而迁焉。是故其父兄之教不肃而成,其子弟之学不劳而能。夫是,故士之子恒为士。

[注释]①萃:聚集。州:通"周",密集。　②弟,通"悌",敬重兄长。

"令夫工,群萃而州处,审其四时,辨其功苦①,权节其用②,论比协材,旦暮从事,施于四方,以饬其子弟③,相语以事,相示以巧,相陈以功。少而习焉,其心安焉,不见异物而迁焉。是故其父兄之教不肃而成,其子弟之学不劳而能。夫是,故工之子恒为工。

[注释]①功苦:质量的优劣。功:精良。苦:粗劣。 ②权节:权衡和节制。 ③饬:教导。

"令夫商,群萃而州处,察其四时,而监其乡之资①,以知其市之贾②,负、任、担、荷,服牛③、轺马④,以周四方,以其所有,易其所无,市贱鬻贵,旦暮从事于此,以饬其子弟,相语以利,相示以赖⑤,相陈以知贾。少而习焉,其心安焉,不见异物而迁焉。是故其父兄之教不肃而成,其子弟之学不劳而能。夫是,故商之子恒为商。

[注释]①资:物产。 ②贾:通"价"。 ③服牛:驾驭牛车。 ④轺(yáo):马车。 ⑤赖:利。

"令夫农,群萃而州处,察其四时,权节其用,耒、耜、枷、芟①,及寒,击槁除田②,以待时耕;及耕,深耕而疾耰之③,以待时雨;时雨既至,挟其枪、刈、耨、镈④,以旦暮从事于田野。脱衣就功,首戴茅蒲⑤,身衣袯襫⑥,沾体涂足,暴其发肤,尽其四支之敏,以从事于田野。少而习焉,其心安焉,不见异物而迁焉。是故其父兄之教不肃而成,其子弟之学不劳而能。夫是,故农之子恒为农,野处而不暱⑦。其秀民之能为士者,必足赖也。有司见而不以告,其罪五⑧。有司已于事而竣⑨。"

[注释]①耒:翻土工具,形如木叉。耜:形如锹,装在犁上用来翻土。枷(jiā):脱谷工具,连枷。芟(shān):大镰刀。 ②槁(gǎo):枯草。除:整理。 ③耰(yōu):古代碎土整田的工具。这里指播种之后快速地覆土。 ④枪:掘土除草工具。刈:镰刀。耨(nòu):小手锄。镈(bó):除草的工具。 ⑤茅

蒲:草笠。　⑥袯襫(bó shì):蓑衣。　⑦暱:邪恶。　⑧五:五刑,即墨、劓、刖、宫、大辟。　⑨竣:退。

桓公曰:"定民之居若何?"管子对曰:"制国以为二十一乡。"桓公曰:"善。"管子于是制国以为二十一乡:工商之乡六;士乡十五,公帅五乡焉,国子帅五乡焉,高子帅五乡焉①。参国起案②,以为三官③,臣立三宰,工立三族④,市立三乡,泽立三虞,山立三衡。

[**注释**]①国子、高子:指周天子任命的世代为齐上卿的高氏、国氏。②案:界限。　③三官:管理士、工、商的职官。　④族:属,相当于乡。

桓公曰:"吾欲从事于诸侯①,其可乎?"管子对曰:"未可。国未安。"桓公曰:"安国若何?"管子对曰:"修旧法,择其善者而业用之;遂滋民②,与无财③,而敬百姓,则国安矣。"桓公曰:"诺。"遂修旧法,择其善者而业用之;遂滋民,与无财,而敬百姓。国既安矣,桓公曰:"国安矣,其可乎?"管子对曰:"未可。君若正卒伍,修甲兵,则大国亦将正卒伍,修甲兵,则难以速得志矣。君有攻伐之器,小国诸侯有守御之备,则难以速得志矣。君若欲速得志于天下诸侯,则事可以隐令④,可以寄政⑤。"桓公曰:"为之若何?"管子对曰:"作内政而寄军令焉。"桓公曰:"善。"

[**注释**]①从事于诸侯:兴霸业,主盟诸侯。　②遂:生育。滋:繁殖。③与:给予,接济。　④隐令:隐军令于政令当中。　⑤寄政:军政寓寄于政事之内。

管子于是制国:"五家为轨,轨为之长;十轨为里,里有司;四里为连,连为之长;十连为乡,乡有良人焉①。以为军令:五家为轨,故五人为伍,轨长帅之;十轨为里,故五十人为小戎②,里有司帅之;四里为连,故二百人为卒,连长帅之;十连为乡,故二千人为旅,乡良人帅之;五乡一帅,故万人为一军,五乡之帅帅之。三军,故有中军之鼓,有国子之鼓,有高子之鼓。春以蒐振旅③,秋以狝治兵④。是故卒伍整于里,军旅整于郊。内教既成,令勿使迁徙。伍之人祭祀同福,死丧同恤⑤,祸灾共之。人与人相畴⑥,家与家相畴,世同居,少同游。故夜战声相闻,足以不乖;昼战目相见,足以相识。其欢欣足以相死⑦。居同乐,行同和,死同哀。是故守则同固,战则同强。君有此士也三万人,以方行于天下⑧,以诛无道,以屏周室,天下大国之君莫之能御。"

[注释]①良人:乡大夫。 ②小戎:兵车。 ③蒐(sōu):春猎。振旅:训练军队。 ④狝(xiǎn):秋猎。 ⑤恤:悲戚,忧伤。 ⑥畴:通"俦",伴侣。 ⑦欢欣:深挚的感情。 ⑧方:通"旁",普遍,到处。

2. 正月之朝,乡长复事①。君亲问焉,曰:"于子之乡,有居处好学、慈孝于父母、聪慧质仁、发闻于乡里者,有则以告。有而不以告,谓之蔽明,其罪五。"有司已于事而竣。桓公又问焉,曰:"于子之乡,有拳勇股肱之力秀出于众者,有则以告。有而不以告,谓之蔽贤,其罪五。"有司已于事而竣。桓公又问焉,曰:"于子之乡,有不慈孝于父母、不长悌于乡里、骄躁淫暴、不用上令者,有则以告。有而不以告,谓之下比②,其罪五。"有司已于事而竣。是故乡长退而修德进贤,桓公亲见之,遂使役官。

[**注释**]①正月之朝,乡长复事:按照周礼,每年正月初一,乡大夫向朝廷述职,受教法于司徒,退而颁行于乡。 ②比:营私结党。

桓公令官长期而书伐①,以告且选,选其官之贤者而复用之,曰:"有人居我官,有功休德②,惟慎端悫以待时③,使民以劝,绥谤言④,足以补官之不善政。"桓公召而与之语,訾相其质⑤,足以比成事⑥,诚可立而授之。设之以国家之患而不疚,退问之其乡,以观其所能而无大厉,升以为上卿之赞⑦。谓之三选。国子、高子退而修乡,乡退而修连,连退而修里,里退而修轨,轨退而修伍,伍退而修家。是故匹夫有善,可得而举也;匹夫有不善,可得而诛也。政既成,乡不越长⑧,朝不越爵⑨,罢士无伍⑩,罢女无家。夫是,故民皆勉为善。与其为善于乡也,不如为善于里;与其为善于里也,不如为善于家。是故士莫敢言一朝之便,皆有终岁之计;莫敢以终岁之议,皆有终身之功。

[**注释**]①伐:功劳。 ②休:美好。 ③悫(què):诚实。 ④绥:制止,消弭。 ⑤訾:衡量。相:观察。 ⑥比:辅佐。 ⑦赞:佐,佐助。 ⑧乡不越长:乡里按照年龄的长幼顺序不相逾,用以安定社会秩序。 ⑨朝不越爵:朝廷按照才能的高低授予官职,不使不贤不孝者居上位,贤孝居下位。 ⑩罢士无伍:无德之人没有人愿意与之为伍。

桓公曰:"伍鄙若何①?"管子对曰:"相地而衰征②,则民不移③;政不旅旧④,则民不偷⑤;山泽各致其时,则民不苟;陆、阜、陵、墐、井、田、畴均,则民不憾;无夺民时,则百姓富;牺牲不略,则牛羊遂。"

[注释]①伍鄙:郊野,亦即前文所说的"伍其鄙"。 ②衰(cuī):按照一定的标准递减。 ③移:迁徙。 ④旅旧:遗弃先王的旧章。 ⑤偷:苟且。

桓公曰:"定民之居若何?"管子对曰:"制鄙。三十家为邑,邑有司;十邑为卒,卒有卒帅;十卒为乡,乡有乡帅;三乡为县,县有县帅;十县为属,属有大夫。五属,故立五大夫,各使治一属焉;立五正,各使听一属焉。是故正之政听属,牧政听县,下政听乡。"桓公曰:"各保治尔所,无或淫怠而不听治者!①"

[注释]①淫怠:放纵懈怠。

3. 正月之朝,五属大夫复事。桓公择是寡功者而谪之①,曰:"制地、分民如一,何故独寡功?教不善则政不治,一再则宥②,三则不赦。"桓公又亲问焉,曰:"于子之属,有居处为义好学、慈孝于父母、聪慧质仁、发闻于乡里者,有则以告。有而不以告,谓之蔽明,其罪五。"有司已于事而竣。桓公又问焉,曰:"于子之属,有拳勇股肱之力秀出于众者,有则以告。有而不以告,谓之蔽贤,其罪五。"有司已于事而竣。桓公又问焉,曰:"于子之属,有不慈孝于父母、不长悌于乡里、骄躁淫暴、不用上令者,有则以告。有而不以告,谓之下比,其罪五。"有司已于事而竣。五属大夫于是退而修属,属退而修县,县退而修乡,乡退而修卒,卒退而修邑,邑退而修家。是故匹夫有善,可得而举也;匹夫有不善,可得而诛也。政既成矣,以守则固,以征则强。

[注释]①谪:谴责。 ②再:二次。宥:宽恕。

4.桓公曰:"吾欲从事于诸侯,其可乎?"管子对曰:"未可。邻国未吾亲也①。君欲从事于天下诸侯,则亲邻国。"桓公曰:"若何?"管子对曰:"审吾疆场②,而反其侵地;正其封疆③,无受其资;而重为之皮币④,以骤聘眺于诸侯⑤,以安四邻,则四邻之国亲我矣。为游士八十人,奉之以车马、衣裘,多其资币,使周游于四方,以号召天下之贤士。皮币玩好,使民鬻之四方,以监其上下之所好,择其淫乱者而先征之。"

[注释]①未吾亲:即"未亲吾"。 ②场:边界。 ③封:疆界。 ④皮币:裘皮和缯帛。这是古代诸侯交往时互赠的贵重礼物。 ⑤骤:多次。聘眺:诸侯相见,人数多的叫眺,人数少的叫聘。

5.桓公问曰:"夫军令则寄诸内政矣,齐国寡甲兵,为之若何?"管子对曰:"轻过而移诸甲兵①。"桓公曰:"为之若何?"管子对曰:"制重罪赎以犀甲一戟②,轻罪赎以鞼盾一戟③,小罪谪以金分④,宥间罪⑤。索讼者三禁而不可上下⑥,坐成以束矢⑦。美金以铸剑戟,试诸狗马;恶金以铸钼、夷、斤、斸⑧,试诸壤土。"甲兵大足。

[注释]①轻过:轻罚罪过。 ②犀甲:犀牛皮制成的铠甲。戟:车戟。 ③鞼(guì)盾:饰有革制花纹的盾牌。 ④分:分两。金分指少量的黄金。 ⑤间罪:不能确证而有嫌疑的罪。 ⑥索讼:探求讼者情况。三禁:反复思考

作出判决。不可上下:不可更改,即加重或减轻。　⑦坐成:已经结案。束矢:十二支箭。交纳十二支箭便可请求对坐成之讼重新审查。　⑧恶金:铁。夷:钩、镰之类。斸(zhú):大锄头。

6. 桓公曰:"吾欲南伐,何主①?"管子对曰:"以鲁为主。反其侵地棠、潜②,使海于有蔽③,渠弭于有渚④,环山于有牢⑤。"桓公曰:"吾欲西伐,何主?"管子对曰:"以卫为主。反其侵地台、原、姑与漆里⑥,使海于有蔽,渠弭于有渚,环山于有牢。"桓公曰:"吾欲北伐,何主?"管子对曰:"以燕为主。反其侵地柴夫、吠狗⑦,使海于有蔽,渠弭于有渚,环山于有牢。"四邻大亲。既反侵地,正封疆,地南至于䶂阴⑧,西至于济,北至于河,东至于纪酅⑨,有革车八百乘。择天下之甚淫乱者而先征之。

[注释]①主:依靠。　②棠:鲁邑,在今山东鱼台县北。潜:鲁邑,在今山东济宁西南。　③于:如同。　④渠弭:小海。渚:通"堵",墙垣。　⑤牢:用于防御的栅栏等。　⑥台、原、姑与漆里:皆卫邑。　⑦柴夫、吠狗:燕邑。⑧䶂阴:齐邑名。《管子·小匡》作"岱阴",其地大概在泰山北麓。　⑨酅(xī):纪邑,在今山东淄博东。

即位数年,东南多有淫乱者,莱、莒、徐夷、吴、越,一战帅服三十一国。遂南征伐楚,济汝,逾方城,望汶山,使贡丝于周而反。荆州诸侯莫敢不来服。遂北伐山戎,刺令支①、斩孤竹而南归。海滨诸侯莫敢不来服。与诸侯饰牲为载②,以约誓于上下庶神③,与诸侯戮力同心④。西征攘白狄之地,至于西河,方舟设泭⑤,乘桴济河⑥,至于石枕。悬车束马⑦,逾太行与辟耳之溪拘夏,西服流沙、西吴。南城于周,反胙于绛⑧。岳滨诸侯莫敢不来服,而大朝诸侯于阳谷。兵车之属六⑨,乘车之会三⑩,诸侯甲不解累⑪,兵不解翳⑫,弢无弓⑬,服无矢⑭。隐武事,行文道,帅诸侯而朝天子。

[注释]①刜(fú):砍,击。 ②饰牲:整治祭祀用的祭品。载:盟书。 ③庶:众。 ④戮力:合力,努力。 ⑤方舟:将两条船绑在一起。泭(fú):木筏。 ⑥桴(fú):小木筏。 ⑦悬车束马:因为太行、辟耳的拘夏峡谷十分狭窄,齐国军队只好抬着车子,勒紧马肚带前进。 ⑧胙:胙土,指代君位。 ⑨兵车之属六:六次集合兵车。 ⑩乘车之会三:诸侯不带兵车,穿着命服会盟。 ⑪累:盛甲的盒子。 ⑫翳:装兵器的器具。 ⑬弢:弓袋。 ⑭服:箭袋。

7. 葵丘之会①,天子使宰孔致胙于桓公②,曰:"余一人之命有事于文、武③,使孔致胙。"且有后命曰:"以尔自卑劳,实谓尔伯舅④,无下拜。"桓公召管子而谋,管子对曰:"为君不君,为臣不臣,乱之本也。"桓公惧,出见客曰:"天威不违颜咫尺⑤,小白余敢承天子之命曰'尔无下拜',恐陨越于下,以为天子羞。"遂下拜,升受命。赏服大辂⑥,龙旗九旒⑦,渠门赤旂⑧,诸侯称顺焉。

[注释]①葵丘之会:葵丘为宋邑,在今河南兰考境内。这次会盟发生在公元前651年。 ②胙:胙肉,祭祀后的肉。 ③余一人:天子自称。 ④伯舅:对异姓诸侯的称呼。 ⑤违:离。 ⑥大辂(lù):天子之车。 ⑦龙旗九旒(liú):天子之旌。 ⑧渠门:两旗对峙所建军门。赤旂(qí):赤色的旗子。

8. 桓公忧天下诸侯。鲁有夫人、庆父之乱①,二君弑死,国绝无嗣。桓公闻之,使高子存之②。

[注释]①鲁有夫人、庆父之乱:鲁庄公夫人哀姜与庄公之弟庆父私通。公元前661年,庄公死,哀姜欲立庆父。于是庆父杀太子般、鲁闵公,内乱不已。 ②高子:齐卿高奚敬仲。公元前559年,齐桓公派高子平定鲁乱,杀哀姜与庆父。

狄人攻邢,桓公筑夷仪以封之①,男女不淫,牛马选具②。狄人攻卫,卫人出庐于曹,桓公城楚丘以封之③。其畜散而无育,桓公与之系马三百④。天下诸侯称仁焉。于是天下诸侯知桓公之非为己动也,是故诸侯归之。

[注释]①夷仪:今山东聊城境内。 ②选:齐整。 ③楚丘:今河南滑县。 ④系马:关在马厩里驯养好的良马。

桓公知诸侯之归己也,故使轻其币而重其礼①。故天下诸侯罢马以为币②,缕綦以为奉③,鹿皮四个;诸侯之使垂橐而入④,稇载而归⑤。故拘之以利,结之以信,示之以武,故天下小国诸侯既许桓公,莫之敢背,就其利而信其仁、畏其武。桓公知天下诸侯多与己也,故又大施忠焉。可为动者为之动,可为谋者为之谋,军谭、遂而不有也⑥,诸侯称宽焉。通齐国之鱼盐于东莱,使关市几而不征⑦,以为诸侯利,诸侯称广焉。筑葵兹、晏、负夏、领釜丘⑧,以御戎、狄之地,所以禁暴于诸侯也;筑五鹿、中牟、盖与、牡丘,以卫诸夏之地,所以示权于中国也。教大成,定三革⑨,隐五刃⑩,朝服以济河而无怵惕焉⑪,文事胜矣⑫。是故大国惭愧,小国附协。唯能用管夷吾、宁戚、隰朋、宾胥无、鲍叔牙之属而伯功立。

[注释]①币:聘问的礼物。礼:回馈的礼物。 ②罢马:不堪重负的劣马。 ③缕綦:用麻编织的红色的带子,用以作玉器的垫板。 ④垂橐:空袋子。 ⑤稛(kǔn)载:满载。 ⑥谭:古国名,在今山东章丘县内。因谭子不礼桓公,故灭之。遂:古国名,在今山东宁阳西。齐桓公北杏之回,遂人不赴会,故灭之。 ⑦几而不征:稽查货物但不征收关税。 ⑧葵兹、晏、负夏、领釜丘:皆地名。 ⑨三革:甲、胄、盾。 ⑩五刃:刀、剑、矛、戟、矢。 ⑪怵惕:恐惧。 ⑫胜:通"盛",兴盛。

晋 语 一

1.武公伐翼,杀哀侯①,止栾共子②曰:"苟无死,吾以子见天子,令子为上卿③,制晋国之政。"辞曰:"成闻之:'民生于三,事之如一。'父生之,师教之,君食之。非父不生,非食不长,非教不知生之族也,故壹事之。唯其所在,则致死焉。报生以死,报赐以力,人之道也。臣敢以私利废人之道,君何以训矣?且君知成之从也,未知其待于曲沃也。从君而贰④,君焉用之?"遂斗而死。

[注释]①武公:曲沃桓叔之孙、庄伯之子,名称。翼:晋国国都,在今山西翼城东南。哀侯:晋国国君,名光。当初,晋昭侯分割晋国,分封其叔父桓叔为曲沃伯。后来沃盛强,而昭侯微弱。公元前740年,晋臣潘父弑昭侯而纳桓叔为晋人所拒绝,曲沃伯败归曲沃。晋人立昭侯之子孝侯。公元前724年,桓叔之子庄伯伐翼,杀孝侯。晋大夫驱逐庄伯,复立孝侯弟姬郄,是为鄂侯。鄂侯死,其子姬光立,是为哀侯。公元前709年,曲沃武公伐翼,杀哀侯。公元前705年与前679年,武公先后杀哀侯之子晋小子和哀侯之弟晋侯闵,并献宝器于周天子,周僖王封曲沃武公为诸侯。至此,晋归曲沃。 ②栾共子:晋哀侯大夫共叔成,其父栾宾曾为曲沃桓伯的老师。 ③上卿:执政之卿。按礼,大国三卿皆命于天子。 ④贰:贰心。

2. 献公卜伐骊戎①,史苏占之,曰:"胜而不吉。"公曰:"何谓也?"对曰:"遇兆②,挟以衔骨③,齿牙为猾④,戎、夏交捽⑤。交捽,是交胜也,臣故云。且惧有口,携民⑥,国移心焉。"公曰:"何口之有!口在寡人,寡人弗受,谁敢兴之?"对曰:"苟可以携,其入也必甘受,逞而不知⑦,胡可壅也⑧?"公弗听,遂伐骊戎,克之。获骊姬以归,有宠,立以为夫人。公饮大夫酒,令司正实爵与史苏⑨,曰:"饮而无肴⑩。夫骊戎之役,女曰'胜而不吉',故赏女以爵,罚女以无肴。克国得妃,其有吉孰大焉!"史苏卒爵,再拜稽首曰:"兆有之,臣不敢蔽。蔽兆之纪⑪,失臣之官,有二罪焉,何以事君?大罚将及,不唯无肴。抑君亦乐其吉而备其凶,凶之无有,备之何害?若其有凶,备之为瘳⑫。臣之不信⑬,国之福也,何敢惮罚。"

[注释]①献公:晋武公之子诡诸。骊戎:西戎的一支,居住在今骊山。②兆:占卜时出现的纹路,以此断定吉凶。 ③挟:交会。以:通"似"。兆纹交会似口中衔着骨头。 ④猾:拨弄。两条兆纹末端相对如人的牙齿,预示将有人拨弄是非,生口舌之祸。 ⑤交捽(zuó):抵触,冲突。 ⑥携:背离,离奇。 ⑦逞:快意。 ⑧壅:防止,阻止。 ⑨司正:在宴会上主持宾主礼仪之事的人。实爵:斟满酒。 ⑩肴:肉食。 ⑪纪:兆象的内容。 ⑫瘳:病愈。 ⑬不信:预言不确。

饮酒出,史苏告大夫曰:"有男戎必有女戎①。若晋以男戎胜戎,而戎亦必以女戎胜晋,其若之何!"里克②曰:"何如?"史苏曰:"昔夏桀伐有施③,有施人以妹喜女焉④,妹喜有宠,于是乎与伊尹比而亡夏⑤。殷辛伐有苏⑥,有苏氏以妲己女焉,妲己有宠,于是乎与胶鬲比而亡殷⑦。

周幽王伐有褒⑧,褒人以褒姒女焉,褒姒有宠,生伯服,于是乎与虢石甫比⑨,逐太子宜臼而立伯服。太子出奔申,申人、鄫人召西戎以伐周,周于是乎亡。今晋寡德而安俘女,又增其宠,虽当三季之王⑩,不亦可乎?且其兆云:'挟以衔骨,齿牙为猾。'我卜伐骊,龟往离散以应我。夫若是,贼之兆也,非吾宅也,离则有之。不跨其国,可谓挟乎?不得其君,能衔骨乎?若跨其国而得其君,虽逢齿牙,以猾其中,谁云不从?诸夏从戎⑪,非败而何?从政者不可以不戒,亡无日矣!"

[**注释**]①女戎:女兵。这里指女祸。　②里克:晋卿里季。　③有施:古国名,喜姓。　④女:以女献人。　⑤伊尹:汤相伊挚,后世尊为阿衡。比:比功。伊尹助汤灭夏,而妺喜在内部作乱,就亡夏而言,他们的功劳相同。⑥殷辛:商纣。有苏:古国名,己姓。　⑦胶鬲:本为殷贤臣,见商纣无道便自殷适周,佐武王灭殷。　⑧有褒:古国名,姒姓。　⑨虢石甫:幽王卿士,为人奸邪,独揽朝政,百姓怨恨。比:朋比为奸。　⑩三季之王:夏商周的末代王。⑪诸夏从戎:晋国君臣上下皆听命于骊姬。

郭偃①曰:"夫三季王之亡也宜。民之主也,纵惑不疚②,肆侈不违③,流志而行④,无所不疚,是以及亡而不获追鉴。今晋国之方⑤,偏侯也⑥。其土又小,大国在侧,虽欲纵惑,未获专也⑦。大家、邻国将师保之⑧,多而骤立,不其集亡⑨。虽骤立,不过五矣。且夫口,三五之门也⑩。是以谗口之乱,不过三五。且夫挟,小鲠也。可以小戕⑪,而不能丧国。当之者戕焉,于晋何害?虽谓之挟,而猾以齿牙,口弗堪也,其与几何?晋国惧则甚矣,亡犹未也。商之衰也,其铭有之曰:'嗛嗛之德⑫,不足就也,不可以矜,而祇取忧也。嗛嗛之食,不足狃也⑬,不能为膏,而祇罹咎也⑭。'虽骊之乱,其罹咎而已,其何能服？吾闻以乱得聚者,非谋不卒时⑮,非人不免难,非礼不终年,非义不尽齿,非德不及世,非天不离数⑯。今不据其安,不可谓能谋;行之以齿牙,不可谓得人;废国而向己,不可谓礼;不度而迁求,不可谓义;以宠贾怨,不可谓德;少族而多敌,不可谓天。德义不行,礼义不则,弃人失谋,天亦不赞⑰。吾观君夫人也⑱,若为乱,其犹隶农也⑲。虽获沃田而勤易之⑳,将不克飨,为人而已。"

[注释]①郭偃:晋大夫,掌占卜之事,又称卜偃。 ②不疚:不以为祸害。③违:离,避开。 ④流志:放纵自己的情志。 ⑤方:方圆。指代国土。⑥偏侯:偏远的诸侯国,非处于中原地带。 ⑦专:肆意而为。 ⑧大家:大族大夫,强势之卿。邻国:秦、齐等大国。师保:太师、太保之类辅佐教育帝王的官员。此处指大家、邻国像师保那样教导他。 ⑨骤:数次。集:至。⑩三:三辰,指日、月、星。五:五行,金、木、水、火、土。口用来纪三辰、宣五行,所以被称为三五之门。 ⑪戕:伤害。 ⑫嗛嗛(qiàn):微小。 ⑬狃(niǔ):贪。 ⑭罹:遭受。 ⑮时:三月为一时。 ⑯离:通"历",经历。数:数世。 ⑰赞:佐助。 ⑱君夫人:骊姬。 ⑲隶农:从事农业的奴隶。⑳易:治理。

士蒍①曰:"诚莫如豫,豫而后给②。夫子诫之,抑二大夫之言其皆有焉③。"

[注释]①士蒍:晋大夫,夏代御龙氏刘累之后、隰叔之子,名子舆。②豫:备。给:及。言先做好准备而后采取措施应对。 ③夫子:郭偃。二大夫:史苏、郭偃。

既①,骊姬不克,晋正于秦②,五立而后平③。

[注释]①既:后来。 ②晋正于秦:秦助晋国平息内乱。 ③五立:晋献公之后,晋先后立奚齐、卓子、惠公、怀公、文公。

3. 献公伐骊戎,克之,灭骊子,获骊姬以归,立以为夫人,生奚齐。其娣生卓子①。骊姬请使申生主曲沃以速悬②,重耳处蒲城③,夷吾处屈④,奚齐处绛⑤,以儆无辱之故⑥。公许之。

[注释]①娣:妹。 ②申生:献公太子。曲沃:地名,在今山西闻喜县东,是晋国的宗庙所在地。主:公序本作"处"。速悬:快速断绝,此处指骊姬想让申生与其父献公关系生疏。 ③蒲城:地名,在今山西隰县西北。 ④屈:分北屈(今山西吉县东北)和南屈(今山西吉县南部),此处指北屈。 ⑤绛:晋国都所在地,今山西翼城境内。 ⑥儆:戒备,警备。

史苏朝,告大夫曰:"二三大夫其戒之乎,乱本生矣!日,君以骊姬为夫人,民之疾心固皆至矣。昔者之伐也,兴百姓以为百姓也,是以民能欣之,故莫不尽忠极劳以致死也。今君起百姓以自封也①,民外不得其利,而内恶其贪,则上下既有判矣②;然而又生男,其天道也?天强其毒③,民疾其态④,其乱生哉!吾闻君之好好而恶恶,乐乐而安安,是以能有常。伐木不自其本,必复生;塞水不自其源,必复流;灭祸不自其基⑤,必复乱。今君灭其父而畜其子,祸之基也。畜其子,又从其欲⑥,子思报父之耻而信其欲⑦,虽好色⑧,必恶心⑨,不可谓好。好其色,必授之情。彼得其情以厚其欲,从其恶心,必败国且深乱。乱必自女戎,三代皆然。"骊姬果作难,杀太子而逐二公子⑩。君子曰:"知难本矣。"

[注释]①封:富厚。　②判:离,别。　③毒:罪恶。　④态:丑恶行径。　⑤基:始。　⑥从:通"纵"。　⑦信:通"伸"。　⑧好色:容颜美丽。　⑨恶心:内心歹毒。　⑩二公子:重耳和夷吾。

4.骊姬生奚齐,其娣生卓子。公将黜太子申生而立奚齐①。里克、丕郑、荀息相见②,里克曰:"夫史苏之言将及矣!其若之何?"荀息曰:"吾闻事君者,竭力以役事,不闻违命。君立臣从,何贰之有?"丕郑曰:"吾闻事君者,从其义,不阿其惑③。惑则误民,民误失德,是弃民也。民之有君,以治义也。义以生利,利以丰民,若之何其民之与处而弃之也?必立太子。"里克曰:"我不佞,虽不识义,亦不阿惑,吾其静也④。"三大夫乃别。

[注释]①黜(chù):废黜。　②丕郑:晋大夫。荀息:晋公族,名叔。　③惑:迷惑,昏庸。　④静:静观其变。

蒸于武公①,公称疾不与,使奚齐莅事。猛足②乃言于太子曰:"伯氏不出③,奚齐在庙,子盍图乎!"太子曰:"吾闻之羊舌大夫④曰:'事君以敬,事父以孝。'受命不迁为敬,敬顺所安为孝。弃命不敬,作令不孝,又何图焉?且夫间父之爱而嘉其贶⑤,有不忠焉;废人以自成,有不贞焉。孝、敬、忠、贞,君父之所安也。弃安而图,远于孝矣,吾其止也。"

[注释]①蒸:冬祭。武公:即武宫,晋武公的祭庙,在曲沃。　②猛足:太

子申生的家臣。 ③伯氏：太子申生。排行为长，故称伯氏。 ④羊舌大夫：名突。晋武公庶子伯侨生文，文生突，封于羊舌，因以为氏，号羊舌大夫。羊舌突生职，是为叔向之祖父。 ⑤间：离间。

5. 献公田，见翟柤之氛①，归寝不寐。郄叔虎朝②，公语之。对曰："床笫之不安邪③？抑骊姬之不存侧邪④？"公辞焉⑤。出遇士䓕，曰："今夕君寝不寐，必为翟柤也。夫翟柤之君，好专利而不忌，其臣竞谄以求媚，其进者壅塞⑥，其退者拒违⑦。其上贪以忍，其下偷以幸，有纵君而无谏臣，有冒上而无忠下。君臣上下各餍其私⑧，以纵其回⑨，民各有心而无所据依。以是处国，不亦难乎！君若伐之，可克也。吾不言，子必言之。"士䓕以告，公悦，乃伐翟柤。郄叔虎将乘城⑩，其徒曰："弃政而役，非其任也。"郄叔虎曰："既无老谋，而又无壮事，何以事君？"被羽先升⑪，遂克之。

[注释] ①翟柤：国名，约在今山西临汾附近。氛：云气。凶气称"氛"，吉气称"祥"。 ②郄叔虎：晋大夫，名豹，郄芮之父。 ③笫(zǐ)：又称"簧"，竹子或木条编成的床垫。 ④存侧：侍寝。 ⑤辞：否认。 ⑥壅塞：蒙蔽。 ⑦拒违：背离，引申为怨恨。 ⑧餍：满、足。 ⑨回：邪僻。 ⑩乘：升、登。 ⑪羽：鸟羽。背插鸟羽作为标志。

6. 公之优曰施，通于骊姬。骊姬问焉，曰："吾欲作大事①，而难三公子之徒如何②？"对曰："早处之，使知其极③。夫人知极，鲜有慢心④；虽其慢，乃易残也。"骊姬曰："吾欲为难，安始而可？"优施曰："必于申生。其为人也，小心精洁，而大志重⑤，又不忍人⑥。精洁易辱，重偾可疾⑦，不忍人，必自忍也。辱之近行。"骊姬曰："重，无乃难迁乎⑧？"优施曰："知辱可辱，可辱迁重；若不知辱，亦必不知固秉常矣。今子内固而外宠，且善否莫不信。若外殚善而内辱之⑨，无不迁矣。且吾闻之：甚精必愚。精为易辱，愚不知避难。虽欲无迁，其得之乎？"是故先施谗于申生。

[注释]①大事：指废黜太子申生而立奚齐之事。　②难：以……为难。三公子：申生、重耳、夷吾。之徒：据王引之《经义述闻》，"之徒"为衍文。③极：至。　④慢心：慢怠之心。　⑤重：矜持自重。　⑥忍人：忍心加害他人。　⑦偾(fèn)：僵死。　⑧迁：改变。　⑨外：表面。殚：尽力，竭尽。

骊姬赂二五①，使言于公曰："夫曲沃，君之宗也②；蒲与二屈，君之疆也，不可以无主。宗邑无主，则民不威；疆场无主，则启戎心③。戎之生心，民慢其政，国之患也。若使太子主曲沃，而二公子主蒲与屈，乃可以威民而惧戎，且旌君伐④。"使俱曰："狄之广莫⑤，于晋为都。晋之启土⑥，不亦宜乎？"公说，乃城曲沃，太子处焉；又城蒲，公子重耳处焉；又城二屈，公子夷吾处焉。骊姬既远太子，乃生之言，太子由是得罪。

[注释]①二五：指献公的嬖臣梁五、东关五。　②宗：宗邑，宗庙所在地。③启：开。　④旌：表彰，旌扬。伐：功绩。　⑤广莫：广大。　⑥启土：开拓疆域。

7. 十六年①，公作二军②，公将上军，太子申生将下军以伐霍③。师未出，士蒍言于诸大夫曰："夫太子，君之贰也④。恭以俟嗣,何官之有?今君分之土而官之,是左之也⑤。吾将谏以观之。"乃言于公曰:"夫太子,君之贰也,而帅下军,无乃不可乎?"公曰:"下军,上军之贰也。寡人在上,申生在下,不亦可乎?"士蒍对曰:"下不可以贰上。"公曰:"何故?"对曰:"贰若体焉⑥,上下左右,以相心目,用而不倦,身之利也。上贰代举⑦,下贰代履⑧,周旋变动,以役心目,故能治事,以制百物⑨。若下摄上⑩,与上摄下,周旋不动,以违心目,其反为物用也,何事能治?故古之为军也,军有左右,阙从补之,成而不知,是以寡败。若以下贰上,阙而不变,败弗能补也。变非声章⑪,弗能移也。声章过数则有衅⑫,有衅则敌入,敌入而凶,救败不暇,谁能退敌?敌之如志,国之忧也。可以陵小,难以征国。君其图之!"公曰:"寡人有子而制焉,非子之忧也。"对曰:"太子,国之栋也。栋成乃制之,不亦危乎!"公曰:"轻其所任⑬,虽危何害?"

[注释]①十六年:公元前661年。 ②二军:当初,晋武公以宝器贿赂周天子,周天子命晋武公以一军为诸侯。公元前661年,晋献公违命组建二军。③霍:国名,始封者为周文王之子叔度,故址位于今山西霍县。 ④贰:副手。⑤左:贬降。 ⑥体:四肢。 ⑦代:轮流,交替。 ⑧履:步履。此用作动词,行步。 ⑨制:控制,约束。 ⑩摄:摄制。 ⑪声章:指代金鼓和旌旗。古代用金鼓旌旗发号施令,指挥战斗。其有一定的规则,即下文的"数"。⑫衅:空隙。 ⑬轻:减轻。任:负担。

士蒍出语人曰:"太子不得立矣。改其制而不患其难,轻其任而不忧其危,君有异心,又焉得立?行之克也,将以害之;若其不克,其因以罪之。虽克与否,无以避罪。

与其勤而不入①,不如逃之。君得其欲,太子远死,且有令名,为吴太伯②,不亦可乎?"太子闻之,曰:"子舆之为我谋,忠矣。然吾闻之:为人子者,患不从,不患无名;为人臣者,患不勤,不患无禄。今我不才而得勤与从,又何求焉?焉能及吴太伯乎?"太子遂行,克霍而反,谗言弥兴。

[注释]①勤:勤于国事。入:合乎君心。 ②吴太伯:周大王的长子,觉察其父欲立其少弟季历(王季,文王之父),便与弟仲雍奔吴。后来周武王追赠其为吴伯,又因其为长子,故后世称之为吴太伯。

8.优施教骊姬夜半而泣谓公曰:"吾闻申生甚好仁而强,甚宽惠而慈于民,皆有所行之。今谓君惑于我,必乱国,无乃以国故而行强于君。君未终命而不殁①,君其若之何?盍杀我②,无以一妾乱百姓。"公曰:"夫岂惠其民而不惠于其父乎?"骊姬曰:"妾亦惧矣。吾闻之外人之言曰:为仁与为国不同。为仁者,爱亲之谓仁;为国者,利国之谓仁。故长民者无亲③,众以为亲。苟利众而百姓和,岂能惮君?以众故不敢爱亲,众况厚之④,彼将恶始而美终,以晚盖者也。凡民利是生,杀君而厚利众,众孰沮之⑤?杀亲无恶于人,人孰去之?苟交利而得宠,志行而众悦,欲其甚矣,孰不惑焉?虽欲爱君,惑不释也。今夫以君为纣,若纣有良子,而先丧纣,无章其恶而厚其败。钧之死也⑥,无必假手于武王,而其世不废,祀至于今,吾岂知纣之善否哉⑦?君欲勿恤⑧,其可乎?若大难至而恤之,其何及矣!"公惧曰:"若何而可?"骊姬曰:"君盍老而授之政。彼得政而行其欲,得其所索⑨,乃其释君。且君其图之,自桓叔以来⑩,孰能爱亲?唯无亲,故能兼翼。"公曰:"不可与政。我以武与威,是以临诸侯。未殁而亡政,不可谓武;有子而弗胜,不可谓威。我授之政,诸侯必绝;能绝于我,必能害我。失政而害国,不可忍也。尔勿忧,吾将图之。"

[注释]①殁:终,死。 ②盍:何不。 ③长:统治,管理。 ④厚:归附,拥戴。 ⑤沮:阻止。 ⑥钧:同样。 ⑦善否:善恶。 ⑧恤:担忧。 ⑨索:求。 ⑩桓叔:晋献公的曾祖成师,始封为曲沃伯。

骊姬曰:"以皋落狄之朝夕苛我边鄙①,使无日以牧田野,君之仓廪固不实,又恐削封疆。君盍使之伐狄,以观其果于众也②,与众之信辑睦焉③。若不胜狄,虽济其罪④,可也;若胜狄,则善用众矣,求必益广,乃可厚图也。且夫胜狄,诸侯惊惧,吾边鄙不敚,仓廪盈,四邻服,封疆信,君得其赖,又知可否,其利多矣。君其图之!"公说。是故使申生伐东山,衣之偏裻之衣⑤,佩之以金玦⑥。仆人赞闻之,曰:"太子殆哉⑦!君赐之奇,奇生怪,怪生无常,无常不立。使之出征,先以观之,故告之以离心⑧,而示之以坚忍之权⑨,则必恶其心而害其身矣。恶其心,必内险之;害其身,必外危之。危自中起⑩,难哉!且是衣也,狂夫阻之衣也⑪。其言曰:'尽敌而反。'虽尽敌,其若内谗何!"申生胜狄而反,谗言作于中。君子曰:"知微。"

[注释]①皋落狄:又称东山皋落狄,赤狄别种,分布于今山西垣曲县境内。苛:侵扰。鄙:边境。 ②果:果于用师。 ③信:诚然,确实。辑睦:和睦。 ④济:成。 ⑤偏裻(dū)之衣:背缝在中间,左右颜色不同的衣服。

裻,衣服后面的中缝。　⑥金玦(jué):金属制成的配饰物。玦,似环而有缺口。　⑦殆:危险。　⑧离心:指以偏缝杂色衣服相赠。　⑨坚忍:金玦。玦者,有缺口,寓意申生品性不纯,不宜为太子。玦本为玉制,今以金制,寓意父子情绝。　⑩中:宫中。　⑪狂夫:方相氏。据《周礼》,方相氏是古代负责驱赶疫鬼的人。阻:通"诅",诅咒。古代人穿这种偏衣,要先请方相氏诅咒,以驱除不祥。

9.十七年冬①,公使太子伐东山。里克谏曰:"臣闻皋落氏将战,君其释申生也②!"公曰:"行也!"里克对曰:"非故也③。君行,太子居,以监国也;君行,太子从,以抚军也。今君居,太子行,未有此也。"公曰:"非子之所知也。寡人闻之,立太子之道三:身钧以年④,年同以爱,爱疑决之以卜、筮。子无谋吾父子之间,吾以此观之。"公不说。里克退,见太子。太子曰:"君赐我以偏衣、金玦,何也?"里克曰:"孺子惧乎?衣躬之偏,而握金玦,令不偷矣⑤。孺子何惧!夫为人子者,惧不孝,不惧不得。且吾闻之曰:'敬贤于请⑥。'孺子勉之乎!"君子曰:"善处父子之间矣。"

[注释]①十七年:公元前660年。　②释:舍。　③故:过去的规章。　④钧:同。年:年龄。　⑤偷:薄。　⑥贤:胜过。

太子遂行,狐突御戎①,先友为右②,衣偏衣而佩金玦。出而告先友曰:"君与我此,何也?"先友曰:"中分而金玦之权,在此行也。孺子勉之乎!"狐突叹曰:"以厖衣纯③,而玦之以金铣者④,寒之甚矣,胡可恃也?虽勉之,狄可尽乎?"先友曰:"衣躬之偏,握兵之要,在此行也,勉之而已矣。偏躬无慝,兵要远灾,亲以无灾,又何患焉?"至于稷桑⑤,狄人出逆,申生欲战。狐突谏曰:"不可。突闻之:国君好艾⑥,大夫殆;好内,适子殆⑦,社稷危。若惠于父而远于死⑧,惠于众而利社稷,其可以图之乎?况其危身于狄以起谗于内也?"申生曰:"不可。君之使我,非欢也,抑欲测吾心也。是故赐我奇服,而告我权。又有甘言焉。言之大甘,其中必苦。谮在中矣,君故生心。虽蝎谮⑨,焉避之?不若战也。不战而反,我罪滋厚;我战死,犹有令名焉。"果败狄于稷桑而反。谗言益起,狐突杜门不出。君子曰:"善深谋也。"

[注释]①狐突:晋大夫,字伯行,公子重耳的外祖父,狐偃之父。戎:战车。　②先友:晋大夫。右:站在车右保护主帅的卫士。　③尨(máng):杂色。纯:此处代指申生。　④金铣(xiǎn):古人认为玉性温,而金性寒。铣,通"洒",寒光闪闪的样子。　⑤稷桑:地名,狄境内。　⑥艾:据韦昭《国语注》,"艾"当为"外",二者音近而误。外,外朝嬖臣。　⑦适(dí):通"嫡"。⑧惠于父而远于死:劝其效仿吴太伯。　⑨蝎(hé):蛀蚀树木的蠹虫。

晋 语 二

1.反自稷桑,处五年①,骊姬谓公曰:"吾闻申生之谋愈深。日②,吾固告君曰得众,众不利,焉能胜狄?今矜狄之善③,其志益广。狐突不顺,故不出。吾闻之,申生甚好信而强,又失言于众矣④,虽欲有退⑤,众将责焉。言不可食,众不可弭⑥,是以深谋。君若不图,难将至矣!"公曰:"吾不忘也,抑未有以致罪焉。"

[**注释**]①处五年:即献公二十一年,公元前656年。 ②日:当初,过去。 ③矜:矜夸。 ④失言:即矢言,誓言。 ⑤退:追悔。 ⑥弭:止息。

骊姬告优施曰:"君既许我杀太子而立奚齐矣,吾难里克①,奈何!"优施曰:"吾来里克②,一日而已。子为我具特羊之飨③,吾以从之饮酒。我优也,言无邮④。"骊姬许诺,乃具,使优施饮里克酒。中饮,优施起舞,谓里克妻曰:"主孟啗我⑤,我教兹暇豫事君⑥。"乃歌曰:"暇豫之吾吾⑦,不如鸟乌。人皆集于苑⑧,己独集于枯。"里克笑曰:"何谓苑?何谓枯?"优施曰:"其母为夫人,其子为君,可不谓苑乎？其母既死，其子又有谤，可不谓枯乎？枯且有伤⑨。"

[注释]①难：担心，忧虑。　②来：使……来，意为使里克顺从自己。③特羊：一只羊。　④邮：过失，过错。　⑤主：古代大夫称主，大夫妻也可以称主。孟：里克妻的字。一曰为"盍"，解为"何不"。啖：吃，饮食。　⑥暇豫：安闲快逸。　⑦吾吾（yú yú）：不敢主动与人相亲的样子。　⑧集：栖息。苑：通"菀"，树木茂盛的样子。　⑨且：将。

优施出，里克辟奠①，不飧而寝②。夜半，召优施，曰："曩而言戏乎③？抑有所闻之乎？"曰："然。君既许骊姬杀太子而立奚齐，谋既成矣。"里克曰："吾秉君以杀太子④，吾不忍。通复故交⑤，吾不敢。中立其免乎？"优施曰："免。"

[注释]①辟奠：撤除私宴时所陈设的物品。辟，撤去。　②飧（sūn）：晚餐。　③曩：此前，先前。而：尔，你。　④秉：秉承，顺从。　⑤故交：太子。

旦而里克见丕郑，曰："夫史苏之言将及矣！优施告我，君谋成矣，将立奚齐。"丕郑曰："子谓何？"曰："吾对以中立。"丕郑曰："惜也！不如曰不信以疏之①，亦固太子以携之②，多为之故，以变其志③，志少疏，乃可间也④。今子曰中立，况固其谋也⑤，彼有成矣，难以得间。"里克曰："往言不可及也，且人中心唯无忌之⑥，何可败也！子将何如？"丕郑曰："我无心。是故事君者，君为我心⑦，制不在我。"里克曰："弑君以为廉，长廉以骄心⑧，因骄以制人家，吾不敢。抑挠志以从君⑨，为废人以自利也⑩，利方以求成人⑪,吾不能。将伏也⑫!"明日,称疾不朝。三旬,难乃成。

[注释]①不信以疏之:不相信君心已经疏远太子。 ②固:稳固,巩固。携:离。 ③故:巧诈,计谋。志:骊姬加害太子的心思。 ④间:离,意为有机可乘。 ⑤况:更加。 ⑥人:谓骊姬及其同党。中心:心中。 ⑦君为我心:君主的思想便是我的思想。 ⑧廉:直。 ⑨挠志:违心。 ⑩废人:太子申生。 ⑪利方:利用手段。成人:奚齐。 ⑫伏:隐。

骊姬以君命命申生曰:"今夕君梦齐姜①,必速祠而归福②。"申生许诺,乃祭于曲沃,归福于绛。公田,骊姬受福,乃置鸩于酒③,置堇于肉④。公至,召申生献,公祭之地,地坟⑤。申生恐而出。骊姬与犬肉,犬毙;饮小臣酒⑥,亦毙。公命杀杜原款⑦。申生奔新城⑧。

[注释]①齐姜:申生之母。 ②祠:祭祀。福:祭祀之后的酒肉,即胙肉。 ③鸩:毒。 ④堇:有毒的植物乌头草。 ⑤坟:隆起。 ⑥小臣:宫中近侍。 ⑦杜原款:太子申生之傅。 ⑧新城:曲沃。献公新命士芬增筑,故曰新城。

杜原款将死,使小臣圉告于申生①,曰:"款也不才,寡智不敏,不能教导,以至于死。不能深知君之心度,弃宠求广土而窜伏焉②;小心狷介③,不敢行也。是以言至而无所讼之也④,故陷于大难,乃逮于谗。然款也不敢爱死,唯与谗人钧是恶也。吾闻君子不去情⑤,不反谗⑥,谗行身死可也,犹有令名焉。死不迁情,强也。守情说父,孝也。杀身以成志,仁也。死不忘君,敬也。孺子勉之!死必遗爱,死民之思,不亦可乎?"申生许诺。

[注释]①圂:小臣名。　②广土:逃亡旷野。　③狷介:拘谨自守而不知变通。　④言:谗言。讼:申述,辩解。　⑤不去情:不去忠爱之情。　⑥不反谗:不反复申辩别人的谗言。

人谓申生曰:"非子之罪,何不去乎①?"申生曰:"不可。去而罪释②,必归于君,是怨君也。章父之恶③,取笑诸侯,吾谁乡而入?内困于父母,外困于诸侯,是重困也。弃君去罪,是逃死也。吾闻之:'仁不怨君,智不重困,勇不逃死。'若罪不释,去而必重。去而罪重,不智。逃死而怨君,不仁。有罪不死,无勇。去而厚怨,恶不可重,死不可避,吾将伏以俟命④。"

[注释]①去:离开,投奔他国以避祸。　②释:澄清。　③章:通"彰",彰显。　④伏:静。俟:等候。

骊姬见申生而哭之,曰:"有父忍之①,况国人乎?忍父而求好人,人孰好之?杀父以求利人,人孰利之?皆民之所恶也,难以长生!"骊姬退,申生乃雉经于新城之庙②。将死,乃使猛足言于狐突曰:"申生有罪,不听伯氏,以至于死。申生不敢爱其死,虽然,吾君老矣,国家多难,伯氏不出,奈吾君何?伯氏苟出而图吾君③,申生受赐以至于死,虽死何悔!"是以谥为共君④。

[注释]①忍:忍心待之。　②雉经:自缢。　③图:辅佐。　④共君:古代的帝王、贵族、大臣死后,根据其生前的行事或品性,给予一个名号,以对之作出评价。根据《谥法》:"敬顺事上曰恭。"所以,惠公改葬申生时谥之曰"恭君",表彰其能敬顺事上。

骊姬既杀太子申生,又谮二公子曰:"重耳、夷吾与知共君之事。"公令阉楚刺重耳①,重耳逃于狄;令贾华刺夷吾②,夷吾逃于梁③。尽逐群公子,乃立奚齐焉。始为令,国无公族焉。

[注释]①阉楚:阉人名楚,即下文的"寺人披"。 ②贾华:晋大夫。后被惠公(夷吾)所杀。 ③梁:嬴姓之国,伯爵,在今陕西韩城市南。后来被秦所灭。

2. 二十二年①,公子重耳出亡②,及柏谷③,卜适齐、楚④。狐偃⑤曰:"无卜焉。夫齐、楚道远而望大⑥,不可以困往⑦。道远难通,望大难走,困往多悔。困且多悔,不可以走望。若以偃之虑,其狄乎!夫狄近晋而不通,愚陋而多怨,走之易达。不通可以窜恶⑧,多怨可与共忧。今若休忧于狄,以观晋国,且以监诸侯之为,其无不成。"乃遂之狄。

[注释]①二十二年:献公二十二年,公元前655年。 ②亡:逃亡。 ③柏谷:地名,在今河南灵宝县西南。 ④卜:占卜。 ⑤狐偃:狐突之子,重耳舅父。 ⑥望:欲望。 ⑦困往:在窘困时投靠它。 ⑧窜恶:避害。

处一年,公子夷吾亦出奔,曰:"盍从吾兄窜于狄乎?"冀芮①曰:"不可。后出同走,不免于罪。且夫偕出偕入难②,聚居异情恶③,不若走梁。梁近于秦,秦亲吾君。吾君老矣,子往,骊姬惧,必援于秦。以吾存也,且必告悔,是吾免也。"乃遂之梁。居二年,骊姬使奄楚以环释言④。四年,复为君。

[注释]①冀芮:即郄芮,因其食采邑于冀,故称冀芮。冀缺之父,夷吾的老师。 ②偕人:指以后回国。 ③异情:思想目的不同。 ④环:谐音还,表示让其回国。

3. 虢公梦在庙①,有神人面白毛虎爪,执钺立于西阿②,公惧而走。神曰:"无走!帝命曰:'使晋袭于尔门。'"公拜稽首,觉,召史嚚占之③,对曰:"如君之言,则蓐收也④,天之刑神也,天事官成⑤。"公使囚之,且使国人贺梦。舟之侨告诸其族⑥曰:"众谓虢亡不久,吾乃今知之。君不度而贺大国之袭,于己也何瘳⑦?吾闻之曰:'大国道,小国袭焉曰服。小国傲,大国袭焉曰诛。'民疾君之侈也,是以遂于逆命。今嘉其梦,侈必展⑧,是天夺之鉴而益其疾也。民疾其态,天又诳之;大国来诛,出令而逆;宗国既卑,诸侯远已。内外无亲,其谁云救之?吾不忍俟也!"将行,以其族适晋。六年,虢乃亡。

[注释]①虢公:虢国的国君。此是周文王之弟虢仲之后,西虢国君姬丑。②钺:大斧。阿:飞翘的庙檐。 ③史嚚(yín):虢国的太史,名嚚。 ④蓐收:金正。相传少昊之子该死后因功被祀为西方主秋之神。西方五行属金,金、秋主刑杀,故曰天之刑神。 ⑤天事官成:上天降福祸于人,都是通过五方主管神来完成的。 ⑥舟之侨:虢国大夫,见虢将亡,便投靠了晋。⑦瘳:损减。 ⑧嘉:美。展:扩张。

4. 伐虢之役,师出于虞①。宫之奇谏而不听②,出,谓其子曰:"虞将亡矣!唯忠信者能留外寇而不害。除暗以应外谓之忠③,定身以行事谓之信。今君施其所恶于人,暗不除矣;以贿灭亲④,身不定矣。夫国非忠不立,非信不固。既不忠信,而留外寇,寇知其衅而归图焉⑤。已自拔其本矣,何以能久?吾不去,惧及焉。"以其帑适西山⑥,三月,虞乃亡。

[注释]①虞:国名。古公亶父之子虞仲所封之国,在今山西平陆,位于虢、晋之间。　②宫之奇:虞国贤大夫。　③暗:昏昧。　④以贿灭亲:假道伐虢之事。　⑤衅:空隙,可乘之机。　⑥帑:妻子和儿女。

5.献公问于卜偃①曰:"攻虢何月也?"对曰:"童谣有之曰:'丙之晨,龙尾伏辰②,均服振振③,取虢之旂④。鹑之贲贲⑤,天策焞焞⑥,火中成军⑦,虢公其奔!'火中而旦,其九月十月之交乎?"

[注释]①卜偃:郭偃,晋掌卜大夫。　②龙尾:二十八宿中的尾宿。伏:隐。辰:每月月朔的日月交会。　③均服:即袀服,戎服。古代君臣所穿戎服形制相同。振振:威武貌。　④旂(qí):军中旌旗。　⑤鹑:鹑火,即二十八星宿中的柳宿。贲贲:形容鹑火之貌。　⑥天策:傅说星,属尾宿。焞焞(tūn tūn):光线暗弱的样子。　⑦火中:鹑火星出现在南方。

6.葵丘之会①,献公将如会,遇宰周公②,曰:"君可无会也。夫齐侯好示③,务施与力而不务德,故轻致诸侯而重遣之④,使至者劝而叛者慕。怀之以典言⑤,薄其要结而厚德之,以示之信。三属诸侯⑥,存亡国三,以示之施。是以北伐山戎,南伐楚,西为此会也。譬之如室,既镇其甍矣⑦,又何加焉?吾闻之,惠难遍也,施难报也。不遍不报,卒于怨仇。夫齐侯将施惠如出责⑧,是之不果奉,而暇晋是皇⑨,虽后之会,将在东矣。君无惧矣,其有勤也⑩!"

公乃还。

[注释]①葵丘之会:公元前651年,齐桓公会鲁侯、宋公、郑侯等于葵丘(今河南兰考县东)。 ②周公:葵丘之会,周襄王派宗宰周公姬孔赴会,赠齐桓公胙肉。周公先归,途遇欲赴会的晋献公。 ③好示:喜欢显示自己。 ④轻致诸侯而重遣之:赴会诸侯献礼微薄,但却满载而归。 ⑤典言:先王典籍记载的话。 ⑥属:会盟。 ⑦镇:加。甍:屋脊。 ⑧责:通"债"。 ⑨暇晋是皇:哪有闲暇来理会晋。皇:通"匡",匡正。 ⑩有勤:勤劳王室之事。

7. 宰孔谓其御①曰:"晋侯将死矣!景霍以为城②,而汾、河、涑、浍以为渠③,戎、狄之民实环之。汪是土也④,苟违其违⑤,谁能惧之!今晋侯不量齐德之丰否⑥,不度诸侯之势,释其闭修⑦,而轻于行道,失其心矣。君子失心,鲜不夭昏。"是岁也,献公卒。八年,为淮之会⑧。桓公在殡⑨,宋人伐之⑩。

[注释]①宰孔:即周公姬孔。 ②景:大。霍:霍山,在今山西霍县。城:城郭。 ③渠:护城河。 ④汪:广阔无垠貌。 ⑤苟违其违:假如去掉他那些违背道义的地方。 ⑥丰否:丰厚与否。 ⑦释:放弃。闭修:治理国政之事。 ⑧淮:地名,在今江苏盱眙县。公元前644年,齐桓公会盟诸侯于淮。 ⑨殡:停棺未葬。 ⑩宋人伐之:齐桓公死后,其五子争立。太子昭奔宋,宋襄公联合诸侯伐齐。齐人杀公子无亏,立太子昭,是为齐孝公。

8. 二十六年①,献公卒。里克将杀奚齐,先告荀息曰:"三公子之徒将杀孺子,子将如何?"荀息曰:"死吾君而杀其孤,吾有死而已,吾蔑从之矣②!"里克曰:"子死,孺子立,不亦可乎? 子死,孺子废,焉用死?"荀息曰:"昔君问臣事君于我，我对以忠贞。君曰：'何谓也？'我对曰：'可以利公室，力有所能，无不为，忠也。葬死者，养生者，死人复生不悔，生人不愧，贞也。'吾言既往矣，岂能欲行吾言而又爱吾身乎③？虽死，焉避之？"

[注释]①二十六年：公元前651年。　②蔑：无，不。　③爱：吝惜。

里克告丕郑曰："三公子之徒将杀孺子，子将何如？"丕郑曰："荀息谓何？"对曰："荀息曰'死之。'"丕郑曰："子勉之。夫二国士之所图①，无不遂也②。我为子行之。子帅七舆大夫以待我③。我使狄以动之，援秦以摇之。立其薄者可以得重赂④，厚者可使无入。国，谁之国也！"里克曰："不可。克闻之，夫义者，利之足也；贪者，怨之本也。废义则利不立，厚贪则怨生。夫孺子岂获罪于民？将以骊姬之惑蛊君而诬国人，逸群公子而夺之利，使君迷乱，信而亡之，杀无罪以为诸侯笑，使百姓莫不有藏恶于其心中，恐其如壅大川，溃而不可救御也。是故将杀奚齐而立公子之在外者，以定民弭忧，于诸侯且为援，庶几曰诸侯义而抚之，百姓欣而奉之，国可以固。今杀君而赖其富，贪且反义⑤。贪则民怨，反义则富不为赖⑥。赖富而民怨，乱国而身殆，惧为诸侯载⑦，不可常也。"丕郑许诺。于是杀奚齐、卓子及骊姬，而请君于秦。

[注释]①二国士：里克和荀息。　②遂：如愿。指里克欲杀奚齐和荀息死难之愿。　③七舆大夫：太子申生曾为下军之帅，有下大夫七人，他们都反对奚齐，替申生抱不平。　④立其薄者可以得重赂：选择一个德行不厚的人立为君，便可以得到丰厚的回报。　⑤反义：违反道义。　⑥赖：利。　⑦惧

为诸侯载:害怕被诸侯效法。

既杀奚齐,荀息将死之。人曰:"不如立其弟而辅之。"荀息立卓子①。里克又杀卓子,荀息死之。君子曰:"不食其言矣。"

[注释]①卓子:骊姬娣所生。

既杀奚齐、卓子,里克及丕郑使屠岸夷告公子重耳于狄①,曰:"国乱民扰,得国在乱,治民在扰,子盍入乎?吾请为子鈇②。"重耳告舅犯曰:"里克欲纳我。"舅犯曰:"不可。夫坚树在始,始不固本,终必槁落。夫长国者③,唯知哀乐喜怒之节,是以导民。不哀丧而求国,难;因乱以入,殆。以丧得国,则必乐丧,乐丧必哀生。因乱以入,则必喜乱,喜乱必怠德。是哀乐喜怒之节易也④,何以导民?民不我导,谁长?"重耳曰:"非丧谁代?非乱谁纳我?"舅犯曰:"偃也闻之,丧乱有小大。大丧大乱之剡也⑤,不可犯也。父母死为大丧,谗在兄弟为大乱。今适当之,是故难。"公子重耳出见使者,曰:"子惠顾亡人重耳⑥,父生不得供备洒扫之臣,死又不敢莅丧以重其罪,且辱大夫,敢辞。夫固国者,在亲众而善邻,在因民而顺之。苟众所利,邻国所立,大夫其从之。重耳不敢违。"

[注释]①屠岸夷:晋大夫。 ②鈇(shù):针,引申为前驱。 ③长:统治,治理。 ④易:更换,颠倒。 ⑤剡(yǎn):锋,锋芒。 ⑥亡人:流亡之人。

吕甥及郤称亦使蒲城午告公子夷吾于梁①,曰:"子厚赂秦人以求入,吾主子。"夷吾告冀芮曰:"吕甥欲纳我。"冀芮曰:"子勉之。国乱民扰,大夫无常,不可失也。非乱何入?非危何安?幸苟君之子,唯其索之也。方乱以扰,孰适御我②?大夫无常,苟众所置,孰能勿从?子盍尽国以赂外内,无爱虚以求入③,既入而后图聚。"公子夷吾出见使者,再拜稽首许诺。

[注释]①吕甥:晋大夫,又称吕省、瑕甥。郤称:晋大夫。蒲城午:晋大夫。 ②适:专一,专主。 ③爱虚:忧虑国库空虚。

吕甥出告大夫曰:"君死自立则不敢,久则恐诸侯之谋,径召君于外也,则民各有心,恐厚乱,盍请君于秦乎?"大夫许诺。乃使梁由靡告于秦穆公①曰:"天降祸于晋国,谗言繁兴,延及寡君之绍续昆裔②,隐悼播越③,讬在草莽,未有所依。又重之以寡君之不禄④,丧乱并臻⑤。以君之灵,鬼神降衷⑥,罪人克伏其辜⑦,群臣莫敢宁处,将待君命。君若惠顾社稷,不忘先君之好,辱收其逋迁裔胄而建立之⑧,以主其祭祀,且镇抚其国家及其民人,虽四邻诸侯之闻之也,其谁不儆惧于君之威,而欣喜于君之德?终君之重爱,受君之重贶,而群臣受其大德,晋国其谁非君之群隶臣也?"

[注释]①梁由靡:晋大夫。 ②绍续昆裔:后裔子孙。 ③隐悼播越:忧惧而逃亡。 ④不禄:死亡的婉辞。 ⑤臻:至。 ⑥衷:善。 ⑦辜:罪行。 ⑧逋迁:逃亡流放。裔胄:后嗣。

秦穆公许诺。反使者,乃召大夫子明及公孙枝①,曰:"夫晋国之乱,吾谁使先,若夫二公子而立之?以为朝夕之急。"大夫子明曰:"君使縶也②。縶敏且知礼,敬以知微。敏能窜谋③,知礼可使;敬不坠命,微知可否。君其使之。"

[注释]①子明:秦大夫孟明视。公孙枝:字子桑,秦国大夫。 ②縶:秦公子,名縶,字子显。 ③窜:暗中,隐微。

乃使公子縶吊公子重耳于狄,曰:"寡君使縶吊公子之忧,又重之以丧。寡人闻之,得国常于丧,失国常于丧。时不可失,丧不可久,公子其图之!"重耳告舅犯。舅犯曰:"不可。亡人无亲,信仁以为亲,是故置之者不殆。父死在堂而求利,人孰仁我①?人实有之②,我以徼倖,人孰信我?不仁不信,将何以长利?"公子重耳出见使者,曰:"君惠吊亡臣,又重有命。重耳身亡,父死不得与于哭泣之位,又何敢有他志以辱君义?"再拜不稽首③,起而哭,退而不私④。

[注释]①仁:以……为仁。 ②人实有之:其他人也觊觎这个位子,且有能力得到这个位子。 ③再拜不稽首:居丧的礼节。 ④私:以私人身份拜会。

公子縶退,吊公子夷吾于梁,如吊公子重耳之命。夷吾告冀芮曰:"秦人勤我矣①!"冀芮曰:"公子勉之。亡人无狷洁②,狷洁不行。重赂配德,公子尽之,无爱财!人实有之,我以徼倖,不亦可乎?"公子夷吾出见使者,再拜稽首,起而不哭,退而私于公子縶曰:"中大夫里克与我矣,吾命之以汾阳之田百万③。丕郑与我矣,吾命之以负蔡之田七十万④。君苟辅我,蔑天命矣!亡人苟入扫宗庙,定社稷,亡人何国之与有?君实有郡县,且入河外列城五。岂谓君无有,亦为君之东游津梁之上,无有难急也。亡人之所怀挟缨纕⑤,以望君之尘垢者。黄金四十镒,白玉之珩六双⑥,不敢当公子,请纳之左右。"

[注释]①勤:助。 ②狷洁:洁身自好。 ③汾阳:汾水的北岸。 ④负蔡:地名,在今山西万荣县北。 ⑤缨:套马的皮鞭子。纕(xiāng):马腹带。⑥珩(héng):佩玉上的装饰件,形似磬,步行发声以控制节奏。

公子絷反,致命穆公。穆公曰:"吾与公子重耳,重耳仁。再拜不稽首,不没为后也①。起而哭,爱其父也。退而不私,不没于利也。"公子絷曰:"君之言过矣。君若求置晋君而载之,置仁不亦可乎?君若求置晋君以成名于天下,则不如置不仁以猾其中②,且可以进退③。臣闻之曰:'仁有置,武有置。仁置德,武置服。'"是故先置公子夷吾,寔为惠公④。

[注释]①没:贪恋。 ②猾:乱。 ③进退:回旋的余地。 ④寔:通"实"。是。

9.穆公问冀芮曰:"公子谁恃于晋①?"对曰:"臣闻之,亡人无党,有党必有仇。夷吾之少也,不好弄戏②,不过所复③,怒不及色,及其长也弗改。故出亡无怨于国,而众安之。不然,夷吾不佞,其谁能恃乎?"君子曰:"善以微劝也。"

[注释]①恃:依靠。 ②戏:把戏,计谋。 ③复:报复。

晋　语　三

1.惠公入而背外内之赂①。舆人②诵之曰:"佞之见佞③,果丧其田。诈之见诈④,果丧其赂。得国而狃⑤,终逢其咎。丧田不惩⑥,祸乱其兴。"既里、丕死,祸,公陨于韩⑦。郭偃曰:"善哉!夫众口祸福之门。是以君子省众而动,监戒而谋,谋度而行,故无不济。内谋外度,考省不倦,日考而习,戒备毕矣。"

[注释]①惠公:晋惠公公子夷吾。入:回国即位。背:背弃,违背。外:秦国。内:里克、丕郑。赂:当初允诺的报偿。　②舆人:众人。　③佞之见佞:前"佞"指里克、丕郑。后"佞"指惠公。　④诈之见诈:前"诈"指秦,后"诈"指晋。　⑤狃:贪吝。　⑥惩:警戒。　⑦公陨于韩:公元前645年秦晋韩原之战晋军大败,晋惠公被秦人俘虏。

2.惠公即位,出共世子而改葬之①,臭达于外。国人诵之曰:"贞之无报也②。孰是人斯,而有是臭也?贞为不听③,信为不诚。国斯无刑,偷居幸生。不更厥贞,大命其倾。威兮怀兮④,各聚尔有,以待所归兮。猗兮违兮⑤,心之哀兮。岁之二七⑥,其靡有征兮⑦。若狄公子,吾是之依兮。镇抚国家,为王妃兮⑧。"郭偃曰:"甚哉,善之难也⑨!君改葬共君以为荣也,而恶滋章。夫人美于中,必播于外,而越于民⑩,民实戴之。恶亦如之。故行不可不慎也。必或知之,十四年,君之冢嗣其替乎⑪?其数告于民矣。公子重耳其入乎?其魄兆于民矣⑫。若入,必伯诸侯以见天子,其光耿于民矣。数,言之纪也⑬。魄,意之术也⑭。光,明之曜也。纪言以叙之,述意以导之,明曜以昭之。不至何待?欲先导者行乎,将至矣!"

[注释]①共世子:公子申生。改葬:当初申生自杀,被草草埋葬,如今用太子的礼仪葬之。 ②贞:通"正",太子之礼。 ③听:顺从。 ④威:通"畏"。 ⑤猗:通"依"。依违:犹豫不决。 ⑥二七:十四。 ⑦靡:倒,引申为败。征:征兆,迹象。公序本"征"作"微",通"尾",解为后嗣,指惠公之子公子圉。 ⑧妃:配。 ⑨善之难:为善之难。 ⑩越:传扬。 ⑪冢嗣:嫡长子。替:废。 ⑫魄:迹象,预兆。 ⑬纪:纪年。 ⑭术:通"述",反映。

3.惠公既杀里克而悔之,曰:"芮也①,使寡人过杀我社稷之镇②。"郭偃闻之,曰:"不谋而谏者,冀芮也。不图而杀者,君也。不谋而谏,不忠。不图而杀,不祥。不忠,受君之罚。不祥,罹天之祸③。受君之罚,死戮。罹天之祸,无后。志道者勿忘,将及矣!"及文公入,秦人杀冀芮而施之④。

[注释]①芮:冀芮。 ②镇:重。 ③罹:遭受。 ④施:陈尸示众。

4.惠公既即位,乃背秦赂①。使丕郑聘于秦,且谢之②。而杀里克,曰:"子杀二君与一大夫③,为子君者,不亦难乎?"

[注释]①背秦赂:背弃当初"入河外列城五"的约定。 ②谢:表示歉意。 ③二君:奚齐与卓子。一大夫:荀息。

丕郑如秦谢缓赂①,乃谓穆公曰:"君厚问以召吕甥、郤称、冀芮而止之②,以师奉公子重耳,臣之属内作③,晋君必出。"穆公使泠至报问④,且召三大夫。郑也与客将行事,冀芮曰:"郑之使薄而报厚,其言我于秦也,必使诱我。弗杀,必作难。"是故杀丕郑及七舆大夫:共华、贾华、叔坚、骓歂、累虎、特宫、山祁,皆里、丕之党也。丕豹出奔秦⑤。

[注释]①缓赂:缓期割让河外五城。 ②止:扣留。 ③内作:在内部响应。 ④泠至:秦大夫。 ⑤丕豹:丕郑之子,后为秦国大夫。

丕郑之自秦反也,闻里克死,见共华曰:"可以入乎?"共华曰:"二三子皆在而不及①,子使于秦,可哉!"丕郑入,君杀之。共赐谓共华曰:"子行乎?其及也!"共华曰:"夫子之入,吾谋也,将待也。"赐曰:"孰知之?"共华曰:"不可。知而背之不信,谋而困人不智,困而不死无勇。任大恶三②,行将安入?子其行矣,我姑待死。"

[注释]①不及:不及于难,没有受到牵连。 ②任:负荷。

丕郑之子曰豹,出奔秦,谓穆公曰:"晋君大失其众,背君赂,杀里克,而忌处者,众固不说①。今又杀臣之父及七舆大夫,此其党半国矣②。君若伐之,其君必出。"穆公曰:"失众安能杀人?且夫祸唯无毙,足者不处③,处者不足,胜败若化④。以祸为违,孰能出君?尔俟我!"

[注释]①固:原本。说:同"悦"。 ②党半国:党羽控制半个晋国。③足者:罪行之大足以被处死的人。 ④化:变化,转化。

5.晋饥①,乞籴于秦②。丕豹曰:"晋君无礼于君,众莫不知。往年有难,今又荐饥③。已失人,又失天,其有殃也多矣。君其伐之,勿予籴!"公曰:"寡人其君是恶,其民何罪?天殃流行,国家代有④。补乏荐饥⑤,道也,不可以废道于天下。"谓公孙枝曰:"予之乎?"公孙枝曰:"君有施于晋君,晋君无施于其众。今旱而听于君,其天道也。君若弗予,而天予之。苟众不说其君之不报也,则有辞矣。不若予之,以说其众。众说,必咎于其君。其君不听,然后诛焉。虽欲御我,谁与?"是故泛舟于河,归籴于晋。

[注释]①饥:谷不熟曰饥。公元前647年晋国大旱。 ②籴(dí):买粮。③荐:再,引申为多次。 ④代有:交替发生。 ⑤补:救助。

秦饥①,公令河上输之粟。虢射②曰:"弗予赂地而予之籴,无损于怨而厚于寇,不若勿予。"公曰:"然。"庆郑③曰:"不可。已赖其地,而又爱其实,忘善而背德,虽我必击之。弗予,必击我。"公曰:"非郑之所知也。"遂不予。

[注释]①秦饥:事在公元前646年。 ②虢射:晋大夫,惠公舅父。③庆郑:晋大夫。

6.六年①,秦岁定②,帅师侵晋,至于韩③。公谓庆郑曰:"秦寇深矣,奈何?"庆郑曰:"君深其怨,能浅其寇乎?非郑之所知也,君其讯射也④。"公曰:"舅所病也⑤?"卜右⑥,庆郑吉。公曰:"郑也不逊。"以家仆徒为右⑦,步扬御戎⑧;梁由靡御韩简⑨,虢射为右,以承公⑩。

[注释]①六年:公元前645年。 ②岁定:年成丰收。 ③韩:地名,今陕西韩城东南。 ④射:虢射。 ⑤病:祸害。 ⑥卜右:占卜谁为惠公车右戎卫。 ⑦家仆徒:晋大夫。 ⑧步扬:晋大夫。 ⑨韩简:晋卿,韩万之孙。 ⑩承:辅佐。

公御秦师,令韩简视师,曰:"师少于我,斗士众①。"公曰:"何故?"简曰:"以君之出也处己,入也烦己,饥食其籴,三施而无报,故来。今又击之,秦莫不愠②,晋莫不怠,斗士是故众。"公曰:"然。今我不击,归必狃③。一夫不可狃,而况国乎!"公令韩简挑战,曰:"昔君之惠也,寡人未之敢忘。寡人有众,能合之弗能离也。君若还,寡人之愿也。君若不还,寡人将无所避。"穆公衡雕戈出见使者④,曰:"昔君之未入,寡人之忧也。君入而列未成⑤,寡人未敢忘。今君既定而列成,君其整列,寡人将亲见。"

[注释]①斗士:踊跃应战之士。 ②愠:恼怒。 ③狃:轻慢,轻侮。 ④衡:通"横"。 ⑤列未成:地位尚不牢固。

客还,公孙枝进谏曰:"昔君之不纳公子重耳而纳晋君,是君之不置德而置服也①。置而不遂,击而不胜,其若为诸侯笑何?君盍待之乎?"穆公曰:"然。昔吾之不纳公子重耳而纳晋君,是吾不置德而置服也。然公子重耳实不肯,吾又奚言哉?杀其内主,背其外赂,彼塞我施②,若无天乎?若有天,吾必胜之。"君揖大夫就车③,君鼓而进之。晋师溃,戎马泞而止。公号庆郑曰:"载我!"庆郑曰:"忘善而背德,又废吉卜,何我之载?郑之车不足以辱君避也!"梁由靡御韩简,辂秦公④,将止之,庆郑曰:"释来救君!"亦不克救,遂止于秦。

[注释]①置德:置有德之君。置服:置服从之君。 ②塞:不通。引申为背弃道义。 ③揖:召集。 ④辂(yà):通"迓",迎。引申为迎战。

穆公归,至于王城①,合大夫而谋曰:"杀晋君与逐出之,与以归之,与复之,孰利?"公子絷曰:"杀之利。逐之恐构诸侯②,以归则国家多慝③,复之则君臣合作,恐为君忧,不若杀之。"公孙枝曰:"不可。耻大国之士于中原,又杀其君以重之,子思报父之仇,臣思报君之雠。虽微秦国④,天下孰弗患?"公子絷曰:"吾岂将徒杀之?吾将以公子重耳代之。晋君之无道莫不闻,公子重耳之仁莫不知。战胜大国,武也。杀无道而立有道,仁也。胜无后害,智也。"公孙枝曰:"耻一国之士,又曰余纳有道以临女,无乃不可乎?若不可,必为诸侯笑。战而取笑诸侯,不可谓武。杀其弟而立其兄,兄德我而忘其亲,不可谓仁。若弗忘,是再施不遂也,不可谓智。"君曰:"然则若何?"公孙枝曰:"不若以归,以要晋国之成⑤,复其君而质其适子⑥,使子父代处秦,国可以无害。"是故归惠公而质子圉,秦始知河东之政⑦。

[注释]①王城:地名,在今陕西朝邑县东。 ②构:交恶,结怨。 ③慝:

恶,引申为灾祸。　④微:无,没有。　⑤成:和解,媾和。　⑥质:人质。适子:嫡子,即公子圉。　⑦知:主,管理。河东:河东五城。

7.公在秦三月,闻秦将成,乃使郤乞告吕甥①。吕甥教之言,令国人于朝曰:"君使乞告二三子曰:'秦将归寡人,寡人不足以辱社稷,二三子其改置以代圉也②。'"且赏以悦众③,众皆哭,焉作辕田④。

[注释]①郤乞:晋大夫。吕甥:晋大夫,当时为晋国执政。　②改置:另立太子。　③悦:取悦。　④焉:于是。辕田:亦称"爰田"。众人解说有分歧。杨伯峻认为晋惠公既然大量赏赐国人田地,必然要变更旧时的田地制度。同时为了满足众人需要,又不能不开阡陌以增加田地。其说可从。

吕甥致众而告之曰:"吾君惭焉其亡之不恤①,而群臣是忧,不亦惠乎?君犹在外,若何?"众曰:"何为而可?"吕甥曰:"以韩之病,兵甲尽矣。若征缮以辅孺子②,以为君援,虽四邻之闻之也,丧君有君,群臣辑睦,兵甲益多,好我者劝③,恶我者惧,庶有益乎?"众皆说,焉作州兵④。

[注释]①亡:指被俘事。恤:忧。　②征缮:征收赋税,修缮甲兵。孺子:公子圉。　③劝:勉励。　④作州兵:改革兵制,开始建立地方武装。春秋时晋国兵制,二千五百家为一州,由州长自行组织武装,以备战争之需。

吕甥逆君于秦①,穆公讯之曰:"晋国和乎?"对曰:"不和。"公曰:"何故?"对曰:"其小人不念其君之罪,而悼其父兄子弟之死丧者,不惮征缮以立孺子,曰:'必报仇,吾宁事齐、楚,齐、楚又交辅之②。'其君子思其君,且知其罪,曰:'必事秦,有死无他。'故不和。比其和之而来,故久。"公曰:"而无来③,吾固将归君。国谓君何?"对曰:"小人曰不免④,君子则否。"公曰:"何故?"对曰:"小人忌而不思⑤,愿从其君而与报秦,是故云。其君子则否,曰:'吾君之人也,君之惠也。能纳之,能执之,则能释之。德莫厚焉,惠莫大焉。纳而不遂,废而不起,以德为怨,君其不然?'"秦君曰:"然。"乃改馆晋君⑥,馈七牢焉⑦。

[注释]①逆:迎。 ②交辅:共同辅佐。 ③而:尔,你。 ④不免:不免于难。 ⑤忌:怨恨。 ⑥改馆:更换住所。 ⑦七牢:接待诸侯的礼节。牛、羊、猪各一为一牢,七牢即七倍于此。

8. 惠公未至,蛾析谓庆郑①曰:"君之止②,子之罪也。今君将来,子何俟?"庆郑曰:"郑也闻之曰:'军败,死之;将止,死之。'二者不行,又重之以误人③,而丧其君,有大罪三,将安适?君若来,将待刑以快君志;君若不来,将独伐秦。不得君,必死之。此所以待也。臣得其志,而使君瞢④,是犯也。君行犯,犹失其国,而况臣乎?"

[注释]①蛾析:晋国大夫。 ②止:晋惠公被俘事。 ③误人:指韩原之战中,庆郑误导,使梁由靡失去了俘获秦穆公的机会。 ④瞢:羞惭。

公至于绛郊,闻庆郑止①,使家仆徒召之,曰:"郑也有罪,犹在乎?"庆郑曰:"臣怨君始入而报德,不降②;降而听谏,不战;战而用良,不败。既败而诛,又失有罪,不可以封国。臣是以待即刑,以成君政。"君曰:"刑之!"庆郑曰:"下有直言,臣之行也;上有直刑,君之明也。臣行君明,国之利也。君虽弗刑,必自杀也。"蛾析曰:"臣闻奔刑之臣,不若赦之以报仇。君盍赦之,以报于秦?"梁由靡曰:"不可。我能行之,秦岂不能?且战不胜,而报之以贼③,不武;出战不克,入处不安,不智;成而反之,不信;失刑乱政,不威。出不能用,入不能治,败国且杀孺子,不若刑之。"君曰:"斩郑,无使自杀!"家仆徒曰:"有君不忌,有臣死刑,其闻贤于刑之④。"梁由靡曰:"夫君政刑,是以治民。不闻命而擅进退,犯政也;快意而丧君⑤,犯刑也。郑也贼而乱国,不可失也!且战而自退,退而自杀;臣得其志,君失其刑,后不可用也。"君令司马说刑之⑥。司马说进三军之士而数庆郑⑦曰:"夫韩之誓曰:失次犯令,死;将止不面夷⑧,死;伪言误众,死。今郑失次犯令,而罪一也;郑擅进退,而罪二也;女误梁由靡,使失秦公,而罪三也;君亲止,女不面夷,而罪四也;郑也就刑!"庆郑曰:"说!三军之士皆在,有人能坐待刑,而不能面夷?趣行事乎⑨!"丁丑,斩庆郑,乃入绛。

[注释]①止:指庆郑并未逃往他国而依然留在晋国。 ②降:国势衰微。③贼:指用暗杀、行刺等手段。 ④贤:胜过。 ⑤快意而丧君:快意于一己之私而致使国君被俘。 ⑥司马:官名,掌刑法。说:司马之名。 ⑦进:召集。数:列举。 ⑧面夷:面部受伤。古代作战时,如果主帅被俘,部下就用刀割伤自己的面部,以记下耻辱。否则便是犯罪。 ⑨趣:通"促",赶快。

十五年,惠公卒,怀公立,秦乃召重耳于楚而纳之。晋人杀怀公于高梁①,而授重耳,实为文公。

[注释]①高梁:地名,在今山西临汾东北。

晋 语 四

1. 文公在狄十二年①,狐偃曰:"日,吾来此也,非以狄为荣②,可以成事也。吾曰:'奔而易达,困而有资,休以择利,可以戾也③。'今戾久矣,戾久将底④。底著滞淫⑤,谁能兴之⑥?盍速行乎!吾不适齐、楚,避其远也。蓄力一纪⑦,可以远矣。齐侯长矣⑧,而欲亲晋。管仲殁矣⑨,多谗在侧。谋而无正,衷而思始。夫必追择前言,求善以终,餍迩逐远,远人入服,不为邮矣⑩。会其季年可也⑪,兹可以亲。"皆以为然。

[注释]①文公:晋文公,公子重耳。 ②荣:安乐。 ③戾:安居,止息。 ④底:中止,停滞。 ⑤著:附着。滞淫:怠惰而废弃。 ⑥兴:振奋。 ⑦一纪:岁星绕天一周所需的时间,为十二年,古人以此纪年。 ⑧齐侯:齐桓公。长:年龄大。 ⑨殁:死。 ⑩邮:过失。 ⑪季年:晚年,暮年。

乃行,过五鹿①,乞食于野人②。野人举块以与之③,公子怒,将鞭之。子犯曰:"天赐也。民以土服④,又何求焉!天事必象⑤,十有二年,必获此土。二三子志之⑥。岁在寿星及鹑尾⑦,其有此土乎!天以命矣,复于寿星,必获诸侯。天之道也,由是始之。有此,其以戊申乎⑧!所以申土也⑨。"再拜稽首,受而载之。遂适齐。

[注释]①五鹿:卫国城邑,在今河南濮阳南。 ②野人:卫国鄙野之人。 ③块:土块。 ④民以土服:这是子犯对野人给重耳土块的解释,将之看作是民众献土的征兆。 ⑤象:征兆。 ⑥志:记住。 ⑦岁:岁星,即木星。古人用岁星纪年,据岁星每年运行所到的区间位置来纪年,称为"岁在××"。寿星:星次名,在轸十二度至氐四度之间。鹑尾:星次名,在张十七度至轸十一度之间。 ⑧戊申:正月初六。 ⑨申:通"伸",伸展,拓展。

2.齐侯妻之①,甚善焉。有马二十乘②,将死于齐而已矣。曰:"民生安乐,谁知其他?"

[注释]①齐侯:齐桓公。 ②乘(shèng):古代一车四马为一乘。

桓公卒,孝公即位①。诸侯叛齐。子犯知齐之不可以动②,而知文公之安齐而有终焉之志也③,欲行,而患之④,与从者谋于桑下。蚕妾在焉⑤,莫知其在也。妾告姜氏,姜氏杀之,而言于公子曰:"从者将以子行,其闻之者吾以除之矣。子必从之,不可以贰⑥,贰无成命。《诗》云:'上帝临女,无贰尔心。'⑦先王其知之矣,贰将可乎?子去晋难而极于此⑧。自子之行,晋无宁岁,民无成君。天未丧晋,无异公子⑨,有晋国者,非子而谁?子其勉之!上帝临子,贰必有咎。"

[注释]①孝公:齐桓公之子,名昭。 ②动:指齐国护送重耳返回晋国的行动。 ③焉:于此。志:打算,想法。 ④患:担心。 ⑤蚕妾:宫中负责采桑养蚕的宫女。 ⑥贰:贰心,指取舍不定。 ⑦所引诗句出自《大雅·大

明》。临:监视。 ⑧极:至。 ⑨无异公子:没有其他公子。

公子曰:"吾不动矣,必死于此。"姜曰:"不然。《周诗》曰:'莘莘征夫,每怀靡及。'①夙夜征行,不遑启处②,犹惧无及。况其顺身纵欲怀安,将何及矣!人不求及,其能及乎?日月不处③,人谁获安?西方之书④有之曰:'怀与安,实疚大事⑤。'《郑诗》云:'仲可怀也,人之多言,亦可畏也。'⑥昔管敬仲有言,小妾闻之,曰:'畏威如疾,民之上也。从怀如流,民之下也。见怀思威,民之中也。畏威如疾,乃能威民。威在民上,弗畏有刑。从怀如流,去威远矣,故谓之下。其在辟也⑦,吾从中也。《郑诗》之言,吾其从之。'此大夫管仲之所以纪纲齐国,裨辅先君而成霸者也。子而弃之,不亦难乎?齐国之政败矣,晋之无道久矣,从者之谋忠矣,时日及矣,公子几矣。君国可以济百姓,而释之者,非人也。败不可处,时不可失,忠不可弃,怀不可从,子必速行。吾闻晋之始封也⑧,岁在大火,阏伯之星也⑨,实纪商人。商之飨国三十一王。瞽史之纪曰:'唐叔之世,将如商数。'今未半也。乱不长世,公子唯子,子必有晋。若何怀安?"公子弗听。

[注释]①《周诗》:指《小雅·皇皇者华》。莘莘:众多的样子。征夫:行路的人。怀:迷恋。 ②遑:闲暇。启处:跪坐。这是古人家居时的坐姿,这里代指休息。 ③处:静止不动。 ④西方之书:周朝的典籍。 ⑤疚:坏,危害。 ⑥《郑诗》:指《诗·郑风·将仲子》。怀:思念,割舍不下。 ⑦辟:刑法。 ⑧晋之始封:指周成王封其弟唐叔于晋。 ⑨阏伯:传说中帝尧的火正。其封地在商丘,主管祭祀大火星。商丘是商人的发祥地,故其死后配祀相土,成为主宰商朝命运兴衰的星,即下文所说的"实纪商人"。

3. 姜与子犯谋①,醉而载之以行。醒,以戈逐子犯,曰:"若无所济②,吾食舅氏之肉,其知餍乎③!"舅犯走,且对曰:"若无所济,余未知死所,谁能与豺狼争食?若克有成,公子无亦晋之柔嘉④,是以甘食。偃之肉腥臊,将焉用之?"遂行。

[注释]①姜:齐姜。 ②济:成功。 ③餍:满足。 ④柔嘉:松嫩鲜美。

4. 过卫,卫文公有邢、狄之虞①,不能礼焉。宁庄子言于公②曰:"夫礼,国之纪也③;亲,民之结也④;善,德之建也⑤。国无纪不可以终,民无结不可以固,德无建不可以立。此三者,君之所慎也。今君弃之,无乃不可乎!晋公子善人也,而卫亲也⑥,君不礼焉,弃三德矣。臣故云君其图之。康叔⑦,文之昭也。唐叔⑧,武之穆也⑨。周之大功在武,天祚将在武族⑩。苟姬未绝周室,而俾守天聚者⑪,必武族也。武族唯晋实昌,晋胤公子实德⑫。晋仍无道⑬,天祚有德,晋之守祀,必公子也。若复而修其德,镇抚其民,必获诸侯,以讨无礼。君弗蚤图,卫而在讨。小人是惧,敢不尽心。"公弗听。⑭

[注释]①邢、狄之虞:自公元前642年邢、狄攻击卫国的菟圃(今河南长垣县境内),邢、狄与卫国之间屡有战争爆发。虞:忧。 ②宁庄子:卫国正卿,名速。 ③纪:纲纪。 ④结:纽带。 ⑤建:立。 ⑥卫亲:晋、卫同为姬姓诸侯国,故曰卫亲。 ⑦康叔:卫康叔,文王之子,武王之弟,卫始封国君。 ⑧唐叔:唐叔虞,武王之子,成王之弟,晋国的始封国君。 ⑨穆:古代宗法制度下的宗庙排列制度,父为穆,则子为昭。文王为穆,则武王、康叔为昭。武王为昭,则成王、唐叔为穆。 ⑩祚:福。赐福。 ⑪俾:使。天聚:上

天所聚之财物、土地、人口等,此处指王位。　⑫胤:后裔,后代。　⑬仍:频仍。　⑭蚤:通"早"。

5. 自卫过曹,曹共公亦不礼焉①,闻其骈胁②,欲观其状,止其舍,谍其将浴③,设微薄而观之④。僖负羁之妻言于负羁⑤曰:"吾观晋公子贤人也,其从者皆国相也,以相一人,必得晋国。得晋国而讨无礼,曹其首诛也。子盍蚤自贰焉⑥?"僖负羁馈飧⑦,置璧焉⑧。公子受飧反璧。

[注释]①曹共公:曹昭公之子,名襄。　②骈胁:肋骨紧密,如同连成一块整骨。骈,通"胼"。　③谍:伺机,侦知。　④微薄:微,通"帷"。薄是竹簾。　⑤僖负羁:曹国大夫。　⑥子盍蚤自贰:您何不早一点表现出与曹共公不同的态度。　⑦飧:晚餐。　⑧置璧焉:按礼,一国大夫不得私交外国,故置璧于飧不让外人知道。

负羁言于曹伯曰:"夫晋公子在此,君之匹也①,不亦礼焉?"曹伯曰:"诸侯之亡公子其多矣②,谁不过此!亡者皆无礼者也,余焉能尽礼焉!"对曰:"臣闻之:爱亲明贤,政之干也③。礼宾矜穷④,礼之宗也⑤。礼以纪政,国之常也。失常不立,君所知也。国君无亲,以国为亲。先君叔振⑥,出自文王,晋祖唐叔,出自武王,文、武之功,实建诸姬。故二王之嗣,世不废亲。今君弃之,不爱亲也。晋公子生十七年而亡,卿材三人从之⑦,可谓贤矣,而君蔑之,是不明贤也。谓晋公子之亡,不可不怜也。比之宾客,不可不礼也。失此二者,是不礼宾、不怜穷也。守天之聚⑧,将施于宜。宜而不施,聚必有阙。玉帛酒食,犹粪土也,爱粪土以毁三常⑨,失位而阙聚,是之不难,无乃不可乎？君其图之。"公弗听。

[注释]①匹：匹敌。 ②亡：逃亡。其：何其。 ③干：主干。 ④矜：怜悯。 ⑤宗：主，根本。 ⑥叔振：曹叔振铎，文王之子，武王之弟，曹国始封君。 ⑦三人：狐偃、赵衰、贾佗。 ⑧天之聚：诸侯之位。 ⑨三常：指上文所说的"政之干"、"礼之宗"、"国之常"。

6.公子过宋，与司马公孙固相善①，公孙固言于襄公曰："晋公子亡，长幼矣②，而好善不厌，父事狐偃③，师事赵衰，而长事贾佗④。狐偃其舅也，而惠以有谋。赵衰其先君之戎御⑤，赵夙之弟也，而文以忠贞⑥。贾佗公族也，而多识以恭敬。此三人者，实左右之。公子居则下之，动则咨焉⑦，成幼而不倦，殆有礼矣。树于有礼，必有艾⑧。《商颂》曰：'汤降不迟，圣敬日跻。'⑨降，有礼之谓也。君其图之。"襄公从之，赠以马二十乘。

[注释]①司马：官名，掌军事。公孙固：宋庄公之孙，任宋国大司马。②长幼：从幼年到成年。 ③父事：像对待父亲那样侍奉。 ④长事：像对待兄长那样侍奉。 ⑤先君：晋献公。戎御：驾兵车的人。 ⑥文：文德。以：而。 ⑦咨：询问。 ⑧艾：报。 ⑨汤降不迟，圣敬日跻：出自《商颂·长发》。降：下，礼贤。跻：升。

7.公子过郑，郑文公亦不礼焉。叔詹①谏曰："臣闻之：亲有天，用前训，礼兄弟，资穷困，天所福也。今晋公子有三祚焉②，天将启之③。同姓不婚，恶不殖也④。狐氏出自唐叔。狐姬，伯行之子也⑤，实生重耳。成而隽才⑥，离违而得所，久约而无衅⑦，一也。同出九人⑧，唯重耳在，离外之患，而晋国不靖⑨，二也。晋侯日载其怨，外内弃之;重耳日载其德,狐、赵谋之,三也。在《周颂》曰:'天作高山,大王荒之。'⑩荒,大之也。大天所作,可谓亲有天矣。晋、郑兄弟也,吾先君武公与晋文侯戮力一心⑪,股肱周室,夹辅平王⑫,平王劳而德之,而赐之盟质⑬,曰:'世相起也⑭。'若亲有天,获三祚者⑮,可谓大天。若用前训,文侯之功,武公之业,可谓前训。若礼兄弟,晋、郑之亲,王之遗命,可谓兄弟。若资穷困,亡在长幼,还轸诸侯⑯,可谓穷困。弃此四者,以徼天祸⑰,无乃不可乎?君其图之。"弗听。

[**注释**]①叔詹:郑国大夫,有贤名。 ②祚:福。 ③启:开。 ④殖:生殖,繁殖。 ⑤伯行:狐突的字。 ⑥隽:通"俊"。 ⑦约:贫穷。 ⑧衅:过失。 ⑧同出九人:晋献公有九个儿子。 ⑨离:通"罹",遭受。靖:安宁。 ⑩天作高山,大王荒之:所引诗出自《周颂·天作》。大王:即太王古公亶父。荒:大。 ⑪武公:郑武公滑突。晋文侯:晋国国君姬仇。戮力:合力。 ⑫夹辅平王:公元前771年,申侯引夷狄灭西周,并杀郑桓公。于是郑桓公之子郑武公联合卫武公、秦襄公、晋文侯等帅师救周,协助平王东迁。 ⑬盟质:盟信。 ⑭起:扶持。 ⑮三祚:指上文所说的"成而隽才"、"晋国不靖"、"狐赵谋之"。 ⑯还:通"旋"。轸:车后横木,代指车乘。 ⑰徼:通"邀",招致。

叔詹曰:"若不礼焉,则请杀之。谚曰:'黍稷无成①,不能为荣②。黍不为黍,不能蕃庑③。稷不为稷,不能蕃殖。所生不疑④,唯德之基⑤。'"公弗听。

[**注释**]①黍:高粱。稷:小米。无成:不生长。 ②荣:秀,花。 ③蕃:繁盛。庑(wú):草木茂盛。 ④所生不疑:义同于"种瓜得瓜,种豆得豆"。 ⑤基:始。

8.遂如楚,楚成王以周礼享之,九献①,庭实旅百②。公子欲辞,子犯曰:"天命也,君其飨之③。亡人而国荐之④,非敌而君设之⑤,非天,谁启之心!"既飨,楚子问于公子曰:"子若克复晋国,何以报我?"公子再拜稽首对曰:"子女玉帛,则君有之。羽旄齿革⑥,则君地生焉。其波及晋国者,君之余也,又何以报?"王曰:"虽然,不谷愿闻之⑦。"对曰:"若以君之灵⑧,得复晋国,晋、楚治兵,会于中原,其避君三舍⑨。若不获命,其左执鞭弭⑩,右属櫜鞬⑪,以与君周旋。"

[注释]①九献:献酒九次。这是天子接待上公之礼。 ②庭实旅百:诸侯朝拜天子或诸侯间互访,把礼器、礼物等陈列在庭院中,此谓之庭实。旅:陈列。百:泛指物品之繁。 ③飨:享,享受。 ④国荐:荐之以国君之礼。 ⑤敌:匹。君设:设之以国君之礼。 ⑥羽:鸟类,代指珍禽。旄:牦牛之属。齿:象牙。革:犀牛皮。 ⑦不谷:诸侯谦称。谷,善。 ⑧灵:神威。 ⑨三舍:九十里。古时行军,三十里驻扎食宿,故三十里称一舍。 ⑩弭:没有缘的弓。 ⑪属:至,及。櫜(gāo):箭袋。鞬(jiān):弓袋。

令尹子玉①曰:"请杀晋公子。弗杀,而反晋国,必惧楚师②。"王曰:"不可。楚师之惧,我不修也③。我之不德,杀之何为! 天之祚楚,谁能惧之? 楚不可祚,冀州之土④,其无令君乎? 且晋公子敏而有文,约而不谄⑤,三材侍之,天祚之矣。天之所兴,谁能废之?"子玉曰:"然则请止狐偃。"王曰:"不可。《曹诗》曰:'彼己之子,不遂其媾。'⑥邮之也⑦。夫邮而效之,邮又甚焉。效邮,非礼也。"于是怀公自秦逃归⑧。秦伯召公子于楚,楚子厚币以送公子于秦。

[注释]①令尹:楚国官名,相当于中原诸侯国执政正卿。子玉:成得臣,楚若敖曾孙。 ②惧:使……惧。 ③修:修德。 ④冀州:代指晋国。 ⑤约:贫穷。谄:谄媚。 ⑥彼己之子,不遂其媾:出自《曹风·候人》。遂:终。媾:厚爱。 ⑦邮:过失。 ⑧怀公:晋惠公之子圉。公元前643年在秦为人质。于前638年逃回晋国。

9. 秦伯归女五人①,怀嬴与焉②。公子使奉匜沃盥③,既而挥之④。嬴怒曰:"秦、晋匹也⑤,何以卑我?"公子惧,降服囚命⑥。秦伯见公子曰:"寡人之适⑦,此为才。子圉之辱⑧,备嫔嫱焉⑨。欲以成婚,而惧离其恶名⑩。非此,则无故。不敢以礼致之⑪,欢之故也⑫。公子有辱⑬,寡人之罪也。唯命是听。"

[注释]①归:女子出嫁曰归。 ②怀嬴:秦穆公女儿。当初公子圉在秦国作人质,怀嬴嫁与公子圉。后来公子圉逃归晋国,即位为晋怀公,故称其为怀嬴。后来改嫁晋文公,故又称文嬴。 ③匜(yí):古代盥洗盛水器。沃:浇水。盥(guàn):洗手。 ④既:洗完。挥之:洗完之后,挥手让怀嬴捧匜离开。乃无礼之举。或曰:公子重耳洗手之后不用巾幂擦干水,而直接挥去手上的水珠。亦为无礼之举。 ⑤匹:匹配,结为婚姻。或曰:匹敌,相当。 ⑥降服囚命:脱去衣冠,自囚待命。 ⑦适:嫡子。 ⑧辱:公子圉为质于秦之事。 ⑨嫔嫱:古代宫廷中侍寝女官名。 ⑩离:通"罹"。恶名:指与再嫁女子成婚。 ⑪致之:致怀嬴于重耳。 ⑫欢:喜爱。 ⑬辱:指降服事。

公子欲辞①,司空季子②曰:"同姓为兄弟③。黄帝之子二十五人,其同姓者二人而已,唯青阳与夷鼓皆为己姓④。青阳,方雷氏之甥也⑤。夷鼓,肜鱼氏之甥也⑥。其同生而异姓者,四母之子别为十二姓⑦。凡黄帝之子,二十五宗,其得姓者十四人为十二姓。姬、酉、祁、己、滕、箴、任、荀、僖、姞、儇、依是也。唯青阳与苍林氏同于黄帝,故皆为姬姓。同德之难也如是。昔少典娶于有蛴氏⑧,生黄帝、炎帝。黄帝以姬水成,炎帝以姜水成。成而异德,故黄帝为姬,炎帝为姜,二帝用师以相济也⑨,异德之故也。异姓则异德,异德则异类。异类虽近⑩,男女相及⑪,以生民也⑫。同姓则同德,同德则同心,同心则同志。同志虽远,男女不相及,畏黩敬也⑬。黩则生怨,怨乱毓灾⑭,灾毓灭姓。是故娶妻避其同姓,畏乱灾也。故异德合姓⑮,同德合义⑯。义以导利,利以阜姓⑰。姓利相更,成而不迁,乃能摄固⑱,保其土房⑲。今子于子圉,道路之人也,取其所弃,以济大事,不亦可乎?"

[注释]①辞:不娶。 ②司空季子:晋大夫胥臣,字季子。因为食邑于臼,故又称臼季。 ③同姓为兄弟:同父而生,德行相同方为兄弟,德行不同则同父也不算是兄弟。夷吾与重耳德行不同,不算是兄弟,子圉更是路人,故可以娶其妻为妻。 ④青阳:即少皞。夷鼓:不详。 ⑤方雷氏:氏族名。方雷:西陵氏之姓。传说黄帝娶西陵氏之女,名嫘祖。 ⑥肜鱼氏:氏族名。肜鱼:国名。 ⑦四母:黄帝四妃。 ⑧少典:传说中的古帝王,黄帝、炎帝的父亲。有蛴:国名。 ⑨济:通"挤",排挤,攻击。 ⑩近:有血缘关系。 ⑪相及:结为婚姻。 ⑫生民:繁衍后代。 ⑬黩:玷污。敬:王念孙认为"敬"乃"故"之误,可从。 ⑭毓:生,产生。 ⑮合姓:合二姓为婚姻。 ⑯合义:以德义相亲。 ⑰阜:厚,繁盛。 ⑱摄:保持。 ⑲土房:土地和房舍。

公子谓子犯曰:"何如?"对曰:"将夺其国,何有于妻,唯秦所命从也。"谓子余①曰:"何如?"对曰:"《礼志》②有之曰:'将有请于人,必先有入焉。欲人之爱己也,必先爱人。欲人之从己也,必先从人。无德于人,而求用于人,罪也。'今将婚媾以从秦③,受好以爱之,听从以德之,惧其未可也,又何疑焉?"乃归女而纳币④,且逆之⑤。

[注释]①子余:赵衰字。 ②《礼志》:已经佚失的古代典籍。 ③媾:重婚曰媾。 ④归:送归。纳币:古代婚礼的"六礼"之一,即男方把聘礼送到女家。 ⑤逆:迎。"亲迎"为古代婚礼的"六礼"之一,夫婿于迎娶当日公服至女家迎娶新娘。

10. 他日,秦伯将享公子①,公子使子犯从。子犯曰:"吾不如衰之文也②,请使衰从。"乃使子余从。秦伯享公子如享国君之礼,子余相如宾③。卒事,秦伯谓其大夫曰:"为礼而不终④,耻也。中不胜貌⑤,耻也。华而不实,耻也。不度而施⑥,耻也。施而不济,耻也。耻门不闭,不可以封。非此,用师则无所矣。二三子敬乎!"

[注释]①享:享礼。 ②文:熟悉先王典籍。 ③相:傧相,贵宾所带专门负责与主方通传的随从。 ④为礼而不终:先秦时期,接待国宾先以享礼,次日举行宴礼。 ⑤胜:称。 ⑥度:度量,衡量。

明日宴,秦伯赋《采菽》①,子余使公子降拜②。秦伯降辞③。子余曰:"君以天子之命服命重耳④,重耳敢有安志,敢不降拜?"成拜卒登,子余使公子赋《黍苗》⑤。子余曰:"重耳之仰君也,若黍苗之仰阴雨也。若君实庇荫膏泽之,使能成嘉谷,荐在宗庙⑥,君之力也。君若昭先君之荣⑦,东行济河,整师以复强周室,重耳之望也。重耳若获集德而归载,使主晋民,成封国,其何实不从。君若恣志以用重耳,四方诸侯,其谁不惕惕以从命⑧!"秦伯叹曰:"是子将有焉,岂专在寡人乎!"秦伯赋《鸠飞》⑨,公子赋《河水》⑩。秦伯赋《六月》⑪,子余使公子降拜。秦伯降辞。子余曰:"君称所以佐天子匡王国者以命重耳,重耳敢有惰心,敢不从德⑫?"

[注释]①《采菽》:《诗·小雅》篇名。原为周天子赐诸侯命服的乐歌。秦穆公赋《采菽》,表明愿重耳返回晋国为君。 ②降拜:降阶至堂下再拜而后稽首。 ③降辞:降阶至堂下而后答拜。 ④命服:周天子按照爵位和品阶赐给官员或诸侯的仪物,包括车马、冕服、旌旗、弓矢等。 ⑤《黍苗》:《诗·小雅》篇名。原为赞美邵穆公经营谢邑,周天子劳赉邵穆公时演奏的乐歌。重耳赋此诗,自比黍苗,比穆公为时雨。赞美且有求于穆公。 ⑥荐在宗庙:主持宗庙祭祀仪式,借指回晋国为君。 ⑦先君:指秦穆公的先君秦襄公。 ⑧惕惕:小心谨慎的样子。 ⑨《鸠飞》:《诗·小雅·小宛》,因其首章有"宛彼鸣鸠,翰飞戾天",故名《鸠飞》。秦穆公赋此诗勉励重耳不忘晋国先君创业之艰难,望其重振晋国。 ⑩《河水》:逸诗。自韦昭以来,人们皆以《河水》为《沔水》之误,并以《沔水》解之。然近出上博简《孔子诗论》有"《河水》智"的简文,可证《诗经》中原有《河水》篇,今佚。 ⑪《六月》:《诗·小雅》篇名,此诗歌颂尹吉甫辅佐周宣王征讨有功。秦穆公赋诗勉励重耳回国为君,辅佐周天子成就功业。 ⑫从德:听从有德之人。

11. 公子亲筮之①,曰:"尚有晋国。"得贞《屯》、悔《豫》②,皆八也③。筮史占之,皆曰:"不吉。闭而不通,爻无为也。"司空季子曰:"吉。是在《周易》,皆利建侯④。不有晋国,以辅王室,安能建侯?我命筮曰'尚有晋国',筮告我曰'利建侯',得国之务也,吉孰大焉!《震》,车也。《坎》,水也。《坤》,土也⑤。《屯》,厚也⑥。《豫》,乐也⑦。车班外内⑧,顺以训之⑨,泉原以资之⑩,土厚而乐其实⑪。不有晋国,何以当之?《震》,雷也,车也。《坎》,

劳也，水也，众也。主雷与车⑫，而尚水与众⑬。车有震，武也。众而顺，文也。文武具，厚之至也。故曰《屯》。其繇⑭曰：'元亨利贞，勿用有攸往，利建侯。'主震雷，长也，故曰元⑮。众而顺，嘉也，故曰亨⑯。内有震雷，故曰利贞。车上水下，必伯⑰。小事不济，壅也。故曰勿用有攸往，一夫之行也。众顺而有武威，故曰'利建侯'。《坤》，母也。《震》，长男也。母老子强，故曰《豫》。其繇曰：'利建侯行师。'居乐、出威之谓也。是二者，得国之卦也。"

[注释]①筮：古代预测方法之一，用龟甲占谓之卜，用蓍草谓之筮。其下"尚有晋国"为命辞，即求问之辞。 ②贞：内卦，或曰下卦，易卦六爻之下三爻。《屯》：六十四卦之一，震下坎上。悔：外卦，或曰上卦，易卦六爻之上三爻。《豫》：卦名，坤下震上。 ③皆八也：按照筮法，7、9为阳爻，6、8为阴爻。其中7、8为少阳、少阴，属于可变之爻；6、9为老阴、老阳，为不变之爻。今重耳占卦得《屯》之《豫》，其中震在《屯》为下卦，在《豫》为上卦。两阴爻皆为不可变之阴爻，但却处于可变之位。故下文筮史曰："闭而不通，爻无为"。 ④利建侯：《周易·屯卦》初九的断辞。 ⑤《震》，车也。《坎》，水也。《坤》，土也：皆为《周易》八本卦的象征义。 ⑥《屯》，厚也：《屯》卦震下坎上，下互卦为坤，坤为土，故曰"厚"。 ⑦《豫》，乐也：《豫》卦坤下震上，车行土上，欢乐之象，故曰"乐"。 ⑧车班内外：指震卦为《屯》之贞与《豫》之悔。车：震卦。班：行。 ⑨顺：指《屯》之下互卦为坤，《豫》之下卦也为坤。在《周易》中，坤有柔顺义。 ⑩泉原以资之：泉原(源)指《屯》卦上互卦为艮，艮为山；而《屯》上卦为坎，坎为水，山水为泉，为流水之源。在《豫》卦下互为艮，上互为坎，亦为泉源之象。资：助。 ⑪土厚：指《屯》、《豫》二卦皆有坤，故曰"土厚"。 ⑫主雷与车：《周易》卦六爻以内卦为主，《屯》下卦为震，震为车、雷，故曰"主雷与车"。 ⑬尚：通"上"，指《屯》上卦坎为水，为众。 ⑭繇：繇辞。 ⑮元：长，大。 ⑯亨：通。 ⑰伯：霸。

12. 十月,惠公卒。十二月,秦伯纳公子①。及河,子犯授公子载璧②,曰:"臣从君还轸③,巡于天下,怨其多矣④!臣犹知之,而况君乎?不忍其死,请由此亡⑤。"公子曰:"所不与舅氏同心者⑥,有如河水。"沈璧以质⑦。

[注释]①纳:派兵护送。 ②载璧:因祭祀又称载,故祭祀用的玉璧可称载璧。 ③还:通"旋"。轸:代车。还轸指到处奔走。 ④怨:指自己得罪包括重耳在内的其他人。 ⑤亡:离开。 ⑥所:如,假设,假如。先秦誓词中惯用语。 ⑦沈:沉。质:信。

董因迎公于河①,公问焉,曰:"吾其济乎?"对曰:"岁在大梁②,将集天行③。元年始受④,实沈之星也⑤。实沈之墟,晋人是居,所以兴也。今君当之,无不济矣。君之行也⑥,岁在大火。大火,阏伯之星也⑦,是谓大辰⑧。辰以成善⑨,后稷是相⑩,唐叔以封⑪。瞽史记曰:嗣续其祖,如谷之滋⑫,必有晋国。臣筮之,得《泰》之八⑬。曰:是谓天地配亨,小往大来⑭。今及之矣,何不济之有?且以辰出而以参入⑮,皆晋祥也⑯,而天之大纪也⑰。济且秉成,必霸诸侯。子孙赖之,君无惧矣。"

[注释]①董因:晋史官。 ②岁:岁星。大梁:星次名。 ③集天行:顺应天道。集,成。 ④元年:晋文公元年。 ⑤实沈:星次名。自胃宿七度经昴宿至毕宿十一度为大梁,自毕宿十二度经觜、参二宿至东井十五度为实沈,二者均为晋之分野。 ⑥行:出行。 ⑦阏伯之星:大火星的别称。 ⑧大辰:大火星。辰通"蜃",大蚌壳,古代人多以之作为耕作的农具。商人以大火星作为农祥星,故称之为"大辰"。 ⑨成善:观察农祥星便可正确确定农时,获得丰收。 ⑩相:观察。 ⑪唐叔以封:唐叔受封之年正值"岁在大火"。 ⑫滋:滋生繁衍。 ⑬得《泰》之八:《泰》卦乾下坤上,象征阴阳交合,故为通

泰之象。八:指《泰》卦的阴爻为不变之老阴。 ⑭小往大来:小的去,大的来。预示重耳将取代子圉。 ⑮辰:大火星。参:参星。 ⑯祥:吉祥之星。 ⑰天之大纪:天时命数。

公子济河,召令狐、臼衰、桑泉①,皆降。晋人惧,怀公奔高梁②。吕甥、冀芮帅师,甲午,军于庐柳③。秦伯使公子絷如师④,师退,次于郇⑤。辛丑,狐偃及秦、晋大夫盟于郇。壬寅,公入于晋师。甲辰,秦伯还。丙午,入于曲沃。丁未,入绛,即位于武宫。戊申,刺怀公于高梁。

[注释]①令狐:地名,在今山西临猗县西。臼衰:地名,在今山西解县西北。桑泉:地名,在今山西临晋东北。 ②高梁:地名,在今山西临汾东北。 ③庐柳:地名,在今山西临猗县北。 ④公子絷:秦大夫。如:至,往。 ⑤郇:在今山西临猗县西南。

13. 初,献公使寺人勃鞮伐公于蒲城①,文公逾垣,勃鞮斩其袪②。及入,勃鞮求见,公辞焉,曰:"骊姬之谗,尔射余于屏内③,困余于蒲城,斩余衣袪。又为惠公从余于渭滨④,命曰三日,若宿而至⑤。若干二命⑥,以求杀余。余于伯楚屡困,何旧怨也?退而思之,异日见我。"对曰:"吾以君为已知之矣,故入;犹未知之也,又将出矣。事君不贰是谓臣,好恶不易是谓君。君君臣臣,是谓明训。明训能终,民之主也。二君之世⑦,蒲人、狄人,余何有焉?除君之恶,唯力所及,何贰之有?今君即位,其无蒲、狄乎?伊尹放太甲而卒以为明王⑧,管仲贼桓公而卒以为侯伯⑨。乾时之役⑩,申孙之矢集于桓钩⑪,钩近于袪,而无怨言,佐相以终,克成令名。今君之德宇⑫,何不宽裕也?

恶其所好,其能久矣?君实不能明训,而弃民主。余,罪戾之人也⑬,又何患焉?且不见我⑭,君其无悔乎!⑮"

[注释]①寺人勃鞮(dī):即寺人披,字伯楚。 ②袪(qū):袖口。 ③屏:宫门当门的小墙,也称塞门。 ④从:跟踪。 ⑤宿:一夜。 ⑥干二命:一为伐蒲城,二为在渭水边杀文公。干:反,违反。 ⑦二君之世:晋献公、晋惠公世。 ⑧伊尹:名挚。商汤之相,助汤灭夏。太甲:商汤之孙,即位后不理朝政,被伊尹放逐于桐宫。三年后太甲悔过,伊尹复其君位,辅佐其成为贤君。 ⑨伯:霸。 ⑩乾时:地名,在今山东临淄西南。公子小白与公子纠为争夺君位,在此发生战斗,史称乾时之役。 ⑪申孙:箭名。集:中。桓钩:齐桓公的衣带钩。 ⑫宇:庇护,保护。 ⑬罪戾:罪过。因伯楚是阉人,故自称为罪戾之人,或称刑馀之人。 ⑭且:将。 ⑮其:难道。

于是吕甥、冀芮畏偪①,悔纳文公,谋作乱,将以己丑焚公宫②,公出救火而遂杀之。伯楚知之,故求见公。公遽出见之③,曰:"岂不如女言,然是吾恶心也④,吾请去之⑤。"伯楚以吕、郤之谋告公。公惧,乘驲自下⑥,脱会秦伯于王城⑦,告之乱故。及己丑,公宫火,二子求公不获,遂如河上,秦伯诱而杀之。

[注释]①偪:同"逼",迫害。 ②公宫:晋文公的宫廷。 ③遽:立刻。 ④恶心:心中存有不好的念头。 ⑤去之:除去自己的恶心。 ⑥驲(rì):驿站的快马。下:小道。 ⑦王城:秦邑名,在今陕西大荔东。

14. 文公之出也,竖头须①,守藏者也②,不从。公入,乃求见,公辞焉以沐。谓谒者③曰:"沐则心覆④,心覆则图反⑤,宜吾不得见也。从者为羁绁之仆⑥,居者为社稷之守,何必罪居者!国君而仇匹夫,惧者众矣。"谒者以告,公遽见之。

[注释]①竖头须:又作里凫须。其本为公子重耳的内监,替重耳掌管财物。重耳出逃,竖头须没有跟随,而是在国内用尽财物,力促重耳返晋,但未能如愿。　②藏:财物。　③谒者:负责转达信息的官员。　④覆:颠倒。　⑤图反:谋事不合常理。　⑥羁:马笼头。绁(xiè):缰绳。

15. 元年春①,公及夫人嬴氏至自王城②。秦伯纳卫三千人,实纪纲之仆③。公属百官④,赋职任功⑤。弃责薄敛⑥,施舍分寡⑦。救乏振滞⑧,匡困资无。轻关易道⑨,通商宽农。懋穑劝分⑩,省用足财。利器明德⑪,以厚民性。举善援能⑫,官方定物⑬,正名育类⑭。昭旧族,爱亲戚,明贤良,尊贵宠,赏功劳,事耇老⑮,礼宾旅⑯,友故旧。胥、籍、狐、箕、栾、郤、柏、先、羊舌、董、韩,寔掌近官⑰。诸姬之良,掌其中官⑱。异姓之能,掌其远官⑲。公食贡,大夫食邑,士食田,庶人食力,工商食官⑳,皂隶食职,官宰食加㉑。政平民阜㉒,财用不匮。

[注释]①元年:公元前636年。　②嬴氏:此前称怀嬴,此刻称文嬴。③纪纲之仆:骁勇善战且具有管理才能的人。　④属:会集。　⑤赋:授予,授职。　⑥责:同"债"。敛:赋税。　⑦分寡:分财物给贫穷之人。　⑧乏:与"滞"义近,都是指失路不得志之人。　⑨关:关税。易道:修整道路以及除去盗贼使道路畅通。　⑩懋:劝勉,勉励。劝分:劝说富人分衣食给贫苦人。⑪器:器用。德:德教。　⑫援:引,提拔。　⑬官方:为官以常。　⑭正名:正上下名分。类:善。　⑮耇(gǒu)老:年老人。　⑯旅:客。　⑰近官:在朝廷任职。　⑱中官:内官。　⑲远官:地方官吏。　⑳食官:按月支取俸禄。　㉑食加:食加田。加田指卿大夫等因功受天子或诸侯赏田,且不需要交纳赋税。　㉒阜:厚。

冬,襄王避昭叔之难①,居于郑地氾②。使来告难,亦使告于秦。子犯曰:"民亲而未知义也,君盍纳王以教之义。若不纳,秦将纳之,则失周矣③,何以求诸侯?不能修身而又不能宗人④,人将焉依?继文之业⑤,定武之功⑥,启土安疆,于此乎在矣,君其务之。"公说,乃行赂于草中之戎与丽土之狄⑦,以启东道。

[注释]①昭叔之难:襄王同母弟王子带与襄王后狄隗私通,襄王废狄后,狄人攻襄王。襄王不敌,逃往郑。 ②氾:地名,在今河南襄城县南。 ③失周:失去挟天子以令诸侯的机会。 ④宗:尊。 ⑤文:晋文侯。 ⑥武:晋武公。 ⑦草中之戎与丽土之狄:晋国东部的两个少数民族。

16. 二年春,公以二军下,次于阳樊①。右师取昭叔于温②,杀之于隰城③。左师迎王于郑。王入于成周④,遂定之于郏⑤。王飨醴⑥,命公胙侑⑦。公请隧⑧,弗许。曰:"王章也,不可以二王,无若政何。"赐公南阳阳樊、温、原、州、陉、絺、组、攒茅之田⑨。阳人不服,公围之,将残其民,仓葛呼曰:"君补王阙,以顺礼也。阳人未狎君德⑩,而未敢承命。君将残之,无乃非礼乎!阳人有夏、商之嗣典,有周室之师旅,樊仲之官守焉⑪,其非官守,则皆王之父兄甥舅也。君定王室而残其姻族,民将焉放⑫?敢私布于吏,唯君图之!"公曰:"是君子之言也。"乃出阳人。

[注释]①阳樊:地名,在今河南济源东南。 ②温:周邑,在今河南温县。当时昭叔与狄后俱在温。 ③隰城:地名,在今河南武陟县南。 ④成周:周王朝东都,在今河南洛阳。 ⑤郏:周王城,在今河南洛阳。 ⑥醴:甜酒。 ⑦命:加命服。胙:祭肉。侑:币帛。 ⑧隧:墓道。天子葬礼。 ⑨阳樊、

温、原、州、陉(xíng)、䌹(chī)、组、攒茅:皆周王畿内城邑。其中原在今河南济源北,陉在今河南沁阳西北,䌹在今河南沁阳西南,组在今河南滑县,攒茅在今河南修武西北。　⑩狎:熟悉。　⑪樊仲:即周宣王朝的仲山甫,封于樊,故称樊仲。　⑫放:依凭。

17. 文公伐原,令以三日之粮。三日而原不降,公令疏军而去之①。谍出曰:"原不过一二日矣!"军吏以告,公曰:"得原而失信,何以使人? 夫信,民之所庇也,不可失也。"乃去之,及孟门②,而原请降。

[注释]①疏:撤离。　②孟门:地名,在今河南济源北。

18. 文公立四年①,楚成王伐宋②,公率齐、秦伐曹、卫以救宋③。宋人使门尹班告急于晋④,公告大夫曰:"宋人告急,舍之则宋绝。告楚则不许我⑤。我欲击楚,齐、秦不欲,其若之何?"先轸⑥曰:"不若使齐、秦主楚怨。"公曰:"可乎?"先轸曰:"使宋舍我而赂齐、秦,藉之告楚。我分曹、卫之地以赐宋人。楚爱曹、卫,必不许齐、秦。齐、秦不得其请,必属怨焉⑦,然后用之,蔑不欲矣⑧。"公说,是故以曹田、卫田赐宋人。

[注释]①文公立四年:公元前633年。　②楚伐宋:宋背楚事晋,故楚伐之。　③伐曹、卫:因为曹刚刚归顺楚,而卫则刚刚与楚联姻,故伐曹、卫以救宋。　④门尹班:宋国大夫。　⑤告楚:告楚求其退兵。　⑥先轸:晋中军元帅,因食邑于原,故又称原轸。　⑦属:连接。　⑧蔑:无。

令尹子玉使宛春来告①曰:"请复卫侯而封曹,臣亦释宋之围。"舅犯愠曰:"子玉无礼哉! 君取一,臣取二,必击之。"先轸曰:"子与之②。我不许曹、卫之请,是不许释宋也。宋众无乃强乎③!是楚一言而有三施,子一言而有三怨。怨已多矣,难以击人。不若私许复曹、卫以携之④,执宛春以怒楚,既战而后图之。"公说,是故拘宛春于卫。

[注释]①子玉:楚令尹得臣。宛春:楚大夫。 ②与:许。 ③强:通"僵",死。 ④携:离间。

子玉释宋围,从晋师①。楚既陈②,晋师退舍,军吏请曰:"以君避臣,辱也。且楚师老矣③,必败。何故退?"子犯曰:"二三子忘在楚乎?偃也闻之:战斗,直为壮④,曲为老⑤。未报楚惠而抗宋,我曲楚直,其众莫不生气,不可谓老。若我以君避臣,而不去,彼亦曲矣。"退三舍避楚。楚众欲止,子玉不肯,至于城濮⑥,果战,楚众大败。君子曰:"善以德劝。"

[注释]①从:追逐,跟随。当时楚成王退守申,令子玉自宋返师。但子玉不肯,且一再请战。 ②陈:通"阵",列队。 ③老:士气衰落。 ④直:理直。 ⑤曲:理屈。 ⑥城濮:地名,在今河南陈留附近。

19. 文公诛观状以伐郑①,反其陴②。郑人以名宝行成③,公弗许,曰:"予我詹而师还④。"詹请往,郑伯弗许,詹固请曰:"一臣可以赦百姓而定社稷,君何爱于臣也⑤?"郑人以詹予晋,晋人将烹之。詹曰:"臣愿获尽辞而死,固所愿也。"公听其辞。詹曰:"天降郑祸,使淫观状⑥,弃礼违亲。臣曰:'不可。夫晋公子贤明,其左右皆卿才,若复其国,而得志于诸侯,祸无赦矣。'今祸及矣。

尊明胜患,智也。杀身赎国⑦,忠也。"乃就烹,据鼎耳而疾号曰:"自今以往,知忠以事君者,与詹同。"乃命弗杀,厚为之礼而归之。郑人以詹伯为将军。

[注释]①诛:讨伐。观状:指晋文公流亡过曹,曹共公偷窥其洗澡事。以:而,且。伐郑:因当初晋文公过郑,郑文公不以礼相待。 ②反:毁坏。陴(pī):城上女墙,上有空穴,可以窥察外面动静。 ③行成:求和。 ④詹:郑大夫叔詹。当初晋文公流亡过郑,叔詹劝郑文公以礼相待,否则请杀之。故晋文公索要叔詹。 ⑤爱:吝惜,舍不得。 ⑥淫:放,波及。指曹共公不礼于晋文公波及到郑国。 ⑦赎:救。

20. 晋饥,公问于箕郑①曰:"救饥何以?"对曰:"信。"公曰:"安信?"对曰:"信于君心,信于名②,信于令,信于事。"公曰:"然则若何?"对曰:"信于君心,则美恶不逾。信于名,则上下不干③。信于令,则时无废功④。信于事,则民从事有业。于是乎民知君心,贫而不惧,藏出如入,何匮之有?"公使为箕⑤。及清原之蒐⑥,使佐新上军⑦。

[注释]①箕郑:即箕郑父,晋国大夫。 ②名:君臣上下之名分。③干:犯。 ④废功:废误农时。 ⑤箕:地名,在今山西稷山东南。 ⑥蒐(sōu):打猎。古时打猎的同时也检阅部队,操练士兵。晋文公利用清原之蒐阅兵,作五军。 ⑦新上军:晋在清原之蒐时扩建新上军和新下军,加上原有的三军,共五军。箕郑父为新上军之佐,位列第七卿。

21. 文公问元帅于赵衰①,对曰:"郤縠可②,行年五十矣,守学弥惇③。夫先王之法志,德义之府也。夫德义,生民之本也。能惇笃者,不忘百姓也。请使郤縠。"公从之。公使赵衰为卿,辞曰:"栾枝贞慎,先轸有谋,胥臣多闻,皆可以为辅佐,臣弗若也。"乃使栾枝将下军,先轸佐之。取五鹿,先轸之谋也。郤縠卒,使先轸代之。胥臣佐下军。公使原季为卿④,辞曰:"夫三德者⑤,偃之出也⑥。以德纪民,其章大矣⑦,不可废也。"使狐偃为卿,辞曰:"毛之智⑧,贤于臣,其齿又长⑨。毛也不在位,不敢闻命。"乃使狐毛将上军,狐偃佐之。狐毛卒,使赵衰代之,辞曰:"城濮之役,先且居之佐军也善⑩,军伐有赏,善君有赏,能其官有赏⑪。且居有三赏,不可废也。且臣之伦⑫,箕郑、胥婴、先都在⑬。"乃使先且居将上军。公曰:"赵衰三让。其所让,皆社稷之卫也。废让,是废德也。"以赵衰之故,蒐于清原,作五军。使赵衰将新上军,箕郑佐之;胥婴将新下军,先都佐之。子犯卒,蒲城伯请佐,公曰:"夫赵衰三让不失义。让,推贤也。义,广德也。德广贤至,又何患矣。请令衰也从子。"乃使赵衰佐新上军。

[注释]①元帅:指中军元帅,上卿。晋上、中、下三军,以中军元帅位最高,统率全军。 ②郤縠:晋国大夫。 ③惇:深厚,广博。 ④原季:即赵衰。因为曾经任原大夫,故称原季。卿:次卿。 ⑤三德:公元前635年,狐偃劝晋文公出师王畿,平王子带之乱,迎周襄王于郑,此举示民以义。晋伐原,携三日之粮,围原三日便撤军,示民以信。公元前633年,大蒐于被庐,示民以礼。 ⑥偃:狐偃。 ⑦章:彰显。 ⑧毛:狐偃之兄狐毛,晋大夫。 ⑨齿:年齿。 ⑩先且居:先轸之子,即蒲城伯。因食邑于霍,又称霍伯。 ⑪官:职守。 ⑫伦:辈,类。 ⑬胥婴、先都:都是晋大夫。

22. 文公学读书于臼季①,三日,曰:"吾不能行也咫②,闻则多矣。"对曰:"然而多闻以待能者,不犹愈也③?"

［注释］①臼季：胥臣，即司空季子。 ②咫：计量单位，古代八寸为咫。在此比喻距离近。 ③愈：胜出，超过。

23. 文公问于郭偃①曰："始也，吾以治国为易，今也难。"对曰："君以为易，其难也将至矣。君以为难，其易也将至焉。"

［注释］①郭偃：即卜偃，晋国掌卜大夫。

24. 文公问于胥臣曰："吾欲使阳处父傅讙也而教诲之①，其能善之乎？"对曰："是在讙也。蘧蒢不可使俯②，戚施不可使仰③，僬侥不可使举④，侏儒不可使援⑤，矇瞍不可使视⑥，嚚瘖不可使言⑦，聋聩不可使听⑧，童昏不可使谋⑨。质将善而贤良赞之⑩，则济可俟。若有违质⑪，教将不入，其何善之为！臣闻昔者大任娠文王不变⑫，少溲于豕牢⑬，而得文王不加疾焉⑭。文王在母不忧，在傅弗勤⑮，处师弗烦，事王不怒⑯，孝友二虢⑰，而惠慈二蔡⑱，刑于大姒⑲，比于诸弟⑳。《诗》云：'刑于寡妻，至于兄弟，以御于家邦。'㉑于是乎用四方之贤良。及其即位也，询于'八虞'㉒，而咨于'二虢'，度于闳夭而谋于南宫㉓，诹于蔡、原而访于辛、尹㉔，重之以周、邵、毕、荣㉕，亿宁百神㉖，而柔和万民。故《诗》云：'惠于宗公，神罔时恫。'㉗若是，则文王非专教诲之力也。"公曰："然则教无益乎？"对曰："胡为文㉘，益其质。故人生而学，非学不入㉙。"公曰："奈夫八疾何㉚！"对曰："官师之所材也㉛，戚施直镈㉜，蘧蒢蒙璆㉝，侏儒扶卢㉞，矇瞍修声㉟，聋聩司火。童昏、嚚瘖、僬侥,官师之所不材也,以实裔土㊱。夫教者,因体能质而利之者也。若川然有原,以卭浦而后大㊲。"

[注释]①阳处父:晋国大夫,又称阳子。傅:做……师傅。谨:文公太子,后即位为襄公。 ②蘧蒢(qú chú):身体残疾,不能俯身下曲。 ③戚施:驼背,身体不能够仰。 ④僬侥(jiāo yáo):传说中的矮人国,其民身长一尺五寸,或曰长一尺三寸。此处指矮人。 ⑤侏儒:身材矮小之人。援:攀援。 ⑥矇瞍(méng sǒu):瞎子。矇是有眼珠子但却看不见的人,瞍是没有眼珠子的人。 ⑦嚚瘖:哑巴。嚚是不说忠信之言的人,瘖是不能说话的人。 ⑧聋:先天性耳聋。 ⑨童昏:糊涂无知者。童,小孩。昏:老人。 ⑩质:质地,本质。赞:佐。 ⑪违:邪恶。 ⑫大任:周文王之母。不贰:不变动。 ⑬少:通"小"。豕牢:厕所。 ⑭得文王不加疾:生产顺利。疾:害。 ⑮勤:苦。 ⑯王:王季,文王之父。 ⑰二虢:虢仲、虢叔,文王兄弟,后来被封为虢君,故称二虢。 ⑱二蔡:不详。或曰是文王子管叔、蔡叔,因管叔开始也封于蔡,故称二蔡。 ⑲刑:通"型",模范。大姒:文王之妻。 ⑳比:亲近。 ㉑《诗》:出自《大雅·思齐》。寡妻:对妻子的一种谦称,指正妻,嫡妻。 ㉒八虞:八位为虞官的贤臣。 ㉓闳夭:周文王贤臣。南宫:周文王贤臣南宫适。 ㉔诹(zōu):咨询。蔡:蔡公。原:原公。辛:辛甲。尹:尹佚。都是周初的贤臣。 ㉕周、邵、毕、荣:皆为文王子,周初贤臣。 ㉖亿:安。 ㉗《诗》:《大雅·思齐》。惠:顺。宗公:大臣。恫:痛恨,怨恨。 ㉘文:文采。 ㉙:不入:不入于道。 ㉚八疾:指上文所说的"蘧蒢"、"戚施"等八种疾病。 ㉛材:剪裁,指教育。 ㉜直镈:掌管敲打钟镈。 ㉝蒙:戴。璆(qiú):玉磬。 ㉞扶卢:古代的一种杂技。扶:攀援。卢:戈、矛等的柄。 ㉟修声:讽诵诗。 ㊱裔土:边境。 ㊲卭:迎。浦:江河的入海口。

25. 文公即位二年,欲用其民,子犯曰:"民未知义,盍纳天子以示之义?"乃纳襄王于周。公曰:"可矣乎?"对曰:"民未知信,盍伐原以示之信?"乃伐原。曰:"可矣乎?"对曰:"民未知礼,盍大蒐,备师尚礼以示之。"乃大蒐于被庐①,作三军。使郤縠将中军,以为大政②,郤溱佐之③。子犯曰:"可矣。"遂伐曹、卫,出谷戍④,释宋围,败楚师于城濮,于是乎遂伯。

[注释]①被庐:地名,具体地址不详。 ②大政:执政。 ③郤溱:晋国大夫。 ④谷:齐地名,在今山东东阿。

晋 语 五

1. 臼季使,舍于冀野①。冀缺耨②,其妻馌之③,敬,相待如宾。从而问之,冀芮之子也,与之归;既复命,而进之曰:"臣得贤人,敢以告。"文公曰:"其父有罪④,可乎?"对曰:"国之良也,灭其前恶⑤,是故舜之刑也殛鲧⑥,其举也兴禹。今君之所闻也。齐桓公亲举管敬子⑦,其贼也。"公曰:"子何以知其贤也?"对曰:"臣见其不忘敬也。夫敬,德之恪也⑧。恪于德以临事,其何不济!"公见之,使为下军大夫。

[注释]①冀:地名,在今山西河津东。野:郊外谓之野。 ②冀缺:即郤缺,郤成子,冀芮之子。因为郤芮封于冀,故以冀为氏。耨(hāo):除草,锄草。 ③馌(yè):给在田里劳作的人送饭。 ④其父有罪:指冀芮于文公元年与吕甥合谋火烧文公宫,阴谋败露,被秦穆公诱杀。 ⑤灭:即"蔑",弃。 ⑥殛:杀。 ⑦管敬子:管仲,死后谥号曰"敬"。 ⑧恪:恭敬。

2. 阳处父如卫①,反,过宁②,舍于逆旅宁嬴氏③。嬴谓其妻曰:"吾求君子久矣,今乃得之。"举而从之,阳子道与之语,及山而还④。其妻曰:"子得所求而不从之,何其怀也⑤!"曰:"吾见其貌而欲之,闻其言而恶之。夫貌,情之华也;言,貌之机也⑥。身为情,成于中。言,身之文也。言文而发之,合而后行,离则有衅⑦。今阳子之貌济⑧,其言匮⑨,非其实也。若中不济,而外强之,其卒将复⑩,中以外易矣⑪。若内外类,而言反之,渎其信也。夫言以昭信,奉之如机⑫,历时而发之⑬,胡可渎也!今阳子之情谓矣⑭,以济盖也,且刚而主能⑮,不本而犯⑯,怨之所聚也。吾惧未获其利而及其难,是故去之。"期年,乃有贾季之难⑰,阳子死之。

[注释]①阳处父:即阳子,太子谨的老师。 ②宁:地名,在今河南修武县东。 ③逆旅:客馆,旅馆。宁嬴氏:掌管旅舍的人名。 ④山:温山,在今修武县北。 ⑤怀:思,此处指恋家。 ⑥机:枢机。 ⑦衅:瑕疵。 ⑧济:通"齐",敬。 ⑨匮:乏,缺少。 ⑩卒:终。复:复其内心之情。 ⑪易:通"异"。 ⑫机:古代箭弩上的发动机关。 ⑬历:相。 ⑭谓(huì):辨察。 ⑮主能:太自负自己的才能。 ⑯本:本于内心。而:且。 ⑰贾季之难:贾季,晋国大夫,狐偃之子狐姑射。因食邑于贾,故称贾季。公元前621年,晋襄公在夷地检阅部队,编制三军,命贾季为中军元帅,赵衰之子赵盾为中军副帅。阳处父从温回来,建议晋襄公在董地阅兵。因感激赵衰曾举荐自己,便建议晋襄公任命赵盾为中军元帅,而任命贾季为副帅。于是贾季嫉恨,便派人暗杀了阳处父。

3. 赵宣子言韩献子于灵公①,以为司马。河曲之役②,赵孟使人以其乘车干行③,献子执而戮之。众咸曰:"韩厥必不没矣④。其主朝升之,而暮戮其车,其谁安之!"宣子召而礼之,曰:"吾闻事君者比而不党⑤。夫周以举义⑥,比也;举以其私,党也。夫军事无犯,犯而不隐,义也。吾言女于君,惧女不能也。举而不能,党孰大焉!事君而党,吾何以从政?吾故以是观女。女勉之。苟从是行也。临长晋国者,非女其谁?"皆告诸大夫曰:"二三子可以贺我矣!吾举厥也而中,吾乃今知免于罪矣。"

[注释]①赵宣子:赵盾,为晋国执政正卿,又称赵孟。韩献子:韩万之玄孙韩厥,谥号曰"献",故称韩献子。 ②河曲之役:公元前615年,秦康公率军攻打晋国的羁马,赵盾率军与之对峙于河曲,后双方皆撤兵。史称河曲之役。河曲:地名,在今山西永济南。 ③干:犯,扰乱。行:军队的行列。④没:终。 ⑤比:亲近。党:结党。 ⑥周:忠信。

4. 宋人弑昭公①,赵宣子请师于灵公以伐宋,公曰:"非晋国之急也。"对曰:"大者天地,其次君臣,所以为明训也。今宋人弑其君,是反天地而逆民则也,天必诛焉。晋为盟主,而不修天罚,将惧及焉。"公许之。乃发令于太庙,召军吏而戒乐正②,令三军之钟鼓必备。赵同③曰:"国有大役,不镇抚民而备钟鼓,何也?"宣子曰:"大罪伐之,小罪惮之④。袭侵之事,陵也。是故伐备钟鼓,声其罪也;战以錞于、丁宁⑤,儆其民也。袭侵密声⑥,为蹔事也⑦。今宋人弑其君,罪莫大焉!明声之,犹恐其不闻也。吾备钟鼓,为君故也。"乃使旁告于诸侯⑧,治兵振旅,鸣钟鼓,以至于宋。

[注释]①宋人弑昭公:公元前611年,宋成公之子、昭公之弟公子鲍弑其兄长昭公,自立为君,即宋文公。 ②乐正:官名,掌管乐事。 ③赵同:晋国大夫,赵盾之弟。因为食邑于原,又称原同、原叔。 ④惮:警告。 ⑤錞于:军乐器,形似圆桶,顶上有钮,与鼓相应。丁宁:即钲,形似钟而长,有长柄,军队行进时便敲击钲,以节制步伐。 ⑥密声:不发出声音。 ⑦蹔(zàn):暂

时。　⑧旁:遍。

5. 灵公虐,赵宣子骤谏①,公患之,使鉏麑贼之②,晨往,则寝门辟矣③,盛服将朝,早而假寐。麑退,叹而言曰:"赵孟敬哉!夫不忘恭敬,社稷之镇也。贼国之镇不忠④,受命而废之不信,享一名于此,不如死。"触庭之槐而死。灵公将杀赵盾,不克。赵穿攻公于桃园⑤,逆公子黑臀而立之⑥,实为成公。

[注释]①骤:屡次,多次。　②鉏麑(chú mí):晋国力士。贼:杀。③辟:开。　④镇:重。　⑤赵穿:晋国大夫,赵盾的堂兄弟,晋襄公的女婿。⑥黑臀:晋文公之子,襄公之弟,即位后为晋成公。

6. 郤献子聘于齐①,齐顷公使妇人观而笑之②。郤献子怒,归,请伐齐。范武子退自朝③,曰:"燮乎④,吾闻之,干人之怒⑤,必获毒焉⑥。夫郤子之怒甚矣,不逞于齐,必发诸晋国。不得政⑦,何以逞怒?余将致政焉,以成其怒,无以内易外也。尔勉从二三子,以承君命,唯敬。"乃老⑧。

[注释]①郤献子:郤克,郤缺之子,字伯。　②观而笑之:因为郤献子跛足,故妇人观而笑之。　③范武子:晋国正卿,士会。初封于随,称随会,随武子。后来改封于范,又称范武子。　④燮:士燮,范武子之子。　⑤干:触犯,冒犯。　⑥毒:祸害。　⑦得政:执掌国家政权。　⑧老:告老。

7. 范文子暮退于朝①。武子曰:"何暮也?"对曰:"有秦客廋辞于朝②,大夫莫之能对也,吾知三焉。"武子怒曰:"大夫非不能也,让父兄也。尔童子,而三掩人于朝。吾不在晋国,亡无日矣。"击之以杖,折委笄③。

[注释]①范文子:士燮。 ②秦客:秦国使者。廋(sōu)辞:隐语。③委:委貌冠,又称玄冠,周代的一种礼帽,用黑色丝织物制成。笄(jī):簪子。

8. 靡笄之役①,韩献子将斩人②。郤献子驾③,将救之,至,则既斩之矣。郤献子请以徇④,其仆曰:"子不将救之乎?"献子曰:"敢不分谤乎⑤!"

[注释]①靡笄之役:即历史上著名的"鞌之战"。公元前589年,齐侵鲁、卫,郤献子率军救之,与齐师战于靡笄,大败齐师。靡笄:山名,一说为今山东济南东南之千佛山,一说为济南东北华不注山。 ②韩献子:韩厥,时为晋军司马,掌军法。 ③郤献子:郤克,时为晋军中军元帅。 ④徇:示众。⑤分谤:郤献子欲为韩献子分担错杀人的罪责。

9. 靡笄之役,郤献子伤,曰:"余病喙①。"张侯御,曰:"三军之心,在此车也。其耳目在于旗鼓。车无退表②,鼓无退声,军事集焉③。吾子忍之,不可以言病。受命于庙④,受脤于社⑤,甲胄而效死,戎之政也。病未若死,袛以解志⑥。"乃左并辔⑦,右援枹而鼓之⑧,马逸不能止⑨,三军从之。齐师大败,逐之,三周华不注之山⑩。

[注释]①喙:痛得喘不过气。 ②表:旌旗。 ③集:战斗即将结束。④受命于庙:古时行军打仗,出征之前先要举行告庙礼,接受出师命令。⑤受脤(shèn)于社:在土地神社接受祭祀的生肉。脤,古时祭祀土神、谷神所用生肉。 ⑥解:通"懈"。 ⑦左并辔:为了腾出右手击鼓。 ⑧枹(fú):鼓槌。 ⑨逸:奔驰。 ⑩华不注之山:山名,在今山东济南东北。

10. 靡笄之役,郤献子师胜而返,范文子后入。武子曰:"燮乎,女亦知吾望尔也乎?"对曰:"夫师,郤子之师也,其事臧①。若先,则恐国人之属耳目于我也②,故不敢。"武子曰:"吾知免矣。"

[注释]①臧:善,指带兵打胜仗。 ②属:瞩目。

11. 鞌之役,郤献子见,公曰:"子之力也夫①!"对曰:"克也以君命命三军之士,三军之士用命,克也何力之有焉?"范文子见,公曰:"子之力也夫!"对曰:"燮也受命于中军,以命上军之士,上军之士用命,燮也何力之有焉?"栾武子见②,公曰:"子之力也夫!"对曰:"书也受命于上军,以命下军之士,下军之士用命,书也何力之有焉?"

[注释]①力:功劳。 ②栾武子:即栾书,时为下军之帅。

12. 鞌之役也,郤献子伐齐。齐侯来①,献之以得殒命之礼②,曰:"寡君使克也,不腆弊邑之礼③,为君之辱,敢归诸下执政④,以整御人⑤。"苗棼皇⑥曰:"郤子勇而不知礼,矜其伐而耻国君,其与几何!"

[注释]①来:朝晋。 ②献:享礼时进献笾豆之类。此次享礼,郤献子为上摈,佐助晋景公行礼。殒命:本义指丧命,此指战争中俘获国君。 ③腆:丰厚。 ④归:通"馈",赠送。执政:诸执事之臣。 ⑤御人:宫中的妇人。 ⑥苗棼皇:晋国大夫。本为楚令尹斗椒之子,公元前605年,斗椒被诛,棼皇逃亡于晋,食邑于苗(今河南济源西),故称苗棼皇。

13. 梁山崩①,以传召伯宗②,遇大车当道而覆,立而辟之③,曰:"避传。"对曰:"传为速也,若俟吾避,则加迟矣,不如捷而行④。"伯宗喜,问其居,曰:"绛人也。"伯宗曰:"何闻?"曰:"梁山崩而以传召伯宗。"伯宗问曰:"乃将若何?"对曰:"山有朽壤而崩,将若何?夫国主山川⑤,故川涸山崩,君为之降服、出次⑥,乘缦、不举⑦,策于上帝⑧,国三日哭⑨,以礼焉。虽伯宗亦如是而已,其若之何?"问其名,不告;请以见,不许。伯宗及绛,以告,而从之。

[注释]①梁山:晋国主祭之山,在今陕西韩城境内。 ②传:驿站所备快车。伯宗:晋国大夫,孙伯纠之子。 ③辟:通"避"。 ④捷:小路,捷径。 ⑤主:主祭。 ⑥降服:穿素服。出次:离开宫室到郊外住宿。 ⑦乘缦:乘坐不加纹饰的素车。不举:饮食不奏乐。 ⑧策:简策。 ⑨国三日哭:据《周礼》,国有大灾,国人大哭三日。

14. 伯宗朝,以喜归。其妻曰:"子貌有喜,何也?"曰:"吾言于朝,诸大夫皆谓我智似阳子①。"对曰:"阳子华而不实,主言而无谋,是以难及其身。子何喜焉?"伯宗曰:"吾饮诸大夫酒,而与之语,尔试听之。"曰:"诺。"既饮,其妻曰:"诸大夫莫子若也。然而民不能戴其上久矣②,难必及子乎!盍亟索士整庇州犁焉③。"得毕阳④。

[注释]①阳子:阳处父。 ②戴:推崇,爱戴。 ③亟:急速。整庇:教育保护。州犁:伯宗之子。 ④毕阳:晋国才智之士。《战国策·赵策》:"毕阳之孙豫让。"则毕阳为豫让之祖父。

及栾弗忌之难①,诸大夫害伯宗,将谋而杀之。毕阳实送州犁于荆。

[注释]①栾弗忌之难:栾弗忌,晋大夫,与伯宗友善。晋三郤谗杀栾弗忌,连累伯宗。然据《左传》成公十五年,乃三郤杀伯宗,连累栾弗忌。

晋 语 六

1. 赵文子冠①,见栾武子,武子曰:"美哉! 昔吾逮事庄主②,华则荣矣,实之不知,请务实乎③。"

[注释]①赵文子:赵武,赵盾之孙,后来为晋国正卿。冠:冠礼,古时男子成年礼。 ②庄主:赵武之父赵朔。赵朔谥曰庄,故称庄主。赵朔曾为下军之帅,而栾书为下军副帅,故曰事。 ③务实:求实效。

见中行宣子①,宣子曰:"美哉! 惜也,吾老矣。"

[注释]①中行宣子:荀庚,晋国大夫,荀林父之子。因其将中行(中军),故称中行宣子。

见范文子,文子曰:"而今可以戒矣,夫贤者宠至而益戒,不足者为宠骄。故兴王赏谏臣,逸王罚之。吾闻古之王者,政德既成,又听于民,于是乎使工诵谏于朝①,在列者献诗使勿兜②,风听胪言于市③,辨袄祥于谣④,考百事于朝⑤,问谤誉于路,有邪而正之,尽戒之术也。先王疾是骄也。"

[**注释**]①工:乐师或乐官。 ②在列者:指在朝廷任职的公卿以至于列士。兜:迷惑。 ③风:采风,搜集。胪言:传言。 ④袄:通"妖",灾祸。祥:善。 ⑤百事:百官职事。

见郤驹伯①,驹伯曰:"美哉! 然而壮不若老者多矣。"

[**注释**]①郤驹伯:晋卿,名锜,郤克之子。

见韩献子,献子曰:"戒之,此谓成人。成人在始与善。始与善,善进善,不善蔑由至矣①;始与不善,不善进不善,善亦蔑由至矣。如草木之产也,各以其物②。人之有冠,犹宫室之有墙屋也,粪除而已③,又何加焉。"

[**注释**]①蔑:无。 ②物:物类。 ③粪除:打扫,喻自我修养。

见智武子①,武子曰:"吾子勉之,成、宣之后而老为大夫②,非耻乎! 成子之文,宣子之忠,其可忘乎③! 夫成子导前志以佐先君④,导法而卒以政,可不谓文乎! 夫宣子尽谏于襄、灵,以谏取恶,不惮死进,可不谓忠乎! 吾子勉之,有宣子之忠,而纳之以成子之文,事君必济。"

[**注释**]①智武子:晋卿,名罃。荀首之子,荀林父之弟,也称荀罃。因食邑于智,谥曰武,故称智武子。 ②成:成子赵衰,赵武曾祖。宣:宣子赵盾,赵武祖父。 ③其:难道。 ④导:达。志:记。佐:帮助。

见苦成叔子①,叔子曰:"抑年少而执官者众②,吾安容子。"

[注释]①苦成叔子:郤犨,晋卿,郤缺从子。 ②执官:担任官职为大夫。

见温季子①,季子曰:"谁之不如,可以求之。"

[注释]①温季子:晋卿郤至。景公时为温大夫,故又称温季。

见张老而语之①,张老曰:"善矣,从栾伯之言,可以滋;范叔之教,可以大;韩子之戒,可以成。物备矣,志在子。若夫三郤,亡人之言也②,何称述焉!智子之道善矣,是先主覆露子也③。"

[注释]①张老:晋大夫张孟。 ②亡人:使人覆灭败亡。 ③先主:指赵衰、赵盾。覆露:庇护恩泽。

2. 厉公将伐郑①,范文子不欲,曰:"若以吾意,诸侯皆叛,则晋可为也。唯有诸侯,故扰扰焉②。凡诸侯,难之本也。得郑忧滋长,焉用郑!"郤至曰:"然则王者多忧乎?"文子曰:"我王者也乎哉?夫王者成其德,而远人以其方贿归之③,故无忧。今我寡德而求王者之功,故多忧。子见无土而欲富者,乐乎哉?"

[注释]①伐郑:公元前575年,郑叛晋归楚,故厉公力主伐郑。 ②扰扰:不安定。 ③方:方物。贿:资财。归:进献。

3. 厉公六年①,伐郑,且使苦成叔及栾黡兴齐、鲁之师②。楚恭王帅东夷救郑。楚半阵,公使击之。栾书曰:"君使黡也兴齐、鲁之师,请俟之。"郤至曰:"不可。楚师将退,我击之,必以胜归。夫阵不违忌,一间也③;夫南夷与楚来而不与阵④,二间也;夫楚与郑阵而不与整,三间也;且其士卒在阵而哗,四间也;夫众闻哗则必惧,五间也。郑将顾楚,楚将顾夷,莫有斗心,不可失也。"公说。于是败楚师于鄢陵⑤,栾书是以怨郤至。

[注释]①厉公六年:公元前575年。 ②栾黡:栾书之子桓子,悼公时为公族大夫,后为下军帅。 ③间:间隙,指可乘之机。 ④南夷:即上文之东夷,因为其在楚之东、晋之南,故称呼各异。 ⑤鄢陵:地名,在今河南鄢陵县。

4. 鄢之战,郤至以韎韦之跗注①,三逐楚平王卒,见王必下奔退战。王使工尹襄问之以弓②,曰:"方事之殷也③,有韎韦之跗注,君子也,属见不谷而下④,无乃伤乎?"郤至甲胄而见客,免胄而听命⑤,曰:"君之外臣至,以寡君之灵⑥,间蒙甲胄⑦,不敢当拜君命之辱,为使者故,敢三肃之⑧。"君子曰:勇以知礼。

[注释]①韎(mò,或 mèi)韦:浅红色的牛皮,用来作军服。跗(fū)注:衣裤袜相连的军服。跗:脚背。注:连。 ②工尹襄:楚大夫。工尹:官名,掌百工及手工业之事。 ③事:战事。殷:激烈。 ④属:连,接连。 ⑤免胄:脱下头盔。 ⑥灵:福。 ⑦间蒙甲胄:参与了披甲戴胄的行列。 ⑧肃:肃拜礼。双手合拢而下垂,身体略弯曲。按照周礼,甲胄之士不下拜,而行肃拜礼。

5. 鄢之役,晋人欲争郑,范文子不欲,曰:"吾闻之,为人臣者,能内睦而后图外,不睦内而图外,必有内争,盍姑谋睦乎!考讯其阜以出①,则怨靖②。"

[注释]①考讯:考察讯问。阜:民众。出:出征。 ②靖:平息。

6.鄢之役,晋伐郑,荆救之。大夫欲战,范文子不欲,曰:"吾闻之,君人者刑其民①,成,而后振武于外②,是以内和而外威③。今吾司寇之刀锯日弊④,而斧钺不行⑤。内犹有不刑,而况外乎?夫战,刑也,刑之过也。过由大⑥,而怨由细⑦,故以惠诛怨⑧,以忍去过。细无怨而大不过,而后可以武,刑外之不服者。今吾刑外乎大人,而忍于小民,将谁行武?武不行而胜,幸也⑨。幸以为政,必有内忧。且唯圣人能无外患,又无内忧,讵非圣人⑩,必偏而后可。偏而在外,犹可救也,疾自中起,是难。盍姑释荆与郑以为外患乎。"

[注释]①刑其民:以刑法正其人民。 ②振武:以武力讨伐。 ③威:畏惧。 ④司寇:官名,掌刑狱。刀锯:小刑具,施用于小民。日弊:日败,因为使用的次数太多的缘故。 ⑤斧钺:大刑具,施用于大臣。 ⑥大:卿大夫。⑦细:平民。 ⑧诛:除去。 ⑨幸:侥幸。 ⑩讵:如果。

7.鄢之役,晋伐郑,荆救之。栾武子将上军①,范文子将下军。栾武子欲战,范文子不欲,曰:"吾闻之,唯厚德者能受多福,无德而服者众,必自伤也。称晋之德,诸侯皆叛,国可以少安。唯有诸侯,故扰扰焉,凡诸侯,难之本也。且唯圣人能无外患又无内忧,讵非圣人,不有外患,必有内忧,盍姑释荆与郑以为外患乎!诸臣之内相与②,必将辑睦。今我战又胜荆与郑,吾君将伐智而多力③,怠教而重敛,大其私昵而益妇人田④,不夺诸大夫田,则焉取以益此？诸臣之委室而徒退者⑤,将与几人？战若不胜,则晋国之福也;战若胜,乱地之秩者也⑥,其产将害大⑦,盍姑无战乎!"

[注释]①上军:当为"中军"之误,文中栾武子亦曰"今我任晋国之政"。②相与:相互推举。与:通"举"。 ③伐:自夸。智:计谋。多:赞美。力:武功。 ④私昵:亲近宠幸之人。 ⑤委:放弃。室:家产。徒:白白地。⑥秩:常。 ⑦产:结果。

栾武子曰:"昔韩之役①,惠公不复舍;邲之役②,三军不振旅;箕之役③,先轸不复命④:晋国固有大耻三。今我任晋国之政,不毁晋耻⑤,又以违蛮、夷重之⑥,虽有后患,非吾所知也。"

[注释]①韩之役:指公元前645年秦、晋韩原之战,结果晋惠公被秦俘获。 ②邲之役:公元前597年晋、楚之战,结果晋国战败。 ③箕之役:公元前627年晋、狄之战。 ④不复命:战死的委婉说法。 ⑤毁耻:即雪耻。⑥违:避让。重:加重,增加。

范文子曰:"择福莫若重,择祸莫若轻,福无所用轻,祸无所用重,晋国故有大耻,与其君臣不相听以为诸侯笑也①,盍姑以违蛮、夷为耻乎。"

[注释]①听:顺,顺从。

栾武子不听,遂与荆人战于鄢陵,大胜之。于是乎君伐智而多力,怠教而重敛,大其私昵,杀三郤而尸诸朝①,纳其室以分妇人,于是乎国人不蠲②,遂弑诸翼③,葬于翼东门之外,以车一乘④。厉公之所以死者,唯无德而功烈多,服者众也。

[注释]①三郤:指郤锜、郤犨、郤至。尸:陈。 ②蠲(juān):通"涓",清洁。 ③弑诸翼:弑晋厉公于晋旧都翼城。 ④以车一乘:按礼,诸侯死,陪葬用车七乘,今用一乘,表明未用诸侯礼葬厉公。

8.鄢之役,荆压晋军,军吏患之,将谋。范匄自公族趋过之①,曰:"夷灶堙井②,非退而何?"范文子执戈逐之,曰:"国之存亡,天命也,童子何知焉?且不及而言③,奸也,必为戮。"苗贲皇曰:"善逃难哉!"既退荆师于鄢,将谷④,范文子立于戎马之前,曰:"君幼弱,诸臣不佞,吾何福以及此!吾闻之,'天道无亲,唯德是授。'吾庸知天之不授晋且以劝楚乎,君与二三臣其戒之!夫德,福之基也,无德而福隆,犹无基而厚墉也⑤,其坏也无日矣。"

[注释]①范匄(gài):范燮之子,即士匄。谥曰宣,故又称范宣子。初任公族大夫,后袭父职任中军之佐,晋平公时任晋执政。 ②夷:平。堙(yīn):埋。 ③不及:轮不到。 ④谷:粮食。此处指食楚人的弃粮。 ⑤墉:墙。

9.反自鄢,范文子谓其宗、祝①曰:"君骄泰而有烈②,夫以德胜者犹惧失之,而况骄泰乎?君多私,今以胜归,私必昭。昭私,难必作,吾恐及焉。凡吾宗、祝,为我祈死,先难为免。"七年夏,范文子卒。冬,难作,始于三郤,卒于公③。

[注释]①宗:宗人,掌管家族祭祀之事,由家臣担任。祝:祝史,祭祀时负责沟通神、人。 ②烈:功烈。 ③公:晋厉公。

10. 既战,获王子发钩①。栾书谓王子发钩曰:"子告君曰:'郤至使人劝王战,及齐、鲁之未至也。且夫战也,微郤至王必不免②。'吾归子。"发钩告君,君告栾书,栾书曰:"臣固闻之,郤至欲为难,使苦成叔缓齐、鲁之师,已劝君战,战败,将纳孙周③,事不成,故免楚王。然战而擅舍国君,而受其问④,不亦大罪乎?且今君若使之于周,必见孙周。"君曰:"诺。"栾书使人谓孙周曰:"郤至将往,必见之!"郤至聘于周,公使觇之⑤,见孙周。是故使胥之昧与夷羊五刺郤至、苦成叔及郤锜⑥,郤锜谓郤至曰:"君不道于我,我欲以吾宗与吾党夹而攻之,虽死必败,君必危,其可乎?"郤至曰:"不可。至闻之,武人不乱,智人不诈,仁人不党。夫利君之富,富以聚党,利党以危君,君之杀我也后矣。且众何罪,钧之死也⑦,不若听君之命。"是故皆自杀。既刺三郤,栾书弑厉公,乃纳孙周而立之,实为悼公。

[注释]①王子发钩:楚公子,名茷,或作茂。 ②微:没有。 ③孙周:晋襄公之曾孙,名周。当时在周王室侍奉单襄公。后即位为晋悼公。 ④问:慰劳。 ⑤觇:窥探,暗中监视。 ⑥胥之昧:胥童,与夷五羊皆为晋厉公宠臣。 ⑦钧:同样。

11. 长鱼矫既杀三郤①,乃胁栾、中行而言于公②曰:"不杀此二子者,忧必及君。"公曰:"一旦而尸三卿③,不可益也。"对曰:"臣闻之,乱在内为宄④,在外为奸,御宄以德,御奸以刑。今治政而内乱,不可谓德。除鲠而避强⑤,不可谓刑。德刑不立,奸宄并至,臣脆弱,不能忍俟也。"乃奔狄。三月,厉公弑。

[**注释**]①长鱼矫:晋大夫,晋厉公之嬖臣。 ②胁:劫持。栾:栾书。中行:中行偃。 ③旦:早晨。尸:陈。 ④宄:盗窃或作乱之人。 ⑤鲠:祸害。

12. 栾武子、中行献子围公于匠丽氏①,乃召韩献子,献子辞曰:"弑君以求威,非吾所能为也。威行为不仁,事废为不智,享一利亦得一恶,非所务也。昔者吾畜于赵氏②,赵孟姬之谗③,吾能违兵④。人有言曰:'杀老牛莫之敢尸⑤。'而况君乎?二三子不能事君,安用厥也!"中行偃欲伐之,栾书曰:"不可。其身果而辞顺⑥。顺无不行,果无不彻,犯顺不祥,伐果不克,夫以果戾顺行⑦,民不犯也,吾虽欲攻之,其能乎!"乃止。

[**注释**]①匠丽氏:厉公嬖臣。 ②畜:养。赵氏:赵盾。 ③赵孟姬:晋景公的姐姐,赵朔之妻,赵武之母。孟姬与赵盾弟弟赵婴私通,赵婴兄长赵括、赵同等驱逐赵婴于齐。孟姬怀恨,构陷赵氏,晋景公、栾氏等灭赵氏,赵括、赵同被杀。时赵武年幼,随母亲孟姬长于宫中。后来韩厥感念赵氏养育之恩,便劝说晋景公立赵武为赵氏之后,继承赵氏封邑。 ④违兵:不出兵。指韩厥不帅师灭赵。 ⑤尸:主。 ⑥顺:顺礼。 ⑦戾:帅。

晋 语 七

1. 既弑厉公，栾武子使智武子、彘恭子如周迎悼公①。庚午，大夫逆于清原②。公言于诸大夫曰："孤始愿不及此，孤之及此，天也。抑人之有元君，将禀命焉。若禀而弃之，是焚谷也③；其禀而不材④，是谷不成也。谷之不成，孤之咎也；成而焚之，二三子之虐也。孤欲长处其愿，出令将不敢不成，二三子为令之不从，故求元君而访焉。孤之不元⑤，废也，其谁怨？元而以虐奉之，二三子之制也。若欲奉元以济大义，将在今日；若欲暴虐以离百姓，反易民常，亦在今日。图之进退，愿由今日。"大夫对曰："君镇抚群臣而大庇荫之，无乃不堪君训而陷于大戮，以烦刑、史⑥，辱君之允令⑦，敢不承业。"乃盟而入。

[注释]①智武子：晋卿智䓨，也称荀䓨。彘恭子：士会之子士鲂，食邑于彘，谥曰恭，故称彘恭子。　②清原：地名，在今山西稷山东南。　③谷：粮食，所赖以生存之本。　④不材：不适合。　⑤元：善。　⑥刑：法官，掌行刑。史：史官，书罪过。　⑦允：诚，诚信。令：善。

辛巳，朝于武宫。定百事，立百官，育门子①，选贤良，兴旧族,出滞赏②,毕故刑,赦囚系,宥间罪③,荐积德,逮鳏寡④,振废淹⑤,养老幼,恤孤疾,年过七十,公亲见之,称曰王父⑥,敢不承。

[注释]①门子:卿大夫嫡子。　②滞赏:有功而未赏。　③宥:宽恕。间罪:证据不足而被羁押的嫌犯。　④逮:到,及。此处指施恩。　⑤废淹:因犯小罪而被废置的贤人。　⑥王父:待之如父。

2. 二月乙酉,公即位。使吕宣子将下军①,曰:"邲之役,吕锜佐智庄子于上军②,获楚公子榖臣与连尹襄老③,以免子羽④。鄢之役,亲射楚王而败楚师⑤,以定晋国而无后,其子孙不可不崇也。"使郤恭子将新军⑥,曰:"武子之季、文子之母弟也⑦。武子宣法以定晋国,至于今是用。文子勤身以定诸侯,至于今是赖。夫二子之德,其可忘乎!"故以郤季屏其宗⑧。使令狐文子佐之⑨,曰:"昔克潞之役⑩,秦来图败晋功,魏颗以其身却退秦师于辅氏,亲止杜回,其勋铭于景钟。至于今不育⑪,其子不可不兴也。"

[注释]①吕宣子:吕相,谥曰宣。故称吕宣子。　②吕锜:吕相之父,亦称魏锜。智庄子:即荀首,食邑于智,故称智庄子。　③榖臣:楚庄王之子。连尹:楚官名。襄老:人名。　④子羽:智庄子之子荀罃,字子羽。邲之役楚军俘获荀罃,而晋军射杀连尹襄老并俘获楚公子榖臣。后来晋释放榖臣并归还连尹襄老的尸体,以交换子羽。　⑤亲射楚王而败楚师:在鄢陵之战时,吕锜射伤楚恭王的眼睛,而楚恭王使神射手养由基射中吕锜的喉咙,吕锜死。　⑥郤恭子:士鲂。　⑦武子:士会。季:少子。文子:士燮。　⑧屏:屏护。宗:宗族。　⑨令狐文子:魏犨之孙,名颉。食邑于令狐,因以为氏。　⑩克潞之役:晋景公的姐姐为赤狄潞子婴儿的夫人,后来被赤狄潞氏的执政酆舒所杀,潞子婴儿的眼睛也被酆舒射伤。晋大夫伯宗数酆舒五宗大罪。公元前

594年六月,荀林父帅师灭潞。七月,秦桓公伐晋,进攻辅氏(今陕西大荔东)。晋景公自稷(今山西稷山南)还军至雒(大荔东南),遣大夫魏颗攻击秦军。秦败,力士杜回被俘。　⑪育:遂愿。

君知士贞子之帅志博闻而宣惠于教也①,使为太傅。知右行辛之能以数宣物定功也②,使为元司空。知栾纠之能御以和于政也,使为戎御③。知荀宾之有力而不暴也,使为戎右④。

[**注释**]①士贞子:士渥浊,又称士贞伯、士伯。帅志:遵循先王教化。②右行辛:晋国大夫贾辛。元司空:中军司空。　③栾纠:晋国大夫弁纠。戎御:驾驭国君兵车。　④荀宾:晋国大夫。戎右:国君战车右卫。

栾伯请公族大夫①,公曰:"荀家惇惠②,荀会文敏③,黡也果敢④,无忌镇静⑤,使兹四人者为之。夫膏粱之性难正也⑥,故使惇惠者教之,使文敏者导之,使果敢者谂之⑦,使镇静者修之。惇惠者教之,则遍而不倦;文敏者导之,则婉而入;果敢者谂之,则过不隐;镇静者修之,则壹⑧。使兹四人者为公族大夫。"

[**注释**]①栾伯:栾书。公族大夫:官名,主管国君公族以及卿大夫子弟的教育。　②荀家:晋大夫。　③荀会:荀偃的族人。　④黡:栾书之子桓子。⑤无忌:韩厥长子公族穆子。　⑥膏粱:膏粱子弟,即贵族子弟。　⑦谂(shěn):规谏,告知。　⑧壹:专一。

公知祁奚之果而不淫也①,使为元尉②。知羊舌职之聪敏肃给也③,使佐之。知魏绛之勇而不乱也,使为元司马④。知张老之智而不诈也,使为元候⑤。知铎遏寇之恭敬而信强也,使为舆尉⑥。知籍偃之惇帅旧职而恭给也,使为舆司马⑦。知程郑端而不淫,且好谏而不隐也,使为赞仆⑧。

[注释]①祁奚:晋国大夫,字黄羊。淫:过制。 ②元尉:中军尉。③羊舌职:晋国大夫,叔向之父。给:达。 ④魏绛:魏犨之孙魏庄子,晋国大夫。元司马:中军司马。 ⑤张老:张孟。元候:中军候奄,掌对敌情、地形的侦察。 ⑥铎遏寇:晋大夫。舆尉:上军尉。 ⑦籍偃:晋国大夫籍游。舆司马:上军司马。 ⑧程郑:晋国大夫,荀骓之孙。端:品格方正。赞仆:乘马御,统管车马。

3. 始合诸侯于虚打以救宋①,使张老延君誉于四方②,且观道逆者。吕宣子卒,公以赵文子为文也,而能恤大事③,使佐新军。三年,公始合诸侯。四年,诸侯会于鸡丘④,于是乎布命、结援、修好、申盟而还⑤。令狐文子卒,公以魏绛为不犯,使佐新军。使张老为司马,使范献子为候奄⑥。公誉达于戎。五年,诸戎来请服,使魏庄子盟之,于是乎始复霸。

[注释]①虚打:宋邑,一说在今山东泗水县境,一说在今河南睢县。救宋:公元前573年,宋鱼石叛宋逃亡于楚,楚伐宋,取彭城封鱼石。于是晋悼公联合诸侯救宋。 ②延誉:宣扬声名。 ③恤:体察,顾全。 ④鸡丘:地名,在今河北邯郸市东。 ⑤布命:即"敷命",宣扬王命。申:寻求。 ⑥范献子:范文子士燮的族弟士富。

四年,会诸侯于鸡丘,魏绛为中军司马,公子扬干乱行于曲梁①,魏绛斩其仆。公谓羊舌赤②曰:"寡人属诸侯③,魏绛戮寡人之弟,为我勿失。"赤对曰:"臣闻绛之志,有事不避难,有罪不避刑,其将来辞。"言终,魏绛至,授仆人书而伏剑。士鲂、张老交止之。仆人授公,公读书曰:"臣诛于扬干,不忘其死。日君乏使,使臣狃中军之司马④。臣闻师众以顺为武,军事有死无犯为敬,君合诸侯,臣敢不敬,君不说,请死之。"公跣而出⑤,曰:"寡人之言,兄弟之礼也。子之诛,军旅之事也,请无重寡人之过⑥。"反役,与之礼食,令之佐新军。

[注释]①公子扬干:晋悼公的弟弟。曲梁:地名,在今河北邯郸市东北。②羊舌赤:羊舌职之子,名伯华,晋大夫,又称铜鞮伯华。 ③属:连,联合。④狃:充任。 ⑤跣(xiǎn):赤足。 ⑥重:增加。

4. 祁奚辞于军尉,公问焉,曰:"孰可?"对曰:"臣之子午可①。人有言曰:'择臣莫若君,择子莫若父。'午之少也,婉以从令,游有乡②,处有所,好学而不戏。其壮也,强志而用命,守业而不淫。其冠也,和安而好敬,柔惠小物,而镇定大事,有直质而无流心③,非义不变,非上不举。若临大事,其可以贤于臣。臣请荐所能择而君比义焉。"公使祁午为军尉,殁平公,军无秕政④。

[注释]①午:祁奚之子祁午。 ②乡:向,方向。 ③流心:放纵之心。④秕政:败政。秕:坏,不良。

5. 五年,无终子嘉父使孟乐因魏庄子纳虎豹之皮以和诸戎①。公曰:"戎、狄无亲而好得②,不若伐之。"魏绛曰:"劳师于戎,而失诸华③,虽有功,犹得兽而失人也,安用之?且夫戎、狄荐处④,贵货而易土⑤。予之货而获其土,其利一也；边鄙耕农不儆⑥，其利二也；戎、狄事晋，四邻莫不震动，其利三也。君其图之！"公说，故使魏绛抚诸戎，于是乎遂伯。

[注释]①无终：戎族名，大致在今山西太原附近。嘉父：无终国君名。孟乐：无终大臣名。因：通过。　②好得：贪实。　③诸华：华夏各诸侯国。④荐处：逐水草而居。荐：草。　⑤易：轻贱。　⑥儆：警戒。

6. 韩献子老①，使公族穆子受事于朝。辞曰："厉公之乱，无忌备公族，不能死。臣闻之曰：'无功庸者②，不敢居高位。'今无忌，智不能匡君，使至于难，仁不能救，勇不能死，敢辱君朝以忝韩宗③，请退也。"固辞不立。悼公闻之，曰："难虽不能死君而能让，不可不赏也。"使掌公族大夫。

[注释]①韩献子即韩厥，曾将下军、中军，公元前565年告老退职。②功：对国家有功。庸：对人民有功。　③忝：贻羞，使蒙羞。

7. 悼公使张老为卿，辞曰："臣不如魏绛。夫绛之智能治大官，其仁可以利公室不忘，其勇不疚于刑①，其学不废其先人之职。若在卿位，外内必平②。且鸡丘之会，其官不犯而辞顺，不可不赏也。"公五命之，固辞，乃使为司马。使魏绛佐新军。

[注释]①疚：病。　②平：治。

8. 十二年①，公伐郑，军于萧鱼②。郑伯嘉来纳女、工、妾三十人，女乐二八③，歌钟二肆④，及宝镈⑤，辂车十五乘⑥。公锡魏绛女乐一八、歌钟一肆，曰："子教寡人和诸戎、狄而正诸华,于今八年,七合诸侯,寡人无不得志,请与子共乐之。"魏绛辞曰:"夫和戎、狄,君之幸也。八年之中,七合诸侯,君之灵也。二三子之劳也,臣焉得之?"公曰:"微子,寡人无以待戎,无以济河,二三子何劳焉!子其受之。"君子曰:"能志善也。"

[注释]①十二年:公元前561年。 ②萧鱼:郑邑,在今河南许昌市。③二八:古代歌伎表演,八人一列,称为一佾。 ④肆:古代编钟计数单位。《周礼·春官·小胥》:"凡县钟磬,半为堵,全为肆。" ⑤镈:古代的一种青铜乐器,形似钟而比钟大。 ⑥辂:大车,广车。

9.悼公与司马侯升台而望①曰:"乐夫!"对曰:"临下之乐则乐矣,德义之乐则未也②。"公曰:"何谓德义?"对曰:"诸侯之为,日在君侧,以其善行,以其恶戒,可谓德义矣。"公曰:"孰能?"对曰:"羊舌肸习于春秋③。"乃召叔向使傅太子彪。

[注释]①司马侯:晋大夫女叔齐,又称叔侯、女齐。 ②德义:善善为德,恶恶为义。 ③羊舌肸:叔向,晋国大夫。春秋:对史书的称呼。

晋 语 八

1. 平公六年①,箕遗及黄渊、嘉父作乱②,不克而死。公遂逐群贼,谓阳毕③曰:"自穆侯以至于今,乱兵不辍,民志不厌,祸败无已。离民且速寇④,恐及吾身,若之何?"阳毕对曰:"本根犹树,枝叶益长,本根益茂,是以难已也。今若大其柯,去其枝叶,绝其本根,可以少闲。"

[注释]①平公六年:公元前552年。 ②箕遗及黄渊、嘉父作乱:栾黡娶范宣子之女叔祁为妻,生栾盈。栾黡死,叔祁与家宰州宾私通,栾盈不满。叔祁因惧怕遂向执政的父亲范宣子诬陷儿子栾盈谋反。范宣子也忌惮栾盈,便以此为理由派栾盈到著地筑城,并乘机驱逐栾盈。晋大夫箕遗及黄渊、嘉父等知晓后,便起兵反抗范宣子,都被范宣子杀害。 ③阳毕:晋国大夫。 ④速:招致。

公曰:"子实图之。"阳毕曰:"图在明训,明训在威权,威权在君。君抡贤人之后有常位于国者而立之①,亦抡逞志亏君以乱国者之后而去之②,是遂威而远权③。民畏其威,而怀其德,莫能勿从。若从,则民心皆可畜④。畜其心而知其欲恶,人孰偷生?若不偷生,则莫思乱矣。且夫栾氏之诬晋国久也⑤，栾书实覆宗⑥，弑厉公以厚其家，若灭栾氏，则民威矣。今吾若起瑕、原、韩、魏之后而赏立之⑦，则民怀矣。威与怀各当其所，则国安矣，君治而国安，欲作乱者谁与？"

[注释]①抡：选择，选拔。 ②亏：损害。 ③远权：长远地掌握权力。 ④畜：养。 ⑤诬：欺骗。 ⑥覆宗：杀晋厉公事。 ⑦瑕：瑕嘉。原：原轸。韩：韩万。魏：毕万。因封于魏，故以魏为姓。

君曰："栾书立吾先君，栾盈不获罪，如何？"阳毕曰："夫正国者，不可以昵于权①，行权不可以隐于私。昵于权，则民不导；行权隐于私，则政不行。政不行，何以导民？民之不导，亦无君也，则其为昵与隐也，复害矣，且勤身②。君其图之！若爱栾盈，则明逐群贼，而以国伦数而遣之③，厚箴戒图以待之④。彼若求逞志而报于君，罪孰大焉，灭之犹少⑤。彼若不敢而远逃，乃厚其外交而勉之⑥，以报其德，不亦可乎？"

[注释]①昵：近。 ②勤：劳苦。 ③国伦：国家的法纪。数：历数其罪。 ④箴：规谏。戒图：戒备其图谋不轨。 ⑤灭：灭其宗。少：轻。 ⑥厚其外交：向栾盈逃亡的国家赠送厚礼。勉：免。

公许诺，尽逐群贼而使祁午及阳毕适曲沃逐栾盈，栾盈出奔楚。遂令于国人曰："自文公以来有力于先君而子孙不立者，将授立之，得之者赏。"居三年，栾盈昼入①，为贼于绛②。范宣子以公入于襄公之宫，栾盈不克，出奔曲沃，遂刺栾盈，灭栾氏。是以没平公之身无内乱也。

[注释]①昼入:白天回到晋国。喻其明目张胆。 ②贼:作乱。

2.栾怀子之出①,执政使栾氏之臣勿从,从栾氏者为大戮施②。栾氏之臣辛俞行,吏执之,献诸公。公曰:"国有大令,何故犯之?"对曰:"臣顺之也,岂敢犯之?执政曰'无从栾氏而从君',是明令必从君也。臣闻之曰:'三世事家③,君之④;再世以下⑤,主之⑥。'事君以死,事主以勤,君之明令也。自臣之祖,以无大援于晋国,世隶于栾氏,于今三世矣,臣故不敢不君。今执政曰:'不从君者为大戮',臣敢忘其死而叛其君,以烦司寇。"公说,固止之,不可,厚赂之。辞曰:"臣尝陈辞矣,心以守志,辞以行之,所以事君也。若受君赐,是堕其前言⑦。君问而陈辞,未退而逆之,何以事君?"君知其不可得也,乃遣之。

[注释]①栾怀子:栾盈。 ②施:陈尸示众。 ③家:大夫。 ④君之:视之如君。 ⑤再世:两世。 ⑥主:大夫。 ⑦堕:毁弃,毁坏。

3.叔鱼生①,其母视之,曰:"是虎目而豕喙②,鸢肩而牛腹③,溪壑可盈,是不可餍也④,必以贿死⑤。"遂不视。杨食我生⑥,叔向之母闻之,往,及堂,闻其号也,乃还,曰:"其声,豺狼之声,终灭羊舌氏之宗者,必是子也。"

[注释]①叔鱼:晋大夫,叔向母弟羊舌鲋。 ②喙:嘴。 ③鸢(yuān):鹰。 ④餍:满足。 ⑤贿:财货。 ⑥杨食我:叔向之子,名伯石。因叔向食邑于杨(今山西洪洞县西南),故其子孙以杨为姓。

4.鲁襄公使叔孙穆子来聘①,范宣子问焉,曰:"人有言曰'死而不朽',何谓也?"穆子未对。宣子曰:"昔匄之祖,自虞以上为陶唐氏,在夏为御龙氏②,在商为豕韦氏③,在周为唐、杜氏④。周卑⑤,晋继之,为范氏,其此之谓也?"对曰:"以豹所闻,此之谓世禄,非不朽也。鲁先大夫臧文仲,其身殁矣,其言立于后世,此之谓死而不朽。"

[注释]①叔孙穆子:鲁卿叔孙豹。 ②御龙氏:传说尧的后代刘累学豢养龙,侍奉孔甲,孔甲赐姓"御龙氏"。 ③豕韦氏:尧的后代,在商作方伯。后来被商灭亡,改封刘累之后,仍称豕韦氏。 ④唐:豕韦氏在商末改号为唐,被周武王所灭,迁于杜,称杜氏。 ⑤卑:卑微,衰落。

5. 范宣子与和大夫争田①,久而无成。宣子欲攻之,问于伯华②。伯华曰:"外有军,内有事。赤也,外事也,不敢侵官。且吾子之心有出焉,可征讯也。"问于孙林甫③,孙林甫曰:"旅人④,所以事子也,唯事是待。"问于张老⑤,张老曰:"老也以军事承子,非戎,则非吾所知也。"问于祁奚,祁奚曰:"公族之不恭,公室之有回⑥,内事之邪,大夫之贪,是吾罪也。若以君官从子之私,惧子之应且憎也⑦。"问于籍偃⑧,籍偃曰:"偃也以斧钺从于张孟,日听命焉,若夫子之命也,何二之有?释夫子而举,是反吾子也。"问于叔鱼⑨,叔鱼曰:"待吾为子杀之。"

[注释]①和大夫:晋国和邑的大夫。 ②伯华:羊舌职之子羊舌赤,公元前570年代其父为中军尉佐。 ③孙林甫:即孙文子,原为卫国大夫,后叛卫归晋,为晋大夫。 ④旅人:寄居之人。 ⑤张老:张孟,时为上军元帅。 ⑥回:邪僻。 ⑦应:应承,引申为赞赏。 ⑧籍偃:即籍游,时为上军司马。 ⑨叔鱼:晋大夫羊舌鲋。

叔向闻之，见宣子曰："闻子与和未宁，遍问于大夫，又无决，盍访之訾祏①。訾祏实直而博，直能端辨之②，博能上下比之，且吾子之家老也。吾闻国家有大事，必顺于典刑，而访咨于耇老③，而后行之。"司马侯见④，曰："闻吾子有和之怒，吾以为不信。诸侯皆有二心，是之不忧，而怒和大夫，非子之任也。"祁午见⑤，曰："晋为诸侯盟主，子为正卿，若能靖端诸侯，使服听命于晋，晋国其谁不为子从，何必和？盍密和⑥，和大以平小乎！"

[注释]①訾祏(zī shí)：范宣子的家臣。　②端：方正，引申为公正。③耇(gǒu)：老。　④司马侯：晋国大夫女叔齐。　⑤祁午：祁奚之子，晋中军尉。　⑥密：亲近。

宣子问于訾祏，訾祏对曰："昔隰叔子违周难于晋国①，生子舆为理②，以正于朝，朝无奸官；为司空，以正于国，国无败绩。世及武子③，佐文、襄为诸侯，诸侯无二心。及为卿，以辅成、景，军无败政。及为成师④，居太傅，端刑法，缉训典，国无奸民，后之人可则，是以受随、范。及文子成晋、荆之盟⑤，丰兄弟之国⑥，使无有间隙，是以受郇、栎⑦。今吾子嗣位，于朝无奸行，于国无邪民，于是无四方之患，而无外内之忧，赖三子之功而飨其禄位。今既无事矣，而非和，于是加宠，将何治为？"宣子说，乃益和田而与之和。

[注释]①隰叔：杜伯之子，范宣子的先祖。周宣王杀杜伯，隰叔逃往晋。②子舆：士蒍，字子舆，晋献公时为正卿。理：狱官。　③世及武子：士蒍生成伯缺，成伯缺生士縠、士会(武子)。　④成：晋成公。或曰"成"当为"景"。

晋成公死于公元前600年,而士会任中军元帅兼太傅在公元前593年。 ⑤文子:士会之子士燮。晋荆之盟:公元前579年,时任晋中军之佐的士燮与楚公子罢在宋国西门外订立盟约。 ⑥兄弟之国:郑、卫之属,晋、楚立盟使郑、卫等国消弭战争之苦,故曰"丰"。 ⑦郇:晋邑名,在今山西临猗西南。栎:晋邑名,地址不详。

6. 郤祐死,范宣子谓献子①曰:"鞅乎!昔者吾有郤祐也,吾朝夕顾焉②,以相晋国③,且为吾家。今吾观女也,专则不能,谋则无与也④,将若之何?"对曰:"鞅也,居处恭,不敢安易⑤,敬学而好仁,和于政而好其道,谋于众不以贾好,私志虽衷⑥,不敢谓是也,必长者之由⑦。"宣子曰:"可以免身。"

[注释]①献子:宣子之子范鞅。 ②顾:问。 ③相:治理。 ④无与:没有贤臣可以依赖。 ⑤安:安逸。易:草率。 ⑥衷:善。 ⑦由:从。

7. 平公说新声①,师旷②曰:"公室其将卑乎!君之明兆于衰矣。夫乐以开山川之风也,以耀德于广远也。风德以广之③,风山川以远之,风物以听之,修诗以咏之,修礼以节之。夫德广远而有时节,是以远服而迩不迁。"

[注释]①新声:相对于周王室的雅颂之乐而言,指当时流行的郑、卫之乐。 ②师旷:晋国掌管音乐的太师,字子野。 ③风:通"讽",诵,宣扬。

8. 平公射鴳①,不死,使竖襄搏之②,失。公怒,拘将杀之。叔向闻之,夕③,君告之。叔向曰:"君必杀之。昔吾先君唐叔射兕于徒林④,殪⑤,以为大甲,以封于晋。今君嗣吾先君唐叔,射鴳不死,搏之不得,是扬吾君之耻者也。君其必速杀之,勿令远闻。"君忸怩⑥,乃趣赦之⑦。

[注释]①鹖(yàn):一种小鸟。 ②竖:宫中小臣称竖。 ③夕:晚上有事朝见。 ④唐叔:晋国始封君。兕:犀牛。徒林:森林名。 ⑤殪(yì):一箭射死。 ⑥忸怩(niǔ ní):惭愧不安的样子。 ⑦趣:通"促",急忙,连忙。

9. 叔向见司马侯之子①,抚而泣之,曰:"自此其父之死,吾蔑与比而事君矣②!昔者此其父始之,我终之,我始之,夫子终之,无不可。"籍偃在侧,曰:"君子有比乎?"叔向曰:"君子比而不别③。比德以赞事④,比也;引党以封己⑤,利己而忘君,别也。"

[注释]①司马侯:晋国大夫女叔齐。 ②蔑:没有。比:以德相亲。 ③别:别为朋党。 ④赞:佐助。 ⑤封:厚,丰厚。

10. 秦景公使其弟针来求成①,叔向命召行人子员②。行人子朱曰:"朱也在此。"叔向曰:"召子员。"子朱曰:"朱也当御③。"叔向曰:"肸也欲子员之对客也。"子朱怒曰:"皆君之臣也,班爵同,何以黜朱也?"抚剑就之。叔向曰:"秦、晋不和久矣,今日之事幸而集④,子孙飨之⑤。不集,三军之士暴骨。夫子员导宾主之言无私⑥,子常易之。奸以事君者,吾所能御也⑦。"拂衣从之,人救之⑧。平公闻之曰:"晋其庶乎⑨!吾臣之所争者大。"师旷侍,曰:"公室惧卑⑩,其臣不心竞而力争。"

[注释]①秦景公:秦桓公之子。公元前547年秦景公派遣其弟针来晋求成。针:又称后子,字伯车,秦景公同母弟。 ②行人:官名,负责宾客接待。 ③御:接待,当事。 ④集:成,成功。 ⑤飨:享,享其福。 ⑥导:传达。

⑦御：对付。　⑧救：劝阻。　⑨庶：可能，大概。　⑩卑：衰微。

11. 诸侯之大夫盟于宋，楚令尹子木欲袭晋军①，曰："若尽晋师而杀赵武，则晋可弱也。"文子闻之，谓叔向曰："若之何？"叔向曰："子何患焉。忠不可暴，信不可犯，忠自中，而信自身，其为德也深矣，其为本也固矣，故不可抈也②。今我以忠谋诸侯，而以信覆之，荆之逆诸侯也亦云，是以在此。若袭我，是自背其信而塞其忠也。信反必毙，忠塞无用③，安能害我？且夫合诸侯以为不信，诸侯何望焉。为此行也，荆败我，诸侯必叛之，子何爱于死，死而可以固晋国之盟主，何惧焉？"是行也，以藩为军④，攀辇即利而舍⑤，候遮扞卫不行⑥，楚人不敢谋，畏晋之信也。自是没平公无楚患。

[注释]①子木：屈到之子屈建，字子木。　②抈(yuè)：通"扤"(wù)：动摇。　③塞：绝，毁弃。　④藩：藩篱。军：营垒。　⑤攀：引，挽拉。辇：辎重之车。舍：宿营。　⑥候：候望。远出城郭十里左右侦察敌情的士卒。遮：在城郭门内外侦察敌情的士卒。扞卫：在营垒周围设防保卫。行，设。

12. 宋之盟①，楚人固请先歃②。叔向谓赵文子曰："夫霸王之势，在德不在先歃，子若能以忠信赞君，而裨诸侯之阙③，歃虽在后，诸侯将载之④，何争于先？若违于德而以贿成事，今虽先歃，诸侯将弃之，何欲于先？昔成王盟诸侯于岐阳，楚为荆蛮，置茅蕝⑤，设望表⑥，与鲜卑守燎⑦，故不与盟。今将与狎主诸侯之盟⑧，唯有德也，子务德无争先，务德，所以服楚也。"乃先楚人。

[注释]①宋之盟:公元前546年的弭兵之盟。 ②楚人:子木。歃(shà):古人盟会,为表示诚信,常常会杀牲而饮其血,或含在嘴里,或涂抹在嘴唇。先歃者为盟主。 ③裨:裨益,裨补。 ④载:通"戴"。 ⑤茅蕝(jué):古代祭祀用的用茅草扎成的茅束,用来缩酒。 ⑥望:望祭名山大川。表:标志,在木排上写山川之神的名字。 ⑦鲜卑:西周时的一支东夷族。燎:庭燎,古代议事时在庭院中为照明燃烧的火把。 ⑧狎:交替。

13. 虢之会①,鲁人食言②,楚令尹围将以鲁叔孙穆子为戮③,乐王鲋求货焉不予④。赵文子谓叔孙曰:"夫楚令尹有欲于楚,少懦于诸侯⑤。诸侯之故,求治之,不求致也。其为人也,刚而尚宠⑥,若及,必不避也。子盍逃之?不幸,必及于子。"对曰:"豹也受命于君,以从诸侯之盟,为社稷也。若鲁有罪,而受盟者逃,鲁必不免,是吾出而危之也。若为诸侯戮者,鲁诛尽矣,必不加师,请为戮也。夫戮出于身实难⑦,自他及之何害?苟可以安君利国,美恶一心也⑧。"

[注释]①虢之会:公元前541年,诸侯在郑国的虢地会盟,重申弭兵。②食言:指在会盟期间,鲁人兴师伐莒,夺取郓邑。 ③令尹围:楚恭王次子公子围,代子木为令尹,后来杀楚王郏敖而代之,是为楚灵王。 ④乐王鲋:晋大夫乐桓子。货:贿赂。乐王鲋欲以财货为条件替叔孙豹求情,遭到叔孙豹的拒绝,故下文极力主张杀叔孙豹。 ⑤懦:弱。引申为宽松。 ⑥尚宠:喜好自我尊崇。 ⑦身:自身。难:难安。 ⑧美:生。恶:死。公序本无"心"。

文子将请之于楚,乐王鲋曰:"诸侯有盟未退,而鲁背之,安用齐盟①?纵不能讨,又免其受盟者,晋何以为盟主矣,必杀叔孙豹。"文子曰:"有人不难以死安利其国②,可无爱乎!若皆恤国如是,则大不丧威,而小不见陵矣③。若是道也果,可以教训,何败国之有!吾闻之曰:'善人在患,弗救不祥;恶人在位,不去亦不祥。'必免叔孙。"固请于楚而免之。

[注释]①齐:一,齐一。 ②难:患。 ③见:被。

14. 赵文子为室,斫其椽而砻之①,张老夕焉而见之②,不谒而归③。文子闻之,驾而往,曰:"吾不善,子亦告我,何其速也?"对曰:"天子之室,斫其椽而砻之,加密石焉④;诸侯砻之;大夫斫之;士首之⑤。备其物,义也;从其等,礼也。今子贵而忘义,富而忘礼,吾惧不免,何敢以告。"文子归,令之勿砻也。匠人请皆斫之,文子曰:"止。为后世之见之也,其斫者,仁者之为也,其砻者,不仁者之为也。"

[注释]①砻(lóng):用石磨光。 ②张老:张孟。夕:晚上有事拜见。 ③谒:告。 ④加密石:砻过之后再用纹理细密的磨刀石磨光。 ⑤首:连砍斫都不需要,只需截去椽木的首尾。

15. 赵文子与叔向游于九原①,曰:"死者若可作也②,吾谁与归?"叔向曰:"其阳子乎!"文子曰:"夫阳子行廉直于晋国,不免其身,其知不足称也。"叔向曰:"其舅犯乎!"文子曰:"夫舅犯见利而不顾其君③,其仁不足称也。其随武子乎④!纳谏不忘其师,言身不失其友,事君不援而进⑤,不阿而退⑥。"

[注释]①九原:晋国墓地,在今山西新绛县北。 ②作:复活。 ③见利而不顾其君:指狐偃以逃亡诈其君,胁迫公子重耳与之盟约。 ④随武子:士会,又称范会、范武子。 ⑤援:引。进:进贤。 ⑥不阿而退:不随声阿顺君主而斥退小人。

16. 秦后子来奔①,赵文子见之,问曰:"秦君道乎?"对曰:"不识。"文子曰:"公子辱于敝邑,必避不道也。"对曰:"有焉。"文子曰:"犹可以久乎?"对曰:"针闻之,国无道而年谷和熟,鲜不五稔②。"文子视日曰:"朝夕不相及,谁能俟五!"文子出,后子谓其徒③曰:"赵孟将死矣!夫君子宽惠以恤后,犹恐不济。今赵孟相晋国,以主诸侯之盟,思长世之德,历远年之数,犹惧不终其身;今忨日而潡岁④,怠偷甚矣,非死逮之,必有大咎。"冬,赵文子卒。

[注释]①后子:秦景公之同母弟伯车,因为惧怕受到秦景公的迫害而逃亡晋国。 ②鲜:少。稔:谷物成熟。 ③徒:从者。 ④忨(wàn):苟且偷安。潡(kě):旷废。

17. 平公有疾,秦景公使医和视之①,出曰:"不可为也。是谓远男而近女②,惑以生蛊③;非鬼非食,惑以丧志。良臣不生,天命不祐。若君不死,必失诸侯。"赵文子闻之曰:"武从二三子以佐君为诸侯盟主,于今八年矣,内无苛慝④,诸侯不二,子胡曰'良臣不生,天命不祐'?"对曰:"自今之谓。和闻之曰:'直不辅曲,明不规闇⑤,拱木不生危⑥,松柏不生埤⑦。'吾子不能谏惑,使至于生疾,又不自退而宠其政,八年之谓多矣,何以能久!"文子曰:"医及国家乎?"对曰:"上医医国,其次疾人,固医官也。"文子曰："子称蛊,何实生之?"对曰："蛊之慝,谷之飞实生之⑧。物莫伏于蛊⑨,莫嘉于谷⑩,谷兴蛊伏而章明者也。故食谷者,昼选男德以象谷明,宵静女德以伏蛊慝⑪,今君一之,是不飨谷而食蛊也,是不昭谷明而皿蛊也⑫。夫文,'虫'、'皿'为'蛊',吾是以云。"文子曰："君其几何?"对曰："若诸侯服不过三年,不服不过十年,过是,晋之殃也。"是岁也,赵文子卒,诸侯叛晋,十年,平公薨。

[注释]①医和:秦国的医官,名和。 ②男:师傅或辅臣。女:女色。 ③蛊:蛊疾,一种疾病的名称。或以为系神经错乱之病。 ④苛:繁重。慝:邪恶。 ⑤直不辅曲,明不规阘:批评赵文子不能用明道规谏晋平公的曲阘,以至于晋平公沉湎于女色而丧失心志。 ⑥拱木:合抱的大树。危:高处。 ⑦坯(pēi):低洼潮湿的地方。 ⑧飞:飞虫。 ⑨伏:隐藏。 ⑩嘉:善。 ⑪伏:去除。 ⑫皿:器皿。

18. 秦后子来仕,其车千乘。楚公子干来仕①,其车五乘。叔向为太傅,实赋禄,韩宣子问二公子之禄焉②,对曰："大国之卿,一旅之田③,上大夫,一卒之田④。夫二公子者,上大夫也,皆一卒可也。"宣子曰："秦公子富,若之何其钧之⑤?"对曰："夫爵以建事⑥,禄以食爵,德以赋之,功庸以称之⑦,若之何以富赋禄也!夫绛之富商,韦藩木楗以过于朝⑧,唯其功庸少也,而能金玉其车,文错其服⑨,能行诸侯之贿,而无寻尺之禄,无大绩于民故也。且秦、楚匹也⑩,若之何其回于富也⑪。"乃均其禄。

[注释]①公子干:楚公子的庶子公子比。公元前541年,公子围弑楚王郏敖,自立为王,是为楚灵王。公子干避祸于晋。 ②韩宣子:韩起。

③旅:五百人为旅,对应田地为五百亩。 ④卒:一百人,一百亩田地。
⑤钧:同,同样。 ⑥事:职事。 ⑦功庸:功劳。为国称功,为民称庸。称:相称。 ⑧韦:牛皮。藩:车两旁的遮风。木楗:木檐。 ⑨文错:绣纹交错。
⑩匹:匹敌。 ⑪回:曲护。

19. 郑简公使公孙成子来聘①,平公有疾,韩宣子赞授客馆②。客问君疾,对曰:"寡君之疾久矣,上下神祇无不遍谕③,而无除。今梦黄熊入于寝门,不知人杀乎,抑厉鬼邪!"子产曰:"以君之明,子为大政,其何厉之有?侨闻之,昔者鲧违帝命,殛之于羽山④,化为黄熊,以入于羽渊,实为夏郊⑤,三代举之⑥。夫鬼神之所及,非其族类,则绍其同位,是故天子祀上帝,公侯祀百辟⑦,自卿以下不过其族。今周室少卑,晋实继之,其或者未举夏郊邪?"宣子以告,祀夏郊,董伯为尸⑧,五日,公见子产,赐之莒鼎。

[注释]①郑简公:僖公之子姬嘉。公孙成子:郑卿子产,名侨,谥曰成子。②赞:引导。 ③谕:祭祀告谢。 ④殛:流放而杀。 ⑤郊:郊祀,祭天大典。 ⑥举:行,此指不废郊祀鲧的典礼。 ⑦百辟:勤苦民事而惠及百姓的人。辟:法。本或作"百神"。 ⑧董伯:晋大夫。尸:主,代鬼神受祭的人。

20. 叔向见韩宣子,宣子忧贫,叔向贺之,宣子曰:"吾有卿之名,而无其实,无以从二三子,吾是以忧,子贺我何故?"对曰:"昔栾武子无一卒之田,其宫不备其宗器,宣其德行,顺其宪则,使越于诸侯①,诸侯亲之,戎、狄怀之②,以正晋国,行刑不疚③,以免于难。及桓子骄泰奢侈④,贪欲无艺⑤,略则行志⑥,假贷居贿⑦,宜及于难,而赖武之德,以没其身。及怀子改桓之行⑧,而修武之德,可以免于难,而离桓之罪⑨,以亡于楚。夫郤昭子⑩,其富半公室,其家半三军,恃其富宠,以泰于国,其身尸于朝⑪,其宗灭于绛。不然,夫八郤,五大夫三卿⑫,其宠大矣,一朝而灭,莫之哀也,唯无德也。今吾子有栾武子之贫,吾以为能其德矣,是以贺。若不忧德之不建,而患货之不足,将吊不暇,何贺之有?"宣子拜稽首焉,曰:"起也将亡,赖子存之,非起也敢专承之,其自桓叔以下嘉吾子之赐⑬。"

[注释]①越:宣扬。 ②怀:归顺。 ③疚:病,引申为错滥。 ④桓子:栾书之子栾黡。泰:过,放纵。 ⑤艺:限度,边际。 ⑥略:犯。则:法则。 ⑦居:蓄积。 ⑧怀子:栾黡之子栾盈。 ⑨离:通"罹",遭受。 ⑩郤昭子:郤至,晋厉公时任晋卿。 ⑪尸:陈。 ⑫三卿:郤锜、郤犫、郤至。此外尚有五人任晋室大夫。 ⑬桓叔:曲沃桓叔。曲沃桓叔封其少子韩万于韩地,其后代便以韩为氏。嘉:感激。

晋　语　九

1. 士景伯如楚①，叔鱼为赞理②。邢侯与雍子争田③，雍子纳其女于叔鱼以求直④。及断狱之日，叔鱼抑邢侯，邢侯杀叔鱼与雍子于朝。韩宣子患之，叔向曰："三奸同罪，请杀其生者而戮其死者。"宣子曰："若何？"对曰："鲋也鬻狱⑤，雍子贾之以其子⑥，邢侯非其官也而干之⑦。夫以回鬻国之中⑧，与绝亲以买直，与非司寇而擅杀，其罪一也。"邢侯闻之，逃。遂施邢侯氏⑨，而尸叔鱼与雍子于市⑩。

[注释]①景伯：晋理官士弥牟。如：往。　②叔鱼：羊舌鲋。赞理：副理官。赞：佐也。景伯聘于楚，叔鱼暂代理官之职。　③邢侯：邢伯，晋国大夫。楚大夫申公巫臣之子，公元前589年，申公巫臣逃往晋，被封于邢。雍子：晋国大夫。原为楚大夫，逃往晋被封于鄐。　④直：胜诉。　⑤鬻：卖。狱：案件。　⑥贾(gǔ)：买卖。　⑦干：犯。　⑧回：邪恶。　⑨施：通缉。　⑩尸：陈。

2. 中行穆子帅师伐狄①，围鼓②。鼓人或请以城叛，穆子不受，军吏曰："可无劳师而得城，子何不为？"穆子曰："非事君之礼也。夫以城来者，必将求利于我。夫守而二心，奸之大者也；赏善罚奸，国之宪法也。许而弗予，失吾信也；若其予之，赏大奸也。奸而盈禄，善将若何？且夫狄之憾者以城来盈愿③，晋岂其无？是我以鼓教吾边鄙贰也④。夫事君者，量力而进，不能则退，不以安贾贰⑤。"令军吏呼城，儆将攻之，未傅而鼓降⑥。中行伯既克鼓，以鼓子苑支来。令鼓人各复其所，非僚勿从。

[注释]①中行穆子：晋卿，中行偃之子荀吴，又称中行伯，晋卿荀偃之子。狄：姬姓鲜虞，在今河北正定。公元前529年，荀吴率军打破鲜虞于河北唐县。公元前527年，荀吴率军围鼓。 ②鼓：白狄别邑，在今河北晋县。 ③憾：恨。 ④贰：贰心。 ⑤安：不劳师得鼓。贾：买。 ⑥傅：通"附"，靠近。

鼓子之臣曰夙沙厘，以其孥行①，军吏执之，辞曰："我君是事，非事土也。名曰君臣，岂曰土臣？今君实迁，臣何赖于鼓②？"穆子召之，曰："鼓有君矣，尔心事君，吾定而禄爵。"对曰："臣委质于狄之鼓③，未委质于晋之鼓也。臣闻之：委质为臣，无有二心。委质而策死，古之法也。君有烈名④，臣无叛质。敢即私利以烦司寇而乱旧法，其若不虞何⑤！"穆子叹而谓其左右曰："吾何德之务而有是臣也？"乃使行。既献，言于公，与鼓子田于河阴⑥，使夙沙厘相之。

[注释]①孥：妻子儿女。 ②赖：利。 ③委质：古代士人求仕，献雉作为贽礼，置之于地，在简策上写上自己的姓名，以示至死不渝。故下文称"策死"。 ④烈：明，昭明。 ⑤虞：意料之中的事。 ⑥河阴：晋黄河以南的土

地。

3. 范献子聘于鲁①,问具山、敖山②,鲁人以其乡对③。献子曰:"不为具、敖乎?"对曰:"先君献、武之讳也④。"献子归,遍戒其所知曰:"人不可以不学。吾适鲁而名其二讳,为笑焉,唯不学也。人之有学也,犹木之有枝叶也。木有枝叶,犹庇荫人,而况君子之学乎?"

[注释]①范献子:范宣子士匄之子士鞅。 ②具山、敖山:鲁国两座山名。 ③乡对:以这两座山所在的乡名来回答。 ④献:鲁献公名具。武:鲁武公名敖。

4. 董叔将娶于范氏①,叔向曰:"范氏富,盍已乎②!"曰:"欲为系援焉。"他日,董祁愬于范献子③曰:"不吾敬也。"献子执而纺于庭之槐④,叔向过之,曰:"子盍为我请乎?"叔向曰:"求系,既系矣;求援,既援矣。欲而得之,又何请焉?"

[注释]①董叔:晋大夫。范氏:范宣子之女范祁,嫁给董叔后改称董祁。②已:停止,取消。 ③愬:同"诉",诉告。 ④纺:悬挂。

5. 赵简子①曰:"鲁孟献子有斗臣五人②。我无一,何也?"叔向曰:"子不欲也。若欲之,壹也待交捽可也③。"

[注释]①赵简子:晋卿,赵文子之孙、赵景子之子赵鞅,又名志父。②孟献子:鲁大夫仲孙蔑。斗臣:能捍难之士。 ③交捽(zuó):格斗。

6. 梗阳人有狱①,将不胜,请纳赂于魏献子②,献子将许之。阎没谓叔宽③曰:"与子谏乎! 吾主以不贿闻于诸侯④,今以梗阳之贿殃之,不可。"二人朝,而不退。献子将食,问谁于庭,曰:"阎明、叔褒在。"召之,使佐食。比已食,三叹。既饱,献子问焉,曰:"人有言曰:唯食可以忘忧。吾子一食之间而三叹,何也?"同辞对曰:"吾小人也,贪。馈之始至,惧其不足,故叹。中食而自咎也,曰:岂主之食而有不足? 是以再叹。主之既已食,愿以小人之腹,为君子之心,属餍而已⑤,是以三叹。"献子曰:"善。"乃辞梗阳人。

[**注释**]①梗阳:晋邑,在今山西清源县南,魏氏封邑。狱:案件。 ②魏献子:魏庄子(魏绛)之子魏舒,晋国正卿。 ③阎没:晋国大夫,又名阎明。叔宽:晋国大夫,又名叔褒。 ④主:大夫称主,此处指魏舒。不贿:不贪财。 ⑤属:正好,刚刚。餍:饱。

7. 下邑之役①,董安于多②。赵简子赏之,辞,固赏之,对曰:"方臣之少也,进秉笔,赞为名命③,称于前世,立义于诸侯,而主弗志。及臣之壮也,耆其股肱以从司马④,苟慝不产。及臣之长也,端委韠带以随宰人⑤,民无二心。今臣一旦为狂疾⑥,而曰'必赏女',与余以狂疾赏也⑦,不如亡!"趋而出,乃释之⑧。

[**注释**]①下邑:晋邑晋阳,在今太原西南。公元前497年,赵简子杀邯郸大夫赵午,赵午之子赵稷在邯郸起兵反叛。赵午之舅荀寅以及荀寅之婿范吉射支持赵稷,联合攻赵氏之宫。赵简子奔晋阳,晋人围之,赖董安力战方才得以解围。 ②董安于:赵简子家臣。多:多功。周礼曰:"战功曰多。" ③赞:协助。名命:起草文书。 ④耆:致。 ⑤端:玄端,黑红色的礼服。委:委貌,礼帽。韠(bì):皮制的护膝,古代官服上的一种装饰。带:大带。 ⑥狂

疾:指奋力杀人。　⑦与余:公序本作"是"。　⑧释:舍。

8.赵简子使尹铎为晋阳①。请曰:"以为茧丝乎②?抑为保鄣乎③?"简子曰:"保鄣哉!"尹铎损其户数。简子诫襄子④曰:"晋国有难,而无以尹铎为少,无以晋阳为远,必以为归。"

[注释]①尹铎:赵简子家臣。为:治,管理。晋阳:赵氏采邑。　②茧丝:指赋税。　③保鄣:保护性的屏障。　④襄子:赵简子次子赵无恤。

9.赵简子使尹铎为晋阳①,曰:"必堕其垒培②。吾将往焉,若见垒培,是见寅与吉射也。"尹铎往而增之。简子如晋阳,见垒,怒曰:"必杀铎也而后入。"大夫辞之,不可,曰:"是昭余仇也。"邮无正进③,曰:"昔先主文子少衅于难④,从姬氏于公宫⑤,有孝德以出在公族,有恭德以升在位,有武德以羞为正卿⑥,有温德以成其名誉,失赵氏之典刑,而去其师保⑦,基于其身⑧,以克复其所。及景子长于公宫⑨,未及教训而嗣立矣,亦能纂修其身以受先业,无谤于国,顺德以学子,择言以教子,择师保以相子。今吾子嗣位,有文之典刑,有景之教训,重之以师保,加之以父兄,子皆疏之,以及此难。夫尹铎曰:'思乐而喜,思难而惧,人之道也。委土可以为师保⑩,吾何为不增?'是以修之,庶曰可以鉴而鸠赵宗乎⑪!若罚之,是罚善也。罚善必赏恶。臣何望矣!"简子说,曰:"微子,吾几不为人矣!"以免难之赏赏尹铎。初,伯乐与尹铎有怨,以其赏如伯乐氏,曰:"子免吾死,敢不归禄。"辞曰:"吾为主图,非为子也。

怨若怨焉。"

[注释]①为:治理。 ②垒培:军事壁垒。 ③邮无正:晋大夫,字无恤,又字伯乐,又名王良。 ④文子:赵武。衅:遭受。公元前583年赵文子被灭族之事。 ⑤姬氏:赵武母庄姬乃景公之女。 ⑥羞:进,升进。 ⑦师保:太师、太傅、太保,少师、少傅、少保等统称师保,负责教育王室及贵族子弟。 ⑧基:始。 ⑨景子:赵武之子赵成,从祖母庄姬长于公宫。 ⑩委土:增高壁垒。 ⑪鸠:安定。

10. 铁之战①,赵简子曰:"郑人击我,吾伏弢呕血②,鼓音不衰。今日之事,莫我若也。"卫庄公为右③,曰:"吾九上九下,击人尽殪④。今日之事,莫我加也。"邮无正御,曰:"吾两鞁将绝⑤,吾能止之。今日之事,我上之次也。"驾而乘材⑥,两鞁皆绝。

[注释]①铁:地名,在今河南濮阳北。公元前493年,齐国给叛逃朝歌的范吉射送粮食,由郑大夫罕达、驷弘护送。范吉射出城迎接,赵简子率军截击。双方在铁地发生激战,晋军大胜。 ②弢(tāo):弓袋。呕(kè):咯血,呕血。 ③卫庄公:蒯聩。卫灵公太子,图谋杀死灵公夫人南子未遂,逃亡晋国。铁之役,蒯聩任赵简子车右。后来,蒯聩驱逐其子出公辄自立为君,史称庄公。 ④殪:一击致命。 ⑤鞁(bèi)车马驾具的统称,这里指马肚带。绝:断。 ⑥乘材:压过地上的横木。

11. 卫庄公祷,曰:"曾孙蒯聩以谆赵鞅之故①,敢昭告于皇祖文王②、烈祖康叔③、文祖襄公④、昭考灵公,夷请无筋无骨⑤,无面伤,无败用⑥,无陨惧,死不敢请。"简子曰:"志父寄也⑦。"

[注释]①谆:辅佐。 ②皇:大。文王:周文王。 ③烈:显赫。康叔:卫

康叔,卫国的始封诸侯。　④文:文德。　⑤夷:受伤。　⑥败用:败仗。
⑦志父:赵简子又名志父。寄:寄托。

12. 赵简子田于蝼①,史黯闻之②,以犬待于门。简子见之,曰:"何为?"曰:"有所得犬,欲试之兹囿。"简子曰:"何为不告?"对曰:"君行臣不从,不顺。主将适蝼而麓不闻③,臣敢烦当日。"简子乃还。

[注释]①田:打猎。蝼:晋国国君的囿苑。　②史黯:晋大夫史墨,当时充任赵简子的史官。　③麓:官名,掌管国君的囿苑。

13. 少室周为赵简子之右①,闻牛谈有力②,请与之戏③,弗胜,致右焉。简子许之,使少室周为宰④,曰:"知贤而让,可以训矣。"

[注释]①少室周:赵简子家臣。　②牛谈:赵简子家臣。　③戏:角力。④宰:家宰。

14. 赵简子曰:"吾愿得范、中行之良臣。"史黯侍,曰:"将焉用之?"简子曰:"良臣,人之所愿也,又何问焉?"对曰:"臣以为不良故也。夫事君者,谏过而赏善,荐可而替否①,献能而进贤,择材而荐之,朝夕诵善败而纳之。道之以文②,行之以顺,勤之以力,致之以死。听则进,否则退。今范、中行氏之臣不能匡相其君,使至于难;君出在外,又不能定,而弃之,则何良之为?若弗弃,则主焉得之?夫二子之良,将勤营其君③,复使立于外,死而后止,何日以来?若来,乃非良臣也。"简子曰:"善。吾言实过矣。"

[注释]①荐:进荐。替:废除。 ②道:导。文:德。 ③勤营:苦力经营。

15. 赵简子问于壮驰兹①曰:"东方之士孰为愈②?"壮驰兹拜曰:"敢贺!"简子曰:"未应吾问,何贺?"对曰:"臣闻之:国家之将兴也,君子自以为不足;其亡也,若有余。今主任晋国之政而问及小人,又求贤人,吾是以贺。"

[注释]①壮驰兹:晋大夫。 ②愈:贤。

16. 赵简子叹曰:"雀入于海为蛤,雉入于淮为蜃。鼋鼍鱼鳖,莫不能化,唯人不能。哀夫!"窦犨侍①,曰:"臣闻之:君子哀无人,不哀无贿;哀无德,不哀无宠;哀名之不令②,不哀年之不登③。夫范、中行氏不恤庶难,欲擅晋国,今其子孙将耕于齐,宗庙之牺为畎亩之勤④,人之化也,何日之有!"

[注释]①窦犨:晋大夫。 ②令:善。 ③年:年寿。登:高。 ④牺:宗庙中用于祭祀的纯毛祭牲。畎亩:田间,田地。

17. 赵襄子使新稚穆子伐狄①,胜左人、中人②,遽人来告③,襄子将食,寻饭有恐色④。侍者曰:"狗之事大矣,而主之色不怡⑤,何也?"襄子曰:"吾闻之:德不纯而福禄并至,谓之幸⑥。夫幸非福,非德不当雍⑦,雍不为幸,吾是以惧。"

[注释]①赵襄子:晋正卿,赵简子之子赵无恤。新稚穆子:晋大夫新稚狗。 ②左人、中人:狄人的两座城邑。 ③遽人:驿卒。 ④寻饭:把饭抟成团。古人吃饭用手抓,筷子仅用于夹菜。据《吕氏春秋·慎大》之"襄子方

食抟饭",知"寻"当为"抟"。 ⑤怡:快乐。 ⑥幸:侥幸。 ⑦雍:和乐。

18. 智宣子将以瑶为后①,智果②曰:"不如宵也③。"宣子曰:"宵也佷④。"对曰:"宵之佷在面,瑶之佷在心。心佷败国,面佷不害。瑶之贤于人者五,其不逮者一也。美鬓长大则贤,射御足力则贤,伎艺毕给则贤⑤,巧文辩惠则贤,强毅果敢则贤。如是而甚不仁。以其五贤陵人,而以不仁行之,其谁能待之⑥?若果立瑶也,智宗必灭。"弗听。智果别族于太史为辅氏⑦。及智氏之亡也,唯辅果在⑧。

[注释]①智宣子:晋卿,荀跞之子荀甲。瑶:宣子之子襄子(智伯)。②智果:晋大夫,智氏宗族。 ③宵:荀甲的庶子。 ④佷(hěn):狠毒,不能容人。 ⑤伎艺:技艺。 ⑥待:容忍。 ⑦别族:别离一族。 ⑧辅果:原来的智果。

19. 智襄子为室美,士茁夕焉①。智伯曰:"室美夫!"对曰:"美则美矣,抑臣亦有惧也。"智伯曰:"何惧?"对曰:"臣以秉笔事君。志有之曰:'高山峻原,不生草木。松柏之地,其土不肥。'今土木胜②,臣惧其不安人也。"室成,三年而智氏亡。

[注释]①士茁:智伯家臣。夕:晚上有事朝见。 ②土木:建筑工程。胜:美。

20. 还自卫①,三卿宴于蓝台②,智襄子戏韩康子而侮段规③。智伯国闻之④,谏曰:"主不备,难必至矣。"曰:

"难将由我,我不为难,谁敢兴之!"对曰:"异于是。夫郤氏有车辕之难⑤,赵有孟姬之谗⑥,栾有叔祁之愬⑦,范、中行有亟治之难⑧,皆主之所知也。《夏书》有之曰:'一人三失,怨岂在明?不见是图。'《周书》有之曰:'怨不在大,亦不在小。'夫君子能勤小物,故无大患。今主一宴而耻人之君相,又弗备,曰'不敢兴难',无乃不可乎?夫谁不可喜,而谁不可惧?蚋蚁蜂虿⑨,皆能害人,况君相乎!"弗听。自是五年,乃有晋阳之难⑩。段规反,首难,而杀智伯于师,遂灭智氏。

[注释]①还自卫:公元前464年,智襄子伐郑,自卫回国。 ②三卿:智襄子、韩康子、魏桓子。蓝台:地名。 ③段规:魏桓子的相。 ④智伯国:晋大夫,智氏宗族。 ⑤车辕之难:郤犫与长鱼矫争田,郤犫将长鱼矫及其父母妻子同系于一辕。后来长鱼矫得宠于灵公,终杀三郤。 ⑥孟姬之谗:孟姬即赵文子之母庄姬。因通于赵婴,而赵婴被赵同、赵括流放,于是便在景公面前进谗,终灭赵氏。 ⑦叔祁:栾盈之母。叔祁通于家人,怕栾盈不满便向范宣子诬告栾盈谋反,终灭栾氏。 ⑧范:范吉射。中行:中行寅。 ⑨蚋:蚊子之类。虿(chài):毒虫。 ⑩晋阳之难:公元前453年,智瑶为人骄横,向赵索取土地,赵不与。于是智瑶帅韩、魏攻赵襄子,襄子保晋阳。后来赵襄子策反韩、魏,于是三家联合灭了智,并分了智伯的土地。

21. 晋阳之围,张谈①曰:"先主为重器也②,为国家之难也,盍姑无爱宝于诸侯乎?"襄子曰:"吾无使也。"张谈曰:"地也可③。"襄子曰:"吾不幸有疾,不夷于先子④,不德而贿。夫地也求饮吾欲⑤,是养吾疾而干吾禄也⑥。吾不与皆毙⑦。"襄子出,曰:"吾何走乎?"从者曰:"长子近⑧,且城厚完。"襄子曰:"民罢力以完之,又毙死以守之,其谁与我?"从者曰:"邯郸之仓库实。"襄子曰:"浚民之膏泽以实之⑨,又因而杀之,其谁与我?其晋阳乎!先主之所属也,尹铎之所宽也,民必和矣。"乃走晋阳,晋师围而灌之⑩,沈灶产鼃⑪,民无叛意。

[注释]①张谈:即张孟谈,赵襄子的家宰。 ②重器:圭璧钟鼎之属。③地:赵襄子的家臣。 ④夷:等同,及于。 ⑤求饮吾欲:迎合我的欲望,而无忠言规谏。 ⑥干:求。 ⑦毙:死亡。 ⑧长(cháng)子:地名,在今山西长治西南。 ⑨浚:搜刮,剥削。 ⑩晋师:三卿的军队。灌:引汾水灌晋阳城。 ⑪沈灶:上面无锅,仅用于烧烤而不能蒸煮的火灶。鼃:同"蛙",蛤蟆。

郑　　语

1.桓公为司徒①,甚得周众与东土之人②,问于史伯曰:"王室多故③,余惧及焉,其何所可以逃死?"史伯对曰:"王室将卑,戎、狄必昌,不可偪也④。当成周者⑤,南有荆蛮、申、吕、应、邓、陈、蔡、随、唐⑥;北有卫、燕、狄、鲜虞、潞、洛、泉、徐、蒲⑦;西有虞、虢、晋、隗、霍、杨、魏、芮⑧;东有齐、鲁、曹、宋、滕、薛、邹、莒⑨;是非王之支子母弟甥舅也⑩,则皆蛮、荆、戎、狄之人也。非亲则顽,不可入也。其济、洛、河、颍之间乎!是其子男之国⑪,虢、郐为大⑫,虢叔恃势,郐仲恃险,是皆有骄侈怠慢之心,而加之以贪冒。君若以周难之故,寄孥与贿焉⑬,不敢不许。周乱而弊,是骄而贪,必将背君,君若以成周之众,奉辞伐罪,无不克矣。若克二邑,邬、弊、补、舟、依、䟣、历、华⑭,君之土也。若前华后河,右洛左济,主芣、騩而食溱、洧⑮,修典刑以守之,是可以少固。"

[注释]①桓公:郑始封诸侯,周宣王的同母弟,名友。司徒:官名,掌教化。　②周众:西周民众。东土:周初周公、召公分陕而治,陕西归召公治理,陕东归周公治理。这里的东土即指陕以东。　③故:变故,灾难。　④偪:迫

近。　⑤成周:西周的东都,故址在今河南洛阳附近。　⑥荆蛮:即楚国。申:姜姓诸侯国,故址在今河南南阳。吕:又称甫,姜姓诸侯国,故址在今河南南阳西。应:姬姓诸侯国,故址在今河南鲁山县。邓:曼姓诸侯国,故址在今湖北襄樊。陈:妫姓诸侯国,舜的后代,故址在今河南淮阳附近。蔡:姬姓诸侯国,武王之弟蔡叔度所封,故址在今河南上蔡西南。随:姬姓诸侯国,故址在今湖北随县。唐:姬姓诸侯国,故址在今湖北随县西北唐县镇。　⑦卫:姬姓诸侯国,文王之子康叔始封,故址在今河南淇县。燕:姬姓诸侯国,召公奭始封,故址在今北京西南。狄:北狄。鲜虞:姬姓白狄,在今河北境内。潞:隗姓赤狄,在今山西潞城。洛:隗姓赤狄,在伊洛流域。泉:隗姓赤狄。徐:隗姓赤狄。蒲:隗姓赤狄。　⑧虞:姬姓诸侯国,虞仲后裔,在今山西平陆。虢:姬姓诸侯国,虢叔后裔,分东虢、西虢,此指西虢,在今陕西宝鸡东。晋:姬姓诸侯国,武王之子唐叔虞始封,在今山西翼城西。隗:姬姓诸侯国,在今湖北秭归。霍:姬姓诸侯国,文王之子叔处始封,在今山西霍县。杨:姬姓诸侯国,在今山西洪洞县东南。魏:姬姓诸侯国,在今山西芮城北。芮:姬姓诸侯国,在今陕西大荔南。　⑨齐:姜姓诸侯国,太公望所封,在今山东淄博东。鲁:姬姓诸侯国,周公所封,在今山东曲阜。曹:姬姓诸侯国,曹叔振铎所封,在今山东定陶西南。宋:子姓诸侯国,商人后裔,在今河南商丘。滕:姬姓诸侯国,在今山东滕县西南。薛:任姓诸侯国,在今山东滕县南。邹:曹姓诸侯国,在今山东邹县。莒:己姓诸侯国,在今山东莒县。　⑩支子:继嗣为宗子,其余则为支子。甥舅:异姓诸侯。　⑪子:子爵。男:男爵。　⑫虢:东虢,故址在今河南荥阳。郐:妘姓诸侯国,故址在今河南睢县。　⑬孥:妻子儿女。贿:礼物。　⑭鄢、弊、补、舟、依、鞣、历、华:靠近虢、郐的八座城邑。　⑮主:主祭。芣、騩:郑国主祭之山。溱、洧:溱水和洧水,郑国主祭之水。

　　公曰:"南方不可乎?"对曰:"夫荆子熊严生子四人:伯霜、仲雪、叔熊、季䌽。叔熊逃难于濮而蛮,季䌽是立,芈氏将起之①,祸又不克。是天启之心也,又甚聪明和协,盖其先王。臣闻之,天之所启,十世不替②。夫其子孙必光启土,不可偪也。且重、黎之后也③,夫黎为高辛氏火正④,以淳燿敦大,天明地德,光照四海,故命之曰'祝融'⑤,其功大矣。

[注释]①蒍氏:楚国大夫。 ②替:废弃。 ③重、黎:相传为颛顼的两位大臣,南正重掌管天时,北正黎掌管农事。此二人被认为是楚人的先祖。 ④高辛氏:帝喾。火正:主大火星的官。 ⑤祝融:掌观天制历之官。

"夫成天地之大功者,其子孙未尝不章①,虞、夏、商、周是也。虞幕能听协风②,以成乐物生者也。夏禹能单平水土③,以品处庶类者也④。商契能和合五教⑤,以保于百姓者也⑥。周弃能播殖百谷蔬⑦,以衣食民人者也。其后皆为王公侯伯。祝融亦能昭显天地之光明,以生柔嘉材者也⑧,其后八姓于周未有侯伯⑨。佐制物于前代者,昆吾为夏伯矣⑩,大彭、豕韦为商伯矣⑪。当周未有。己姓昆吾、苏、顾、温、董,董姓鬷夷、豢龙,则夏灭之矣。彭姓彭祖、豕韦、诸稽,则商灭之矣。秃姓舟人,则周灭之矣。妘姓邬、郐、路、偪阳,曹姓邹、莒,皆为采卫⑫,或在王室,或在夷、狄,莫之数也。而又无令闻,必不兴矣。斟姓无后⑬。融之兴者,其在芈姓乎⑭?芈姓夔越不足命也⑮。蛮芈蛮矣⑯,唯荆实有昭德,若周衰,其必兴矣。姜、嬴、荆、芈,实与诸姬代相干也⑰。姜,伯夷之后也⑱,嬴,伯翳之后也⑲。伯夷能礼于神以佐尧者也,伯翳能议百物以佐舜者也。其后皆不失祀而未有兴者,周衰其将至矣。"

[注释]①章:通"彰",显明。 ②虞幕:帝舜的先祖。协:和。 ③单:通"殚",尽。 ④品:品定等级高低。庶:众。 ⑤五教:父义、母慈、兄友、弟

恭、子孝。 ⑥保:养育,教导。 ⑦周弃:周的始祖,即后稷。 ⑧柔:润泽。嘉:善。 ⑨侯伯:诸侯之长。 ⑩昆吾:祝融之孙,己姓,名樊,封于昆吾。昆吾:在今河南濮阳西。 ⑪大彭:祝融之孙,彭姓,名篯,封于大彭,今江苏铜山。豕韦:祝融孙子,彭姓,封于豕韦,今河南滑县。 ⑫采卫:采服与卫服。按照周朝的畿服制,离王都二千五百里为采服。离三千里为卫服。⑬斟姓:曹姓别封国。 ⑭芈姓:祝融之孙季连之后。 ⑮夔越:熊渠之子熊挚红之后所建。熊挚红有恶疾,不得立,乃逃往至濮,从蛮俗,立国夔为楚附庸。 ⑯蛮芈:指熊挚红所建夔从蛮俗。 ⑰干:犯。 ⑱伯夷:炎帝的后代,尧时为秩宗,掌宗庙祭祀。 ⑲伯翳:又作伯益,帝舜时的虞官,掌管山林。

公曰:"谢西之九州①,何如?"对曰:"其民沓贪而忍②,不可因也。唯谢、郏之间,其冢君侈骄③,其民怠沓其君,而未及周德;若更君而周训之④,是易取也,且可长用也。"

[注释] ①谢:周宣王之舅申伯的封国,在今河南南阳。州:二千五百家为州。 ②沓:贪吝,怠慢。忍:甘心为不义之事。 ③冢:大。 ④周:忠信。

公曰:"周其弊乎?"对曰:"殆于必弊者也①。《泰誓》曰:'民之所欲,天必从之。'今王弃高明昭显,而好谗慝暗昧;恶角犀丰盈②,而近顽童穷固③。去和而取同④。夫和实生物,同则不继。以他平他谓之和,故能丰长而物归之;若以同裨同,尽乃弃矣⑤。故先王以土与金木水火杂,以成百物。是以和五味以调口,刚四支以卫体,和六律以聪耳,正七体以役心⑥,平八索以成人⑦,建九纪以立纯德⑧,合十数以训百体⑨。出千品,具万方,计亿事⑩,材兆物⑪,

收经入⑫,行姟极⑬。故王者居九畡之田⑭,收经入以食兆民,周训而能用之⑮,和乐如一。夫如是,和之至也。于是乎先王聘后于异姓,求财于有方,择臣取谏工而讲以多物⑯,务和同也。声一无听,物一无文,味一无果⑰,物一不讲。王将弃是类也而与刿同⑱。天夺之明,欲无弊,得乎?

[注释]①殆:近于,差不多。 ②角犀:额角入发处微微隆起。丰盈:面颊丰满。古人认为这两种面貌特征为正直贤良之相。 ③顽童:顽固无知。穷固:僵化鄙陋。 ④和:事务众多但能和谐相处。同:排斥异己而苟同。⑤弃:弃其不同。 ⑥七体:即七窍。役:服务。 ⑦八索:首、腹、足、股、耳、目、手、口。 ⑧九纪:五脏之外再加上胃、肠、胆、膀胱。 ⑨十数:古时人分为十等,即天子、诸侯、大夫、士、皂、舆、隶、僚、仆、台。百体:百官属体。⑩亿:十万为亿。或曰万万为亿。 ⑪兆:十亿为兆。或曰万亿为兆。⑫经:常。经入即赋税。或曰十兆为经。 ⑬姟(gāi)极:最大的数字。姟:万万兆为姟。 ⑭九畡(gāi):九州。 ⑮周:忠信。 ⑯讲:校,处理。⑰果:美味。 ⑱刿:同"专",独断,专断。

"夫虢石父谗谄巧从之人也①,而立以为卿士,与刿同也;弃聘后而立内妾②,好穷固也;侏儒戚施③,实御在侧④,近顽童也;周法不昭,而妇言是行,用谗慝也;不建立卿士,而妖试幸措⑤,行暗昧也。是物也,不可以久。且宣王之时有童谣曰:'檿弧箕服⑥,实亡周国。'于是宣王闻之,有夫妇鬻是器者,王使执而戮之。府之小妾生女而非王子也,惧而弃之。此人也⑦,收以奔褒⑧。天之命此久矣,其又何可为乎?《训语》有之曰:'夏之衰也,褒人之神化为二龙,以同于王庭,而言曰:"余,褒之二君也。"'夏后卜杀之与去之与止之,莫吉。卜请其漦而藏之⑨,吉。乃布币焉而策告之,龙亡而漦在,椟而藏之⑩,传郊之⑪。'及殷、周,莫之发也⑫。及厉王之末,发而观之,漦流于庭,不可除也。王使妇人不帏而噪之⑬,化为玄鼋⑭,以入于王府。府之童妾未既龀而遭之⑮,既笄而孕⑯,当宣王时而生。不夫而育,故惧而弃之。为弧服者方戮在路,夫妇哀其夜号也,而取之以逸,逃于褒。褒人褒姁有狱⑰,而以为入于王,王遂置之⑱,而嬖是女也,使至于为后而生伯服。天之生此久矣,其为毒也大矣,将使候淫德而加之焉。毒之酋腊者⑲,其杀也滋速。申、缯、西戎方强⑳,王室方骚,将以纵欲,不亦难乎?王欲杀太子以成伯服,必求之申,申人弗畀㉑,必伐之。若伐申,而缯与西戎会以伐周,周不守矣!缯与西戎方将德申,申、吕方强,其隩爱太子亦必可知也㉒,王师若在,其救之亦必然矣。王心怒矣,虢公从矣,凡周存亡,不三稔矣㉓!君若欲避其难,其速规所矣㉔,时至而求用,恐无及也!"

[注释]①虢石父:虢国国君,周幽王时为王室卿士。 ②聘后:正式礼聘的王后,此指申后。内妾:内宫小妾,此指褒姒。 ③戚施:驼背者,与侏儒一样皆为逗笑取乐之人。 ④御:侍奉。 ⑤妖:谄媚之臣。试:用。 ⑥檿(yǎn):山桑木。弧:弓。箕:箕草。服:箭袋。 ⑦此人:卖弧服的人。 ⑧褒:国名,与夏同姓,姓姒。在今陕西勉县东南。 ⑨漦(chí)鱼、龙的唾液、精液。 ⑩椟:柜。 ⑪传:符信。郊:郊祭。 ⑫发:打开藏漦的柜子。 ⑬帏:下衣的正幅。即周厉王命妇人赤身喧闹,古代的一种厌胜术。 ⑭玄鼋:黑色的蜥蜴。或以为黑色的三足鳖,乃夏、褒、周同以黄帝为始祖,以天鼋为图腾。 ⑮龀:儿童换牙。 ⑯笄:发簪。古代女子十五岁举行笄礼,表示成年。 ⑰有狱:有罪。 ⑱置:宽赦。 ⑲酋腊(xī):最毒的酒。酋:陈酒。

腊:极,很。 ⑳缯:姒姓诸侯,在今河南方城一带。 ㉑畀:答应。 ㉒隩:深。 ㉓稔:谷物成熟。古代谷物一年一熟,此代指年。 ㉔规:计划,规划。

公曰:"若周衰,诸姬其孰兴?"对曰:"臣闻之,武实昭文之功,文之祚尽①,武其嗣乎! 武王之子,应、韩不在②,其在晋乎! 距险而邻于小,若加之以德,可以大启。"公曰:"姜、嬴其孰兴?"对曰:"夫国大而有德者近兴,秦仲、齐侯,姜、嬴之隽也③,且大,其将兴乎?"公说,乃东寄帑与贿,虢、郐受之,十邑皆有寄地。

[注释]①祚:福泽。 ②应:武王之子应叔所封国,在今河南鲁山。韩:武王之子韩叔所封国,在今陕西韩城。 ③隽:俊秀。

2. 幽王八年而桓公为司徒,九年而王室始骚①,十一年而毙②。及平王之末,而秦、晋、齐、楚代兴,秦景、襄于是乎取周土,晋文侯于是乎定天子,齐庄、僖于是乎小伯③,楚蚡冒于是乎始启濮④。

[注释]①九年:周幽王九年,公元前773年。骚:动乱。 ②十一年:周幽王十一年,公元前771年。毙:指周幽王被戎狄所杀,郑桓公死于难。 ③伯:霸。 ④蚡冒:楚国国君熊率。濮:百濮,南蛮之国,在今湖南石首县南。

楚 语 上

1.庄王使士亹傅太子箴①,辞曰:"臣不才,无能益焉。"王曰:"赖子之善善之也。"对曰:"夫善在太子,太子欲善,善人将至;若不欲善,善则不用。故尧有丹朱②,舜有商均③,启有五观④,汤有太甲⑤,文王有管、蔡⑥。是五王者,皆有元德也⑦,而有奸子。夫岂不欲其善,不能故也。若民烦,可教训。蛮、夷、戎、狄,其不宾也久矣⑧,中国所不能用也。"王卒使傅之。

[注释]①庄王:楚庄王熊旅。士亹(wěi):楚国大夫。箴:楚庄王之子,名箴,后继位为楚恭王。 ②丹朱:尧的儿子,名朱,因为居住丹水故名丹朱。传说丹朱傲慢荒淫,不肖,故尧禅位于舜。 ③商均:舜的儿子,名均,封于商(陕西商县),故名商均。传说他昏庸无能,故舜禅位于禹。 ④五观:又名"武观",启的儿子,封于观国(今河南浚县),常在洛水边狩猎,无德被放逐。一说五观为启的五个儿子。 ⑤太甲:商汤的孙子,无德被伊尹放于桐宫(今安徽桐城北)。三年后,太甲悔改,伊尹又迎立其为君,有德,称为太宗。 ⑥管、蔡:文王的儿子管叔鲜、蔡叔度。武王卒,周公摄政,管叔、蔡叔因不满而勾结纣王之子武庚作乱,被周公诛杀。 ⑦元德:大德。 ⑧宾:臣服。

问于申叔时①,叔时曰:"教之春秋②,而为之耸善而抑恶焉,以戒劝其心;教之世③,而为之昭明德而废幽昏焉④,以休惧其动⑤;教之诗⑥,而为之导广显德,以耀明其志;教之礼,使知上下之则;教之乐,以疏其秽而镇其浮⑦;教之令⑧,使访物官⑨;教之语⑩,使明其德,而知先王之务用明德于民也;教之故志⑪,使知废兴者而戒惧焉;教之训典⑫,使知族类⑬,行比义焉⑭。

[注释]①申叔时:楚国的贤大夫。 ②春秋:泛指历史著作。 ③世:帝王的世系。 ④幽昏:暗昧昏庸。 ⑤休:嘉善。 ⑥诗:行人所采集或公卿大夫所献,目的在于使王侯察知世风及民俗。 ⑦疏:涤除。秽:邪秽。镇:压制,抑止。 ⑧令:先王的法令、时令。 ⑨访:谋议。物官:百官之职守。 ⑩语:有关治国的嘉言善语。 ⑪故志:记载前世成败经验教训的书。 ⑫训典:五帝之书。 ⑬族类:同族。 ⑭比:合乎。

"若是而不从,动而不悛①,则文咏物以行之②,求贤良以翼之③。悛而不摄④,则身勤之⑤,多训典刑以纳之,务慎惇笃以固之。摄而不彻⑥,则明施舍以导之忠⑦,明久长以导之信,明度量以导之义⑧,明等级以导之礼,明恭俭以导之孝,明敬戒以导之事,明慈爱以导之仁,明昭利以导之文⑨,明除害以导之武⑩,明精意以导之罚⑪,明正德以导之赏,明齐肃以耀之临⑫。若是而不济⑬,不可为也。

[注释]①悛:悔改。 ②文咏物:用文辞吟咏事物而规谏。 ③翼:辅翼。 ④摄:牢固。 ⑤身勤:身体力行。 ⑥彻:彻底,通透。 ⑦施舍:赐予。忠:惠爱。 ⑧义:宜。 ⑨昭:通"招",来。 ⑩除:去。 ⑪精意:细微的情实。 ⑫齐:齐一。肃:敬慎。 ⑬济:成。

"且夫诵诗以辅相之,威仪以先后之,体貌以左右之,明行以宣翼之①,制节义以动行之,恭敬以临监之,勤勉以劝之,孝顺以纳之,忠信以发之,德音以扬之,教备而不从者,非人也。其可兴乎②!夫子践位则退③,自退则敬,否则赧④。"

[注释]①宣:周遍。 ②兴:起,成。 ③夫子:当指士亹。 ④赧:羞愧,羞辱。

2. 恭王有疾,召大夫曰:"不谷不德①,失先君之业,覆楚国之师②,不谷之罪也。若得保其首领以殁,唯是春秋所以从先君者③,请为'灵'若'厉'④。"大夫许诺。

[注释]①不谷:我,古代王侯的谦称。 ②覆:败。指鄢陵之战楚败于晋事。 ③春秋所以从先君:言一年四季祭祀时,应当立谥,排定昭穆顺序和逝去的先王一起受祭。 ④请为"灵"若"厉":按照谥法,乱而不损曰灵,杀戮不辜曰厉。

王卒,及葬,子囊议谥①。大夫曰:"王有命矣。"子囊曰:"不可。夫事君者,先其善不从其过。赫赫楚国②,而君临之,抚征南海,训及诸夏,其宠大矣③。有是宠也,而知其过,可不谓'恭'乎④?若先君善,则请为'恭'。"大夫从之。

[注释]①子囊:楚恭王之弟令尹公子贞。 ②赫赫:显盛的样子。 ③宠:光荣。 ④恭:谥法,既过能改曰恭。

3. 屈到嗜芰①。有疾,召其宗老而属之②,曰:"祭我必以芰。"及祥③,宗老将荐芰,屈建命去之④。宗老曰:"夫子属之。"子木曰:"不然。夫子承楚国之政,其法刑在民心而藏在王府,上之可以比先王⑤,下之可以训后世⑥,虽微楚国,诸侯莫不誉。其祭典有之曰:国君有牛享⑦,大夫有羊馈⑧,士有豚犬之奠⑨,庶人有鱼炙之荐⑩,笾豆、脯醢则上下共之⑪。不羞珍异⑫,不陈庶侈。夫子不以其私欲干国之典。"遂不用。

[注释]①屈到:楚卿,屈荡之子子夕。芰:菱。 ②宗老:家中掌管祭祀的宗人。 ③祥:祭名。父母死十三个月祭祀称小祥,二十五个月祭祀称大祥。 ④屈建:屈到之子子木。 ⑤比:合乎。 ⑥训:教化。 ⑦牛享:祭品中有牛,此为太牢。 ⑧羊馈:祭品中有羊,此为少牢。 ⑨豚犬:小猪和狗。此为特牲。 ⑩鱼炙:烤鱼。 ⑪共之:指水果、干肉等祭品以多少显示等级的不同。 ⑫羞:进。

4. 椒举娶于申公子牟①,子牟有罪而亡,康王以为椒举遣之②,椒举奔郑,将遂奔晋。蔡声子将如晋③,遇之于郑,飨之以璧侑④,曰:"子尚良食⑤,二先子其皆相子⑥,尚能事晋君以为诸侯主。"辞曰:"非所愿也。若得归骨于楚,死且不朽。"声子曰:"子尚良食,吾归子。"椒举降三拜,纳其乘马⑦,声子受之。

[注释]①椒举:伍子胥的祖父伍举,楚国大夫。因食邑于椒,故称椒举。申公子牟:王子牟,楚国贵族,封于申,故称申公子牟。 ②康王:楚恭王之子楚康王,名昭。 ③蔡声子:公孙归生,字子家,蔡国大夫。 ④侑:劝食助饮。 ⑤尚:强,努力。 ⑥二先子:指椒举之父伍参、声子之父子朝,此二人友善。相:助。 ⑦纳:献上。乘马:四马曰乘。

还见令尹子木,子木与之语,曰:"子虽兄弟于晋,然蔡吾甥也,二国孰贤?"对曰:"晋卿不若楚①,其大夫则贤,其大夫皆卿材也。若杞梓、皮革焉,楚实遗之②,虽楚有材,不能用也。"子木曰:"彼有公族甥、舅,若之何其遗之材也?"对曰:"昔令尹子元之难③,或谮王孙启于成王④,王弗是⑤,王孙启奔晋,晋人用之。及城濮之役,晋将遁矣,王孙启与于军事⑥,谓先轸曰:'是师也,唯子玉欲之,与王心违,故唯东宫与西广实来⑦。诸侯之从者,叛者半矣,若敖氏离矣⑧,楚师必败,何故去之!'先轸从之,大败楚师,则王孙启之为也。

[注释]①晋卿:指赵武。楚卿:指屈建。 ②遗(wèi):赠送。 ③子元之难:子元即王子善,楚武王之子,文王之弟。文王死,楚成王幼年即位,子元为令尹。子元欲占成王之母息妫夫人,便强行住进王宫。公元前664年,斗班等设计杀死子元。 ④王孙启:子元之子。 ⑤是:理,明察。 ⑥与:参与。 ⑦东宫:太子卫队。西广:楚国军队分东、西二广。寔:实。 ⑧若敖氏:子玉家族。

"昔庄王方弱①,申公子仪父为师②,王子燮为傅③,使师崇、子孔帅师以伐舒④。燮及仪父施二帅而分其室⑤。师还至,则以王如庐⑥,庐戢黎杀二子而复王⑦。或谮析公臣于王⑧,王弗是,析公奔晋,晋人用之。寔谗败楚,使不规东夏⑨,则析公之为也。

[注释]①弱:未满二十岁。 ②申公子仪:楚大司马斗克,申公斗班之子,字子仪。 ③燮:楚公子。 ④师崇:楚国太师潘崇。楚成王时为太子商臣之师,诱使商臣杀成王以自立。子孔:即成嘉,字子孔,曾为楚令尹。舒:今安徽舒城、庐江一带。 ⑤施:判罪。二帅:潘崇、子孔。室:家资。 ⑥庐:

地名,在今湖北宜城县境内。　⑦戚黎:庐大夫。二子:子仪、子燮。　⑧析公臣:楚大夫。言其事先知道二子之乱。　⑨规:有。东夏:蔡、深等国。公元前585年,晋、楚两国在绕角(今河南鲁山东南)交战,晋军将退,则析公臣言楚军将败之由,晋帅栾书采纳了析公臣建议,终于击败楚国,并最终导致楚国失去对蔡、沈(故址在今安徽临泉)的控制。

"昔雍子之父兄谮雍子于恭王①,王弗是,雍子奔晋,晋人用之。及鄢之役,晋将遁矣,雍子与于军事,谓栾书曰:'楚师可料也②,在中军王族而已。若易中下③,楚必歆之④。若合而臽吾中⑤,吾上下必败其左右⑥,则三萃以攻其王族⑦,必大败之。'栾书从之,大败楚师,王亲面伤⑧,则雍子之为也。

[注释]①雍子:楚大夫。父兄:同宗的父兄。　②料:数。　③易中下:中军与下军对调,使楚军以中军为实力较弱的下军,以诱使其上当。　④歆:贪。　⑤臽:通"陷",入。　⑥上下:晋军的上、下军。左右:楚军的左、右军。　⑦萃:集。三萃:指中军先入,而后集结上、下及新军而攻之。《左传》襄公二十六年作"四萃"。　⑧面伤:指楚恭王被晋将吕锜射伤眼睛。

"昔陈公子夏为御叔娶于郑穆公①,生子南②。子南之母乱陈而亡之③,使子南戮于诸侯。庄王既以夏氏之室赐申公巫臣④,则又畀之子反⑤,卒于襄老⑥。襄老死于邲⑦,二子争之,未有成。恭王使巫臣聘于齐,以夏姬行,遂奔晋。晋人用之,寔通吴、晋。使其子狐庸为行人于吴⑧,而教之射御,导之伐楚。至于今为患,则申公巫臣之为也。

[注释]①公子夏:陈宣公之子。御叔:公子夏之子。　②子南:御叔之子

夏征舒,字子南。 ③子南之母乱陈而亡之:指夏征舒之母夏姬通于陈灵公、孔宁、公行父,夏征舒杀陈灵公,楚庄王伐陈,杀夏征舒。 ④申公巫臣:屈巫,楚大夫,曾为申县尹,故称申公巫臣。 ⑤畀:赐予。子反:楚国司马公子侧。 ⑥襄老:楚连邑尹,故称连尹襄老。 ⑦邲:公元前597年的晋楚邲之役,襄老被晋将荀首射死。 ⑧狐庸:巫臣之子。行人:官名,掌朝觐聘问之事。巫臣逃往晋,受封为邢大夫。子反杀巫臣家族,分其家资。申公巫臣请求出使吴国,沟通晋、吴,并怂恿吴国伐楚,扰乱楚国。

"今椒举娶于子牟,子牟得罪而亡,执政弗是,谓椒举曰:'女实遣之。'彼惧而奔郑,缅然引领南望①,曰:'庶几赦吾罪。'又不图也,乃遂奔晋,晋人又用之矣。彼若谋楚,其亦必有丰败也哉②。"

[注释]①缅然:远望的样子。 ②丰:大。

子木愀然①,曰:"夫子何如,召之其来乎?"对曰:"亡人得生,又何不来为。子木曰:"不来,则若之何?"对曰:"夫子不居矣②,春秋相事,以还轸于诸侯③。若资东阳之盗使杀之④,其可乎?不然,不来矣。"子木曰:"不可。我为楚卿,而赂盗以贼一夫于晋,非义也。子为我召之,吾倍其室。"乃使椒鸣召其父而复之⑤。

[注释]①愀然:忧愁的样子。 ②居:安。 ③还轸:四时聘问不停,周旋于诸侯间。 ④资:收买。东阳:不详。 ⑤椒鸣:椒举之子。

5. 灵王为章华之台①,与伍举升焉②,曰:"台美夫!"对曰:"臣闻国君服宠以为美③,安民以为乐,听德以为聪,致远以为明④。不闻其以土木之崇高、彤镂为美,而以金石匏竹之昌大、嚣庶为乐⑤；不闻其以观大、视侈、淫色以为明，而以察清浊为聪⑥。

[**注释**]①灵王：楚灵王熊虔。章华台：位于今湖北监利离湖上。　②伍举：即椒举。　③服宠：以贤受天子之赐服。　④致远：使远人归服。　⑤金石匏竹：各种材质的乐器。嚣：喧哗。庶：众多。　⑥清浊：宫羽之声。

"先君庄王为匏居之台①，高不过望国氛②，大不过容宴豆③，木不妨守备④，用不烦官府，民不废时务，官不易朝常。问谁宴焉，则宋公、郑伯⑤；问谁相礼，则华元、驷骈⑥；问谁赞事⑦，则陈侯、蔡侯、许男、顿子，其大夫侍之。先君以是除乱克敌，而无恶于诸侯。今君为此台也，国民罢焉⑧，财用尽焉，年谷败焉⑨，百官烦焉，举国留之⑩，数年乃成。愿得诸侯与始升焉，诸侯皆距无有至者⑪。而后使太宰启疆请于鲁侯⑫，惧之以蜀之役⑬，而仅得以来。使富都那竖赞焉⑭，而使长鬣之士相焉，臣不知其美也。

[**注释**]①匏居：台名。　②氛：妖氛休祥之气。台高足以望氛而已，不追求高大华丽等视觉享受。　③豆：容器。　④守备：防守国家需要的木料。　⑤宋公、郑伯：二国国君朝事楚。　⑥华元：宋卿。驷骈：郑穆公之子公子骈，字子骈。相礼：导国君行礼。　⑦赞：佐。　⑧罢：疲惫。　⑨败：废。意为耽误农时。　⑩留：治，即筑台。　⑪距：通"拒"，拒绝。　⑫启疆：楚卿蒍子。鲁侯：鲁昭公。　⑬蜀：鲁地名，在今山东泰安。鲁宣公欲与楚庄王结盟，适逢楚庄王死，不久鲁宣公也死了，结盟未果。鲁成公即位，却和晋国结盟。公元前589年，楚人便派人攻打鲁国，到了蜀，鲁人因害怕而和楚国结盟。　⑭富：容貌好。都：美。那：美。竖：未成年之人。

"夫美也者，上下、内外、小大、远近皆无害焉，故曰美。若于目观则美①,缩于财用则匮②,是聚民利以自封而瘠民也③,胡美之为?夫君国者,将民之与处;民实瘠矣,君安得肥?且夫私欲弘侈,则德义鲜少;德义不行,则迩者骚离而远者距违④。天子之贵也,唯其以公侯为官正⑤,而以伯子男为师旅⑥。其有美名也,唯其施令德于远近,而小大安之也。若敛民利以成其私欲,使民蒿焉忘其安乐⑦,而有远心⑧,其为恶也甚矣,安用目观?

[注释]①于目观则美:仅仅有外表的华丽,然而无德。按:《文选·西京赋》李善注引《国语》作"周于目观则美"。 ②缩:榨取。 ③封:丰厚。 ④骚离:当同于屈原之"离骚",遭受侵扰。 ⑤正:长。 ⑥以伯子男为师旅:正、长、师、旅都是有司之名。言公侯统率伯子男,如同官正统率师旅一样,上下有章,权限分明。 ⑦蒿:消耗。 ⑧远心:叛离之心。

"故先王之为台榭也,榭不过讲军实①,台不过望氛祥②。故榭度于大卒之居③,台度于临观之高。其所不夺穑地,其为不匮财用,其事不烦官业,其日不废时务。瘠硗之地④,于是乎为之;城守之木,于是乎用之;官僚之暇,于是乎临之;四时之隙,于是乎成之。故《周诗》曰:'经始灵台,经之营之。庶民攻之,不日成之。经始勿亟,庶民子来。王在灵囿,麀鹿攸伏。'⑤夫为台榭,将以教民利也,不知其以匮之也。若君谓此台美而为之正,楚其殆矣⑥!"

[注释]①讲:通"构",合集。军实:车马、弓矢、戎兵等。 ②氛:凶气。祥:吉气。 ③大卒:国君的卫队。 ④瘠硗(qiāo):土质坚硬且贫薄的土地。 ⑤《周诗》:《诗·大雅·灵台》。灵台:天子之台。勿亟:不急迫。麀(yōu):母鹿。攸:所。 ⑥殆:危险。

6.灵王城陈、蔡、不羹①,使仆夫子皙问于范无宇②,曰:"吾不服诸夏而独事晋何也,唯晋近我远也。今吾城三国,赋皆千乘③,亦当晋矣。又加之以楚,诸侯其来乎?"对曰:"其在志也,国为大城④,未有利者。昔郑有京、栎,卫有蒲、戚,宋有萧、蒙,鲁有弁、费,齐有渠丘,晋有曲沃,秦有徵、衙。叔段以京患庄公,郑几不克⑤,栎人实使郑子不得其位⑥。卫蒲、戚实出献公⑦,宋萧、蒙实弑昭公⑧,鲁弁、费实弱襄公⑨,齐渠丘实杀无知⑩,晋曲沃实纳齐师⑪,秦徵、衙实难桓、景⑫,皆志于诸侯,此其不利者也。

[注释]①不羹:原为不羹国,有东、西二不羹,东不羹故址在今河南舞阳县北,西不羹在今河南襄城东南。 ②仆夫子皙:当以公序本作"仆大夫子皙",楚国大夫仆皙父。范无宇:楚国大夫申无宇。 ③赋:军赋。 ④大城:指国都之外大的城池,如下文的京、蒲之属。 ⑤叔段:郑庄公同母弟段所封地在京,段据以叛乱。后郑伯克段于鄢,段逃奔共,故称共叔段。 ⑥栎人:郑大夫傅瑕。郑子:郑庄公之子子仪。公元前680年郑公子突自栎入侵郑,俘获傅瑕,与之结盟,并指使其杀了子仪,而接纳公子突即位,是为郑厉公。 ⑦献公:卫献公。公元前559年,蒲城宁殖与戚城孙林父驱逐卫献公,献公出奔晋。 ⑧昭公:宋昭公。萧、蒙皆宋昭公之兄公子鲍的封邑。公元前611年,公子鲍杀昭公而自立为君。 ⑨襄公:鲁襄公。弁、费皆鲁卿季氏的封邑。公元前562年,季武子作三军,削弱鲁公室的实力。 ⑩渠丘:即齐国城邑。葵丘,齐大夫雍廪封邑。无知:齐襄公堂弟公孙无知。公元前686年公孙无知杀齐襄公自立,而公元前685年雍廪杀无知。 ⑪晋曲沃实纳齐师:公元前551年,晋卿栾盈奔齐,齐庄公借晋国婚假之机送栾盈回曲沃,栾盈起兵攻打绛。 ⑫徵、衙:二邑均为秦公子针的封邑。桓:秦桓公。景:秦景公。公子针倚仗秦桓公之宠,富可敌国。秦景公即位,便逼迫公子针逃往晋国。

"且夫制城邑若体性焉①,有首领股肱,至于手拇毛脉,大能掉小,故变而不勤②。地有高下,天有晦明,民有君臣,国有都鄙,古之制也。先王惧其不帅③,故制之以义,旌之以服④,行之以礼,辩之以名,书之以文,道之以言。既其失也,易物之由。夫边境者,国之尾也,譬之如牛马,处暑之既至⑤,虻䗥之既多⑥,而不能掉其尾,臣亦惧之。不然,是三城也,岂不使诸侯之心惕惕焉⑦。"

[注释]①性:天生之本性。 ②掉:调动,指挥。勤:苦。 ③帅:循。 ④旌:旌表,区分。服:车马服饰。 ⑤处暑:二十四节气之一,此后温度开始下降。 ⑥虻䗥(wéi):牛虻。大的叫虻,小的叫䗥。 ⑦惕惕:戒惧的样子。

　　子晳复命,王曰:"是知天咫①,安知民则?是言诞也②。"右尹子革侍③,曰:"民,天之生也。知天,必知民矣。是其言可以惧哉!"三年,陈、蔡及不羹人纳弃疾而弑灵王④。

[注释]①天咫:咫尺之天,极言其少。 ②诞:夸诞不真实。 ③子革:本为郑大夫,称郑丹、然丹,郑大夫子然之子。公元前554年奔楚,楚康王封其为右尹。 ④弃疾:楚灵王之弟熊居。公元前529年,弃疾帅陈、蔡、不羹之师攻入楚都城,灵王自杀。后来弃疾即位为楚平王。

　　7. 左史倚相廷见申公子亹①,子亹不出,左史谤之②,举伯以告③。子亹怒而出,曰:"女无亦谓我老耄而舍我④,而又谤我!"

[注释]①倚相:楚国史官。申公子亹:楚国元老申公史老。廷见:本或作"迋(往)见"。 ②谤:公开宣称其恶。 ③举伯:楚大夫。 ④耄(mào):八十岁称耄。舍:弃,放松要求。

左史倚相曰:"唯子老耄,故欲见以交儆子①。若子方壮,能经营百事,倚相将奔走承序②,于是不给,而何暇得见?昔卫武公年数九十有五矣,犹箴儆于国③,曰:'自卿以下至于师长士④,苟在朝者,无谓我老耄而舍我,必恭恪于朝,朝夕以交戒我;闻一二之言,必诵志而纳之,以训导我。'在舆有旅贲之规⑤,位宁有官师之典⑥,倚几有诵训之谏,居寝有亵御之箴⑦,临事有瞽史之导,宴居有师工之诵。史不失书,矇不失诵,以训御之,于是乎作《懿》戒以自儆也⑧。及其没也,谓之睿圣武公⑨。子实不睿圣,于倚相何害。《周书》曰:'文王至于日中昃⑩,不皇暇食⑪。惠于小民,唯政之恭。'文王犹不敢骄。今子老楚国而欲自安也,以御数者⑫,王将何为?若常如此,楚其难哉!"子亹惧,曰:"老之过也。"乃骤见左史。

[注释]①交:夹辅,帮助。 ②承序:听命。 ③箴:讽刺,告诫。 ④师长:大夫。 ⑤舆:车。旅贲:保卫君主的勇士,执戈、盾而护卫君主之车,车左、车右各八人。规:规谏。 ⑥位宁:在朝为官。 ⑦亵御:近侍。 ⑧《懿》:即《大雅·抑》,《毛诗序》:"《抑》,卫武公刺厉王,亦以自儆也。" ⑨睿:明。《谥法》曰:"威强睿德曰武"。 ⑩昃:太阳西斜。 ⑪皇:通"遑",闲暇。 ⑫御:止。数:箴戒诽谤。

8. 灵王虐,白公子张骤谏①。王患之,谓史老②曰:"吾欲已子张之谏,若何?"对曰:"用之宔难,已之易矣。若谏,君则曰:'余左执鬼中,右执殇宫③,凡百箴谏,吾尽闻之矣,宁闻他言?'"

[注释]①白公子张:楚国大夫。白地在今河南息县东。骤:多次。

②史老:申公子亹。 ③中:身。宫:通"躬",身。此言能役使百鬼,万物之情状无不知晓。盖欲以睿圣为由拒谏。

白公又谏,王如史老之言。对曰:"昔殷武丁能耸其德①,至于神明②,以入于河,自河徂亳③,于是乎三年,默以思道。卿士患之,曰:'王言以出令也,若不言,是无所禀令也。'武丁于是作书,曰:'以余正四方,余恐德之不类④,兹故不言。'如是而又使以象梦旁求四方之贤⑤,得傅说以来⑥,升以为公,而使朝夕规谏,曰:'若金,用女作砺⑦。若津水,用女作舟。若天旱,用女作霖雨。启乃心,沃朕心⑧。若药不瞑眩⑨,厥疾不瘳⑩。若跣不视地⑪,厥足用伤。'若武丁之神明也,其圣之睿广也,其智之不疚也⑫,犹自谓未乂⑬,故三年默以思道。既得道,犹不敢专制,使以象旁求圣人。既得以为辅,又恐其荒失遗忘⑭,故使朝夕规诲箴谏,曰:'必交修余,无余弃也。'今君或者未及武丁,而恶规谏者,不亦难乎!

[注释]①耸:敬。 ②至:通。 ③河:河内。徂:往。亳:商都,在今河南偃师西。 ④类:善。 ⑤象梦:谓以梦见之形象图影造形。旁:遍。 ⑥傅说:武丁时的贤人,初为从事建筑的奴隶,后被武丁任命为相。 ⑦砺:磨刀石。 ⑧沃:浇灌。 ⑨瞑眩:头晕目眩。 ⑩瘳:病愈。 ⑪跣:赤脚。 ⑫不疚:不病,没有昏庸之缺失。 ⑬乂(yì):治理。 ⑭失:通"佚",淫逸。

"齐桓、晋文,皆非嗣也①,还轸诸侯,不敢淫逸,心类德音②,以德有国。近臣谏,远臣谤,舆人诵,以自诰也③。是以其入也,四封不备一同④,而至于有畿田⑤,以属诸侯⑥,至于今为令君。桓、文皆然,君不度忧于二令君,而欲自逸也,无乃不可乎?《周诗》有之曰:'弗躬弗亲,庶民弗信。'⑦臣惧民之不信君也,故不敢不言。不然,何急其以言取罪也?"

[注释]①嗣:嫡子。 ②类:善。 ③诰:谨。 ④四封:四方边疆。备:满。一同:地方圆百里。 ⑤畿:方圆千里。 ⑥属:会盟。 ⑦《周诗》:《诗·小雅·节南山》。

王病之①,曰:"子复语。不谷虽不能用,吾憗置之于耳②。"对曰:"赖君用之也,故言。不然,巴浦之犀、氂、兕、象③,其可尽乎,其又以规为瑱也④?"遂趋而退,归,杜门不出。七月,乃有乾溪之乱,灵王死之。

[注释]①病:恨。 ②憗:愿意。 ③巴浦:楚地名。氂:牦牛。兕:犀牛。犀、氂、兕、象的角或骨皆可作装饰品。 ④瑱:玉制的耳塞。

9.司马子期欲以妾为内子①,访之左史倚相,曰:"吾有妾而愿②,欲笄③之,其可乎?"对曰:"昔先大夫子囊违王之命谥④;子夕嗜芰,子木有羊馈而无芰荐⑤。君子曰:违而道。谷阳竖爱子反之劳也⑥,而献饮焉,以毙于鄢;芋尹申亥从灵王之欲⑦,以陨于乾溪。君子曰:从而逆。君子之行,欲其道也,故进退周旋,唯道是从。夫子木能违若敖之欲,以之道而去芰荐,吾子经营楚国,而欲荐芰以干之⑧,其可乎?"子期乃止。

[注释]①司马子期:楚平王之子公子结,为楚国大司马。内子:正妻。 ②愿:忠厚。 ③笄:簪子。内子有笄,而妾地位低下终身不笄,故此以笄代指内子。 ④子囊:楚恭王之弟,为令尹。楚恭王临终遗言,欲以"厉"或

"灵"为谥,子囊改之为"恭"。　⑤子夕:屈到。子木:屈到之子。屈到爱吃菱角,临终遗言要求祭祀他的时候用菱角,子木改之。　⑥谷阳竖:子反的内臣。子反:楚令尹公子侧。公元前575年晋楚鄢陵之战,楚恭王被晋军射伤眼睛。第二天欲再战,使人召子反。而谷阳竖见子反劳累,便献酒于子反,使子反大醉,不能见恭王。于是楚恭王叹息"天败楚也",便连夜逃遁,楚军大败,子反自杀。　⑦芋尹:芋县大夫申无宇。芋尹申亥:申无宇之子。公元前529年乾溪之役,灵王败逃。芋尹申亥想到灵王两次赦免其父死罪,便将灵王带到自己家中。后来灵王在芋尹申亥家中自缢,申亥便以自己的两个女儿为灵王殉葬。　⑧干:犯。言其以妾为内子,如同以菱角为祭品。

楚 语 下

1. 昭王问于观射父①,曰:"《周书》所谓重、黎寔使天地不通者②,何也? 若无然,民将能登天乎?"

[注释]①昭王:楚平王之子熊轸。观射父:楚大夫。 ②《周书》:《尚书·吕刑》,《吕刑》:"乃命重、黎,绝地天通。"重、黎:传说颛顼时掌天地的二位大臣。

对曰:"非此之谓也。古者民神不杂①。民之精爽不携贰者②,而又能齐肃衷正③,其智能上下比义④,其圣能光远宣朗⑤,其明能光照之,其聪能听彻之,如是则明神降之,在男曰觋⑥,在女曰巫。是使制神之处位次主⑦,而为之牲器时服⑧,而后使先圣之后之有光烈,而能知山川之号⑨、高祖之主⑩、宗庙之事、昭穆之世⑪、齐敬之勤、礼节之宜、威仪之则、容貌之崇、忠信之质、禋絜之服⑫,而敬恭明神者,以为之祝⑬。使名姓之后⑭,能知四时之生、牺牲之物、玉帛之类、采服之仪、彝器之量⑮、次主之度、屏摄之位⑯、坛场之所、上下之神、氏姓之出,而心率旧典者为之宗⑰。于是乎有天地神民类物之官,是谓五官⑱,各司其序,不相乱也。民是以能有忠信,神是以能有明德,民神异业,敬而不渎,故神降之嘉生⑲,民以物享,祸灾不至,求用不匮。

[注释]①杂:相混,交会。 ②精爽:精明。携贰:杂乱不一。 ③齐:一。肃:敬。衷:诚。 ④义:宜。 ⑤圣:睿智。光:通"广"。宣朗:明朗。 ⑥觋(xí):男巫。 ⑦位:祭位。次主:主次顺序。 ⑧牲:祭牲。时服:四时服色。 ⑨号:名位。 ⑩高祖:远祖。 ⑪世:位次。 ⑫禋(yīn):洁净的祭祀。 ⑬祝:太祝,掌管告祭、祈福。 ⑭名姓:旧族。 ⑮彝器:祭祀礼器。 ⑯屏:屏风。摄:大扇。都是用来分别尊卑、排列祭祀位次的。 ⑰宗:宗伯,掌祭祀之礼。 ⑱五官:五行之官,即木正句芒、火正祝融、金正蓐收、水正玄冥、土正后土。 ⑲嘉生:善物。

"及少皞之衰也①,九黎乱德②,民神杂糅,不可方物③。夫人作享④,家为巫史⑤,无有要质⑥。民匮于祀,而不知其福。烝享无度,民神同位。民渎齐盟⑦,无有严威。神狎民则⑧,不蠲其为⑨。嘉生不降,无物以享。祸灾荐臻⑩,莫尽其气。颛顼受之,乃命南正重司天以属神⑪,命火正黎司地以属民,使复旧常,无相侵渎,是谓绝地天通。

[注释]①少皞:黄帝之子曰清,清生少皞,名挚,又名质。其以金德王,故号金天氏。 ②九黎:古代居住在南方的少数民族,蚩尤的部族。 ③方:分别。 ④夫人:人人。享:祭祀。 ⑤巫:主接神。史:排序位。 ⑥质:诚。 ⑦齐盟:敬明。 ⑧狎:不敬。 ⑨蠲:洁。 ⑩荐臻:接连到来。 ⑪属:会合。

"其后,三苗复九黎之德①,尧复育重、黎之后,不忘旧者,使复典之②。以至于夏、商,故重、黎氏世叙天地,而别其分主者也③。其在周,程伯休父其后也④,当宣王时,失其官守,而为司马氏。宠神其祖,以取威于民,曰:'重寔上天,黎寔下地。'遭世之乱,而莫之能御也。不然,夫天地成而不变,何比之有⑤?"

[注释]①三苗:九黎之后。德:凶德。 ②典:主管,司职。 ③分:位。 ④程伯休父:黎氏后代,封于程。 ⑤比:近。

2. 子期祀平王①,祭以牛俎于王②,王问于观射父,曰:"祀牲何及?"对曰:"祀加于举③。天子举以大牢,祀以会④;诸侯举以特牛⑤,祀以太牢;卿举以少牢⑥,祀以特牛;大夫举以特牲,祀以少牢;士食鱼炙,祀以特牲;庶人食菜,祀以鱼。上下有序,则民不慢。"

[注释]①子期:楚平王之子熊结。 ②牛俎:牛肉。 ③加:增加。举:古代每逢初一、十五为神、祖杀牲供奉的祭品。 ④大牢:牛、羊、猪齐备谓之大牢。会:三大牢。 ⑤特牛:公牛。 ⑥少牢:羊、猪为少牢。

王曰:"其小大何如?"对曰:"郊禘不过茧栗①,烝尝不过把握②。"王曰:"何其小也?"对曰:"夫神以精明临民者也,故求备物,不求丰大。是以先王之祀也,以一纯、二精、三牲、四时、五色、六律、七事、八种③、九祭④、十日、十二辰以致之,百姓、千品、万官、亿丑⑤、兆民经入畡数以奉之,明德以昭之,和声以听之,以告遍至,则无不受休。毛以示物⑥,血以告杀,接诚拔取以献具,为齐敬也。敬不可久,民力不堪,故齐肃以承之⑦。"

[注释]①郊禘:祭天大典。茧栗:牛角之形或如茧,或如栗,言其小。②烝尝:冬祭曰烝,秋祭曰尝。把握:亦言牛角之状。 ③八种:八种不同材质的乐器发出的声音。 ④九祭:九州助祭。 ⑤丑:类。 ⑥物:色。⑦齐肃:疾,快速。

王曰:"刍豢几何①?"对曰:"远不过三月,近不过浃日②。"王曰:"祀不可以已乎?"对曰:"祀所以昭孝息民、抚国家、定百姓也,不可以已。夫民气纵则底③,底则滞,滞久而不振,生乃不殖。其用不从,其生不殖,不可以封④。是以古者先王日祭、月享、时类⑤、岁祀。诸侯舍日⑥,卿、大夫舍月,士、庶人舍时。天子遍祀群神品物,诸侯祀天地、三辰及其土之山川⑦,卿、大夫祀其礼,士、庶人不过其祖。日月会于龙狵⑧,土气含收,天明昌作,百嘉备舍,群神频行。国于是乎烝尝,家于是乎尝祀,百姓夫妇择其令辰,奉其牺牲,敬其粢盛⑨,絜其粪除,慎其采服,禋其酒醴,帅其子姓,从其时享,虔其宗祝,道其顺辞,以昭祀其先祖,肃肃济济,如或临之。于是乎合其州乡朋友婚姻,比尔兄弟亲戚。于是乎弭其百苛⑩,殄其谗慝⑪,合其嘉好,结其亲昵,亿其上下⑫,以申固其姓。上所以教民虔也,下所以昭事上也。天子禘郊之事,必自射其牲,王后必自舂其粢;诸侯宗庙之事,必自射牛、刲羊⑬、击豕,夫人必自舂其盛。况其下之人,其谁敢不战战兢兢,以事百神!天子亲舂禘郊之盛,王后亲缲其服⑭,自公以下至于庶人,其谁敢不齐肃恭敬致力于神!民所以摄固者也,若之何其舍之也!"

[注释]①刍豢:草养曰刍,谷养曰豢。《礼记·月令》郑玄注曰:"养牛羊曰刍,犬豕曰豢。" ②远:猪、牛、羊等大牲畜。近:鸡、鸭等小牲畜。浃日:十日。 ③底:堕落。 ④封:封国。 ⑤时类:四时告祭,各以其事,如春祭以韭,夏祭以麦等。 ⑥诸侯舍日:诸侯只有月享、时类、岁祀。下文依此类推。 ⑦三辰:日、月、星。 ⑧龙䩸(dòu):二十八星宿中的龙尾。每年夏正十月,日月交会于龙尾所在的天区。 ⑨粢盛:盛在祭器里的粮食。 ⑩弭:止。 苛:虐。 ⑪殄:绝。 ⑫亿:安,安抚。 ⑬刲(kuī):割,刺。 ⑭缫:通"繅",缫丝。服:祭服。

王曰:"所谓一纯、二精、七事者,何也?"对曰:"圣王正端冕①,以其不违心,帅其群臣精物以临监享祀,无有苛慝于神者,谓之一纯。玉、帛为二精②。天、地、民及四时之务为七事。"王曰:"三事者,何也?"对曰:"天事武,地事文,民事忠信。"王曰:"所谓百姓、千品、万官、亿丑、兆民经入畡数者,何也?"对曰:"民之彻官百③。王公之子弟之质能言能听彻其官者,而物赐之姓,以监其官,是为百姓。姓有彻品,十于王谓之千品。五物之官,陪属万为万官。官有十丑,为亿丑。天子之田九畡④,以食兆民,王取经入焉,以食万官。"

[注释]①端:玄色礼服。冕:大冠。 ②精:纯一不杂。 ③彻:通,达。 ④九畡:九州。

3. 斗且廷见令尹子常①,子常与之语,问蓄货聚马。归以语其弟,曰:"楚其亡乎!不然,令尹其不免乎。吾见令尹,令尹问蓄聚积实,如饿豺狼焉,殆必亡者也。

[注释]①斗且:楚大夫。子常:子囊之孙囊瓦,楚昭王时为令尹。廷:本

或作"迁"。

"夫古者聚货不妨民衣食之利,聚马不害民之财用,国马足以行军①,公马足以称赋②,不是过也。公货足以宾献③,家货足以共用④,不是过也。夫货、马邮则阙于民⑤,民多阙则有离叛之心,将何以封矣⑥。

[注释]①国马:民马。国家征用民马,以备行军打仗之需。 ②公马:诸侯的戎马。赋:军赋。 ③宾献:迎宾及宴享之馈赠。 ④家:大夫。⑤邮:过失。 ⑥封:封国。

"昔斗子文三舍令尹①,无一日之积,恤民之故也。成王闻子文之朝不及夕也,于是乎每朝设脯一朿、糗一筐,以羞子文②。至于今秩之。成王每出子文之禄③,必逃,王止而后复。人谓子文曰:'人生求富,而子逃之,何也?'对曰:'夫从政者,以庇民也。民多旷者④,而我取富焉,是勤民以自封也⑤,死无日矣。我逃死,非逃富也。'故庄王之世,灭若敖氏,唯子文之后在,至于今处郧⑥,为楚良臣。是不先恤民而后己之富乎?

[注释]①斗子文:即斗谷于菟,字子文。楚成王时为令尹。舍:去。②脯:干肉。糗:干饭。羞:进。 ③出:发放,赐予。 ④旷:空,家无余财。⑤勤:苦。封:厚。 ⑥郧:楚邑名,在今湖北安陆。

"今子常,先大夫之后也①,而相楚君无令名于四方。民之羸馁②,日已甚矣。四境盈垒③,道殣相望④,盗贼司目,民无所放⑤。是之不恤,而蓄聚不厌,其速怨于民多矣⑥。积货滋多,蓄怨滋厚,不亡何待。

[注释]①先大夫:子囊。 ②羸:瘠弱。馁:冻饿。 ③四境盈垒:四境之内到处都是军事壁垒。《礼记·曲礼》:"四郊多垒,此卿大夫之辱也。" ④殣:路上掩埋死人的坟。 ⑤放:依。 ⑥速:邀,召。

"夫民心之愠也,若防大川焉,溃而所犯必大矣。子常其能贤于成、灵乎①?成不礼于穆②,愿食熊蹯③,不获而死。灵不顾于民,一国弃之,如遗迹焉。子常为政,而无礼不顾甚于成、灵,其独何力以待之!"期年,乃有柏举之战④,子常奔郑,昭王奔随。

[注释]①成:楚成王。灵:楚灵王。 ②成不礼于穆:楚成王想废黜太子商臣而另立职太子。商臣围攻楚成王,成王希望能在死之前吃到熊掌,商臣不允,成王自杀。 ③蹯:掌。 ④柏举之战:公元前509年,蔡昭侯朝见楚昭王,子常想要昭侯的佩玉;唐成公朝见,子常想要成公的骕骦马。昭侯与成公不同意,子常便将二君扣留了三年。蔡国、唐国交出佩玉和骕骦马,二君才得以回国。后来二君咽不下这口恶气,便联合吴国伐楚。公元前506年在柏举交战,大败楚国,占领楚国的郢都。

4.吴人入楚,昭王出奔,济于成臼①,见蓝尹亹载其帑②。王曰:"载予。"对曰:"自先王莫坠其国③,当君而亡之,君之过也。"遂去王。王归,又求见,王欲执之,子西曰:"请听其辞,夫其有故。"王使谓之曰:"成臼之役,而弃不谷,今而敢来④,何也?"对曰:"昔瓦唯长旧怨⑤,以败于柏举,故君及此。今又效之,无乃不可乎?臣避于成臼,以儆君也,庶悛而更乎⑥?今之敢见,观君之德也,曰:庶忆惧而鉴前恶乎?君若不鉴而长之,君实有国而不爱,臣何有于死,死在司败矣⑦!惟君图之!"子西曰:"使复其位,以无忘前败。"王乃见之。

[注释]①成曰:臼水,又名曰成河,在今湖北钟祥、京山一带。 ②蓝尹亹:楚大夫。孥:妻子儿女。 ③坠:失。 ④而:尔,你。 ⑤瓦:令尹囊瓦。 ⑥悛:悔改。 ⑦司败:楚谓司寇为司败,掌刑狱。

5.吴人入楚,昭王奔郧,郧公之弟怀将弑王①,郧公辛止之。怀曰:"平王杀吾父②,在国则君,在外则仇也。见仇弗杀,非人也。"郧公曰:"夫事君者,不为外内行③,不为丰约举④,苟君之,尊卑一也。且夫自敌以下则有仇,非是不仇。下虐上为弑,上虐下为讨,而况君乎!君而讨臣,何仇之为?若皆仇君,则何上下之有乎?吾先人以善事君,成名于诸侯,自斗伯比以来,未之失也。今尔以是殃之⑤,不可。"怀弗听,曰:"吾思父,不能顾矣。"郧公以王奔随。

[注释]①郧公:令尹子文的后代斗辛,斗成然之子。 ②平王杀吾父:斗成然助楚平王夺得王位,平王封其为令尹,但其贪得无厌,被平王杀死。 ③不为外内行:不因内外而改变行为。 ④约:衰。 ⑤殃:祸害。

王归而赏及郧、怀,子西谏曰:"君有二臣,或可赏也,或可戮也。君王均之,群臣惧矣。"王曰:"夫子期之二子耶①?吾知之矣。或礼于君,或礼于父,均之,不亦可乎!"

[注释]①子期:斗成然的字。

6.子西叹于朝①,蓝尹亹曰:"吾闻君子唯独居思念前世之崇替②,与哀殡丧,于是有叹,其余则否。君子临政思义,饮食思礼,同宴思乐,在乐思善,无有叹焉。今吾子临政而叹,何也?"子西曰:"阖庐能败吾师③。阖庐即世④,吾闻其嗣又甚焉⑤。吾是以叹。"

[注释]①子西:公子申,平王之子,昭王时为令尹。　②崇替:兴废。③阖庐:吴国国君,名光。　④即世:去世。　⑤嗣:吴王夫差。

对曰:"子患政德之不修,无患吴矣。夫阖庐口不贪嘉味,耳不乐逸声,目不淫于色,身不怀于安,朝夕勤志,恤民之赢,闻一善若惊,得一士若赏,有过必悛,有不善必惧,是故得民以济其志。今吾闻夫差好罢民力以成私好①,纵过而翳谏②,一夕之宿,台榭陂池必成③,六畜玩好必从。夫差先自败也已,焉能败人。子修德以待吴,吴将毙矣。"

[注释]①罢:疲惫。私好:私欲。　②翳:遮蔽。　③陂:池塘。

7. 王孙圉聘于晋①,定公飨之,赵简子鸣玉以相②,问于王孙圉曰:"楚之白珩犹在乎?③"对曰:"然。"简子曰:"其为宝也,几何矣。"

[注释]①王孙圉:楚大夫。　②定公:晋顷公之子姬午。简子:晋卿赵鞅。鸣玉:鸣其佩玉以相礼。　③珩(héng):玉佩上部的横玉。

曰:"未尝为宝。楚之所宝者,曰观射父,能作训辞,以行事于诸侯,使无以寡君为口实①。又有左史倚相,能道训典,以叙百物,以朝夕献善败于寡君,使寡君无忘先王之业;又能上下说于鬼神②,顺道其欲恶,使神无有怨痛于楚国。又有薮曰云连徒洲③,金木竹箭之所生也。龟、珠、角、齿、皮、革、羽、毛,所以备赋④,以戒不虞者也。所以共币帛,以宾享于诸侯者也。若诸侯之好币具,而导之以训辞,有不虞之备,而皇神相之⑤,寡君其可以免罪于诸侯,而国民保焉。此楚国之宝也。若夫白珩,先王之玩也,何宝之焉?

[注释]①口实:把柄。 ②说:通"悦",取悦。 ③薮:大泽。云连徒洲:即云梦泽。 ④赋:军赋。 ⑤皇神:大神,天神。相:助。

"囊闻国之宝六而已。明王圣人能制议百物,以辅相国家,则宝之;玉足以庇荫嘉谷①,使无水旱之灾,则宝之;龟足以宪臧否②,则宝之;珠足以御火灾③,则宝之;金足以御兵乱,则宝之;山林薮泽足以备财用,则宝之。若夫哗器之美④,楚虽蛮夷,不能宝也。"

[注释]①玉:祭祀用的玉制礼器。 ②宪:表。臧否:善恶。 ③珠:古人以为珠为水精,故用之避火。 ④哗器:喧哗,如鸣玉之类。

8.惠王以梁与鲁阳文子①,文子辞,曰:"梁险而在境,惧子孙之有贰者也。夫事君无憾②,憾则惧偪③,偪则惧贰。夫盈而不偪,憾而不贰者,臣能自寿④,不知其他⑤。纵臣而得全其首领以没,惧子孙之以梁之险,而乏臣之祀也。"王曰:"子之仁,不忘子孙,施及楚国,敢不从子。"与之鲁阳。

[注释]①惠王:楚惠王,名章。鲁阳文子:楚平王之孙,司马子期之子,亦称鲁阳公。梁:楚北部边境城邑名,在今河南临汝县东。鲁阳:位于今河南鲁

山县西北。　②憾:恨。　③偪:逼迫。　④寿:保。　⑤其他:指子孙。

9.子西使人召王孙胜①,沈诸梁闻之②,见子西曰:"闻子召王孙胜,信乎?"曰:"然。"子高曰:"将焉用之?"曰:"吾闻之,胜直而刚,欲置之境③。"

[注释]①王孙胜:楚平王太子建的儿子白公胜。　②沈诸梁:即叶公子高。　③境:边境。

子高曰:"不可。其为人也,展而不信①,爱而不仁,诈而不智,毅而不勇,直而不衷,周而不淑②。复言而不谋身③,展也;爱而不谋长,不仁也;以谋盖人,诈也;强忍犯义④,毅也;直而不顾,不衷也;周言弃德,不淑也。是六德者,皆有其华而不实者也,将焉用之。

[注释]①展:诚。　②周:密。淑:善。　③复言:诺言可以实践。身:自己。　④犯义:段玉裁认为此二字是注文误衍。

"彼其父为戮于楚①,其心又狷而不絜②。若其狷也,不忘旧怨,而不以絜悛德③,思报怨而已④。则其爱也足以得人,其展也足以复之,其诈也足以谋之,其直也足以帅之,其周也足以盖之,其不絜也足以行之,而加之以不仁,奉之以不义,蔑不克矣。

[注释]①彼其父为戮于楚:当初,费无极为太子建的老师,但不被平王宠信。太子建娶了一位秦国美女,费无极便怂恿平王自娶,并诬告太子建谋反。于是太子建便逃亡郑国。后来太子建与晋国密谋欲袭击郑国,被郑人杀死,其子王孙胜逃亡吴国。　②狷:刚愎自用。　③悛:更改。　④怨:其父被诬

之事。

"夫造胜之怨者①,皆不在矣。若来而无宠,速其怒也。若其宠之,毅贪无厌,既能得人,而耀之以大利,不仁以长之,思旧怨以修其心,苟国有衅②,必不居矣③。非子职之④,其谁乎?彼将思旧怨而欲大宠⑤,动而得人,怨而有术,若果用之,害可待也。余爱子与司马⑥,故不敢不言。"

[注释]①造胜之怨者:费无极之徒。 ②衅:间隙,矛盾。 ③居:安。 ④职:主,造成。 ⑤大宠:高位,如令尹、司马之类。 ⑥司马:时任司马者为子西之弟子期。

子西曰:"德其忘怨乎!余善之,夫乃其宁①。"子高曰:"不然。吾闻之,唯仁者可好也,可恶也,可高也,可下也。好之不偪,恶之不怨,高之不骄,下之不惧。不仁者则不然。人好之则偪,恶之则怨,高之则骄,下之则惧。骄有欲焉,惧有恶焉,欲恶怨偪,所以生诈谋也。子将若何?若召而下之②,将戚而惧;为之上者,将怒而怨。诈谋之心,无所靖矣③。有一不义,犹败国家,今壹五六,而必欲用之,不亦难乎?吾闻国家将败,必用奸人,而嗜其疾味④,其子之谓乎?

[注释]①宁:安宁。 ②下:小官职。 ③靖:安。 ④疾味:可以使人生病的美味。

"夫谁无疾眚①!能者早除之。旧怨灭宗,国之疾眚也,为之关籥蕃篱而远备闲之②,犹恐其至也,是之为日惕。若召而近之,死无日矣。人有言曰:'狼子野心,怨贼之人也。'其又何善乎?若子不我信,盍求若敖氏与子干、子晳之族而近之③?安用胜也,其能几何?

[注释]①眚(shěng):灾。　②关:关隘。籥:通"钥",门锁。蕃篱:壁垒栅栏。闲:防御。　③若敖氏:楚庄王所灭之斗椒。子干、子晳:楚恭王庶子公子比、公子黑肱,皆平王所杀。

"昔齐驺马繻以胡公入于具水①,邴歜、阎职戕懿公于囿竹②,晋长鱼矫杀三郤于榭③,鲁圉人荦杀子般于次④,夫是谁之故也,非唯旧怨乎?是皆子之所闻也。人求多闻善败,以监戒也。今子闻而弃之,犹蒙耳也。吾语子何益,吾知逃也已。"

[注释]①驺马繻:齐国大夫。胡公:姜尚后代,名靖。纪侯谮杀齐哀公,周夷王立哀公之弟靖,是为胡公。后来哀公同母弟姜山发动叛乱,指使驺马繻杀死胡公,将其尸体丢进了具水。具水:巨洋水,山东境内。　②邴歜、阎职:皆为齐国大夫。懿公:齐懿公。囿竹:竹林。齐懿公为太子时,与邴歜父亲争田,不胜。即位为君后,便掘开邴歜父亲的坟墓,砍去尸体的双足,命邴歜为自己驾车。齐懿公又霸占阎职的妻子,命阎职为自己的陪乘。公元前609年,邴歜、阎职乘齐懿公在申池游玩之机,杀死齐懿公,并将其尸体丢进了竹园。　③晋长鱼矫:晋大夫。长鱼矫长期受郤犨的欺压和凌辱,公元前574年受晋厉公之命杀郤锜、郤至、郤犨于榭。　④圉人:养马之人。子般:鲁庄公的太子。子般为太子时,鞭打过圉人荦。后来子般即位,庄公夫人哀姜与庆父私通,哀姜欲立庆父为君,便派圉人杀了子般。

子西笑曰:"子之尚胜也①。"不从,遂使为白公。子高以疾闲居于蔡。及白公之乱②,子西、子期死。叶公闻之,曰:"吾怨其弃吾言,而德其治楚国,楚国之能平均以复先王之业者,夫子也③。以小怨置大德,吾不义也,将入杀之。"帅方城之外以入④,杀白公而定王室,葬二子之族。

[**注释**]①尚胜:好耸人听闻,胜过别人。 ②白公之乱:公元前479年,白公胜请求讨伐郑国以报父仇,子西答应了。但没有等到出兵郑国,恰逢晋国攻打郑国,楚国反而出兵援救郑国,白公胜大怒,便杀了子西、子期,劫持了楚惠王。白公胜打算另立公子闾为君,公子闾不答应,白公胜又杀了公子闾。后来叶公子高出兵平息了白公之乱。 ③夫子:子西。 ④帅:循。方城:山名,在今河南叶县东。

吴　　语

1.吴王夫差起师伐越①,越王句践起师逆之②。大夫种乃献谋曰③:"夫吴之与越,唯天所授,王其无庸战④。夫申胥⑤、华登⑥简服吴国之士于甲兵⑦,而未尝有所挫也。夫一人善射,百夫决拾⑧,胜未可成也⑨。夫谋必素见成事焉⑩,而后履之,不可以授命⑪。王不如设戎,约辞行成⑫,以喜其民⑬,以广侈吴王之心⑭。吾以卜之于天,天若弃吴,必许吾成而不吾足也⑮,将必宽然有伯诸侯之心焉⑯。既罢弊其民⑰,而天夺之食,安受其烬⑱,乃无有命矣。"

[注释]①夫差:吴国国君,太伯之后、阖庐之子,姬姓,公元前495年至前473年在位。　②句践:越国国君,祝融之后、允常之子,芈姓,公元前497年至前465年在位。逆:迎敌。　③种:文种,字少禽,越国大夫,句践主要谋臣。　④庸:用。　⑤申胥:即伍子胥,名员。楚平王太子建的老师伍奢之次子,公元前522年楚平王杀伍奢、伍尚父子,伍员辗转逃吴。后伍员帮助公子阖闾夺取君位,帮助吴国实现国富兵强。前506年吴国破楚入郢,因功得封于申,故又以"申"为氏,故称申胥。　⑥华登:宋司马华费遂之子。宋元公杀华氏、向氏,华登奔吴,吴王任其为大夫。　⑦简:选拔。服:使用。　⑧决

拾:射箭的工具。决:又作"抉",射箭所用的骨制钩弦扳指。拾:穿在左肩的革制臂衣。 ⑨成:是。 ⑩素:预先。 ⑪授命:以命相殉。 ⑫约辞:卑下的言辞。行成:求和。 ⑬喜:通"嬉"。 ⑭广侈:扩大、扩张。 ⑮不吾足:指越国不足以让我国感到畏惧。 ⑯将:且。伯:通"霸"。 ⑰罢:通"疲"。 ⑱烬:剩余的残局。

越王许诺,乃命诸稽郢行成于吴①,曰:"寡君句践使下臣郢不敢显然布币行礼②,敢私告于下执事曰③:昔者越国见祸④,得罪于天王⑤。天王亲趋玉趾⑥,以心孤句践⑦,而又宥赦之。君王之于越也,繄起死人而肉白骨也⑧。孤不敢忘天灾,其敢忘君王之大赐乎!今句践申祸无良⑨,草鄙之人,敢忘天王之大德④,而思边垂之小怨⑩,以重得罪于下执事?句践用帅二三之老⑪,亲委重罪⑫,顿颡于边⑬。

[注释]①诸稽郢:越国大夫。 ②显然:公开。币:古代用于馈赠的礼品,如玉、帛、皮、马之类。 ③下执事:指手下的办事人员。古人外交自谦之词。 ④见祸:遭到上天的降祸惩罚。 ⑤天王:对吴王的尊称。此乃诡谀之辞,把夫差尊称为天子,以骄其心。 ⑥玉趾:尊贵的脚。玉:敬词。 ⑦孤:抛弃。 ⑧繄(yī):是。起死人而肉白骨:使人死而复生,白骨生肉,比喻恩德深厚。 ⑨申祸:再次遭到灾祸。指再次遭受吴国的讨伐。申:重复。良:美德。 ⑩垂:通"陲"。边境。 ⑪老:家臣。此处是对越卿大夫的卑称。 ⑫委:推卸。 ⑬顿颡:屈膝下拜,以额触地。

"今君王不察,盛怒属兵①,将残伐越国。越国固贡献之邑也,君王不以鞭箠使之②,而辱军士使寇令焉③。句践请盟:一介嫡女④,执箕帚以晐姓于王宫⑤;一介嫡男,奉槃匜以随诸御⑥；春秋贡献，不解于王府。天王岂辱裁之⑦？亦征诸侯之礼也⑧。

[注释]①属兵：调集军队。　②鞭箠：鞭子责打。箠：箠杖。　③辱：辱没。寇令：抵御敌寇的命令。　④一介：一人。嫡女：指正妻所生的女儿。⑤眩：备。眩姓：纳女给天子。执箕帚：手拿扫帚簸箕清扫庭院，为宫内婢女之役。　⑥奉：同"捧"。槃匜：古代盥洗用具。槃：用以盛水。匜：用以浇水。御：宦竖之类近侍。　⑦岂：其，希望。　⑧征：征讨。

"夫谚曰：'狐埋之而狐搰之①，是以无成功。'今天王既封植越国②，以明闻于天下，而又刈亡之③，是天王之无成劳也。虽四方之诸侯④，则何实以事吴⑤？敢使下臣尽辞，唯天王秉利度义焉⑥！"

[注释]①搰（hú）：发掘。　②封植：培植、扶植。　③刈：芟除。④虽：通"惟"，语首助词。　⑤实：事实。　⑥秉：执。引申为根据。度：思考。

2. 吴王夫差乃告诸大夫曰："孤将有大志于齐①，吾将许越成，而无拂吾虑②。若越既改，吾又何求？若其不改，反行③，吾振旅焉④。"

[注释]①有大志于齐：指将讨伐齐国。　②而：通"尔"，你们。拂：逆拂、违逆。　③反行：指征讨齐国回来。　④振旅：整顿军队以讨伐越国。

申胥谏曰①："不可许也。夫越非实忠心好吴也，又非慑畏吾兵甲之强也。大夫种勇而善谋②，将还玩吴国于股掌之上③，以得其志。夫固知君王之盖威以好胜也④，故婉约其辞⑤,以从逸王志⑥,使淫乐于诸夏之国⑦,以自伤也。使吾甲兵钝弊,民人离落⑧,而日以憔悴,然后安受吾烬⑨。夫越王好信以爱民,四方归之,年谷时熟,日长炎炎⑩。及吾犹可以战也,为虺弗摧⑪,为蛇将若何?"

[注释]①申胥:即吴国大夫伍子胥,因为封于申,故又称申胥。 ②大夫种:越国大夫文种。 ③还:转。玩:玩弄。 ④盖:崇尚。 ⑤婉约:委婉柔顺。 ⑥从:通"纵"。 ⑦诸夏之国:周王室所分封的诸侯国。 ⑧离:叛离。落:陨落,逃亡。 ⑨烬:灰烬,指败亡之后的残局。 ⑩炎炎:火势上升的样子,这里指越国国势兴盛的样子。 ⑪虺(huǐ):小蛇。

吴王曰:"大夫奚隆于越①,越曾足以为大虞乎②?若无越,则吾何以春秋曜吾军士③?"乃许之成。

[注释]①隆:高举,抬高。 ②虞:忧患。 ③春秋:代指年。曜:通"耀",炫耀。

将盟,越王又使诸稽郢辞曰:"以盟为有益乎?前盟口血未干①,足以结信矣。以盟为无益乎?君王舍甲兵之威以临使之,而胡重于鬼神而自轻也?"吴王乃许之,荒成不盟②。

[注释]①口血未干:古代盟约乃歃血为盟,即宰杀牺牲,将其血抹在嘴上或含在口里,以示诚信。 ②荒:空。指仅凭口头协议,而没有歃血为盟。

3. 吴王夫差既许越成,乃大戒师徒①,将以伐齐。申胥进谏曰:"昔天以越赐吴,而王弗受。夫天命有反②,今越王句践恐惧而改其谋,舍其愆令③,轻其征赋,施民所善,去民所恶,身自约也④,裕其众庶,其民殷众⑤,以多甲兵。越之在吴,犹人之有腹心之疾也。夫越王之不忘败吴,于其心也怵然⑥,服士以伺吾间⑦。今王非越是图,而齐、鲁以为忧。夫齐、鲁譬诸疾⑧,疥癣也,岂能涉江、淮而与我争此地哉?将必越实有吴土。

[注释]①戒:约束,整治。 ②反:反复,指盛衰、福祸之变。 ③舍:废弃。愆(qiān):过错。 ④约:节俭。 ⑤殷:盛。 ⑥怵(chī):惊惧,警惕。⑦服士:使士兵勤习兵事以备战。间:时机。 ⑧诸:之于。

"王其盍亦鉴于人①,无鉴于水。昔楚灵王不君,其臣箴谏以不入②。乃筑台于章华之上,阙为石郭,陂汉,以象帝舜③。罢弊楚国,以间陈、蔡④。不修方城之内⑤,逾诸夏而图东国⑥,三岁于沮、汾以服吴、越⑦。其民不忍饥劳之殃,三军叛王于乾溪。王亲独行,屏营仿偟于山林之中⑧,三日乃见其涓人畴⑨。王呼之曰:'余不食三日矣。'畴趋而进,王枕其股以寝于地。王寐,畴枕王以璞而去之⑩。王觉而无见也,乃匍匐将入于棘闱⑪,棘闱不纳,乃入芋尹申亥氏焉⑫。王缢,申亥负王以归,而土埋之其室。此志也⑬,岂遽忘于诸侯之耳乎?

[注释]①盍:何不。 ②箴谏:劝谏。入:接受。 ③阙:穿凿。郭:外城。陂:壅塞。象:模仿。这句话的意思是:帝舜死后葬在九嶷山,因为九嶷山水绕山体,风景秀美,所以楚灵王便在建章华台时,环山凿渠,然后引来汉水使之绕山而流,以模仿帝舜。 ④间:可乘之机。 ⑤修:修德。方城:楚北山。 ⑥诸夏:陈、蔡。东国:徐、夷、吴、越。 ⑦沮、汾:楚国东境的两条水名,在乾溪一带。 ⑧屏营:惶惑惊惧的样子。 ⑨涓人:宫中负责洒扫的小臣。 ⑩璞:土块。 ⑪棘:楚国地名,在今河南永城县南。闱:门。

⑫芊尹申亥:楚大夫,芊尹无宇之子。 ⑬志:记事之书,如《春秋》之类。

"今王既变鲧、禹之功①,而高高下下,以罢民于姑苏②。天夺吾食③,都鄙荐饥④。今王将很天而伐齐⑤。夫吴民离矣⑥,体有所倾,譬如群兽然,一个负矢,将百群皆奔,王其无方收也⑦。越人必来袭我,王虽悔之⑧,其犹有及乎?"

[注释]①变:更改。鲧、禹之功:鲧、禹治水为民之德。 ②罢:疲惫。 ③天夺吾食:指稻蟹之灾。 ④都:国都。鄙:边境。荐:接连,连续。 ⑤很:违背。 ⑥离:离心。 ⑦收:聚拢。 ⑧虽:通"惟",只有。

王弗听。十二年①,遂伐齐。齐人与战于艾陵②,齐师败绩③,吴人有功。

[注释]①十二年:夫差十二年,公元前484年。 ②艾陵:齐国地名,在今山东莱芜县东北。 ③败绩:大败。

4.吴王夫差既胜齐人于艾陵,乃使行人奚斯释言于齐①,曰:"寡人帅不腆吴国之役②,遵汶之上③,不敢左右④,唯好之故。今大夫国子兴其众庶⑤,以犯猎吴国之师徒⑥,天若不知有罪,则何以使下国胜⑦!"

[注释]①行人:负责朝觐聘问的官员。释言:解释艾陵之战一事。 ②不腆:谦词,不善。 ③遵:沿着。汶:水名,在齐国境内。 ④不敢左右:不敢让军队侵扰齐国国民。 ⑤国子:齐国大夫国书,时为齐军统帅。 ⑥犯:侵凌。猎:掠取,侵扰。 ⑦下国:吴国自谦之辞。

5.吴王还自伐齐,乃讯申胥①曰:"昔吾先王体德明圣②,达于上帝,譬如农夫作耦③,以刈杀四方之蓬蒿,以立名于荆④,此则大夫之力也。今大夫老,而又不自安恬逸⑤,而处以念恶⑥,出则罪吾众,挠乱百度,以妖孽吴国⑦。今天降衷于吴⑧,齐师受服。孤岂敢自多⑨,先王之钟鼓,寔式灵之⑩。敢告于大夫。"

[注释]①讯:《太平御览·资产部》三引《国语》作"谇",告让,谴责。②先王:阖庐。 ③耦:二人并耕,比喻伍子胥辅佐阖庐成就大业。 ④立名于荆:指公元前506年吴国在柏举大败楚国,攻入楚都,楚昭王奔随。⑤恬:静。逸:乐。 ⑥处:居。夫差指责伍子胥居则念为恶于吴国。 ⑦妖孽:指妖言惑众。 ⑧衷:善。 ⑨自多:自己赞美自己。 ⑩式:用。灵:神,善。

申胥释剑而对①曰:"昔吾先王世有辅弼之臣,以能遂疑计恶②,以不陷于大难。今王播弃黎老③,而孩童焉比谋④,曰'余令而不违。'夫不违,乃违也。夫不违,亡之阶也。夫天之所弃,必骤近其小喜⑤,而远其大忧。王若不得志于齐,而以觉寤王心,而吴国犹世⑥。吾先君得之也,必有以取之;其亡之也,亦有以弃之。用能援持盈以没⑦,而骤救倾以时⑧。今王无以取之⑨,而天禄亟至⑩,是吴命之短也。员不忍称疾辟易⑪,以见王之亲为越之擒也。员请先死。"遂自杀。将死,曰:"以悬吾目于东门,以见越之入,吴国之亡也。"王愠⑫曰:"孤不使大夫得有见也。"乃使取申胥之尸,盛以鸱鴺⑬,而投之于江。

[注释]①释剑:解下佩剑。 ②遂:决断。计:考虑。 ③播弃:放弃不用。黎老:老人。 ④比:合。 ⑤小喜:小的成功,如吴胜齐之属。 ⑥世:

继世。　⑦盈:满。没:终。　⑧骤:急速。倾:颓坏。　⑨无以取之:无以德取之。　⑩亟:数,屡次。　⑪辟易:逃避。　⑫愠:怒。　⑬鸱鴺:皮口袋。

6. 吴王夫差既杀申胥,不稔于岁①,乃起师北征。阙为深沟②,通于商、鲁之间,北属之沂③,西属之济④,以会晋公午于黄池⑤。

[注释]①稔:庄稼成熟。　②阙:挖凿。　③属:连。沂:沂水,源出山东沂源县。　④济:济水,源自山东沂源县。　⑤晋公午:晋定公,名午。黄池:地名,在今河南封丘县。

于是越王句践乃命范蠡、舌庸①,率师沿海沂淮以绝吴路②。败王子友于姑熊夷③。越王句践乃率中军泝江以袭吴④,入其郛⑤,焚其姑苏,徙其大舟⑥。

[注释]①范蠡:越国大夫,灭吴主要谋臣。舌庸:越国大夫。　②泝:逆流而上。　③王子友:夫差太子。姑熊夷:吴国都姑苏郊外。　④江:吴江,即今松江,古名笠泽,在今江苏吴江县东门外。　⑤郛:郭,外城。　⑥徙:夺取。王舟:吴王乘坐的大舟。

吴、晋争长未成,边遽乃至①,以越乱告。吴王惧,乃合大夫而谋曰:"越为不道,背其齐盟②。今吾道路修远,无会而归,与会而先晋,孰利?"王孙雒③曰:"夫危事不齿④,雒敢先对。二者莫利。无会而归,越闻章矣,民惧而走,远无正就⑤。齐、宋、徐、夷曰:'吴既败矣!'将夹沟而廞我⑥,我无生命矣。会而先晋,晋既执诸侯之柄以临我⑦,将成其志以见天子。吾须之不能⑧,去之不忍⑨。若越闻愈章,吾民恐叛。必会而先之。"

[注释]①遽:驿站车马。乃:通"仍",频繁。 ②齐:同。 ③王孙雒:吴国大夫。 ④齿:年龄。 ⑤正就:合适的途径。 ⑥庞:广。意思是诸国旁击,使吴国军力分散。 ⑦柄:霸权。临:指派,挟制。 ⑧须:等待。 ⑨忍:容忍、气度。

王乃步就王孙雒①曰:"先之,图之将若何?"王孙雒曰:"王其无疑②,吾道路悠远,必无有二命,焉可以济事③。"王孙雒进,顾揖诸大夫曰:"危事不可以为安④,死事不可以为生,则无为贵智矣⑤。民之恶死而欲贵富以长没也⑥,与我同。虽然,彼近其国,有迁⑦;我绝虑⑧,无迁。彼岂能与我行此危事也哉?事君勇谋,于此用之。今夕必挑战,以广民心⑨。请王励士,以奋其朋势⑩。劝之以高位重畜⑪,备刑戮以辱其不励者,令各轻其死。彼将不战而先我,我既执诸侯之柄,以岁之不获也⑫,无有诛焉⑬,而先罢之,诸侯必说。既而皆入其地,王安挺志⑭,一日惕⑮,一日留⑯,以安步王志。必设以此民也⑰,封于江、淮之间,乃能至于吴。"吴王许诺。

[注释]①步就:走近。 ②疑:犹豫。 ③济:成。 ④为安:以安为之。 ⑤无为:不要。 ⑥长没:老死。 ⑦迁:变易,回转。 ⑧绝虑:因为路途遥远,无恋土之心,便能决一死战。 ⑨广:壮大。 ⑩朋:通"凭",凭势即盛怒之势。 ⑪重畜:财宝。 ⑫获:收。 ⑬诛:责求贡赋。 ⑭安:乃。挺志:宽心。 ⑮惕:快。 ⑯留:慢。 ⑰设:许诺。

7.吴王昏乃戒,令秣马食士①。夜中②,乃令服兵擐甲③,系马舌④,出火灶⑤,陈士卒百人⑥,以为彻行百行⑦。行头皆官师⑧,拥铎拱稽⑨,建肥胡⑩,奉文犀之渠⑪。十行一嬖大夫⑫,建旃提鼓⑬,挟经秉枹⑭。十旃一将军,载常建鼓⑮,挟经秉枹。万人以为方阵,皆白裳、白旂⑯、素甲、白羽之矰⑰,望之如荼。王亲秉钺⑱,载白旗以中陈而立。左军亦如之,皆赤裳、赤旟⑲、丹甲、朱羽之矰,望之如火。右军亦如之,皆玄裳、玄旗、黑甲、乌羽之矰,望之如墨。为带甲三万,以势攻,鸡鸣乃定。既陈,去晋军一里。昧明,王乃秉枹,亲就鸣钟鼓、丁宁、錞于振铎⑳,勇怯尽应,三军皆哗釦以振旅㉑,其声动天地。

[注释]①秣马:给马喂饲料。 ②夜中:半夜。 ③服兵:拿着兵器。擐(huàn)甲:穿上铠甲。 ④系马舌:使之不出声。 ⑤出火灶:将灶火移出灶外以照明。 ⑥士卒:王念孙以为系"王卒"之误,王卒即中军之卒。⑦百行:百人一行共百行,此为方阵。 ⑧官师:上士。 ⑨铎:金属制军乐器,用以宣布命令或指挥作战。稽:通"荥",油漆木戟,用作仪仗。 ⑩肥胡:古代一种窄长的旗幡。 ⑪渠:大楯。文犀之渠即用有纹理的犀牛皮制成的大楯。 ⑫嬖大夫:下大夫。 ⑬旃:旗杆上系有牦牛尾或饰有鸟羽的旗子。⑭经:剑茎。 ⑮常:绘有日月图形的大旗。鼓:晋鼓。 ⑯旂:绘有交龙的旗子。 ⑰矰:短箭。 ⑱钺:大斧,王权的象征。 ⑲旟(yú):绘有鸟隼的旗子。 ⑳钟鼓、丁宁、錞于振铎:皆军乐器。 ㉑釦:通"吼"。

　　晋师大骇不出,周军饬垒①,乃令董褐请事②,曰:"两君偃兵接好,日中为期。今大国越录③,而造于弊邑之军垒④,敢请乱故⑤。"

[注释]①周:围绕。饬:整治。 ②董褐:晋国大夫司马寅。请:问。 ③录:次第。 ④造:到达,来到。 ⑤乱:越次。

　　吴王亲对之曰:"天子有命,周室卑约①,贡献莫入,上帝鬼神而不可以告②。无姬姓之振也③,徒遽来告④。孤日夜相继,匍匐就君⑤。君今非王室不平安是忧,亿负晋众庶⑥,不式诸戎、狄、楚、秦⑦;将不长弟⑧,以力征一二兄弟之国。孤欲守吾先君之班爵⑨,进则不敢,退则不可。今会日薄矣⑩,恐事之不集⑪,以为诸侯笑。孤之事君在今日,不得事君亦在今日。为使者之无远也,孤用亲听命于藩篱之外⑫。"

[注释]①卑:衰弱。约:穷困。 ②告:祭告。 ③振:救,拯救。 ④徒:步行。遽:驿车。 ⑤匍匐:努力、勉力的样子。 ⑥亿:安。负:倚仗。 ⑦式:用。 ⑧长弟:长幼。 ⑨先君:指吴泰伯。班爵:班次爵位。 ⑩薄:迫近。 ⑪集:成。 ⑫藩篱:军营。

董褐将还,王称左畸①曰:"摄少司马兹与王士五人②,坐于王前③。"乃皆进,自刎于客前以酬客。

[注释]①左畸:中军左侧。 ②摄:执,捉拿。少司马:官名,协助司马管军事。王士:中军之士。 ③坐:定罪。 ④刎(yā):刎颈。以此向晋国示威。

董褐既致命,乃告赵鞅①曰:"臣观吴王之色,类有大忧,小则嬖妾、嫡子死,不则国有大难②;大则越入吴。将毒③,不可与战。主其许之先④,无以待危,然而不可徒许也。"赵鞅许诺。

[注释]①赵鞅:晋正卿赵简子。 ②不:即"否"。大难:反叛。 ③毒:凶狠残暴。 ④主:赵鞅。古者卿大夫称主。

晋乃令董褐复命曰:"寡君未敢观兵身见①,使褐复命曰:'曩君之言②,周室既卑,诸侯失礼于天子,请贞于阳卜③,收文、武之诸侯。孤以下密迩于天子④,无所逃罪,讯让日至⑤,曰:昔吴伯父不失,春秋必率诸侯以顾在余一人。今伯父有蛮、荆之虞⑥,礼世不续⑦,用命孤礼佐周公,以见我一二兄弟之国,以休君忧。今君掩王东海⑧,以淫名闻于天子⑨,君有短垣⑩,而自踰之,况蛮、荆则何有于周室?夫命圭有命⑪,固曰吴伯,不曰吴王。诸侯是以敢辞。夫诸侯无二君,而周无二王,君若无卑天子,以干其不祥⑫,而曰吴公,孤敢不顺从君命长弟!'许诺。"

[注释]①观兵:显示军威。身见:亲自面见。 ②曩:先前。 ③贞:正。阳卜:龟曰卜。卜有内外之分,外事曰阳卜,内事曰阴卜。 ④密迩:接近。 ⑤讯:通"谇",谴责。让:责让。 ⑥虞:忧患。 ⑦礼世不续:因为有越、楚之患,所以没有行聘问之礼。 ⑧掩:尽。 ⑨淫名:指夫差僭越称王事。 ⑩短垣:矮墙,代指西周礼制。 ⑪命圭:天子册封诸侯时的玉圭。 ⑫干:犯。

吴王许诺,乃退就幕而会①。吴公先歃,晋侯亚之。吴王既会,越闻愈章,恐齐、宋之为己害也,乃命王孙雒先与勇获帅徒师②,以为过宾于宋,以焚其北郛焉而过之。

[注释]①幕:帷帐。 ②勇获:吴国大夫。徒师:步卒。

8.吴王夫差既退于黄池,乃使王孙苟告劳于周①,曰:"昔者楚人为不道,不承共王事②,以远我一二兄弟之国。吾先君阖庐不贳不忍③,被甲带剑,挺铍搢铎④,以与楚昭王毒逐于中原柏举⑤。天舍其衷⑥,楚师败绩,王去其国,遂至于郢。王总其百执事⑦,以奉其社稷之祭。其父子、昆弟不相能,夫概王作乱⑧,是以复归于吴。今齐侯壬不鉴于楚⑨,又不承共王命,以远我一二兄弟之国。夫差不贳不忍,被甲带剑,挺铍搢铎,遵汶伐博⑩,簦笠相望于艾陵⑪。天舍其衷,齐师还。夫差岂敢自多,文、武寔舍其衷。归不稔于岁,余沿江泝淮,阙沟深水,出于商、鲁之间,以彻于兄弟之国⑫。夫差克有成事,敢使苟告于下执事。"

[注释]①王孙苟:吴国大夫。劳:功。 ②共:通"供",供奉。 ③贳(shì):赦免,宽恕。 ④铍(pī):长矛。搢(jìn):振动,摇动。 ⑤毒逐:鏖战。 ⑥舍:施。衷:善。 ⑦百执事:百官。 ⑧夫概王:吴国阖庐的弟弟。吴楚战争,吴军攻入楚都郢,夫概王先归,自立为吴王。不得已,阖庐自楚退兵,平息叛乱。 ⑨齐侯壬:即齐简公,名壬。 ⑩博:齐地,今山东泰安东南。 ⑪簦笠(dēng lì):一种有长柄的笠,用来避雨,类似于后世的伞。意为不避暑雨。 ⑫彻:沟通。

周王答曰:"苟,伯父令女来,明绍享余一人①,若余嘉之。昔周室逢天之降祸,遭民之不祥,余心岂忘忧恤,不唯下土之不康靖②。今伯父曰:'戮力同德。'伯父若能然,余一人兼受而介福③。伯父多历年以没元身④,伯父秉德已侈大哉⑤!"

[注释]①绍:继。享:献。 ②康靖:安宁。 ③而:你。介:大。 ④元:当为"亓"之形误,"亓"即"其",指夫差。 ⑤侈:广。

9.吴王夫差还自黄池,息民不戒①。越大夫种乃唱谋②曰:"吾谓吴王将遂涉吾地③,今罢师而不戒以忘我④,我不可以怠。日臣尝卜于天,今吴民既罢⑤,而大荒荐饥⑥,市无赤米⑦,而囷鹿空虚⑧,其民必移就蒲蠃于东海之滨⑨。天占既兆,人事又见,我蔑卜筮矣⑩。王若今起师以会,夺之利,无使夫悛⑪。夫吴之边鄙远者,罢而未至,吴王将耻不战,必不须至之会也⑫,而以中国之师与我战。若事幸而从我,我遂践其地,其至者亦将不能之会也已,吾用御儿临之⑬。吴王若愠而又战,奔遂可出。若不战而结成,王安厚取名而去之。"越王曰:"善哉!"乃大戒师,将伐吴。

[注释]①戒:警戒。 ②唱:首倡。 ③遂:终将。 ④以:通"似"。 ⑤罢:疲劳。 ⑥荐:重,连续。 ⑦赤米:早熟耐旱的劣质米。 ⑧囷(qūn):圆形的粮仓。鹿:通"簏",方形仓。或曰"鹿"通"簏",盛谷之器。 ⑨蒲蠃:字或又写作"薄蠃"、"蒲庐"、"仆累"等,蚌蛤之属,多生于海边,可食。 ⑩蔑:不用,无需。 ⑪悛:改悔。 ⑫须:等待。 ⑬御儿:越地名,在今嘉兴。

楚申包胥使于越①,越王句践问焉,曰:"吴国为不道,求残我社稷宗庙,以为平原,弗使血食②。吾欲与之徼天之衷③,唯是车马、兵甲、卒伍既具,无以行之。请问战奚以而可?"包胥辞曰:"不知。"王固问焉,乃对曰:"夫吴,良国也④,能博取于诸侯⑤。敢问君王之所以与之战者⑥?"王曰:"在孤之侧者,觞酒、豆肉、箪食⑦,未尝敢不分也。饮食不致味⑧,听乐不尽声⑨,求以报吴。愿以此战。"包胥曰:"善则善矣,未可以战也。"王曰:"越国之中,疾者吾问之,死者吾葬之,老其老,慈其幼,长其孤,问其病,求以报吴。愿以此战。"包胥曰:"善则善矣,未可以战也。"王曰:"越国之中,吾宽民以子之⑩,忠惠以善之。吾修令宽刑,施民所欲,去民所恶,称其善,掩其恶⑪,求以报吴。愿以此战。"包胥曰:"善则善矣,未可以战也。"王曰:"越国之中,富者吾安之⑫,贫者吾与之⑬,救其不足,裁其有余,使贫富皆利之,求以报吴。愿以此战。"包胥曰:"善则善矣,未可以战也。"王曰:"越国南则楚,西则晋,北则齐,春秋皮币、玉帛、子女以宾服焉⑭,未尝敢绝,求以报吴。愿以此战。"包胥曰:"善哉,蔑以加焉,然犹未可以战也。夫战,智为始,仁次之,勇次之。不智,则不知民之极⑮,无以铨度天下之众寡⑯;不仁,则不能与三军共饥劳之殃;不勇,则不能断疑以发大计。"越王曰:"诺。"

[注释]①申包胥:楚大夫勃苏,又名王孙包胥。 ②血食:因为祭祀用牲带有毛血,故称祭祀为血食。 ③徼:要,求上天赐予。衷:善,福佑。 ④良国:大国,强国。 ⑤博取:吴以盟主的身份向诸侯国征收贡赋。 ⑥所以:条件,手段。 ⑦觞:酒器。豆:有足的盘状盛食器。箪:有盖的竹制盛食器,用以盛饭。 ⑧致味:五味调和。 ⑨尽声:五音调和。 ⑩子:通"慈",慈爱。 ⑪掩:止。 ⑫安:不专取。 ⑬与:赐予。 ⑭皮币:毛皮和缯币。宾服:臣服。 ⑮极:中,指民众的心意。 ⑯铨度:衡量。

越王句践乃召五大夫①,曰:"吴为不道,求残吾社稷宗庙,以为平原,不使血食。吾欲与之徼天之衷,唯是车马、兵甲、卒伍既具,无以行之。吾问于王孙包胥,既命孤矣;敢访诸大夫,问战奚以而可?句践愿诸大夫言之,皆以情告,无阿孤②,孤将以举大事。"大夫舌庸乃进对曰:"审赏则可以战乎③?"王曰:"圣④。"大夫苦成进对曰:"审罚则可以战乎?"王曰:"猛⑤。"大夫种进对曰:"审物则可以战乎⑥?"王曰:"辩⑦。"大夫蠡进对曰:"审备则可以战乎?"王曰:"巧。"大夫皋如进对曰:"审声则可以战乎⑧?"王曰:"可矣。"王乃命有司大令于国曰:"苟任戎者⑨,皆造于国门之外⑩。"王乃命于国曰:"国人欲告者来告⑪,告孤不审,将为戮不利⑫,及五日必审之,过五日,道将不行。"

[注释]①五大夫:即下文的舌庸、苦成、文种、范蠡、皋如。 ②阿:阿顺,奉承。 ③审:审慎。 ④圣:聪明。 ⑤猛:严厉。 ⑥物:旌旗、物色、徽帜等。 ⑦辩:别。 ⑧声:军乐进退之声。 ⑨任戎:从军。 ⑩造:至。国门:都门。 ⑪告:建议或意见。 ⑫戮:革除。不利:不合理的规定。

王乃入命夫人。王背屏而立①,夫人向屏。王曰:"自今日以后,内政无出,外政无入。内有辱,是子也;外有辱,是我也。吾见子于此止矣。"王遂出,夫人送王,不出屏,乃阖左阖②,填之以土,去笄侧席而坐③,不扫。王背檐而立,大夫向檐。王命大夫曰:"食土不均,地之不修,内有辱于国,是子也;军士不死④,外有辱,是我也。自今日以后,内政无出,外政无入,吾见子于此止矣。"王遂出,大夫送王不出檐,乃阖左阖,填之以土,侧席而坐,不扫。

[注释]①屏:寝室屏风。 ②阖:门扇。阖左阖:关上左侧的一扇门。 ③侧席而坐:表忧惧不安的情状。 ④不死:不能忘死而战。

王乃之坛列①,鼓而行之,至于军②,斩有罪者以徇③,曰:"莫如此以环瑱通相问也④。"明日徙舍,斩有罪者以徇,曰:"莫如此不从其伍之令。"明日徙舍,斩有罪者以徇,曰:"莫如此不用王命。"明日徙舍,至于御儿,斩有罪者以徇,曰:"莫如此淫逸不可禁也。"

[注释]①坛列:用来祭祀、誓师的神坛。 ②军:军队驻扎的地方。 ③徇:示众。 ④环:金环、玉环之类。瑱:耳塞。问:馈赠。

王乃命有司大徇于军,曰:"有父母耆老而无昆弟者①,以告。"王亲命之曰:"我有大事,子有父母耆老,而子为我死,子之父母将转于沟壑②,子为我礼已重矣。子归,殁而父母之世③。后若有事,吾与子图之。"明日徇于军,曰:"有兄弟四五人皆在此者,以告。"王亲命之曰:"我有大事,子有昆弟四五人皆在此,事若不捷④,则是尽也。择子之所欲归者一人。"明日徇于军,曰:"有眩瞀之疾者⑤,以告。"王亲命之曰:"我有大事,子有眩瞀之疾,其归若已。后若有事,吾与子图之。"明日徇于军,曰:"筋力不足以胜甲兵,志行不足以听命者归,莫告。"明日,迁军接和⑥,斩有罪者以徇,曰:"莫如此志行不果。"于是人有致死之心。王乃命有司大徇于军,曰:"谓二三子归而不归,处而不处,进而不进,退而不退,左而不左,右而不右,身斩,妻子鬻⑦。"

[注释]①耆老:古代六十为耆,七十为老。昆弟:兄弟。 ②转:入,弃尸。 ③殁:养老送终。而:你。 ④捷:取胜。 ⑤眩瞀(mào):眼睛昏花。 ⑥和:军门。接和:依次建立军门。或曰接和为地名。 ⑦妻子鬻:妻子儿女变卖为奴隶。

于是吴王起师,军于江北①,越王军于江南。越王乃中分其师以为左右军,以其私卒君子六千人为中军②。明日将舟战于江,及昏,乃令左军衔枚泝江五里以须③,亦令右军衔枚逾江五里以须。夜中,乃命左军、右军涉江鸣鼓中水以须④。吴师闻之,大骇,曰:"越人分为二师,将以夹攻我师。"乃不待旦,亦中分其师,将以御越。越王乃令其中军衔枚潜涉,不鼓不噪以袭攻之,吴师大北⑤。越之左军、右军乃遂涉而从之,又大败之于没,又郊败之,三战三北,乃至于吴。越师遂入吴国,围王台。

[注释]①江:松江,古称笠泽。军:驻扎。 ②私卒君子:越国所养士人。③枚:筷子状的小木棍,行军时衔在口中,防止出声。 ④中水:中流。⑤北:败。

吴王惧,使人行成,曰:"昔不谷先委制于越君①,君告孤请成,男女服从。孤无奈越之先君何,畏天之不祥,不敢绝祀,许君成,以至于今。今孤不道,得罪于君王,君王以亲辱于弊邑。孤敢请成,男女服为臣御②。"越王曰:"昔天以越赐吴,而吴不受;今天以吴赐越,孤敢不听天之命,而听君之令乎?"乃不许成。因使人告于吴王曰:"天以吴赐越,孤不敢不受。以民生之不长,王其无死!民生于地上,寓也③,其与几何?寡人其达王于甬句东④,夫妇三百,唯王所安,以没王年。"夫差辞曰:"天既降祸于吴国,不在前后,当孤之身,寔失宗庙社稷。凡吴土地人民,越既有之矣,孤何以视于天下!"夫差将死,使人说于子胥⑤曰:"使死者无知,则已矣;若其有知,吾何面目以见员也!"遂自杀。

[**注释**]①委制:归附,受制。此为反说之谦词,实际上是越受制于吴。②臣御:臣仆。 ③寓:寄寓,过客。 ④甬句东:地名,今浙江舟山群岛。或曰在浙江定海县翁山。 ⑤说:祭告。

越灭吴,上征上国①,宋、郑、鲁、卫、陈、蔡执玉之君皆入朝②。夫唯能下其群臣,以集其谋故也。

[**注释**]①上国:中原各国。 ②玉:周天子赐国之信物,如圭璧等。执玉之君:周天子所封诸侯。

越 语 上

越王句践栖于会稽之上①,乃号令于三军曰:"凡我父兄昆弟及国子姓②,有能助寡人谋而退吴者,吾与之共知越国之政③。"大夫种进对曰④:"臣闻之贾人,夏则资皮⑤,冬则资絺⑥,旱则资舟,水则资车,以待乏也。夫虽无四方之忧,然谋臣与爪牙之士⑦,不可不养而择也。譬如蓑笠,时雨既至必求之。今君王既栖于会稽之上,然后乃求谋臣,无乃后乎⑧?"句践曰:"苟得闻子大夫之言⑨,何后之有?"执其手而与之谋。

[注释]①栖:山居,此指军队退守。会稽:山名,在今浙江绍兴东南。②国子姓:与越王同姓的宗族。一说指百姓。 ③知:主持。 ④大夫种:即文种,越国大夫,字子禽,一作少禽,本为楚人,后入越,任下大夫,同范蠡一起辅佐句(勾)践,灭亡吴国。后遭句(勾)践所忌,赐剑命他自杀。 ⑤贾(gǔ):商人。资:取。指收购、储备。 ⑥絺(chī):细麻布。 ⑦爪牙之士:此指武臣将士。 ⑧后:晚、迟。 ⑨苟:幸而。子:敬词。

遂使之行成于吴①,曰:"寡君句践乏无所使,使其下臣种,不敢彻声闻于天王②,私于下执事曰③:寡君之师徒不足以辱君矣④,愿以金玉、子女赂君之辱,请句践女女于王,大夫女女于大夫,士女女于士。越国之宝器毕从,寡君帅越国之众,以从君之师徒,唯君左右之⑤。若以越国之罪为不可赦也,将焚宗朝,系妻孥⑥,沈金玉于江,有带甲五千人将以致死,乃必有偶⑦。是以带甲万人事君也,无乃即伤君王之所爱乎?与其杀是人也,宁其得此国也,其孰利乎?"

[**注释**]①行成:求和。　②彻:通。　③下执事:指手下办事人员。④师徒:军队。　⑤左右:指调遣、使用。　⑥系:捆、缚。妻孥:妻子儿女。　⑦偶:对、双。此指加倍、成倍。

夫差将欲听与之成,子胥谏曰:"不可。夫吴之与越也,仇仇敌战之国也。三江环之①,民无所移,有吴则无越,有越则无吴,将不可改于是矣。员闻之,陆人居陆,水人居水。夫上党之国②,我攻而胜之,吾不能居其地,不能乘其车。夫越国,吾攻而胜之,吾能居其地,吾能乘其舟。此其利也,不可失也已,君必灭之。失此利也,虽悔之,必无及已。"

[**注释**]①三江:有多种说法。多以松江、钱塘江、浦阳江为是。　②上党之国:党,指处所。上党,即高地。这里泛指中原诸侯国。一说上党为地名。

越人饰美女八人纳之太宰嚭①,曰:"子苟赦越国之罪,又有美于此者将进之。"太宰嚭谏曰:"嚭闻古之伐国者,服之而已。今已服矣,又何求焉。"夫差与之成而去之。

[**注释**]①太宰嚭:太宰,官名。吴正卿。嚭,人名,姓伯,本楚人,其父为楚大夫伯州犁,故称伯氏。鲁昭元年,州犁为楚灵王所杀,嚭奔吴,后为吴王亲信。

句践说于国人曰①:"寡人不知其力之不足也,而又与大国执仇②,以暴露百姓之骨于中原③,此则寡人之罪也。寡人请更④。"于是葬死者,问伤者,养生者,吊有忧⑤,贺有喜,送往者,迎来者,去民之所恶,补民之不足。然后卑事夫差,宧士三百人于吴⑥,其身亲为夫差前马⑦。

[**注释**]①说:解说。引申为检讨。 ②执仇:结仇。执,结。 ③中原:指原野。即战场上。 ④更:改。 ⑤忧:丧。 ⑥宧士:偏指士人。宧,宧竖。士,士人。 ⑦前马:走在马车之前开路。

句践之地,南至于句无①,北至于御儿②,东至于鄞③,西至于姑蔑④,广运百里⑤。乃致其父母昆弟而誓之曰:"寡人闻,古之贤君,四方之民归之,若水之归下也。今寡人不能,将帅二三子夫妇以蕃⑥。"令壮者无取老妇,令老者无取壮妻⑦。女子十七不嫁,其父母有罪;丈夫二十不娶,其父母有罪。将免者以告⑧,公令医守之⑨。生丈夫⑩,二壶酒,一犬;生女子,二壶酒,一豚。生三人,公与之母⑪;生二人,公与之饩⑫。当室者死⑬,三年释其政⑭;支子死⑮,三月释其政。必哭泣葬埋之,如其子。令孤子⑯、寡妇、疾疹⑰、贫病者,纳宦其子⑱。其达士⑲,絜其居,美其服,饱其食,而摩厉之于义⑳。四方之士来者,必庙礼之。句践载稻与脂于舟以行㉑,国之孺子之游者㉒,

无不铺也㉓,无不歠也㉔,必问其名。非其身之所种则不食,非其夫人之所织则不衣,十年不收于国,民俱有三年之食。

[**注释**]①句无:古地名,在今浙江诸暨南。 ②御儿:古地名,在今浙江桐乡崇德镇东南。 ③鄞:古地名,在今浙江宁波。 ④姑蔑:古地名,在今浙江衢县龙游。 ⑤广:东西为广。运:南北为运。 ⑥蕃:蕃殖。指繁衍人口。 ⑦取:同"娶",娶妻。 ⑧免:同"娩",分娩。 ⑨守:接生、护理。 ⑩丈夫:指男孩。 ⑪母:此指乳母。 ⑫饩(xì):粮食。 ⑬当室者:嫡长子。 ⑭政:指徭役。 ⑮支子:庶子。 ⑯孤子:鳏夫。 ⑰疢(chèn):同"疹",热病。 ⑱宦:仕、官。 ⑲达士:通达的知名人士。 ⑳摩厉:同"磨砺"。切磋磨炼。 ㉑脂:肥肉。 ㉒孺子:年轻人。游:游学。 ㉓铺(bǔ):粥糜。这里指给人食物吃。 ㉔歠(chuò):古啜字。指给人饮料。

国之父兄请曰:"昔者夫差耻吾君于诸侯之国,今越国亦节矣①,请报之。"句践辞曰:"昔者之战也,非二三子之罪也,寡人之罪也。如寡人者,安与知耻?请姑无庸战。"父兄又请曰:"越四封之内②,亲吾君也,犹父母也。子而思报父母之仇,臣而思报君之仇,其有敢不尽力者乎?请复战。"句践既许之,乃致其众而誓之曰:"寡人闻古之贤君,不患其众之不足也,而患其志行之少耻也。今夫差衣水犀之甲者亿有三千③,不患其志行之少耻也,而患其众之不足也。今寡人将助天灭之。吾不欲匹夫之勇也,欲其旅进旅退④也。进则思赏⑤,退则思刑,如此则有常赏⑥。进不用命,退则无耻,如此则有常刑。"果行,国人皆劝⑦,父勉其子,兄勉其弟,妇勉其夫,曰:"孰是君也,而可无死乎?"是故败吴于囿⑧,又败之于没⑨,又郊败之。

[注释]①节:节度。指已具规模。 ②四封之内:指四境之内。 ③衣:穿着。水犀之甲:水牛皮制造的铠甲。亿:此处指十万。 ④旅进旅退:同进同退。旅:同,俱。 ⑤进:进攻、前进。 ⑥常赏:符合常规的奖赏。 ⑦劝:劝勉、鼓励。 ⑧囿:地名。即笠泽,在今太湖吴江县一带。 ⑨没:地名。

夫差行成,曰:"寡人之师徒,不足以辱君矣。请以金玉、子女赂君之辱①。"句践对曰:"昔天以越予吴,而吴不受命;今天以吴予越,越可以无听天之命,而听君之令乎!吾请达王甬句东②,吾与君为二君乎。"夫差对曰:"寡人礼先壹饭矣③,君若不忘周室④,而为弊邑宸宇⑤,亦寡人之愿也。君若曰:'吾将残汝社稷,灭汝宗庙。'寡人请死,余何面目以视于天下乎!"越君其次也⑥,遂灭吴。

[注释]①子女:此指美女。 ②达:遣送。甬句东:即甬东,即今浙江舟山群岛。 ③礼先壹饭:壹饭,指微有恩惠,以前吴曾允许越求和。意思是:从情礼上说,以前吴曾经有恩于越,如今也应施恩于我。 ④不忘周室:指不忘吴与周天子同姓的情分。 ⑤为弊邑宸宇:指越能留屋檐下一点地方庇护吴国,作为附庸。宸宇:屋檐下。 ⑥次:部队驻扎住宿。行军一宿称为"舍",再宿称为"信",超过两宿称之为"次"。

越 语 下

1.越王句践即位三年而欲伐吴①,范蠡进谏曰②:"夫国家之事,有持盈③,有定倾④,有节事⑤。"王曰:"为三者,奈何?"对曰:"持盈者与天⑥,定倾者与人,节事者与地⑦。王不问,蠡不敢言。天道盈而不溢⑧,盛而不骄,劳而不矜其功⑨。夫圣人随时以行⑩,是谓守时。天时不作,弗为人客⑪;人事不起⑫,弗为之始。今君王未盈而溢,未盛而骄,不劳而矜其功,天时不作而先为人客,人事不起而创为之始,此逆于天而不和于人。王若行之,将妨于国家,靡王躬身⑬。"王弗听。

[注释]①三年:指公元前494年。 ②范蠡:字少伯,越国大夫。 ③持盈:保持盈满,意为保持国家昌盛。 ④定倾:安定不倾覆。即使得国家转危为安。 ⑤节事:节制人事,也即治理国家政事要有所节制。 ⑥与天:法天、顺应天道。 ⑦与地:效法地道。 ⑧天道盈而不溢:指天道盈而不虚,自然循环往复。如阳盛则损,月满则亏,都是自然规律。 ⑨矜:夸,骄。 ⑩随时:应顺天时。 ⑪人客:指攻打别国,处于客位。 ⑫人事:指国内发生的动乱变化。 ⑬靡:损害。躬身:亲自。

范蠡进谏曰:"夫勇者①,逆德也②;兵者,凶器也;争者,事之末也。阴谋逆德③,好用凶器,始于人者,人之所卒也④;淫佚之事⑤,上帝之禁也,先行此者,不利。"王曰:"无是贰言也⑥,吾已断之矣!"果兴师而伐吴,战于五湖⑦,不胜,栖于会稽。

[注释]①勇者:指主动率先进攻别国的人。 ②逆德:违背谦让之德。德:指谦让。 ③阴谋:兵谋。 ④卒:终于、结果。 ⑤淫佚:过分、放纵。 ⑥贰言:指前文范蠡所说的"阴谋"、"淫佚"二者。 ⑦五湖:据韦昭《国语注》为太湖。一说为太湖东岸的菱湖、游湖、莫湖、贡湖、胥湖五个小湖。

王召范蠡而问焉,曰:"吾不用子之言,以至于此,为之奈何?"范蠡对曰:"君王其忘之乎?持盈者与天,定倾者与人,节事者与地。"王曰:"与人奈何?"对曰:"卑辞尊礼,玩好女乐①,尊之以名②。如此不已,又身与之市③。"王曰:"诺。"乃令大夫种行成于吴,曰:"请士女女于士,大夫女女于大夫,随之以国家之重器④。"吴人不许。大夫种来而复往,曰:"请委管籥属国家⑤,以身随之,君王制之⑥。"吴人许诺。王曰:"蠡为我守于国。"对曰:"四封之内⑦,百姓之事,蠡不如种也。四封之外,敌国之制,立断之事,种亦不如蠡也。"王曰:"诺。"令大夫种守于国,与范蠡入宦于吴⑧。

[注释]①玩好:赏玩嗜好之物。 ②名:名号。 ③身与之市:即把身体也卖给他做奴隶。市:卖。 ④重器:指宝器,如钟、鼎、簋、盘等礼器。 ⑤管籥:指国库钥匙。属:掌管、管理。 ⑥制:控制、驾驭。 ⑦四封:四境。 ⑧宦:臣仆。

三年,而吴人遣之①。归及至于国,王问于范蠡曰:"节事奈何?"对曰:"节事者与地。唯地能包万物以为一②,其事不失③。生万物,容畜禽兽④,然后受其名而兼其利。美恶皆成⑤,以养其生。时不至,不可强生;事不究⑥,不可强成。自若以处⑦,以度天下,待其来者而正之⑧,因时之所宜而定之。同男女之功⑨,除民之害,以避天殃。田野开辟,府仓实,民众殷⑩。无旷其众⑪,以为乱梯⑫。时将有反⑬,事将有闲⑭,必有以知天地之恒制⑮,乃可以有天下之成利。事无闲,时无反,则抚民保教以须之⑯。"

[注释]①三年:指公元前494年至前490年。遣:释放让他们回来。②一:整体。 ③失:缺失、遗漏。 ④畜:通"蓄"。 ⑤美恶:指大地上生长的美物与恶物。 ⑥究:穷尽。此处指事物发展到极点。 ⑦若:如。⑧正:匡正、纠正。 ⑨功:指农功。 ⑩殷:殷实富裕。 ⑪旷:荒废、浪费。⑫乱梯:祸乱的阶梯。 ⑬反:通"返"。 ⑭闲:同"间",意为间隙。 ⑮恒制:常规、规律。 ⑯须:等待。

王曰:"不谷之国家,蠡之国家也,蠡其图之!"对曰:"四封之内,百姓之事,时节三乐①,不乱民功,不逆天时,五谷睦熟②,民乃蕃滋③,君臣上下交得其志,蠡不如种也。四封之外,敌国之制,立断之事,因阴阳之恒④,顺天地之常,柔而不屈,强而不刚,德虐之行⑤,因以为常;死生因天地之刑⑥,天因人⑦,圣人因天;人自生之,天地形之,圣人因而成之。是故战胜而不报⑧,取地而不反⑨,兵胜于外,福生于内,用力甚少而名声章明⑩,种亦不如蠡也。"

王曰:"诺。"令大夫种为之⑪。

[注释]①三乐:指在春、夏、秋三季勉励民众乐于农事。 ②睦:和谐。③蕃滋:繁衍滋长。 ④阴阳之恒:指阴阳二气化生万物的常规。 ⑤德虐:指生杀予夺。借指赏和罚。 ⑥刑:同"形",征兆。 ⑦因:根据。 ⑧报:报复。 ⑨反:反被夺回。 ⑩章明:彰扬。 ⑪为之:指管理内政。

2. 四年①,王召范蠡而问焉,曰:"先人就世②,不谷即位。吾年既少③,未有恒常④,出则禽荒⑤,入则酒荒。吾百姓之不图,唯舟与车。上天降祸于越,委制于吴⑥。吴人之那不谷⑦,亦又甚焉。吾欲与子谋之,其可乎?"对曰:"未可也。蠡闻之,上帝不考⑧,时反是守⑨,强索者不祥。得时不成,反受其殃。失德灭名,流走死亡。有夺⑩,有予,有不予,王无蚤图。夫吴,君王之吴也,王若蚤图之⑪,其事又将未可知也。"王曰:"诺。"

[注释]①四年:指自吴归越的第四年,也即公元前486年。 ②先人:指句(勾)践的父亲越王允常。就世:去世、逝世。 ③既:极。 ④恒常:恒心、长性。 ⑤禽荒:沉湎于田猎。荒:迷恋、沉溺。 ⑥委制:归顺并接受控制。⑦那:对于。 ⑧考:成。含有成全之意。 ⑨守:守候、等待。 ⑩有夺:有赐予而又追回。 ⑪蚤:通"早"。

3. 又一年①,王召范蠡而问焉,曰:"吾与子谋吴,子曰'未可也'。今吴王淫于乐而忘其百姓②,乱民功③,逆天时;信谗喜优④,憎辅远弼⑤,圣人不出⑥,忠臣解骨⑦;皆曲相御⑧,莫适相非⑨,上下相偷⑩。其可乎?"对曰:"人事至矣,天应未也,王姑待之⑪。"王曰:"诺。"

[注释]①又一年:指公元前485年。 ②淫:沉迷于。乐:指声乐。③民功:指农功。 ④优:俳优、优倡。 ⑤辅弼:左辅、右弼,指辅佐君王的重臣。 ⑥圣人:指通达贤能之士。 ⑦解骨:指懈怠,不复竭忠尽力。解,通"懈"。 ⑧曲:曲意。御:侍奉,逢迎。 ⑨适:美好。 ⑩偷:苟且偷安。⑪姑:姑且。

4. 又一年①,王召范蠡而问焉,曰:"吾与子谋吴,子曰'未可也'。今申胥骤谏其王②,王怒而杀之,其可乎?"对曰:"逆节萌生③。天地未形④,而先为之征⑤,其事是以不成,杂受其刑⑥。王姑待之。"王曰:"诺。"

[注释]①又一年:即公元前484年。 ②骤:屡次、多次。 ③逆节:指残害忠良,违逆常礼。 ④形:预兆。 ⑤先:指先于天意。征:征伐。⑥杂:都、俱。刑:害。

5. 又一年①,王召范蠡而问焉,曰:"吾与子谋吴,子曰'未可也'。今其稻蟹不遗种②,其可乎?"对曰:"天应至矣,人事未尽也,王姑待之。"王怒曰:"道固然乎③,妄其欺不谷邪④?吾与子言人事,子应我以天时;今天应至矣,子应我以人事。何也?"范蠡对曰:"王姑勿怪。夫人事必将与天地相参⑤,然后乃可以成功。今其祸新民恐,其君臣上下,皆知其资财之不足以支长久也,彼将同其力,致其死,犹尚殆⑥。王其且驰骋弋猎⑦,无至禽荒;宫中之乐,无至酒荒;肆与大夫觞饮⑧,无忘国常。彼其上将薄其德,民将尽其力,又使之望而不得食⑨,乃可以致天地之殛。王姑待之。"

[注释]①又一年:即公元前483年。 ②稻蟹不遗种:指公元前484年吴国大旱,田中水稻枯死,水中鱼蟹罄竭。 ③道:道理。 ④妄其:还是。 ⑤必将:必须。参:三。古人以天、地、人为三才,三者结合,可以成大功。 ⑥犹尚:仍然。殆:危险。 ⑦弋:射。 ⑧觞饮:举杯痛饮。 ⑨望:怨望。

6. 至于玄月①,王召范蠡而问焉,曰:"谚有之曰:'觥饭不及壶飧。'今岁晚矣,子将奈何?②"对曰:"微君王之言③,臣故将谒之④。臣闻从时者⑤,犹救火、追亡人也,蹶而趋之⑥,唯恐弗及。"王曰:"诺。"遂兴师伐吴,至于五湖。

[注释]①玄月:九月。指公元前479年九月。周历建制,以十月为岁首,故以九月为岁晚。 ②觥饭:丰盛的肴馔。觥:大。壶飧:用水泡饭盛在壶里。指食物虽少,但能救饥。 ③微:无。 ④谒:请。 ⑤从时:抓住时机。 ⑥蹶:迅疾奔跑的样子。

吴人闻之,出而挑战,一日五反。王弗忍,欲许之。范蠡进谏曰:"夫谋之廊庙①,失之中原②,其可乎?王姑勿许也。臣闻之,得时无怠,时不再来,天予不取,反为之灾。赢缩转化③,后将悔之。天节固然④,唯谋不迁⑤。"王曰:"诺。"弗许。

[注释]①廊庙:指朝廷。 ②中原:原野之中,指两军对峙的战场。 ③赢缩:进退。转化:变化。 ④天节:天道。 ⑤唯:希望。

范蠡曰:"臣闻古之善用兵者,赢缩以为常①,四时以为纪②,无过天极③,究数而止④。天道皇皇⑤,日月以为常⑥,明者以为法⑦,微者则是行⑧。阳至而阴⑨,阴至而阳;日困而还,月盈而匡⑩。古之善用兵者,因天地之常,与之俱行。后则用阴⑪,先则用阳⑫;近则用柔,远则用刚。后无阴蔽⑬,先无阳察⑭,用人无艺⑮,往从其所。刚强以御,阳节不尽,不死其野。彼来从我,固守勿与⑯。若将与之,必因天地之灾,又观其民之饥饱劳逸以参之⑰。尽其阳节、盈吾阴节而夺之⑱。宜为人客⑲,刚强而力疾⑳;阳节不尽,轻而不可取。宜为人主㉑,安徐而重固㉒;阴节不尽,柔而不可迫。凡陈之道㉓,设右以为牝㉔,益左以为牡㉕,蚤晏无失㉖,必顺天道,周旋无究㉗。今其来也,刚强而力疾,王姑待之。"王曰:"诺。"弗与战。

[**注释**]①赢缩以为常:指以金星的方位出没作为用兵的常法。古代天文学家认为金星主兵,金星早出为赢,晚出为缩。与太阳一致的方向为赢,不一致为缩。故赢缩可以借指进退、伸缩。　②纪:法则。　③过:超过、超越。极:至。　④究:穷。数:定数、天数。　⑤皇皇:光明的样子。　⑥日月以为常:古时用兵征伐,日月的位置及晕相也在观察之列。　⑦明:日月的光辉盛满。　⑧微:日月的光辉晦暗。　⑨阳:指天、刚强、进攻等。阴:指地、柔弱、防御等。　⑩匡:亏。　⑪后:指处于被动地位。用阴:指用沉着、柔顺、谦退的方法。　⑫先:指处于主动地位。用阳:指用疾速、刚强、进攻的方法。⑬阴蔽:隐蔽退缩。　⑭阳察:公开暴露。　⑮人:众人。无艺:没有一定的常法。艺:方法。　⑯与:接战。　⑰参:参考、参酌。　⑱尽:耗尽。阳节:阳刚之气。　⑲人客:主动向对方发动进攻者。　⑳力疾:迅急。　㉑人主:指防守一方。　㉒安徐:安详而舒缓。　㉓陈:通"阵"。布阵、列阵。道:原则。　㉔牝(pìn):虚阵。右本为主,设虚以惑敌。　㉕牡:实阵。左本为辅,却设为主阵,用以破敌。　㉖蚤晏:早晚。蚤,通"早"。　㉗周旋:进退回旋。究:穷。

7. 居军三年①,吴师自溃。吴王帅其贤良②,与其重禄③,以上姑苏④。使王孙雒行成于越⑤,曰:"昔者上天降祸于吴⑥,得罪于会稽。今君王其图不谷,不谷请复会稽之和。"王弗忍,欲许之。范蠡进谏曰:"臣闻之,圣人之功,时为之庸⑦。得时不成,天有还形⑧。天节不远,五年复反,小凶则近⑨,大凶则远⑩。先人有言曰:'伐柯者其则不远。'⑪今君王不断⑫,其忘会稽之事乎?"王曰:"诺。"不许。

[**注释**]①居军三年:指公元前475年十一月越王句(勾)践率军包围吴国,至公元前473年十一月灭吴。 ②贤良:指亲近卫士。 ③重禄:重禄之人,借指贵族大臣。 ④姑苏:指姑苏台。 ⑤王孙雒:吴国大夫。 ⑥昔者:指公元前494年吴王夫差兵困越王句(勾)践于会稽山。 ⑦时:天时。庸:用。 ⑧还:返。形:同"刑",惩罚、降祸。 ⑨小凶:小祸。 ⑩大凶:大祸。 ⑪伐柯者其则不远:语出《诗经·豳风·伐柯》:"伐柯伐柯,其则不远。"则:借鉴,模式。 ⑫断:决断。

使者往而复来,辞愈卑,礼愈尊,王又欲许之。范蠡谏曰:"孰使我蚤朝而晏罢者①,非吴乎?与我争三江、五湖之利者,非吴耶?夫十年谋之②,一朝而弃之,其可乎?王姑勿许,其事将易冀已③。"王曰:"吾欲勿许,而难对其使者,子其对之。"范蠡乃左提鼓,右援枹④,以应使者,曰:"昔者上天降祸于越,委制于吴,而吴不受。今将反此义以报此祸,吾王敢无听天之命,而听君王之命乎?"王孙雒曰:"子范子⑤,先人有言曰:'无助天为虐,助天为虐者不祥。'今吴稻蟹不遗种,子将助天为虐,不忌其不祥乎?"范蠡曰:"王孙子,昔吾先君固周室之不成子也⑥,故滨于东海之陂⑦,鼋鼍鱼鳖之与处⑧,而蛙黾之与同渚⑨。余虽觍然而人面哉⑩,吾犹禽兽也,又安知是浅浅者乎⑪?"王孙雒曰:"子范子将助天为虐,助天为虐不祥。雒请反辞于王。"范蠡曰:"君王已委制于执事之人矣⑫。子往矣,无使执事之人得罪于子。"

[注释]①蚤:通"早"。晏:晚。 ②十年谋之:指公元前482年黄池之会期间越兴师袭吴,为谋吴之始,至前473年十一月越灭吴,计十年。 ③冀:希望。已:通"矣"。 ④枹:鼓槌。 ⑤子:前一"子"指子爵,后一"子"指先生。 ⑥不成子:不成国的子爵。意为越为蛮夷之邦,连子爵都不够格。 ⑦陂(bēi):旁边。 ⑧鼋:癞头鼋。鼍(tuó):鳄鱼。 ⑨黾:同"蛙"。龟:金线蛙。 ⑩觍(tiǎn):惭愧。 ⑪浅浅(jiàn jiàn):能言善辩的样子。 ⑫执事之人:指范蠡。

使者辞反①。范蠡不报于王,击鼓兴师以随使者,至于姑苏之宫,不伤越民,遂灭吴。

[注释]①辞反:告辞并返回吴国。

8. 反至五湖,范蠡辞于王曰:"君王勉之,臣不复入越国矣。"王曰:"不谷疑子之所谓者何也?"对曰:"臣闻之,为人臣者,君忧臣劳,君辱臣死。昔者君王辱于会稽,臣所以不死者,为此事也。今事已济矣①,蠡请从会稽之罚②。"王曰:"所不掩子之恶③,扬子之美者,使其身无终没于越国④。子听吾言,与子分国。不听吾言,身死,妻子为戮。"范蠡对曰:"臣闻命矣。君行制⑤,臣行意。"遂乘轻舟以浮于五湖,莫知其所终极。

[注释]①济:成,指灭吴。 ②会稽之罚:指吴败越于会稽山使句(勾)

践蒙羞之事。　③所：如果。　④终没：善终。　⑤制：典制。

　　王命工以良金写范蠡之状而朝礼之①，浃日而令大夫朝之②，环会稽三百里者以为范蠡地，曰："后世子孙，有敢侵蠡之地者，使无终没于越国，皇天后土、四乡地主正之③。"

　　[注释]①良金：又称吉金，即青铜。　②浃日：十天。　③正：作证。

参 考 文 献

《尚书正义》,十三经注疏本,中华书局,1980年版。
《毛诗正义》,十三经注疏本,中华书局,1980年版。
《周易正义》,十三经注疏本,中华书局,1980年版。
《春秋左传正义》,十三经注疏本,中华书局,1980年版。
《周礼注疏》,十三经注疏本,中华书局,1980年版。
朱熹:《四书章句集注》,中华书局,1987年版。
王聘珍:《大戴礼记解诂》,中华书局,1983年版。
朱彝尊:《经义考》,中华书局,1998年版。
韦昭:《国语解》,上海古籍出版社,1988年版。
《国语》,黄丕烈校勘明道本,商务印书馆,1958年重印本。
董增龄:《国语正义》,巴蜀书社,1985年版。
徐元诰:《国语集解》,中华书局,2002年版。
《战国策》,上海古籍出版社,1978年版。
司马迁:《史记》,中华书局,1959年版。
王弼注:《老子》,中华书局,1998年版。
郭庆藩:《庄子集释》,中华书局,1961年版。
孙诒让:《墨子闲诂》,中华书局,1986年版。
刘勰:《文心雕龙》,中华书局,1985年版。

程俊英:《诗经译注》,上海古籍出版社,1985年版。

高亨:《周易古经今注》,中华书局,1984年版。

金景芳:《周易尚氏学》,中华书局,1980年版。

杨伯峻:《春秋左传注》,中华书局,1990年版。

傅庚生:《国语选》,人民文学出版社,1959年版。

董立章:《国语译注辨析》,暨南大学出版社,1993年版。

来可泓:《国语直解》,复旦大学出版社,2000年版。

胡果文:《国语选评》,上海古籍出版社,2005年版。

刘泽华:《先秦政治思想史》,南开大学出版社,1984年版。

蒋孔阳:《先秦音乐美学思想论稿》,人民文学出版社,1986年版。

陈梦家:《殷墟卜辞研究综述》,中华书局,1988年版。

刘长林:《中国系统思维》,社会科学出版社,1990年版。

谭家健:《先秦散文艺术新探》,首都师范大学出版社,1995年版。

牟宗三:《中国哲学的特质》,上海古籍出版社,1997年版。

吕大吉:《宗教学通论新编》,社会科学出版社,1998年版。

修海林等:《音乐美学通论》,上海音乐出版社,1999年版。

晁福林:《先秦民俗史》,上海人民出版社,2001年版。

葛兆光:《中国思想史》,复旦大学出版社,2001年版。

徐旭生:《中国古史的传说时代》,广西师范大学出版社,2003年版。

程水金:《中国早期文化意识的嬗变》,武汉大学出版社,2003—2004年版。

吕思勉:《先秦史》,上海古籍出版社,2005年版。

许兆昌:《先秦史官的制度与文化》,黑龙江人民出版社,2006年版。

近期国学读物要目

国学新读本

诗经　梁锡锋　注说
论语　臧知非　注说
尚书　姜建设　注说
国语　曹建国　张玖青　注说
孔子家语　杨朝明　注说
山海经　郑慧生　注说
墨子　苏凤捷　程梅花　注说
孟子　何晓明　周春健　注说
庄子　曹础基　注说
荀子　杨朝明　注说
韩非子　赵沛　注说
孙子兵法　赵国华　注说
楚辞　李中华　邹福清　注说
潜夫论　王健　注说
文心雕龙　戚良德　注说
商君书　徐莹　注说
战国策　张彦修　注说
淮南子　杨有礼　注说
老子　曹峰　注说
礼记　杨天宇　注说
吕氏春秋　张福祥　注说
世说新语　赵成林　陈艳　注说
史通　李振宏　注说
春秋繁露　曾振宇　注说

百年河大国学旧著新刊

河洛方言诠诂　王广庆　著
三统历表　邵瑞彭　著
中国戏剧概论　卢前　著
晚明思想史论　嵇文甫　著
论语新探　赵纪彬　著

天问研究　孙作云　著
汉魏六朝文学史　李嘉言　著
金艺文志　金登科记考　万曼　著
唐集叙录　万曼　著
中国文学史新编　张长弓　著
汉碑集释　高文　著
袁中郎研究　任访秋　著
东夷杂考　李白凤　著
宋会要辑稿考校　王云海　著
长江集新校　李嘉言　著
高适岑参选集　高文　王刘纯　选著
花间集注　华锺彦　著
庆湖遗老诗集校注　王梦隐　著
曾瑞散曲集校注　李春祥　著
辛弃疾选集　佟培基　选著

于安澜书画学四种

画论丛刊
画史丛书
画品丛书
书学名著选

元典文化丛书

中华第一经——《周易》与中国文化　宋会群　苗雪兰　著
教化百科——《诗经》与中国文化　孙克强　张小平　著
经国治民之典——《周礼》与中国文化　郝铁川　著
哲人的智慧——《老子》与中国文化　高秀昌　龚力　著
圣人箴言录——《论语》与中国文化　李振宏　著
武学圣典——《孙子兵法》与中国文化　龚留柱　著
亚圣思辨录——《孟子》与中国文化　何晓明　著
逍遥之祖——《庄子》与中国文化　白本松　王利锁　著
外王之学——《荀子》与中国文化　张曙光　著
中国帝王术——《韩非子》与中国文化　王宏斌　著
史家绝唱——《史记》与中国文化　邓鸿光　著
诸经总龟——《春秋》与中国文化　涂文学　周德钧　著
管理宝典——《管子》与中国文化　袁闯　著
纵横家书——《战国策》与中国文化　张彦修　著
人仙之间——《抱朴子》与中国文化　徐仪明　冷天吉　著

医学圣典——《黄帝内经》与中国文化　王庆宪　梁晓珍　著
礼乐渊薮——《礼记》与中国文化　黄宛峰　著
词章之祖——《楚辞》与中国文化　李中华　著
星学宝典——《历书天官书》与中国文化　郑慧生　著
天人衡中——《春秋繁露》与中国文化　曾振宇　范学辉　著
王政全书——《吕氏春秋》与中国文化　张富祥　著
神话之源——《山海经》与中国文化　高有鹏　孟芳　著
新道鸿烈——《淮南子》与中国文化　杨有礼　著
史家龟鉴——《史通》与中国文化　曾凡英　著
政事纲纪——《尚书》与中国文化　姜建设　著
春秋弦歌——《左传》与中国文化　龚留柱　著
平民理想——《墨子》与中国文化　苏凤捷　程梅花　著
人伦本原——《孝经》与中国文化　臧知非　著
法典之王——《唐律疏议》与中国文化　徐永康　吉霁光　郑取　著
文论巨典——《文心雕龙》与中国文化　戚良德　著

宋代研究丛书

北宋诗学　张海鸥　著
宋代东京研究　周宝珠　著
宋代地域经济　程民生　著
宋代监察制度　贾玉英　著
宋代官员选任和管理制度　苗书梅　著
宋代地域文化　程民生　著
宋代文学通论　王水照　主编
宋代司法制度　王云海　主编
宋代教育　苗春德　主编
清明上河图与清明上河学　周宝珠　著
宋代文化史　姚瀛艇　主编
黄庭坚与宋代文化　杨庆存　著
宋代交通管理制度研究　曹家齐　著
岳飞和南宋前期政治与军事研究　王曾瑜　著
成圣之道——北宋二程修养工夫论之研究　温伟耀　著
宋代绘画研究　邓乔彬　著

汉语史专书语法研究丛书

《三朝北盟会编》语法研究　刁晏斌　著
《荀子》虚词研究　黄珊　著
《晏子春秋》词类研究　姚振武　著

《聊斋俚曲》语法研究　冯春田　著
《孟子》词类研究　崔立斌　著
《朱子语类辑略》语法研究　吴福祥　著
敦煌变文12种语法研究　吴福祥　著
《吕氏春秋》句法研究　殷国光　著
《尚书》语法论稿　钱宗武　著
《左传》语法研究　何乐士　著
《元典章·刑部》语法研究　李崇兴　祖生利　著
汉语语法史断代专书比较研究　何乐士　著

图书在版编目（CIP）数据

国语/曹建国，张玖青注说．—开封：河南大学出版社，
2008.3(2015.1重印)
(国学新读本)
ISBN 978-7-81091-742-1

Ⅰ.国… Ⅱ.①曹… ②张… Ⅲ.①中国—古代史—春秋时代—史籍 ②国语—注释 Ⅳ.K225.04

中国版本图书馆CIP数据核字（2008）第002882号

责任编辑	贾怀廷
封面设计	马　龙

出版发行	河南大学出版社
	地址：河南省开封市明伦街85号　邮编：475001
	电话：0371—22825003(营销部)　网址：www.hupress.com
排　版	河南第一新华印刷厂
印　刷	开封智圣印务有限公司
版　次	2008年3月第1版　印　次　2015年1月第2次印刷
开　本	650mm×960mm　1/16　印　张　25
字　数	314千字　印　数　2001—3000册
定　价	45.00元

（本书如有印装质量问题请与河南大学出版社营销部联系调换）